高等院校应用型特色教材·经济管理类

新编税法教程

主　编　荣红霞
副主编　殷旭阳　王子一

清华大学出版社
北京交通大学出版社
·北京·

内容简介

本教材立足立德树人的根本任务，贯彻课程思政建设精神，融入思政拓展案例，培养学生遵纪守法和诚信纳税的意识，引导学生践行社会责任。

全书共十章，第 1 章为税法概论，阐述税法的概念与构成要素、税收法律关系、我国现行税收法体系与税收征管体制，为后面各章学习奠定基础。第 2 章至第 7 章分别介绍和论述了具体税收法律制度（税收实体法），包括增值税、消费税、关税、个人所得税、企业所得税、资源税、房产税等税种的法律制度。第 8 章介绍税收征收管理法，为国家控制税收源泉、协调征纳关系、及时组织税款入库和实现税收职能的法律规范。第 9 章为税务行政法制，主要阐述纳税人及其他税务当事人违反税法规定的处罚程序、税收征管过程中税务争议的处理程序，以及税务机关应承担的行政赔偿责任等。第 10 章为国际税收法律，介绍国际税收法律行为和国际税收法律规范。

本教材作为财政学专业、税收学专业、会计专业、财务管理等专业的本科教材，同时符合高职高专院校相关专业的教学需要，也可供税务、会计、审计、司法等在职人员作为业务用书自学使用。

本书封面贴有清华大学出版社防伪标签，无标签者不得销售。
版权所有，侵权必究。侵权举报电话：010-62782989　13501256678　13801310933

图书在版编目（CIP）数据

新编税法教程/荣红霞主编. —北京：北京交通大学出版社：清华大学出版社，2023.11
ISBN 978-7-5121-5080-5

Ⅰ. ①新… Ⅱ. ①荣… Ⅲ. ①税法-中国-教材 Ⅳ. ①D922.22

中国国家版本馆 CIP 数据核字（2023）第 202980 号

新编税法教程
XINBIAN SHUIFA JIAOCHENG

责任编辑：郭东青	
出版发行：清华大学出版社　　邮编：100084　电话：010-62776969　http://www.tup.com.cn	
北京交通大学出版社　邮编：100044　电话：010-51686414　http://www.bjtup.com.cn	
印　刷　者：北京鑫海金澳胶印有限公司	
经　　　销：全国新华书店	
开　　　本：185 mm×260 mm　　印张：20.5　　字数：538 千字	
版　印　次：2023 年 11 月第 1 版　　2023 年 11 月第 1 次印刷	
印　　　数：1~2000 册　　定　价：59.00 元	

本书如有质量问题，请向北京交通大学出版社质监组反映。对您的意见和批评，我们表示欢迎和感谢。
投诉电话：010-51686043，51686008；传真：010-62225406；E-mail：press@bjtu.edu.cn。

前　言

教育是国之大计、党之大计，是全面建设社会主义现代化国家的基础性、战略性支撑，当代本科高校要落实立德树人的根本任务，坚持为党育人、为国育才，培养德智体美劳全面发展的社会主义接班人。而作为一个合格的社会主义接班人一定要明法守法。税法是研究政府与纳税人之间税收法律关系的一门课程，也是经管与法学专业本科生的必修课程。在各种税务、会计、审计、司法等职称考试中，税法都是必考科目。此外，随着近年来我国税收法定步伐的加快与税收制度改革的深化，广大社会群体对税法教材提出了更多的需求和更高的要求。在此背景下，我们编写了这本税法教材。

本教材具有如下特点：

1. 勇担时代使命，培育守法公民

本科人才培养在价值格局上要主动适应中国式现代化的新使命，加强税法这类基础学科的建设，以立德树人为根本任务，突出课程思政建设，设立价值目标与思政拓展材料，培养学生遵纪守法和诚信纳税的意识，引导学生践行社会责任，强化人民性税收价值理念培育。

2. 理论体系完整，政策与时俱进

本教材体现了我国完整的税制体系，包括税法概论、增值税、消费税、关税、个人所得税、企业所得税、其他税类、税收征收管理法、税务行政法制，以及国际税收法律共 10 章内容。教材中所涉及的所有税收法律规定，以截至 2023 年 8 月 31 日的政策为依据。

3. 突出应用型和实用性的培养目标

本教材站在纳税人的角度进行编写，把现在的学生作为未来的纳税人，全面体现纳税人应该掌握的税收法律制度及相关岗位职业能力。在税额计算与税款征收方面，充分考虑现实生活中纳税人的实际情况，注重理论联系实际，符合应用型本科院校人才培养目标。

4. 教学资源丰富，为读者提供便利

本教材提供教学案例、拓展材料、教学大纲、教学课件等教学资源，提供整套独具特色的立体化教学资源库，让读者更好地接受税法知识，更快地把握税法精髓与思想。

本教材由荣红霞教授担任主编，殷旭阳、王子一担任副主编。具体分工为：第 1~4 章由哈尔滨金融学院荣红霞编写；第 5~6 章由哈尔滨金融学院殷旭阳编写；第 7~8 章由哈尔滨广厦学院王子一编写；第 9 章由哈尔滨金融学院梁雪编写；第 10 章由哈尔滨金融学院刘海悦编写。北京交通大学出版社的郭东青编辑在教材编写过程中也给予了我们很大的支持并提出了很多有效的建议,在此向其表示衷心的感谢。

由于编者水平有限,书中的不足之处,敬请各位专家和读者提出宝贵意见。

编　者

2023 年 8 月

目 录

第1章 税法概论 ... 1
学习目标 ... 1
思维导图 ... 1
导入案例 ... 1
1.1 税法的概念与分类 ... 2
1.1.1 税收与税法的概念 ... 2
1.1.2 税收与税法的分类 ... 5
1.2 税法要素 ... 7
1.2.1 总则 ... 7
1.2.2 纳税义务人 ... 7
1.2.3 征税对象 ... 8
1.2.4 税目 ... 8
1.2.5 税率 ... 9
1.2.6 纳税环节 ... 10
1.2.7 纳税期限 ... 10
1.2.8 纳税地点 ... 11
1.2.9 减税免税 ... 11
1.2.10 罚则 ... 11
1.2.11 附则 ... 11
1.3 税收法律关系 ... 11
1.3.1 税收法律关系的构成 ... 11
1.3.2 税收法律关系的产生、变更与消灭 ... 12
1.3.3 税收法律关系的保护 ... 13
1.4 我国现行税收法体系与税收征管体制 ... 13
1.4.1 我国现行税收法体系 ... 13
1.4.2 税收征管体制 ... 14
思考与练习 ... 16

第2章 增值税 ... 17
学习目标 ... 17
思维导图 ... 17

导入案例 ·· 18
2.1 增值税概述 ·· 18
　2.1.1 增值税的概念 ·· 18
　2.1.2 增值税的特点 ·· 19
　2.1.3 增值税的作用 ·· 20
　2.1.4 增值税的发展历程 ·· 20
2.2 增值税基本法规 ··· 21
　2.2.1 增值税纳税义务人的基本规定 ·· 21
　2.2.2 增值税纳税人的分类与认定 ··· 21
　2.2.3 征税范围 ·· 23
　2.2.4 增值税税率 ·· 31
　2.2.5 增值税征收率 ·· 33
　2.2.6 兼营行为的税率选择 ·· 35
2.3 增值税专用发票的管理 ·· 35
　2.3.1 增值税专用发票领购使用范围 ·· 35
　2.3.2 增值税专用发票的开具范围 ··· 36
　2.3.3 红字专用发票的开具 ·· 37
　2.3.4 增值税专用发票的开具要求 ··· 38
2.4 增值税应纳税额的计算 ·· 39
　2.4.1 一般纳税人增值税应纳税额的计算 ··· 39
　2.4.2 小规模纳税人增值税应纳税额的计算 ·· 48
　2.4.3 进口货物增值税应纳税额的计算 ·· 48
2.5 出口货物退（免）增值税 ·· 50
　2.5.1 出口货物退（免）增值税概述 ·· 51
　2.5.2 出口货物应退税额的计算 ·· 52
2.6 增值税税收优惠政策 ··· 54
　2.6.1 《中华人民共和国增值税暂行条例》规定的免税项目 ······························· 54
　2.6.2 《营业税改征增值税试点实施办法》及有关部门规定的税收优惠政策 ······· 54
2.7 增值税征收管理 ·· 60
　2.7.1 增值税纳税义务发生时间 ·· 60
　2.7.2 增值税纳税期限 ··· 61
　2.7.3 增值税纳税地点 ··· 62
思考与练习 ·· 62

第3章 消费税 ·· 64

学习目标 ·· 64
思维导图 ·· 64
导入案例 ·· 64
3.1 消费税概述 ·· 65

  3.1.1 消费税的概念 ·· 65
  3.1.2 消费税的特点 ·· 65
  3.1.3 消费税的作用 ·· 66
  3.1.4 消费税的发展历程 ·· 67
 3.2 消费税基本法规 ·· 67
  3.2.1 消费税纳税义务人 ·· 67
  3.2.2 消费税税目 ·· 68
  3.2.3 消费税税率 ·· 72
 3.3 消费税应纳税额的计算 ·· 74
  3.3.1 生产销售环节应纳消费税的计算 ·· 74
  3.3.2 委托加工环节应税消费品应纳税额的计算 ·································· 77
  3.3.3 进口环节应纳消费税的计算 ·· 79
  3.3.4 已纳消费税扣除的计算 ·· 80
 3.4 出口货物退（免）消费税 ·· 82
 3.5 消费税征收管理 ·· 83
  3.5.1 消费税纳税义务发生时间 ·· 83
  3.5.2 消费税纳税期限 ·· 84
  3.5.3 消费税纳税地点 ·· 84
 思考与练习 ·· 85

第4章 关税 ·· 87
 学习目标 ·· 87
 思维导图 ·· 87
 导入案例 ·· 87
 4.1 关税概述 ·· 88
  4.1.1 关税的概念 ·· 88
  4.1.2 关税的特点 ·· 88
  4.1.3 关税的作用 ·· 89
  4.1.4 关税的发展历程 ·· 90
 4.2 关税的基本法规 ·· 90
  4.2.1 关税的分类 ·· 90
  4.2.2 关税征税对象 ·· 91
  4.2.3 关税纳税义务人 ·· 91
  4.2.4 关税的税率及应用 ·· 92
 4.3 关税应纳税额的计算 ·· 94
  4.3.1 一般进口货物的完税价格 ·· 94
  4.3.2 特殊进口货物的完税价格 ·· 97
  4.3.3 出口货物的完税价格 ·· 98
  4.3.4 应纳税额的计算 ·· 98

4.4 关税减免 ... 100
4.4.1 法定减免税 ... 100
4.4.2 特定减免税 ... 100
4.4.3 暂时免税 ... 101
4.4.4 临时减免税 ... 102
4.5 关税征收管理 ... 102
4.5.1 关税缴纳 ... 102
4.5.2 关税退还 ... 102
4.5.3 关税补征和追征 ... 103
4.6 船舶吨税 ... 103
4.6.1 征税范围和税率 ... 103
4.6.2 应纳税额的计算 ... 104
4.6.3 税收优惠 ... 105
4.6.4 征收管理 ... 105
思考与练习 ... 106

第5章 个人所得税 ... 108
学习目标 ... 108
思维导图 ... 108
导入案例 ... 108
5.1 个人所得税概述 ... 109
5.1.1 个人所得税的概念 ... 109
5.1.2 个人所得税的特点 ... 109
5.1.3 个人所得税的作用 ... 110
5.1.4 个人所得税的发展历程 ... 110
5.2 个人所得税基本法规 ... 111
5.2.1 个人所得税的纳税人 ... 111
5.2.2 个人所得税的征税对象 ... 112
5.2.3 个人所得税的税率 ... 113
5.3 个人所得税应纳税额的计算 ... 115
5.3.1 个人所得税应纳税所得额 ... 116
5.3.2 居民个人综合所得应纳税额的计算 ... 119
5.3.3 非居民个人四项所得应纳税额的计算 ... 123
5.3.4 经营所得应纳税额的计算 ... 124
5.3.5 其他分类所得应纳税额的计算 ... 125
5.3.6 应纳税额的特殊计算规定 ... 127
5.4 个人所得税税收优惠 ... 128
5.4.1 免征个人所得税项目 ... 128
5.4.2 减征个人所得税项目 ... 129

		5.4.3 其他暂免个人所得税项目	129
	5.5	个人所得税征收管理	131
		5.5.1 自行纳税申报管理	131
		5.5.2 全员全额扣缴申报管理	132
思考与练习			133

第6章 企业所得税 134

学习目标 134
思维导图 134
导入案例 135

- 6.1 企业所得税概述 135
  - 6.1.1 企业所得税的概念 135
  - 6.1.2 企业所得税的特点 135
  - 6.1.3 企业所得税的作用 136
  - 6.1.4 企业所得税的发展历程 136
- 6.2 企业所得税基本法规 137
  - 6.2.1 企业所得税的纳税人 137
  - 6.2.2 企业所得税的征税对象 138
  - 6.2.3 企业所得税的税率 139
- 6.3 企业所得税应纳税所得额的计算 139
  - 6.3.1 收入总额 140
  - 6.3.2 扣除原则和范围 143
  - 6.3.3 亏损弥补 150
- 6.4 资产的税务处理 152
  - 6.4.1 固定资产的税务处理 152
  - 6.4.2 生物资产的税务处理 154
  - 6.4.3 无形资产的税务处理 155
  - 6.4.4 长期待摊费用的税务处理 155
  - 6.4.5 存货的税务处理 156
  - 6.4.6 投资资产的税务处理 156
- 6.5 企业所得税应纳税额的计算 158
  - 6.5.1 居民企业应纳税额的计算 158
  - 6.5.2 境外所得抵扣税额的计算 160
  - 6.5.3 非居民企业应纳税额的计算 162
- 6.6 企业所得税税收优惠 163
  - 6.6.1 免征与减征优惠 163
  - 6.6.2 特定企业税收优惠 165
  - 6.6.3 加计扣除及加速折旧优惠 167
  - 6.6.4 减计收入优惠 167

  6.6.5 税额抵免优惠 ·········· 168
  6.6.6 区域性税收优惠 ·········· 168
 6.7 企业所得税征收管理 ·········· 169
  6.7.1 企业所得税纳税地点 ·········· 169
  6.7.2 企业所得税纳税期限 ·········· 169
  6.7.3 企业所得税纳税申报 ·········· 170
 思考与练习 ·········· 170

第7章 其他税类 ·········· 172

 学习目标 ·········· 172
 思维导图 ·········· 172
 导入案例 ·········· 172
 7.1 资源税类 ·········· 173
  7.1.1 资源税法 ·········· 173
  7.1.2 土地增值税法 ·········· 178
  7.1.3 城镇土地使用税法 ·········· 182
  7.1.4 耕地占用税法 ·········· 186
 7.2 财产与行为税类 ·········· 188
  7.2.1 房产税法 ·········· 188
  7.2.2 车船税法 ·········· 192
  7.2.3 契税法 ·········· 196
  7.2.4 印花税法 ·········· 199
 7.3 特定目的税类 ·········· 203
  7.3.1 城市维护建设税法 ·········· 203
  7.3.2 车辆购置税法 ·········· 206
  7.3.3 烟叶税法 ·········· 209
  7.3.4 环境保护税法 ·········· 210
 思考与练习 ·········· 214

第8章 税收征收管理法 ·········· 215

 学习目标 ·········· 215
 思维导图 ·········· 215
 导入案例 ·········· 215
 8.1 税收征收管理法概述 ·········· 216
  8.1.1 税收征收管理法的概念 ·········· 216
  8.1.2 税收征收管理法的特点 ·········· 216
  8.1.3 税收征收管理法的作用 ·········· 216
  8.1.4 税收征收管理法的发展历程 ·········· 217
 8.2 税务管理 ·········· 217

  8.2.1 税务登记管理 ……………………………………………………………… 217
  8.2.2 账簿、凭证管理 …………………………………………………………… 219
  8.2.3 发票管理 …………………………………………………………………… 220
  8.2.4 纳税申报管理 ……………………………………………………………… 224
 8.3 税款征收 …………………………………………………………………………… 225
  8.3.1 税款征收的方式 …………………………………………………………… 225
  8.3.2 税款征收的措施 …………………………………………………………… 226
 8.4 税务检查 …………………………………………………………………………… 228
  8.4.1 税务检查的概念 …………………………………………………………… 228
  8.4.2 税务检查的范围 …………………………………………………………… 229
  8.4.3 税务检查的程序 …………………………………………………………… 229
  8.4.4 税务检查的方法 …………………………………………………………… 231
 8.5 税收法律责任 ……………………………………………………………………… 234
  8.5.1 纳税人的法律责任 ………………………………………………………… 234
  8.5.2 税务机关的法律责任 ……………………………………………………… 235
 思考与练习 ……………………………………………………………………………… 236

第9章 税务行政法制 ……………………………………………………………… 238

 学习目标 ………………………………………………………………………………… 238
 思维导图 ………………………………………………………………………………… 238
 导入案例 ………………………………………………………………………………… 238
 9.1 税务行政处罚 ……………………………………………………………………… 239
  9.1.1 税务行政处罚的概述 ……………………………………………………… 239
  9.1.2 税务行政处罚的程序 ……………………………………………………… 241
  9.1.3 税务行政处罚的权力清单 ………………………………………………… 247
  9.1.4 税务行政处罚的裁量权 …………………………………………………… 248
 9.2 税务行政复议 ……………………………………………………………………… 251
  9.2.1 税务行政复议的概述 ……………………………………………………… 251
  9.2.2 税务行政复议的程序 ……………………………………………………… 257
  9.2.3 税务行政复议的执行 ……………………………………………………… 264
 9.3 税务行政诉讼 ……………………………………………………………………… 266
  9.3.1 税务行政诉讼的概述 ……………………………………………………… 266
  9.3.2 税务行政诉讼的起诉与受理 ……………………………………………… 269
  9.3.3 税务行政诉讼的审理与判决 ……………………………………………… 270
 9.4 税务行政赔偿 ……………………………………………………………………… 271
  9.4.1 税务行政赔偿的概述 ……………………………………………………… 271
  9.4.2 税务行政赔偿的程序 ……………………………………………………… 273
  9.4.3 税务行政赔偿的方式 ……………………………………………………… 274
  9.4.4 税务行政赔偿的经费 ……………………………………………………… 274

思考与练习 274

第10章 国际税收法律 275

学习目标 275
思维导图 275
导入案例 275

10.1 国际税收概述 276
10.1.1 国际税收的概念 276
10.1.2 国际税收的特点 276
10.1.3 国际税收的作用 277
10.1.4 国际税收的发展历程 278
10.1.5 国际税收的原则 279

10.2 国际重复征税与国际税收协定 280
10.2.1 税收管辖权的概述 280
10.2.2 国际重复征税 280
10.2.3 国际税收协定 281
10.2.4 国际税收协定的管理 286

10.3 国际避税与反避税 291
10.3.1 国际避税 291
10.3.2 一般反避税 293
10.3.3 国际反避税 295
10.3.4 特别纳税调整 297

10.4 国际税收征管协作 308
10.4.1 情报交换 308
10.4.2 海外账户税收遵从法案 310
10.4.3 金融账户涉税信息自动交换标准 312
10.4.4 区域全面经济伙伴关系协定 312

思考与练习 315

参考文献 316

第1章 税法概论

学习目标

【知识目标】

本章是税法学习的基础,通过本章的学习,了解税收、税法的基本概念;熟悉税收和税法的分类、熟悉税法的构成要素、掌握税收法律关系的各个组成部分。

【能力目标】

提升学生明辨是非的价值判断能力、逻辑思维能力、语言表达能力等;培养学生自学税法新理论、新知识、新应用的能力。

【价值目标】

坚定社会主义制度自信;树立诚信纳税、爱岗敬业的职业道德和职业信念;培养实事求是的工作作风和科学严谨的工作态度。

思维导图

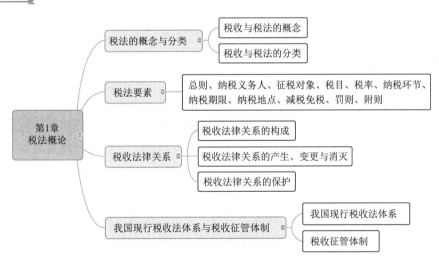

导入案例

安徽省税务稽查局的执法人员在对老陆的公司进行检查时,发现该公司涉及多起关于买卖合同纠纷的民事诉讼案件,而这些交易信息在企业提供的财务资料中均未体现。检查人员敏锐地意识到,其中藏有猫腻。按照这条线索,检查人员顺藤摸瓜,收集相关的资料,形成完整的证据链,证实了老陆的涉税违法事实。在铁的证据面前,老陆承认他的公司在2013年至2017年采取隐瞒销售收入的方式逃避缴纳税款,涉案金额高达

2 100余万元。

后来，安徽省宣城市税务稽查局依法对老陆的企业下达了《税务处理决定书》和《税务处罚决定书》，做出补缴税款、滞纳金、罚款合计700余万元的决定。

接到处罚决定后，老陆本想以公司经营困难为借口逃避缴纳税款，但在税务人员宣讲被列入税收违法"黑名单"的严重后果后，老陆幡然醒悟，悬崖勒马，通过各种方式筹集资金补缴700余万元税款、滞纳金和罚款，企业免于因税收违法被曝光及联合惩戒。老陆表示，经过这次惨痛的教训以后不会再犯糊涂，只有诚实经营，依法纳税，方可持续经营，基业长青。

（资料来源：国家税务总局．联合惩戒违法失信典型案例："黑名单"令违法者"悬崖勒马"［EB/OL］．（2019-10-30）［2023-05-10］．http：//www. chinatax. gov. cn/china-tax/n810219/n810724/c5138717/content. html．）

1.1 税法的概念与分类

1.1.1 税收与税法的概念

1. 税收的概念

税收是政府为了满足社会公共需要，凭借政治权力，按照法律的规定，强制地、无偿地取得财政收入的一种形式。理解税收的内涵需要从税收的分配关系、国家税权、税收目的3个方面来把握。

1) 税收是国家取得财政收入的一种重要工具，其本质是一种分配关系

国家要行使职能必须有一定的财政收入作为保障。取得财政收入的手段多种多样，如征税、发行货币、发行国债、收费、罚没等，其中税收是大部分国家取得财政收入的主要形式。在社会再生产过程中，分配是连接生产与消费的必要环节，在市场经济条件下，分配主要是对社会产品价值的分割。税收解决的是分配问题，是国家参与社会产品价值分配的法定形式，处于社会再生产的分配环节，因而从本质上看它体现的是一种分配关系。

2) 国家征税的依据是政治权力，它有别于按生产要素进行的分配

国家通过征税，将一部分社会产品由纳税人所有转变为国家所有，因此征税的过程实际上是国家参与社会产品的分配过程。国家与纳税人之间形成的这种分配关系与社会再生产中的一般分配关系不同。分配问题涉及两个基本问题：一是分配的主体；二是分配的依据。税收分配是以国家为主体进行的分配，而一般分配则是以各生产要素的所有者为主体进行的分配；税收分配是国家凭借政治权力，以法律的形式进行的分配，而一般分配则是基于生产要素进行的分配。

税收是凭借政治权力进行的分配，这是马克思主义经典作家的基本观点，也是我国税收理论界长期以来的主流认识。正如马克思指出的："赋税是政府机器的经济基础，而不是其他任何东西。"恩格斯在《家庭、私有制和国家起源》中也指出："为了维持这种公共权力，就需要公民缴纳费用——捐税。"关于国家征税的依据即国家为什么可以对公民征税这个问

题，从税收思想史来看有多种观点，如公需说、保险说、交换说、社会政策说等。随着市场经济的发展，我国税收理论界也有一些学者认为用交换说更能说明政府和纳税人之间的关系，即国家依据符合宪法的税收法律对公民和法人行使一种请求权，体现的关系即为类似公法上的债权债务关系，即政府依据税法拥有公民和法人某些财产或收入的债权，公民或法人则对政府承担了债务，这种债务即税收。公民或法人缴纳税收即偿还了债务，以后便拥有了享受政府提供的公共产品的权利，此时税收相当于一种价格，公民和法人与政府应该具有某种等价交换的关系，国家行使请求权的同时，负有向纳税人提供高质有效的公共产品的义务；从纳税人这方面来讲，在享受政府提供的公共产品的同时，也依法负有纳税的义务。在这种等价交换中，税收体现了一种平等性，即国家和纳税人之间的对等关系。

3）国家征税的目的是满足社会公共需要

国家在履行其公共职能的过程中必然有一定的公共支出。公共产品提供的特殊性决定了公共支出一般情况下不可能由公民个人、企业采取自愿出价的方式，而只能采用由国家（政府）强制征税的方式，由经济组织、单位和个人来负担。国家征税的目的是满足提供社会公共产品的需要，以及弥补市场失灵、促进公平分配等的需要。同时，国家征税也要受到所提供公共产品规模和质量的制约。此外，财政是国家治理的基础和重要支柱，优化与国家治理体系相适应的税收制度和税法体系是建设中国特色社会主义财政制度的重要内容，为此既需要循序渐进地落实税收法定原则，使征税有法可依、有法必依；还需要保持合理的宏观税负水平，激发社会活力；更需要构建有利于促进公平竞争、创新驱动和人力资本积累的税收制度，发挥先进税收制度对经济社会高质量发展的促进作用。

2. 税法的概念

税法是指用以调整国家与纳税人之间在征纳税方面的权利及义务关系的法律规范的总称，它构建了国家及纳税人依法征税、依法纳税的行为准则体系，其目的是保障国家利益和纳税人的合法权益，维护正常的税收秩序，保证国家的财政收入。税法体现为法律这一规范形式，是税收制度的核心内容。税收制度是在税收分配活动中税收征纳双方所应遵守的行为规范的总和。其内容主要包括各税种的法律法规及为了保证这些税法得以实施的税收征管制度和税收管理体制。

税法具有义务性法规和综合性法规的特点。

(1) 从法律性质上看，税法属于义务性法规，以规定纳税人的义务为主。税法属于义务性法规，并不是指税法没有规定纳税人的权利，而是指纳税人的权利是建立在其纳税义务的基础之上，处于从属地位。税法属于义务性法规的这一特点是由税收的无偿性和强制性特点所决定的。税法的义务性、强制性，不仅有国家权力作为后盾，而且有一系列的制度措施作为保障；税法作为强制性规范，即对于一切满足税收要素的纳税人，均应根据税法缴纳税款。

(2) 税法的另一特点是具有综合性，它是由一系列单行税收法律法规及行政规章制度组成的体系，其内容涉及课税的基本内容、征纳双方的权利和义务、税收管理规则、法律责任、解决税务争议的法律规范等。税法的综合性特点是由税收制度所调整的税收分配关系和税收法律关系的复杂性所决定的。

税法的本质是正确处理国家与纳税人之间因税收而产生的税收法律关系和社会关系，既要保证国家税收收入，也要保护纳税人的权利，两者缺一不可。片面强调国家税收收入或纳税人权利都不利于社会的和谐发展。如果国家征收不到充足的税款，就无法履行其公共服务的职能，也无法提供公共产品，最终也不利于保障纳税人的利益。从这个意义上讲，税法的核心在于兼顾和平衡纳税人权利，在保障国家税收收入稳步增长的同时，也保证对纳税人权利的有效保护，这是税法的核心要义。

【例 1-1】（单选题）税法的本质是（   ）。
A. 正确处理国家与纳税人之间因税收而产生的税收法律关系和社会关系
B. 保证征税机关的权利
C. 一种分配关系
D. 为纳税人和征税单位履行义务给出规范
答案：A

【思政案例】

税法红线不能踩 "偷逃""少缴"都要罚！

2 位网络主播偷逃税被处罚、1 名自然人纳税人未依法办理个人所得税综合所得汇算清缴被查处、违规发布涉税虚假宣传信息、涉税中介被暂停受理业务……2022 年 2 月 14 日，税务部门集中曝光 4 起涉税违法违规案件，再次警示，无论是网红主播、普通纳税人还是涉税中介，都须严守税法，勿踩法律红线。

西安市税务局公布两起网络主播偷逃税案。贾亚亚、加婵婵从事直播取得收入，未依法办理纳税申报少缴个人所得税，对此，西安市税务局第三稽查局分别对贾亚亚追缴税款、加收滞纳金并处罚款共计 17.67 万元；对加婵婵追缴税款、加收滞纳金并处罚款共计 18.57 万元。

记者梳理后发现，自 2021 年税务部门首次曝光网络主播偷逃税案以来，这已是第 7 次曝光此类案件，共涉及网络主播 8 名。无论是偷逃、少缴税款逾 7 亿的带货一姐，还是知名度不高的小主播，只要逾越法律界线都受到了处罚，彰显了税务部门持续打击网络主播偷逃税行为的高压态势。

近年来，网络直播节目大量涌现，网络主播队伍素质参差不齐，进入门槛低，部分网络主播法律意识淡薄。为加强对网络直播营利行为进行规范性引导，鼓励支持网络直播依法合规经营，2022 年 3 月 25 日，国家互联网信息办公室、国家税务总局、国家市场监督管理总局联合印发了《关于进一步规范网络直播营利行为促进行业健康发展的意见》（税总所得发〔2022〕25 号），明确网络直播发布者要规范纳税、依法享受税收优惠。6 月 22 日，国家广播电视总局、文化和旅游部又发布了《网络主播行为规范》（广电发〔2022〕36 号），明确网络主播应当如实申报收入，依法履行纳税义务，再次为网络主播敲响依法纳税的"警钟"。

持续曝光网络主播偷逃税案件向社会传递了一个信号：税务部门将持续加大对文娱领域和网络直播行业的税收监管，相关群体千万不要抱有侥幸心理。中国政法大学教授、中国法学会财税法学研究会常务副秘书长翟继光坦言："依法纳税不仅是每个公民的基本义务，更是一些公众人物应尽的社会职责，以身试法只能自毁前程。"

记者了解到，近年来，税务部门依法加强对网络直播从业人员的税费服务和税收监管，依托税收大数据分析，对存在涉税风险的按照"提示提醒、督促整改、约谈警示、立案稽查、公开曝光"的"五步工作法"进行处置，既体现了严格执法的"刚性"，又展示了人文关怀的"柔性"，不断提升网络直播行业从业人员税法遵从度。税务部门依法对网络主播偷逃税违法行为作出处理，不仅是对违法者的一种警示，更是对网络直播行业的治理和规范，有利于推动网络直播行业健康发展，为守法者营造公平公正的税收秩序。

（资料来源：国家税务总局．税法红线不能踩 "偷逃""少缴"都要罚 [EB/OL]. （2023-02-14）[2023-5-10]. http：//www.chinatax.gov.cn/chinatax/n810219/n810780/c5185205/content.html. ）

【想一想】

近期，辽宁省辽阳市税务局第二稽查局根据线索精准分析，依法查处了辽阳市华联加油站有限公司偷税案件。经查，该加油站少缴增值税等税费207.45万元，税务稽查部门依据相关规定，对该加油站依法追缴少缴税费、加收滞纳金并处罚款，共计357.91万元。

请思考：该加油站通过什么方式偷逃税款？税务机关如何进行稽查？

1.1.2 税收与税法的分类

1. 税收的分类

税收按不同的标准划分为不同的种类。

1）按照征税对象划分

按照征税对象划分，可以将税收划分为商品（货物）和劳务税类、所得税类、财产和行为税类、资源税和环境保护税类、特定目的税类。

（1）商品（货物）和劳务税类包括增值税、消费税、关税，主要在生产、流通或者服务业中发挥调节作用。

（2）所得税类包括企业所得税、个人所得税、土地增值税，主要是在国民收入形成后，对生产经营者的利润和个人的纯收入发挥调节作用。

（3）财产和行为税类包括房产税、车船税、印花税、契税，主要是对某些财产和行为发挥调节作用。

（4）资源税和环境保护税类包括资源税、环境保护税和城镇土地使用税，主要是对因开发和利用自然资源差异而形成的级差收入发挥调节作用。

（5）特定目的税类包括城市维护建设税、车辆购置税、耕地占用税、船舶吨税和烟叶税，主要是为了达到特定目的，对特定对象和特定行为发挥调节作用。

2）按照税收与价格之间的关系划分

按照税收与价格之间的关系划分，可以将税收划分为价内税和价外税。

价内税是指税金包含在价格之中，构成价格的一部分的税种，其计税依据为含税价格，如消费税等。价外税是指税金不包含在价格中，而是价格之外的附加部分的税种，其计税依据为不含税价格，如增值税等。

3) 按照税收的管理和使用权限划分

按照税收的管理和使用权限划分，可以将税收划分为中央税、地方税和中央与地方共享税。

中央税包括消费税（含进口环节由海关代征的部分）、车辆购置税、关税、船舶吨税和由海关代征的进口环节增值税等。

地方税包括城镇土地使用税、耕地占用税、土地增值税、房产税、车船税、契税、环境保护税和烟叶税等。

中央与地方共享税包括增值税、企业所得税、个人所得税、资源税、城市维护建设税、印花税等。

4) 按照税收征收与负担的对象划分

按照税收征收与负担的对象划分，可以将税收划分为直接税和间接税。

直接税是指税收负担不能或不易转嫁给他人的税种。直接税的纳税人同时为负税人，如企业所得税、个人所得税等。间接税是指税收负担可以通过商品或劳务的供求转嫁给他人的税种。间接税的纳税人不是负税人，如增值税等。

5) 按照税收的计量形式划分

按照税收的计量形式划分，可以将税收划分为从价税和从量税。

从价税是指按征税对象的价值量为标准征收的税种，如增值税、企业所得税等。从量税是指按征税对象的重量、容积、体积、面积等为标准征收的税种，如城镇土地使用税等。

2. 税法的分类

按照税收法律效力不同而进行分类，税法可分为税收法律、税收法规和税收规章。

1) 税收法律

税收法律是指享有国家立法权的国家最高权力机关，依照法律程序制定的规范性税收文件。我国税收法律是由全国人民代表大会及其常务委员会制定的，其法律地位仅次于宪法，而高于税收法规和税收规章。在我国现行税法体系中，《中华人民共和国个人所得税法》、《中华人民共和国企业所得税法》（中华人民共和国主席令第六十三号）、《中华人民共和国税收征收管理法》（中华人民共和国主席令〔2001〕49 号）属于税收法律。

2) 税收法规

税收法规是指国家最高行政机关、地方立法机关根据其职权或国家最高权力机关的授权，依据宪法和税收法律，通过一定法律程序制定的规范性税收文件。我国目前税法体系主要组成部分是税收法规，由国务院制定的税收行政法规和由地方立法机关制定的地方税收法规两部分组成，具体形式主要是"条例"或"暂行条例"，如《中华人民共和国增值税暂行条例》（中华人民共和国国务院令第 538 号）、《中华人民共和国消费税暂行条例》（中华人民共和国国务院令第 539 号）等，税收法规的效力低于宪法、税收法律，而高于税收规章。

3)税收规章

税收规章是指国家税收管理职能部门、地方政府根据其职权和国家最高行政机关的授权,依据有关法律、法规制定的规范性税收文件。在我国,具体是指财政部、国家税务总局、海关总署,以及地方政府在其权限范围内制定的有关税收的"办法""规则""规定"等。税收规章可以增强税法的灵活性和可操作性,是税法体系的必要组成部分,但其法律效力比较低。

【例1-2】(多选题)下列税收法律属于国务院制定的税收行政法规的有( )。
A. 增值税暂行条例
B. 消费税暂行条例
C. 税收征收管理法
D. 企业所得税法
答案:AB

1.2 税法要素

税法要素是指各种单行税法具有的共同的基本要素的总称。首先,税法要素既包括实体性的,也包括程序性的;其次,税法要素是所有完善的单行税法都共同具备的,仅为某一税法所单独具有而非普遍性的内容,不构成税法要素,如扣缴义务人。税法要素一般包括总则、纳税义务人、征税对象、税目、税率、纳税环节、纳税期限、纳税地点、减税免税、罚则、附则等项目。

1.2.1 总则

总则主要包括立法依据、立法目的、适用原则等。例如,《中华人民共和国耕地占用税法》(中华人民共和国主席令第十八号)规定:"为了合理利用土地资源,加强土地管理,保护耕地,制定本法。"此条突出了该法制定的目的,即"立法目的"。

1.2.2 纳税义务人

纳税义务人或纳税人又称纳税主体,是税法规定的直接负有纳税义务的单位和个人。任何一个税种首先要解决的就是国家对谁征税的问题,例如,我国个人所得税、增值税、消费税,以及印花税等税种暂行条例的第一条规定的都是该税种的纳税义务人。

纳税人有两种基本形式:自然人和法人。自然人和法人是两个相对称的法律概念。自然人是基于自然规律而出生的,有民事权利和义务的主体,包括本国公民,也包括外国人和无国籍人。法人是自然人的对称。

税法中规定的纳税人有自然人和法人两种最基本的形式,按照不同的目的和标准,还可以对自然人和法人进行多种详细的分类,这些分类对国家制定区别对待的税收政策,发挥税收的经济调节作用,具有重要的意义。例如,自然人可划分为居民个人和非居民个人,个体经营者和其他个人等；法人可划分为居民企业和非居民企业，还可按企业的不同所有制性质来进行分类等。

与纳税人紧密联系的两个概念是代扣代缴义务人和代收代缴义务人。代扣代缴义务人是指虽不承担纳税义务，但依照有关规定，在向纳税人支付收入、结算货款、收取费用时有义务代扣代缴其应纳税款的单位和个人，例如，出版社代扣代缴作者稿酬所得的个人所得税等。如果代扣代缴义务人按规定履行了代扣代缴义务，税务机关将支付一定的手续费。反之，未按规定代扣代缴税款，造成应纳税款流失或将已扣缴的税款私自截留挪用、不按时缴入国库，一经税务机关发现，将要承担相应的法律责任。代收代缴义务人是指虽不承担纳税义务，但依照有关规定，在向纳税人收取商品或劳务收入时，有义务代收代缴其应纳税款的单位和个人。例如，《中华人民共和国消费税暂行条例》规定，委托加工的应税消费品，由受托方在向委托方交货时代收代缴委托方应该缴纳的消费税。

1.2.3 征税对象

征税对象又称课税对象、征税客体，是指税法规定的对什么征税，也是征纳税双方权利义务共同指向的客体或标的物，是区别一种税与另一种税的重要标志。例如，消费税的征税对象是《中华人民共和国消费税暂行条例》所列举的应税消费品，房产税的征税对象是房屋等。征税对象是税法最基本的要素，因为它体现着征税的最基本界限，决定着某一种税的基本征税范围，同时，征税对象也决定了各个不同税种的名称。例如，消费税、土地增值税、个人所得税等，这些税种因征税对象不同、性质不同，税名也就不同。征税对象按其性质的不同，通常可划分为流转额、所得额、财产、资源、特定行为五大类，通常也因此将税收分为相应的五大类，即流转税或称商品（货物）和劳务税、所得税、财产和行为税、资源税和环境保护税、特定目的税。

与课税对象相关的两个基本概念是税目和税基。税目本身也是一个重要的税法要素，下面将单独讨论。而税基又称为计税依据，是据以计算征税对象应纳税款的直接数量依据，它解决对征税对象课税的计算问题，是对课税对象的量的规定。例如，企业所得税应纳税额的基本计算方法是应纳税所得额乘以适用税率，其中，应纳税所得额是据以计算所得税应纳税额的数量基础，为所得税的税基。计税依据按照计量单位的性质划分，有两种基本形态：价值形态和物理形态。价值形态包括应纳税所得额、销售收入、营业收入等；物理形态包括面积、体积、容积、重量等。一种是以价值形态作为税基，又称从价计征，即按征税对象的货币价值计算，例如，生产销售化妆品应纳消费税税额由化妆品的销售收入乘以适用税率计算产生，其税基为销售收入，属于从价计征的方法。另一种是从量计征，即直接按征税对象物理形态的自然单位计算，例如，城镇土地使用税应纳税额是由占用土地面积乘以每单位面积应纳税额计算产生，其税基为占用土地的面积，属于从量计征的方法。

1.2.4 税目

税目是在税法中对征税对象分类规定的具体的征税项目，反映具体的征税范围，是对课税对象质的界定。设置税目的目的首先是明确具体的征税范围，凡列入税目的即为应税项目，未列入税目的，则不属于应税项目。其次，划分税目也是贯彻国家税收调节政策的需要，国家可根据不同项目的利润水平以及国家经济政策等为依据制定高低不同的税率，以体现不同的税收政策。

并非所有税种都需要规定税目，有些税种不区分课税对象的具体项目，一律按照课税对象的应税数额采用同一税率计征税款，因此一般无须设置税目。例如，企业所得税。有些税种具体课税对象比较复杂，需要规定税目。例如，消费税一般都规定有不同的税目。

1.2.5 税率

税率是对征税对象的征收比例或征收程度。税率是计算税额的尺度，也是衡量税负轻重与否的重要标志。我国现行的税率主要有以下几类。

1. 比例税率

比例税率即对同一征税对象，不分数额大小，规定相同的征收比例。我国的增值税、城市维护建设税、企业所得税等采用的是比例税率。比例税率在适用中又可分为3种具体形式。

（1）单一比例税率，是指对同一征税对象的所有纳税人都适用同一比例税率。

（2）差别比例税率，是指对同一征税对象的不同纳税人适用不同的比例征税。

我国现行税法又分别按产品、行业和地区的不同将差别比例税率划分为以下3种类型：一是产品差别比例税率，即对不同产品分别适用不同的比例税率，同一产品采用同一比例税率，例如，消费税、关税等；二是行业差别比例税率，即对不同行业分别适用不同的比例税率，同一行业采用同一比例税率，例如，增值税等；三是地区差别比例税率，即区分不同的地区分别适用不同的比例税率，同一地区采用同一比例税率，例如，城市维护建设税等。

（3）幅度比例税率，是指对同一征税对象，税法只规定最低税率和最高税率，各地区在该幅度内确定具体的适用税率。

比例税率具有计算简单、税负透明度高、有利于保证财政收入、有利于纳税人公平竞争、不妨碍商品流转额或非商品营业额扩大等优点，符合税收效率原则。但比例税率不能针对不同的收入水平的纳税人实施不同的税收负担，在调节纳税人的收入水平方面难以体现税收的公平原则。

2. 定额税率

定额税率即按征税对象确定的计算单位，直接规定一个固定的税额。目前采用定额税率的有城镇土地使用税、车船税等。

3. 累进税率

1) 超额累进税率

为解释超额累进税率，在此先说明累进税率和全额累进税率。

累进税率是指随着征税对象数量增大而随之提高的税率，即按征税对象数额的大小划分为若干等级，不同等级的课税数额分别适用不同的税率，课税数额越大，适用税率越高。累进税率一般在所得课税中使用，可以充分体现对纳税人收入多的多征、收入少的少征、无收入的不征的税收原则,从而有效地调节纳税人的收入,正确处理税收负担的纵向公平问题。

全额累进税率,是把征税对象的应税数额划分为若干等级,对每个等级分别规定相应税率,当税基超过某个级距时,课税对象的全部数额都按提高后级距的相应税率征税。运用全额累进税率的关键是查找每一位纳税人应税收入在税率表中所属的级次,找到收入级次,与其对应的税率便是该纳税人所适用的税率,全部税基乘以适用税率即可计算出应缴纳的税额。全额累进税率计算方法简便,但税收负担不合理,特别是在划分级距的临界点附近,税负呈跳跃式递增,甚至会出现税额增加超过课税对象数额增加的不合理现象,不利于鼓励纳税人增加收入。

而超额累进税率是把征税对象按数额的大小分成若干等级,每一等级规定一个税率,税率依次提高,但每一纳税人的征税对象则依所属等级同时适用几个税率分别计算,将计算结果相加后得出应纳税款。目前,我国采用这种税率的是个人所得税。

2) 超率累进税率

超率累进税率即以征税对象数额的相对率划分若干级距,分别规定相应的差别税率,相对率每超过一个级距的,对超过的部分就按高一级的税率计算征税。目前,我国采用这种税率的是土地增值税。

1.2.6 纳税环节

纳税环节主要指税法规定的征税对象在从生产到消费的流转过程中应当缴纳税款的环节。例如,流转税在生产和流通环节纳税、所得税在分配环节纳税等。纳税环节有广义和狭义之分。广义的纳税环节是指全部课税对象在再生产中的分布情况。例如,商品(货物)和劳务税分布在生产或流通环节,所得税分布在分配环节,资源税分布在资源生产环节等。狭义的纳税环节特指应税商品在流转过程中应纳税的环节。商品从生产到消费要经历诸多流转环节,各环节都存在销售额,都可能成为纳税环节。但考虑到税收对经济的影响、财政收入的需要以及税收征管的能力等因素,国家常对在商品流转过程中所征税种规定不同的纳税环节。按照某税种征税环节的多少,可以将税种划分为一次课征制或多次课征制。

合理选择纳税环节,对加强税收征管、有效控制税源、保证国家财政收入的及时、稳定、可靠,方便纳税人生产经营活动和财务核算,灵活机动地发挥税收调节经济的作用,具有十分重要的理论和实践意义。

1.2.7 纳税期限

纳税期限是指税法规定的关于税款缴纳时间即纳税时间方面的限定。税法关于纳税时间的规定,有以下3个相关概念。

1. 纳税义务发生时间

纳税义务发生时间是指应税行为发生的时间。例如,《中华人民共和国增值税暂行条例》规定采取预收货款方式销售货物的,其纳税义务发生时间为货物发出的当天。

2. 纳税期限

纳税期限是指纳税人每次发生纳税义务后,不可能马上去缴纳税款。税法规定了每种税的纳税期限，即每隔固定时间汇总一次纳税义务的时间。例如，《中华人民共和国增值税暂行条例》规定，增值税的具体纳税期限分别为 1 日、3 日、5 日、10 日、15 日、1 个月或者 1 个季度。纳税人的具体纳税期限，由主管税务机关根据纳税人应纳税额的大小分别核定；不能按照固定期限纳税的，可以按次纳税。

3. 缴库期限

缴库期限是指税法规定的纳税期满后，纳税人将应纳税款缴入国库的期限。例如，《中华人民共和国增值税暂行条例》规定，纳税人以 1 个月或者 1 个季度为 1 个纳税期的，自期满之日起 15 日内申报纳税；以 1 日、3 日、5 日、10 日或者 15 日为 1 个纳税期的，自期满之日起 5 日内预缴税款，于次月 1 日起 15 日内申报纳税并结清上月应纳税款。

1.2.8 纳税地点

纳税地点主要是指根据各个税种纳税对象的纳税环节和有利于对税款的源泉控制而规定的纳税人（包括代征、代扣、代缴义务人）的具体申报缴纳税收的地点。

1.2.9 减税免税

减税免税主要是对某些纳税人和征税对象采取减少征税或者免予征税的特殊规定。

1.2.10 罚则

罚则主要是指对纳税人违反税法的行为采取的处罚措施。

1.2.11 附则

附则一般规定了与该法紧密相关的内容，例如，税法的解释权、生效时间等。

1.3 税收法律关系

税收法律关系是税法所确认和调整的国家与纳税人之间、国家与国家之间，以及各级政府之间在税收分配过程中形成的权利与义务关系。国家征税与纳税人纳税形式上表现为利益分配的关系，但经过法律明确其双方的权利与义务后，这种关系实质上已上升为一种特定的法律关系。了解税收法律关系，对于正确理解国家税法的本质，严格依法纳税、依法征税都具有重要的意义。

1.3.1 税收法律关系的构成

税收法律关系在总体上与其他法律关系一样，都是由税收法律关系的主体、客体和内容 3 方面构成的，但在 3 方面的内涵上，税收法律关系又具有一定的特殊性。

1. 税收法律关系的主体

税收法律关系的主体是指法律关系的参加者。税收法律关系的主体即税收法律关系中享有权利和承担义务的当事人。在我国，税收法律关系的主体包括征纳双方：一方是代表国家行使征税职责的国家行政机关，包括国家各级税务机关和海关；另一方是履行纳税义务的人，包括法人、自然人和其他组织，在华的外国企业、组织、外籍人、无国籍人，以及在华虽然没有机构、场所但有来源于中国境内所得的外国企业或组织。这种对税收法律关系中权利主体另一方的确定，在我国采取的是属地兼属人的原则。

2. 税收法律关系的客体

税收法律关系的客体是指税收法律关系主体的权利、义务所共同指向的对象，也就是征税对象。例如，所得税法律关系的客体就是生产经营所得和其他所得，财产税法律关系的客体即财产，流转税法律关系的客体就是货物或劳务收入。税收法律关系客体也是国家利用税收调整和控制的目标，国家在一定时期根据客观经济形势发展的需要，通过扩大或缩小征税范围调整征税对象，以达到限制或鼓励国民经济中某些产业、行业发展的目的。

3. 税收法律关系的内容

税收法律关系的内容是指主体所享有的权利和所应承担的义务，这是税收法律关系中最实质的东西，也是税法的灵魂。它规定权利主体可以有什么行为，不可以有什么行为，若违反了这些规定，须承担相应的法律责任。

税务机关的权利主要表现在依法进行征税、税务检查以及对违章者进行处罚；其义务主要是向纳税人宣传、咨询、辅导、解读税法，及时把征收的税款解缴国库，依法受理纳税人对税收争议的申诉等。

纳税义务人的权利主要有多缴税款申请退还权、延期纳税权、依法申请减免税权、申请复议和提起诉讼权等，其义务主要是按税法规定办理税务登记、进行纳税申报、接受税务检查、依法缴纳税款等。

【想一想】

近年来，随着海南经济的逐渐发展，一些税收违法行为也日益猖獗，出现了一些没有实际经营业务只为虚开发票的"假企业"、没有实际出口只为骗取退税的"假出口"及不具备条件只为骗取疫情防控税收优惠政策的"假申报"。

请问：这"三假"对海南、对国家有什么样的影响？

1.3.2 税收法律关系的产生、变更与消灭

税法是引起税收法律关系的前提条件，但税法本身并不能产生具体的税收法律关系。税收法律关系的产生、变更与消灭必须有能够引起税收法律关系产生、变更或消灭的客观情况，也就是由税收法律事实来决定。税收法律事实可以分为税收法律事件和税收法律行为。税收法律事件是指不以税收法律关系权力主体的意志为转移的客观事件。例如，自然灾害可以导致税收减免，从而改变税收法律关系内容的变化。税收法律行为是指税收法律关系主体在正常意志支配下做出的活动。例如，纳税人开业经营即产生税收法律关系，纳税人转业或停业就会造成税收法律关系的变更或消灭。

1.3.3 税收法律关系的保护

税收法律关系是同国家利益及企业和个人的权益相联系的。保护税收法律关系，实质上就是保护国家正常的经济秩序、保障国家财政收入和维护纳税人的合法权益。税收法律关系的保护形式和方法是很多的，例如，税法中关于限期纳税、征收滞纳金和罚款的规定，《中华人民共和国刑法》（中华人民共和国主席令第八十三号）对构成逃避缴纳税款、抗税罪给予刑罚的规定，以及税法中对纳税人不服税务机关征税处理决定，可以申请复议或提出诉讼的规定等都是对税收法律关系的直接保护。税收法律关系的保护对权利主体双方是平等的，不能只对一方保护，而对另一方不予保护。同时对其享有权利的保护，就是对其承担义务的制约。

1.4 我国现行税收法体系与税收征管体制

1.4.1 我国现行税收法体系

税收法体系中各税法按基本内容和效力、职能作用、权限范围的不同，可分为不同类型。

1. 按照基本内容和效力的不同划分

按照基本内容和效力的不同税法可划分为税收基本法和税收普通法。税收基本法也称税收通则，是税法体系的主体和核心，在税法体系中起着税收母法的作用。其基本内容一般包括税收制度的性质、税务管理机构、税收立法与管理权限、纳税人的基本权利与义务、征税机关的权利和义务、税种设置等。我国目前还没有制定统一的税收基本法，随着我国税收法制建设的发展和完善，将研究制定税收基本法。税收普通法是根据税收基本法的原则，对税收基本法规定的事项分别立法实施的法律。例如，《中华人民共和国个人所得税法》《中华人民共和国税收征收管理法》等。

2. 按照职能作用的不同划分

按照职能作用的不同税法可划分为税收实体法和税收程序法。税收实体法主要是指确定税种立法，具体规定各税种的征收对象、征收范围、税目、税率、纳税地点等。例如，《中华人民共和国企业所得税法》《中华人民共和国个人所得税法》就属于税收实体法。税收程序法是指税务管理方面的法律，主要包括税收管理法、纳税程序法、发票管理法、税务机关组织法、税务争议处理法等。

3. 按照主权国家行使税收管辖权的不同划分

按照主权国家行使税收管辖权的不同税法可划分为国内税法和国际税法。国内税法一般是按照属人或属地原则，规定一个国家的内部税收制度。国际税法是指国家间形成的税收制度，主要包括双边或多边国家间的税收协定、条约和国际惯例等，一般而言，其效力高于国内税法。

以上对于税法或税种的分类不具有法定性，但将各具体税种按一定方法分类，在税收理论研究和税制建设方面用途相当广泛，作用非常之大。例如，商品（货物）和劳务税也称间接税，这些税种都是按照商品和劳务收入计算征收的，而这些税种虽然是由纳税人负责缴纳，但最终是由商品和劳务的购买者即消费者负担的，所以称为间接税；而所得税类税种的纳税人本身就是负税人，一般不存在税负转移或转嫁问题，所以称为直接税。

国家税收制度确立的依据是本国具体的政治经济条件。就一个国家而言，在不同的时期，由于政治经济条件和政治经济目标不同，税收制度也有或大或小的差异。

税法内容十分丰富，涉及范围也极为广泛，各单行税收法律法规结合起来，形成了完整配套的税法体系，共同规范和制约税收分配的全过程，是实现依法治税的前提和保证。从法律角度来讲，一个国家在一定时期内、一定体制下以法定形式规定的各种税收法律、法规的总和，被称为税法体系。但从税收工作的角度来讲，所谓税法体系往往被称为税收制度。一个国家的税收制度是指在既定的管理体制下设置的税种以及与这些税种的征收、管理有关的，具有法律效力的各级成文法律、行政法规、部门规章等的总和。换句话来说，税法体系就是通常所说的税收制度。

一个国家的税制，可按照构成方法和形式分为简单型税制及复合型税制。简单型税制主要是指税种单一、结构简单的税制；复合型税制主要是指由多个税种构成的税制。在现代社会中，世界各国一般都采用多种税并存的复合型税制。一个国家为了有效取得财政收入或调节社会经济活动，必须设定一定数量的税种，并规定每种税的征收和缴纳办法，包括对什么征税、向谁征税、征多少税以及何时纳税、何地纳税、按什么手续纳税和不纳税如何处理等。

因此，税制的内容主要有3个层次：一是不同的要素构成税种。构成税种的要素主要包括纳税人、征税对象、税目、税率、纳税环节、纳税期限、减税免税等。二是不同的税种构成税制。构成税制的具体税种，国与国之间差异较大，但一般都包括所得税（直接税），企业（法人）所得税、个人所得税等，也包括商品课税（间接税），如增值税、消费税及其他一些税种等。三是规范税款征收程序的法律法规，例如，《中华人民共和国税收征收管理法》等。

税种的设置及每种税的征税办法，一般是以法律形式确定的，这些法律就是税法。一个国家的税法一般包括税法通则、各税税法（条例）、实施细则、具体规定4个层次。其中，"税法通则"规定一个国家的税种设置和每个税种的立法精神；"各税税法（条例）"分别规定每种税的征税办法；"实施细则"是对各税税法（条例）的详细说明和解释；"具体规定"则是根据不同地区、不同时期的具体情况制定的补充性法规。目前，世界上只有少数国家单独制定税法通则，大多数国家都把税法通则的有关内容包含在宪法和各税税法（条例）之中，我国的税法就属于这种情况。

1.4.2 税收征管体制

1. 税务机构设置与职能

2018 年，根据我国经济和社会发展及推进国家治理体系和治理能力现代化的需要，我国对国税地税征管体制进行了改革。现行税务机构设置是中央政府设立国家税务总局（正部级），原有的省及省以下国税地税机构两个系统通过合并整合，统一设置为省、市、县三级税务局，实行以国家税务总局为主与省（自治区、直辖市）人民政府双重领导管理体制。此外，另由海关总署及下属机构负责关税征收管理和受托征收进出口增值税、消费税等税收。国家税务总局的主要职能如下。

（1）具体起草税收法律法规草案及实施细则并提出税收政策建议，与财政部共同上报和下发，制定贯彻落实的措施。负责对税收法律法规执行过程中的征管和一般性税政问题进行解释，事后向财政部备案。

（2）承担组织实施税收及社会保险费、有关非税收入的征收管理责任，力争税款应收尽收。

（3）参与研究宏观经济政策、中央与地方的税权划分并提出完善分税制的建议，研究税负总水平并提出运用税收手段进行宏观调控的建议。

（4）负责组织实施税收征收管理体制改革，起草税收征收管理法律法规草案并制定实施细则，制定和监督执行税收业务、征收管理的规章制度，监督检查税收法律法规、政策的贯彻执行。

（5）负责规划和组织实施纳税服务体系建设，制定纳税服务管理制度，规范纳税服务行为，制定和监督执行纳税人权益保障制度，保护纳税人合法权益，履行提供便捷、优质、高效纳税服务的义务，组织实施税收宣传，拟订税务师管理政策并监督实施。

（6）组织实施对纳税人进行分类管理和专业化服务，组织实施对大型企业的纳税服务和税源管理。

（7）负责编报税收收入中长期规划和年度计划，开展税源调查，加强税收收入的分析预测，组织办理税收减免等具体事项。

（8）负责制定税收管理信息化制度，拟订税收管理信息化建设中长期规划，组织实施金税工程建设。

（9）开展税收领域的国际交流与合作，参加国家（地区）间税收关系谈判，草签和进行有关的协议、协定。

（10）办理进出口商品的税收及出口退税业务。

（11）以国家税务总局为主、与省区市党委和政府对全国税务系统实行双重领导。

（12）承办党中央、国务院交办的其他事项。

2. 税收征收管理范围划分

目前，我国的税收分别由税务、海关两个系统负责征收管理。

（1）税务系统即国家税务总局系统负责征收和管理的税种有：增值税、消费税、车辆购置税、企业所得税、个人所得税、资源税、城镇土地使用税、耕地占用税、土地增值税、房产税、车船税、印花税、契税、城市维护建设税、环境保护税和烟叶税，共16个税种。

（2）海关系统负责征收和管理的税种有：关税、船舶吨税。同时，海关负责代征进出口环节的增值税和消费税。

思考与练习

1. 税法具有哪些特点？
2. 税法可分为几类？
3. 试述税收法律关系的构成要素。
4. 我国现行的税收管理权限是如何划分的？

▶ 自测习题及参考答案

第 2 章　增值税

学习目标

【知识目标】

通过本章的学习，掌握增值税的纳税义务人、征税范围、税目和税率，以及征收管理的规定；了解增值税专用发票的使用和管理相关规定；掌握增值税销项税额、进项税额、应纳税所得额的计算方法；了解增值税的税收优惠政策。

【能力目标】

培养学生自主学习、合作学习、解决实际问题的能力；能独立完成增值税纳税申报表的填制工作。

【价值目标】

培养学生认真自主的学习精神，认真、严谨地分析问题；增强依法纳税的意识；培养严谨、诚信的职业品质。

思维导图

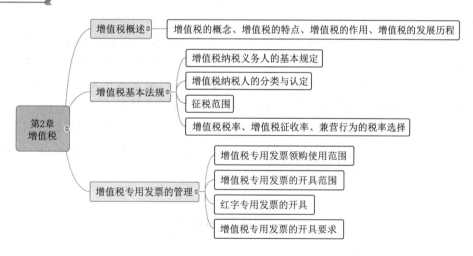

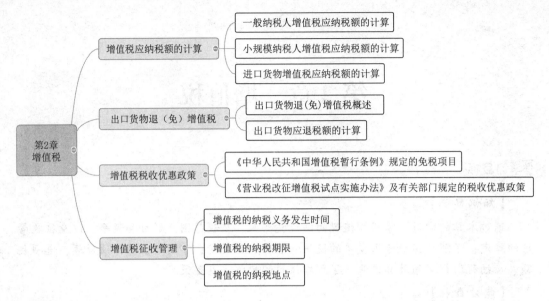

导入案例

2022年3月,湖北省武汉市警税联合破获一起虚开增值税专用发票案,成功摧毁一个虚开发票的团伙。

经查,该犯罪团伙控制多家商贸企业,通过非法手段取得增值税专用发票抵扣进项税额。同时,在没有真实业务的情况下,向多家企业虚开增值税专用发票1.48万份。目前,该团伙主犯因犯虚开增值税专用发票罪被判处无期徒刑,剥夺政治权利终身,并处没收个人全部财产;其余10人因犯虚开增值税专用发票罪,被判处2～15年不等有期徒刑,并处罚金合计152万元。

湖北省税务稽查局有关负责人表示,下一步将认真贯彻落实国家税务总局、公安部、最高人民检察院、海关总署、中国人民银行、国家外汇管理局六部门常态化打击虚开骗税工作要求,进一步发挥六部门联合打击机制作用,聚焦团伙式、跨区域虚开发票违法犯罪行为,始终保持高压态势,积极营造更加规范公平的税收环境。

(资料来源:国家税务总局.湖北省警税联合依法查处一起虚开增值税专用发票案件［EB/OL］.(2023-03-16)［2023-06-10］.http://www.chinatax.gov.cn/chinatax/n810219/c102025/c5185689/content.html.)

2.1 增值税概述

2.1.1 增值税的概念

增值税是以商品和劳务在流转过程中产生的增值额作为征税对象而征收的一种流转税。按照我国增值税法的规定,增值税是对在我国境内销售货物或者加工、修理修配劳务(以下简称劳务)、销售服务、无形资产、不动产及进口货物的单位和个人,就其销售货物、劳务、服务、无形资产、不动产(以下统称应税销售行为)的增值额和货物进口金额为计税依据而课征的一种流转税。

增值税法是指国家制定的用以调整增值税征收与缴纳之间权利和义务关系的法律规范。增值税之所以能够在世界上被众多国家所推广，是因为其可以有效地防止商品在流转过程中的重复征税问题，并使其具备保持税收中性、普遍征收、税收负担由最终消费者承担、实行税款抵扣制度、实行比例税率、实行价外税制度等特点。

2.1.2 增值税的特点

1. 征税范围广，税源充裕

增值税的课税对象是商品生产、流通过程中或提供劳务时实现的增值额，就是人们在生产劳动中新创造的价值额，由于人们无论是从事矿产资源开发、工业品生产，还是经营商品批发、零售业务或提供服务，都会在劳动过程中创造商品和劳动的附加值。因此，增值税可以课征于社会经济活动的各个部门、领域和环节。

2. 多环节征税

增值税是一种新兴的流转税，增值税由于只对货物或劳务销售环节中没有征过税的那部分增值额征税，而对转移到销售额中在以前环节已征过税的那部分不再征税，从而有效地解决了重复征税的问题。正因如此，人们将增值税称为一种对传统的流转税种去弊存利的新型流转税。

3. 对资源配置不会产生扭曲性影响，具有税收中性效应

一种货物或劳务在其生产和经营过程中，不管经历多少生产和流通环节，实行增值税都是对其销售中的增值额征税，挤出销售额中属于企业或劳动所创造的、没有征过税的那部分销售额进行征税，而对销售额中属于转移过来的，以前环节征过税的那一部分销售额则不再征税。此时，增值税对经济活动的干扰大为减弱，从而不至于扭曲市场机制对资源配置的基础性调节作用。

4. 增值税是一种间接税

税收负担随应税商品的流转而向购买者转嫁，最后由该商品的最终消费者承担。增值税作为一种流转税，本来就具有税负转嫁的可能性。这种新型流转税对某项应税商品的每个流转环节逐一征税的同时，还在每个环节按税法规定对纳税人外购项目的已纳税款逐一进行抵扣。因此，对应税商品各个环节的经营而言，他们作为增值税的纳税人，只是把从购买者那里收取的税款转交给政府，而经营者本身未承担增值税税款。这样，随着交易活动在应税商品的各个流转环节逐次展开，应税商品的经营者在出售商品的同时，因为政府从购买者那里收取了该应税商品所承担的税款，当应税商品销售给最终消费者时，该商品在以前所有环节已缴纳的税款连同本环节的税款，便全部转嫁给了最终的消费者。可见，增值税的税收负担具有完全的转嫁性。作为纳税人的生产经营者并非增值税的真正负担者，最终消费者实际上是增值税的最后归宿人。因此，增值税属于典型的间接税。

2.1.3 增值税的作用

1. 有利于保证财政收入及时、稳定地增长

增值税实行普遍征收,其课税范围涉及社会的生产、流通、消费、劳务等诸多生产经营领域,凡从事货物销售、提供应税劳务和进口货物的单位和个人,只要取得增值额都要缴纳增值税,税基极为广阔,增值税在货物销售或应税劳务提供的环节课征,其税款随同销售额一并向购买方收取。增值税不受生产结构、经营环节变化的影响,使收入具有稳定性。此外,增值税实行购进扣税法和发货票注明税款抵扣,使购销单位之间形成相互制约的关系,有利于税务机关对纳税情况的稽查,防止偷税、漏税的发生。

2. 有利于促进专业化协作生产的发展和生产经营结构的合理化

随着科学技术的广泛应用,现代工业生产分工越来越细,工艺越来越复杂,技术要求越来越高,产品通常具有高、精、尖与大批量的特点,这就要求切实改进"大而全""小而全"的低效能生产模式,大力发展生产专业化、协作化。实行增值税有效地排除了按销售全额计税所造成的重复征税的弊端,使税负不受生产组织结构和经营方式变化的影响,始终保持平衡。因此,增值税不但有利于生产向专业化协作方向发展,也不影响企业在专业化基础上的联合经营,从而有利于社会生产要素的优化配置,调整生产经营结构。从商品流通来看,增值税负担不受商品流转环节多寡的影响,有利于疏通商品流通渠道,实现深购远销,搞活商品流通。

3. 有利于"奖出限入",促进对外贸易的发展

随着世界贸易的发展,各国之间商品出口竞争日趋激烈。许多国家为了提高本国商品的出口竞争能力,大多对出口商品实行退税政策,使之以不含税价格进入国际市场。然而,在传统间接税制下,出口商品价格所包含的税金因该商品的生产结构、经营环节不同而多寡不一,因而给准确退税带来很大困难。实行增值税从根本上克服了这一弊端,这是因为一个商品在出口环节前缴纳的全部税与该商品在最终销售环节或出口环节的总体税负是一致的,根据最终销售额和增值税率计算出来的增值税额,是该商品出口以前各环节已纳的增值税额,其实就是该商品出口以前各环节已纳的增值税之和。如果将这笔税额退还给商品出口经营者,就能做到出口退税的准确、彻底,使之以完全不含税价格进入国际市场。

对于进口商品,由于按增值额设计税率,并且按进口商品的组成价格计税,从而把进口商品在出口国因退税或不征税给进口企业带来的经济利益转化为国家所有,这样不仅平衡了进口商品和国内生产商品的税负,而且有利于根据国家的外贸政策,对进出口商品实行奖励或限制,保证国家的经济权益和民族工业的发展。

2.1.4 增值税的发展历程

我国从 1979 年开始在部分城市试行生产型增值税,1994 年在生产和流通领域全面实施生产型增值税。2008 年国务院决定全面实施增值税改革,即将生产型增值税转为消费型增值税。2011 年年底国家决定在上海试点营业税改征增值税(以下简称"营改增")工作,并逐步将试点地区扩展到全国。2016年5月1日起,在全国范围内全面推开"营改增"试点,将建筑业、房地产业、金融业、生活服务业等全部营业税纳税人纳入试点范围,由缴纳营业税改为缴纳增值税。2017年正式结束了营业税的历史使命,之后又逐步发布了诸多"营改增"的具体实施办法和措施。2019年政府工作报告提出,深化增值税改革,进一步降低增值税税率,16%的税率降至13%,10%的税率降至9%,并将增值税税率三档并两档、简化税率列为未来改革方向。

2.2 增值税基本法规

2.2.1 增值税纳税义务人的基本规定

在中华人民共和国境内(以下简称境内)销售货物、劳务、服务、无形资产、不动产的单位和个人,为增值税纳税人。

单位是指企业、行政单位、事业单位、军事单位、社会团体及其他单位。

个人是指个体工商户和其他个人。

单位以承包、承租、挂靠方式经营的,承包人、承租人、挂靠人(以下统称承包人)以发包人、出租人、被挂靠人(以下统称发包人)名义对外经营并由发包人承担相关法律责任的,以该发包人为纳税人。否则,以承包人为纳税人。

采用承包、承租、挂靠经营方式的,区分以下两种情况界定纳税人。

1. 同时满足以下两个条件的,以发包人为纳税人

(1)以发包人名义对外经营;(2)由发包人承担相关法律责任。

2. 不同时满足上述两个条件的,以承包人为纳税人

纳税人应当按照国家统一的会计制度进行增值税会计核算。

资管产品运营过程中发生的增值税应税销售行为,以资管产品管理人为增值税纳税人。

2.2.2 增值税纳税人的分类与认定

增值税实行凭增值税专用发票(含其他符合规定的发票)抵扣税款的制度,客观上要求纳税人具备健全的会计核算制度和能力。在实际经济生活中我国增值税纳税人众多,会计核算水平参差不齐,大量的小企业和个人还不具备使用专用发票抵扣税款的条件,为了既简化增值税的计算和征收,也有利于减少税收征管漏洞,税法将增值税纳税人按会计核算水平和经营规模分为一般纳税人和小规模纳税人,分别采取不同的登记管理办法。登记后的一般纳税人适用一般计税方法(另有规定除外),小规模纳税人适用简易计税方法。

1. 一般纳税人的登记

1)一般纳税人的登记条件

根据《增值税一般纳税人登记管理办法》(国家税务总局令第43号)的规定,增值税纳税人(以下简称纳税人)年应税销售额超过财政部、国家税务总局规定的小规模纳税人标准（以下简称规定标准）的，除按规定选择按照小规模纳税人纳税的，应当向主管税务机关办理一般纳税人登记。

年应税销售额是指纳税人在连续不超过 12 个月或 4 个季度的经营期内累计应征增值税销售额，包括纳税申报销售额、稽查查补销售额、纳税评估调整销售额。

销售服务、无形资产或者不动产（以下简称应税行为）有扣除项目的纳税人，其应税行为年应税销售额按未扣除之前的销售额计算。纳税人偶然发生的销售无形资产、转让不动产的销售额，不计入应税行为年应税销售额。

年应税销售额未超过规定标准的纳税人，会计核算健全，能够提供准确税务资料的，可以向主管税务机关办理一般纳税人登记。

会计核算健全是指能够按照国家统一的会计制度规定设置账簿，根据合法、有效凭证进行核算。

纳税人应当向其机构所在地主管税务机关办理一般纳税人登记手续。

纳税人登记为一般纳税人后，不得转为小规模纳税人，国家税务总局另有规定的除外。

2）不得办理一般纳税人登记的情况

（1）根据政策规定，选择按照小规模纳税人纳税的（应向主管税务机关提交书面说明）。

（2）年应税销售额超过规定标准的其他个人。

3）办理一般纳税人登记的程序

（1）纳税人向主管税务机关填报《增值税一般纳税人登记表》，如实填写固定生产经营场所等信息，并提供税务登记证件。

（2）纳税人填报内容与税务登记信息一致的，主管税务机关当场登记。

（3）纳税人填报内容与税务登记信息不一致，或者不符合填列要求的，税务机关应当当场告知纳税人需要补正的内容。

4）登记的时限

纳税人应在年应税销售额超过规定标准的月份（或季度）的所属申报期结束后 15 日内按照规定办理相关手续；未按规定时限办理的，主管税务机关应当在规定时限结束后 5 日内制作《税务事项通知书》，告知纳税人应当在 5 日内向主管税务机关办理相关手续；逾期仍不办理的，次月起按销售额依照增值税税率计算应纳税额，不得抵扣进项税额，直至纳税人办理相关手续为止。

纳税人自一般纳税人生效之日起，按照增值税一般计税方法计算应纳税额，并可以按照规定领用增值税专用发票，财政部、国家税务总局另有规定的除外。

生效之日是指纳税人办理登记的当月 1 日或者次月 1 日，由纳税人在办理登记手续时自行选择。

2. 小规模纳税人的登记

小规模纳税人是指年销售额在规定标准以下，并且会计核算不健全，不能按规定报送有关税务资料的增值税纳税人。

小规模纳税人的具体认定标准为年应征增值税销售额 500 万元及以下。

已登记为增值税一般纳税人的单位和个人，转登记日前连续 12 个月（以 1 个月为 1 个纳税期）或者连续 4 个季度（以 1 个季度为 1 个纳税期）累计销售额未超过 500 万元的一般纳税人，在 2020 年 12 月 31 日前，可选择转登记为小规模纳税人。

转登记纳税人按规定再次登记为一般纳税人后，不得再转登记为小规模纳税人。

2.2.3 征税范围

增值税的征税范围包括在境内发生应税销售行为以及进口货物等。根据《中华人民共和国增值税暂行条例》、《中华人民共和国增值税暂行条例实施细则》（财政部 财法字〔1993〕38 号）、《营业税改征增值税试点实施办法》（财税〔2016〕36 号）等规定，我们将增值税的征税范围分为一般规定和特殊规定。

1. 征税范围的一般规定

1）销售或者进口的货物

货物是指有形动产，包括电力、热力、气体在内。销售货物是指有偿转让货物的所有权。

2）销售劳务

劳务是指纳税人提供的加工、修理修配劳务。加工是指受托加工货物，即委托方提供原料及主要材料，受托方按照委托方的要求制造货物并收取加工费的业务；修理修配是指受托方对损伤和丧失功能的货物进行修复，使其恢复原状和功能的业务。

销售劳务也称为提供劳务，是指有偿提供劳务。单位或者个体工商户聘用的员工为本单位或者雇主提供的劳务不包括在内。

3）销售服务

服务包括交通运输服务、邮政服务、电信服务、建筑服务、金融服务、现代服务、生活服务。具体征税范围如下。

（1）交通运输服务包括陆路运输服务、水路运输服务、航空运输服务和管道运输服务。纳税人发生下列服务时的征税范围界定。

①陆路运输服务包括铁路运输服务和其他陆路运输服务。其他陆路运输服务包括公路运输、缆车运输、索道运输、地铁运输、城市轻轨运输等。

②出租车公司向使用本公司自有出租车的出租车司机收取的管理费用，按照"陆路运输服务"缴纳增值税。

③水路运输的程租业务、期租业务，属于水路运输服务。程租业务是指运输企业为租船人完成某一特定航次的运输任务并收取租赁费的业务。期租业务是指运输企业将配备有操作人员的船舶承租给他人使用一定期限，承租期内听候承租方调遣，不论是否经营，均按天向承租方收取租赁费，发生的固定费用均由船东负担的业务。

④航空运输的湿租业务属于航空运输服务。湿租业务是指航空运输企业将配备有机组人员的飞机承租给他人使用一定期限，承租期内听候承租方调遣，不论是否经营，均按一定标准向承租方收取租赁费，发生的固定费用均由承租方承担的业务。

⑤航天运输服务按照"航空运输服务"缴纳增值税。

⑥纳税人已售票但客户逾期未消费取得的运输逾期票证收入，按照"交通运输服务"缴纳增值税。

⑦在运输工具舱位承包业务中，发包方以其向承包方收取的全部价款和价外费用为销售额，按照"交通运输服务"缴纳增值税。承包方以其向托运人收取的全部价款和价外费用为销售额，按照"交通运输服务"缴纳增值税。

运输工具舱位承包业务是指承包方以承运人身份与托运人签订运输服务合同，收取运费并承担承运人责任，然后以承包他人运输工具舱位的方式，委托发包方实际完成相关运输服务的经营活动。

⑧在运输工具舱位互换业务中，互换运输工具舱位的双方均以各自换出运输工具舱位确认的全部价款和价外费用为销售额，按照"交通运输服务"缴纳增值税。

运输工具舱位互换业务是指纳税人之间签订运输协议，在各自以承运人身份承揽的运输业务中，互相利用对方交通运输工具的舱位完成相关运输服务的经营活动。

⑨无运输工具承运业务按照"交通运输服务"缴纳增值税。无运输工具承运业务是指经营者以承运人身份与托运人签订运输服务合同，收取运费并承担承运人责任，然后委托实际承运人完成运输服务的经营活动。

（2）邮政服务包括邮政普遍服务、邮政特殊服务和其他邮政服务。

①邮政普遍服务是指函件、包裹等邮件寄递，以及邮票发行、报刊发行和邮政汇兑等业务活动。

②邮政特殊服务是指义务兵平常信函、机要通信、盲人读物和革命烈士遗物的寄递等业务活动。

③其他邮政服务是指邮册等邮品销售、邮政代理等业务活动。

（3）电信服务包括基础电信服务和增值电信服务。

①基础电信服务是指利用固网、移动网、卫星、互联网提供语音通话服务的业务活动，以及出租或者出售带宽、波长等网络元素的业务活动。

②增值电信服务是指利用固网、移动网、卫星、互联网、有线电视网络，提供短信和彩信服务、电子数据和信息的传输及应用服务、互联网接入服务等业务活动。卫星电视信号落地转接服务，按照"增值电信服务"缴纳增值税。

（4）建筑服务包括工程服务、安装服务、修缮服务、装饰服务和其他建筑服务。

纳税人发生下列服务时的征税范围界定。

①工程服务包括与建筑物相连的各种设备或者支柱、操作平台的安装或者装设工程作业，以及各种窑炉和金属结构工程作业。

②安装服务包括与被安装设备相连的工作台、梯子、栏杆的装设工程作业，以及被安装设备的绝缘、防腐、保温、油漆等工程作业。

③固定电话、有线电视、宽带、水、电、燃气、暖气等经营者向用户收取的安装费、初装费、开户费、扩容费，以及类似收费，按照"安装服务"缴纳增值税。

④物业服务企业为业主提供的装修服务，按照"建筑服务"缴纳增值税。

⑤其他建筑服务是指上述工程作业之外的各种工程作业服务，如钻井（打井）、拆除建筑物或者构筑物、平整土地、园林绿化、疏浚（不包括航道疏浚）、建筑物平移、搭脚手架、爆破、矿山穿孔、表面附着物（包括岩层、土层、沙层等）剥离和清理等工程作业。

⑥纳税人将建筑施工设备出租给他人使用并配备操作人员的，按照"建筑服务"缴纳增值税。

（5）金融服务包括贷款服务、直接收费金融服务、保险服务和金融商品转让。

纳税人发生下列服务时的征税范围界定。

①各种占用、拆借资金取得的收入，包括金融商品持有期间（含到期）利息（保本收益、报酬、资金占用费、补偿金等）收入、信用卡透支利息收入、买入返售金融商品利息收入、融资融券收取的利息收入，以及融资性售后回租、押汇、罚息、票据贴现、转贷等业务取得的利息及利息性质的收入，按照"贷款服务"缴纳增值税。

保本收益、报酬、资金占用费、补偿金是指合同中明确承诺到期本金可全部收回的投资收益。金融商品持有期间（含到期）取得的非保本的上述收益，不属于利息或利息性质的收入，不征收增值税。

融资性售后回租是指承租方以融资为目的，将资产出售给从事融资性售后回租业务的企业后，从事融资性售后回租业务的企业将该资产出租给承租方的业务活动。

②以货币资金投资收取的固定利润或者保底利润，按照"贷款服务"缴纳增值税。

③直接收费金融服务包括提供货币兑换、账户管理、电子银行、信用卡、信用证、财务担保、资产管理、信托管理、基金管理、金融交易场所（平台）管理、资金结算、资金清算、金融支付等服务。

④保险服务包括人身保险服务和财产保险服务。

⑤金融商品转让是指转让外汇、有价证券、非货物期货和其他金融商品所有权的业务活动。其他金融商品转让包括基金、信托、理财产品等各类资产管理产品和各种金融衍生品的转让。纳税人购入基金、信托、理财产品等各类资产管理产品持有至到期，不属于金融商品转让。

⑥纳税人转让因同时实施股权分置改革和重大资产重组而首次公开发行股票并上市形成的限售股，以及上市首日至解禁日期间由上述股份滋生的送、转股，以该上市公司股票上市首日开盘价为买入价，按照"金融商品转让"缴纳增值税。

（6）现代服务包括研发和技术服务、信息技术服务、文化创意服务、物流辅助服务、租赁服务、鉴证咨询服务、广播影视服务、商务辅助服务和其他现代服务。

纳税人发生下列服务时的征税范围界定。

①研发和技术服务包括研发服务、合同能源管理服务、工程勘察勘探服务、专业技术服务。

②信息技术服务包括软件服务、电路设计及测试服务、信息系统服务、业务流程管理服务和信息系统增值服务。

③文化创意服务包括设计服务、知识产权服务、广告服务和会议展览服务。

宾馆、旅馆、旅社、度假村和其他经营性住宿场所提供会议场地及配套服务的活动，按照"会议展览服务"缴纳增值税。

④物流辅助服务包括航空服务、港口码头服务、货运客运场站服务、打捞救助服务、装卸搬运服务、仓储服务和收派服务。

⑤租赁服务包括融资租赁服务和经营租赁服务。

融资租赁服务是指具有融资性质和所有权转移的特点的租赁活动，即出租人根据承租人所要求的规格、型号、性能等条件购入有形动产或者不动产租赁给承租人，合同期内租赁物所有权属于出租人，承租人只拥有使用权，合同期满付清租金后，承租人有权按照残值购入租赁物，以拥有其所有权。不论出租人是否将租赁物销售给承租人，均属于融资租赁。按照标的物的不同，融资租赁服务可分为有形动产融资租赁服务和不动产融资租赁服务。

经营租赁服务是指在约定时间内将有形动产或者不动产转让他人使用且租赁物所有权不变更的业务活动。按照标的物的不同，可分为有形动产经营租赁服务和不动产经营租赁服务。

纳税人发生下列服务时的征税范围界定。

a) 融资性售后回租不按照"租赁服务"缴纳增值税。

b) 将建筑物、构筑物等不动产或者飞机、车辆等有形动产的广告位出租给其他单位或者个人用于发布广告，按照"经营租赁服务"缴纳增值税。

c) 车辆停放服务、道路通行服务（包括过路费、过桥费、过闸费等）等按照"不动产经营租赁服务"缴纳增值税。

d) 水路运输的光租业务、航空运输的干租业务，属于经营租赁。

光租业务是指运输企业将船舶在约定的时间内出租给他人使用，不配备操作人员，不承担运输过程中发生的各项费用，只收取固定租赁费的业务活动。

干租业务是指航空运输企业将飞机在约定的时间内出租给他人使用，不配备机组人员，不承担运输过程中发生的各项费用，只收取固定租赁费的业务活动。

⑥鉴证咨询服务包括认证服务、鉴证服务和咨询服务。

翻译服务和市场调查服务按照"咨询服务"缴纳增值税。

⑦广播影视服务包括广播影视节目（作品）的制作服务、发行服务和播映（含放映，下同）服务。

⑧商务辅助服务包括企业管理服务、经纪代理服务、人力资源服务、安全保护服务。纳税人发生下列服务时的征税范围界定。

a) 拍卖行受托拍卖取得的手续费或佣金收入，按照"经纪代理服务"缴纳增值税。

b) 纳税人提供的安全保护服务，属于人力资源服务，比照劳务派遣服务的政策执行。

c) 纳税人提供武装守护押运服务，按照"安全保护服务"缴纳增值税。

⑨其他现代服务是指除研发和技术服务、信息技术服务、文化创意服务、物流辅助服务、租赁服务、鉴证咨询服务、广播影视服务和商务辅助服务的现代服务。

纳税人发生下列服务时的征税范围界定。

a) 纳税人为客户办理退票而向客户收取的退票费、手续费等收入，按照"其他现代服务"缴纳增值税。

b) 纳税人对安装运行后的机器设备提供的维护保养服务，按照"其他现代服务"缴纳增值税。

（7）生活服务包括文化体育服务、教育医疗服务、旅游娱乐服务、餐饮住宿服务、居民日常服务和其他生活服务。

纳税人发生下列服务时的征税范围界定。

①提供餐饮服务的纳税人销售的外卖食品，按照"餐饮服务"缴纳增值税。

②纳税人在游览场所经营索道、摆渡车、电瓶车、游船等取得的收入，按照"文化体

育服务"缴纳增值税。

③纳税人现场制作食品并直接销售给消费者，按照"餐饮服务"缴纳增值税。

④纳税人提供植物养护服务，按照"其他生活服务"缴纳增值税。

4）销售无形资产

销售无形资产是指转让无形资产所有权或者使用权的业务活动。无形资产包括技术、商标、著作权、商誉、自然资源使用权和其他权益性无形资产。

其他权益性无形资产包括基础设施资产经营权、公共事业特许权、配额、经营权（包括特许经营权、连锁经营权、其他经营权）、经销权、分销权、代理权、会员权、席位权、网络游戏虚拟道具、域名、名称权、肖像权、冠名权、转会费等。

5）销售不动产

销售不动产是指转让不动产所有权的业务活动。不动产包括建筑物、构筑物等。转让建筑物有限产权或者永久使用权的，转让在建的建筑物或者构筑物所有权的，以及在转让建筑物或者构筑物时一并转让其所占土地的使用权的，按照"销售不动产"缴纳增值税。

销售服务、无形资产或者不动产，是指有偿提供服务、有偿转让无形资产或者不动产，但属于下列非经营活动情形的除外。

（1）行政单位收取的同时满足以下条件的政府性基金或者行政事业性收费。

①由国务院或者财政部批准设立的政府性基金，由国务院或者省级人民政府及其财政、价格主管部门批准设立的行政事业性收费。

②收取时开具省级以上（含省级）财政部门监（印）制的财政票据。

③所收款项全额上缴财政。

（2）单位或者个体工商户聘用的员工为本单位或者雇主提供取得工资的服务。

（3）单位或者个体工商户为聘用的员工提供服务。

（4）财政部和国家税务总局规定的其他情形。

【例2-1】（多选题）下列行为中，属于增值税征收范围的有（　　　）。

A. 甲公司将房屋与乙公司土地交换

B. 丙银行将房屋出租给丁饭店，而丁饭店长期不付租金，后经双方协商，由丙银行在饭店就餐抵账

C. 戊房地产开发企业委托己建筑工程公司建造房屋，双方在结算价款时，房地产企业将若干套房屋转让给建筑公司冲抵工程款

D. 庚运输公司与辛汽车修理公司商定，庚运输公司为辛汽车修理公司免费提供运输服务，辛汽车修理公司为其免费提供汽车维修作为回报

答案：ABCD

2. 征税范围的特殊规定

增值税的征税范围除了上述的一般规定，还对经济实务中某些特殊项目或行为是否属于增值税的征税范围，做出了具体的界定。

1) 增值税征税范围的特殊项目界定

(1) 罚没物品征与不征增值税的处理。

①执法部门和单位查处的属于一般商业部门经营的商品，具备拍卖条件的，由执法部门或单位商同级财政部门同意后，公开拍卖。其拍卖收入作为罚没收入由执法部门和单位如数上缴财政，不予征收增值税。对经营单位购入拍卖物品再销售的应照章征收增值税。

②执法部门和单位查处的属于一般商业部门经营的商品，不具备拍卖条件的，由执法部门、财政部门、国家指定销售单位会同有关部门按质论价，交由国家指定销售单位纳入正常销售渠道变价处理。执法部门按商定价格所取得的变价收入作为罚没收入如数上缴财政，不予征收增值税。国家指定销售单位将罚没物品纳入正常销售渠道销售的，应照章征收增值税。

③执法部门和单位查处的属于专管机关管理或专管企业经营的财物，如金银（不包括金银首饰）、外币、有价证券、非禁止出口文物，应交由专管机关或专营企业收兑或收购。执法部门和单位按收兑或收购价所取得的收入作为罚没收入如数上缴财政，不予征收增值税。专管机关或专营企业经营上述物品中属于应征增值税的货物，应照章征收增值税。

(2) 航空运输企业已售票但未提供航空运输服务取得的逾期票证收入，按照"航空运输服务"征收增值税。

(3) 纳税人取得的财政补贴收入，与其销售货物、劳务、服务、无形资产、不动产的收入或者数量直接挂钩的，应按规定计算缴纳增值税。纳税人取得的其他情形的财政补贴收入，不属于增值税应税收入，不征收增值税。

(4) 融资性售后回租业务中，承租方出售资产的行为不属于增值税的征税范围，不征收增值税。

(5) 药品生产企业销售自产创新药的销售额，为向购买方收取的全部价款和价外费用，其提供给患者后续免费使用的相同创新药，不属于增值税视同销售范围。创新药是指经国家食品药品监督管理部门批准注册、获批前未曾在中国境内外上市销售，通过合成或者半合成方法制得的原料药及其制剂。

(6) 根据国家指令无偿提供的铁路运输服务、航空运输服务，属于用于公益事业的服务，不征收增值税。

(7) 存款利息不征收增值税。

(8) 被保险人获得的保险赔付不征收增值税。

(9) 房地产主管部门或者其指定机构、公积金管理中心、开发企业以及物业管理单位代收的住宅专项维修资金，不征收增值税。

(10) 纳税人在资产重组过程中，通过合并、分立、出售、置换等方式，将全部或者部分实物资产以及与其相关联的债权、负债和劳动力一并转让给其他单位和个人，不属于增值税的征税范围。

(11) 单用途商业预付卡（以下简称单用途卡）业务按照以下规定执行。

①单用途卡发卡企业或者售卡企业（以下统称售卡方）销售单用途卡，或者接受单用途卡持卡人充值取得的预收资金，不缴纳增值税。售卡方可按照规定，向购卡人、充值人开具增值税普通发票，不得开具增值税专用发票。

②售卡方因发行或者销售单用途卡并办理相关资金收付结算业务取得的手续费、结算

费、服务费、管理费等收入，应按照现行规定缴纳增值税。

③持卡人使用单用途卡购买货物或服务时，货物或者服务的销售方应按照现行规定缴纳增值税，且不得向持卡人开具增值税发票。

④销售方与售卡方不是同一个纳税人的，销售方在收到售卡方结算的销售款时，应向售卡方开具增值税普通发票，并在备注栏注明"收到预付卡结算款"，不得开具增值税专用发票。售卡方从销售方取得的增值税普通发票，作为其销售单用途卡或接受单用途卡充值取得预收资金不缴纳增值税的凭证，留存备查。

(12) 支付机构预付卡（以下称多用途卡）业务按照以下规定执行。

①支付机构销售多用途卡取得的等值人民币资金，或者接受多用途卡持卡人充值取得的充值资金，不缴纳增值税。支付机构可按照上述第11项的规定，向购卡人、充值人开具增值税普通发票，不得开具增值税专用发票。

②支付机构因发行或者受理多用途卡并办理相关资金收付结算业务取得的手续费、结算费、服务费、管理费等收入，应按照现行规定缴纳增值税。

③持卡人使用多用途卡，向与支付机构签署合作协议的特约商户购买货物或服务，特约商户应按照现行规定缴纳增值税，且不得向持卡人开具增值税发票。

特约商户收到支付机构结算的销售款时，应向支付机构开具增值税普通发票，并在备注栏注明"收到预付卡结算款"，不得开具增值税专用发票。支付机构从特约商户取得的增值税普通发票，作为其销售多用途卡或接受多用途卡充值取得预收资金不缴纳增值税的凭证，留存备查。

2) 增值税征税范围的特殊行为界定

(1) 视同发生应税销售行为。

单位或者个体工商户的下列行为，视同发生应税销售行为。

①将货物交付其他单位或者个人代销。

②销售代销货物。

③设有两个以上机构并实行统一核算的纳税人，将货物从一个机构移送至其他机构用于销售，但相关机构设在同一县（市）的除外。

"用于销售"是指售货机构发生两项情形之一的经营行为：一是向购货方开具发票；二是向购货方收取货款。售货机构的货物移送行为有上述两项情形之一的，应当向所在地税务机关缴纳增值税；未发生上述两项情形的，则应由总机构统一缴纳增值税。如果售货机构只就部分货物向购买方开具发票或收取货款，则应当区分不同情况计算并分别向总机构所在地或分支机构所在地缴纳税款。

④将自产、委托加工的货物用于非应税项目。

⑤将自产、委托加工的货物用于集体福利或者个人消费。

⑥将自产、委托加工或者购进的货物作为投资，提供给其他单位或者个体工商户。

⑦将自产、委托加工或者购进的货物分配给股东或者投资者。

⑧将自产、委托加工或者购进的货物无偿赠送给其他单位或者个人。

⑨单位或者个体工商户向其他单位或者个人无偿销售应税服务、无偿转让无形资产或者不动产，但用于公益事业或者以社会公众为对象的除外。

⑩财政部和国家税务总局规定的其他情形。

上述 10 种情况应该确定为视同发生应税销售行为，均要征收增值税。其确定的目的主要有 3 个。一是保证增值税税款抵扣制度的实施，不因发生上述行为而造成各相关环节税款抵扣链条的中断，如前两种情况就是这种原因。如果不将之视同发生应税销售行为从而出现销售代销货物方仅有销项税额而无进项税额，而将货物交付其他单位或者个人代销方仅有进项税额而无销项税额的情况，就会出现增值税抵扣链条不完整。二是避免因发生上述行为而造成应税销售行为之间税收负担不平衡的矛盾，防止以上述行为逃避纳税的现象。三是体现增值税计算的配比原则，即购进货物、劳务、服务、无形资产、不动产已经在购进环节实施了进项税额抵扣，这些购进货物、劳务、服务、无形资产、不动产应该产生相应的销售额，同时就应该产生相应的销项税额，否则就会产生不配比情况。例如上述第④~⑨项中的几种情况就属于此种原因。

【例 2-2】（单选题）根据我国增值税法的相关规定，下列不属于视同销售行为的是(　　)。
A. 将购进的货物无偿赠送给灾民
B. 单位效益不好，将自产的电视机发给员工作福利
C. 将半成品从一个车间转移到另一个车间继续加工
D. 将自产的设备用于投资入股
答案：C

(2) 混合销售。一项销售行为如果既涉及货物又涉及服务，称为混合销售。从事货物的生产、批发或者零售的单位和个体工商户的混合销售，按照销售货物缴纳增值税；其他单位和个体工商户的混合销售，按照销售服务缴纳增值税。

上述从事货物的生产、批发或者零售的单位和个体工商户，包括以从事货物的生产、批发或者零售为主，并兼营销售服务的单位和个体工商户在内。

混合销售行为成立的行为标准有两点：一是其销售行为必须是一项；二是该项行为必须既涉及货物销售又涉及应税行为。

我们在确定混合销售是否成立时，其行为标准中的上述两点必须是同时存在的，如果一项销售行为只涉及销售服务，不涉及货物，这种行为就不是混合销售行为；反之，如果涉及销售服务和涉及货物的行为，不是存在于一项销售行为之中，这种行为也不是混合销售行为。

混合销售与兼营两个概念很容易混淆，它们在增值税处理上是不一样的，稍不留神就会酿成税务风险。下面就举两个例子说说这两个概念的区别。

情况一：王先生在某商场买了一部空调，花了 10 000 元，该商场提供空调上门安装服务，收费 2 000 元。

情况二：李先生也在这个商场买了一台液晶电视，花了 2 000 元，该商场提供运输服务，可将电视机送货上门，另行收费 100 元。

对该商场而言，卖空调同时提供安装服务属于混合销售；卖电视提供运输服务属于兼营。

混合销售是一项销售中同时包括高低税率的增值税应税业务，如情况一，卖空调就要负

责安装好,卖空调与装空调是一贯的。兼营则是两项业务,如情况二,销售电视的同时提供运输服务,运输服务完全可以独立,只是这两项服务由一家商场提供而已。

对于兼营行为,如果会计能够分开核算,可以依据交付类别按高低税率分别计算增值税。如上例,卖电视的增值税税率13%,提供运输服务的增值税税率9%。如果会计做账时不能把兼营行为分开核算,税务将从高征税。

混合销售的本质是一项纳税行为,兼营的本质是多项应税行为。混合销售税务处理原则是按企业的主营项目的性质划分增值税税目;兼营应当分别核算适用不同税率或者征收率应税行为的销售额,从而计算相应的增值税应缴税额。

混合销售一般看业务的主体是什么。如果是以产品为主,则从高缴纳增值税;如果是以服务为主,则从低缴纳增值税。情况一中的空调安装需要从高纳税,按13%计算增值税。再如,我们找物业公司上门提供修理服务,在修理过程中使用的零配件如果单独收费,就可以比照维修服务从低纳税,按6%计算增值税。

对兼营行为做税收筹划比较容易,在签订合同时将两种或多种销售行为分开,会计核算时分别确认收入即可。以货物生产、批发或者零售为主的混合销售,税率从高计算增值税。混合销售不能与兼营混淆,它不能通过会计做账分开确认收入来分项计税。

2.2.4 增值税税率

增值税的税率分别为13%、9%、6%和零税率。

1. 13%税率适用范围

纳税人销售货物、有形动产租赁服务或者进口货物,除按规定适用9%税率的货物,适用13%的基本税率。

采取填埋、焚烧等方式进行专业化处理后产生货物,且货物归属委托方的,受托方属于提供"加工劳务",其收取的处理费用适用13%的税率。

2. 9%税率适用范围

纳税人销售交通运输、邮政、基础电信、建筑、不动产租赁服务,销售不动产,转让土地使用权,销售或者进口下列货物,税率为9%。

(1)粮食等农业产品、食用植物油、食用盐。

①农业产品。农业产品是指种植业、养殖业、林业、牧业、水产业生产的各种植物、动物的初级产品。具体征税范围暂时继续按照《农业产品征税范围注释》(财税字〔1995〕52号)及现行相关规定执行,包括挂面、干姜、姜黄、玉米胚芽、动物骨粒等。

麦芽、复合胶、人发不属于《农业产品征税范围注释》中规定的农业产品范围,适用13%的增值税税率。

按照《食品安全国家标准 巴氏杀菌乳》(GB 19645—2010)生产的巴氏杀菌乳和按照《食品安全国家标准 灭菌乳》(GB 25190—2010)生产的灭菌乳,均属于初级农业产品,可依照《农业产品征税范围注释》中的鲜奶按9%的税率征收增值税;按照《食品安全国家标准 调制乳》(GB 25191—2010)生产的调制乳,不属于初级农业产品,应按照13%的税率征收增值税。

淀粉不属于农业产品的范围，应按照13%的税率征收增值税。

②食用植物油。花椒油、橄榄油、核桃油、杏仁油、葡萄籽油和牡丹籽油按照食用植物油适用9%的税率征收增值税。环氧大豆油、氢化植物油不属于食用植物油征收范围，适用13%的增值税税率。

肉桂油、桉油、香茅油不属于《农业产品征税范围注释》中规定的农业产品，适用13%的增值税税率。

（2）自来水、暖气、冷气、热水、煤气、石油液化气、天然气、二甲醚、沼气、居民用煤炭制品。

（3）图书、报纸、杂志、音像制品、电子出版物。

国内印刷企业承印的经新闻出版主管部门批准印刷且采用国际标准书号编序的境外图书，属于《中华人民共和国增值税暂行条例》第二条规定的"图书"，适用9%的增值税税率。

（4）饲料、化肥、农药、农机、农膜。

饲料是指用于动物饲养的产品或其加工品，包括豆粕、宠物饲料、饲用鱼油、矿物质微量元素添加、饲料级磷酸二氢钙产品等。

农机是指用于农业生产（包括林业、牧业、副业、渔业）的各种机器和机械化与半机械化农具，以及小农具，包括农用水泵、农用柴油机、不带动力的手扶拖拉机、三轮农用运输车、密集型烤房设备、频振式杀虫灯、自动虫情测报灯、黏虫板、卷帘机、农用挖掘机、养鸡设备系列、养猪设备系列产品、动物尸体降解处理机、蔬菜清洗机等。农机零部件不属于本货物的征收范围。

（5）国务院规定的其他货物。

上述适用9%税率的货物按《农业产品征税范围注释》、《增值税部分货物征税范围注释》（国税发〔1993〕151号）及其他相关规定执行。

3. 6%税率适用范围

纳税人销售增值电信服务、金融服务、现代服务（不动产租赁除外）、生活服务以及销售无形资产（转让土地使用权除外），税率为6%。下列情形也按6%的税率征收增值税。

（1）纳税人通过省级土地行政主管部门设立的交易平台转让补充耕地指标，按照"销售无形资产"缴纳增值税，税率为6%。

（2）纳税人受托对垃圾、污泥、污水、废气等废弃物进行专业化处理，采取填埋、焚烧等方式进行专业化处理后未产生货物的，受托方属于提供"现代服务"中的"专业技术服务"，其收取的处理费用适用6%的增值税税率。

（3）纳税人受托对垃圾、污泥、污水、废气等废弃物进行专业化处理，采取填埋、焚烧等方式进行专业化处理后产生货物，且货物归属受托方的，受托方属于提供"专业技术服务"，其收取的处理费用适用6%的增值税税率。受托方将产生的货物用于销售时，适用货物的增值税税率。

4. 零税率适用范围

纳税人出口货物，税率为零，国务院另有规定的除外。

境内单位和个人跨境销售国务院规定范围内的服务、无形资产，税率为零。

根据《营业税改征增值税试点实施办法》的相关规定，销售服务、无形资产适用的零税率政策如下。

（1）中华人民共和国境内（以下简称境内）的单位和个人销售的下列服务和无形资产，适用增值税零税率。

①国际运输服务。国际运输服务是指：在境内载运旅客或者货物出境；在境外载运旅客或者货物入境；在境外载运旅客或者货物。

发生国际运输服务适用零税率具体政策如下。

a）按照国家有关规定应取得相关资质的国际运输服务项目，纳税人取得相关资质的，适用增值税零税率政策，未取得的，适用增值税免税政策。

b）境内的单位或个人提供程租服务，如果租赁的交通工具用于国际运输服务和港澳台运输服务，由出租方按规定申请适用增值税零税率。

c）境内的单位和个人向境内单位或个人提供期租、湿租服务，如果承租方利用租赁的交通工具向其他单位或个人提供国际运输服务和港澳台运输服务，由承租方适用增值税零税率。境内的单位或个人向境外单位或个人提供期租、湿租服务，由出租方适用增值税零税率。

d）境内单位和个人以无运输工具承运方式提供的国际运输服务，由境内实际承运人适用增值税零税率；无运输工具承运业务的经营者适用增值税免税政策。

②航天运输服务。

③向境外单位提供的完全在境外消费的下列服务：

a）研发服务；

b）合同能源管理服务；

c）设计服务；

d）广播影视节目（作品）的制作和发行服务；

e）软件服务；

f）电路设计及测试服务；

g）信息系统服务；

h）业务流程管理服务；

i）离岸服务外包业务，包括信息技术外包服务（ITO）、技术性业务流程外包服务（BPO）、技术性知识流程外包服务（KPO），其所涉及的具体业务活动，按照《销售服务、无形资产、不动产注释》（财税〔2016〕36号）相对应的业务活动执行；

j）转让技术。

④财政部和国家税务总局规定的其他服务。

（2）境内单位和个人发生的与香港、澳门、台湾有关的应税行为，除另有规定外，参照上述规定执行。

2.2.5　增值税征收率

增值税征收率是指特定纳税人发生应税销售行为在某一生产流通环节应纳税额与销售额的比率。增值税征收率适用于两种情况：一是小规模纳税人；二是一般纳税人发生应税销售行为按规定可以选择简易计税方法计税的。

1. 征收率的一般规定

（1）纳税人发生按简易计税方法计税的情形，除按规定适用5%征收率的外，其应税销售行为均适用3%的征收率。

（2）下列情况适用5%征收率：

①小规模纳税人销售自建或者取得的不动产；

②一般纳税人选择简易计税方法计税的不动产销售；

③房地产开发企业中的小规模纳税人，销售自行开发的房地产项目；

④其他个人销售其取得（不含自建）的不动产（不含其购买的住房）；

⑤一般纳税人选择简易计税方法计税的不动产经营租赁；

⑥小规模纳税人出租（经营租赁）其取得的不动产（不含个人出租住房）；

⑦其他个人出租（经营租赁）其取得的不动产（不含住房）；

⑧个人出租住房，应按照5%的征收率减按1.5%计算应纳税额；

⑨一般纳税人和小规模纳税人提供劳务派遣服务选择差额纳税的；

⑩一般纳税人2016年4月30日前签订的不动产融资租赁合同，或以2016年4月30日前取得的不动产提供的融资租赁服务，选择适用简易计税方法的；

⑪一般纳税人收取试点前开工的一级公路、二级公路、桥、闸通行费，选择适用简易计税方法的；

⑫一般纳税人提供人力资源外包服务，选择适用简易计税方法的；

⑬纳税人转让2016年4月30日前取得的土地使用权，选择适用简易计税方法的；

⑭房地产开发企业中的一般纳税人购入未完工的房地产老项目（2016年4月30日之前的建筑工程项目）继续开发后，以自己名义立项销售的不动产，属于房地产老项目，可以选择适用简易计税方法按照5%的征收率计算缴纳增值税。

2. 征收率的特殊规定

根据增值税法相关规定，适用3%征收率的某些一般纳税人和小规模纳税人可以减按2%计征增值税。

（1）一般纳税人销售自己使用过的属于《中华人民共和国增值税暂行条例》第十条规定不得抵扣且未抵扣进项税额的固定资产，按照简易办法依照3%征收率减按2%征收增值税。

纳税人销售自己使用过的固定资产，适用简易办法依照3%征收率减按2%征收增值税政策的，可以放弃减税，按照简易办法依照3%征收率缴纳增值税，并可以开具增值税专用发票。

所称自己使用过的固定资产是指纳税人根据财务会计制度已经计提折旧的固定资产。

（2）小规模纳税人（除其他个人外，下同）销售自己使用过的固定资产，减按2%的征收率征收增值税。

（3）纳税人销售旧货，按照简易办法依照3%征收率减按2%征收增值税。

旧货是指进入二次流通的具有部分使用价值的货物（含旧汽车、旧摩托车和旧游艇），但不包括自己使用过的物品。

上述纳税人销售自己使用过的固定资产、物品和旧货适用按照简易办法依照3%征收率减按2%征收增值税的，按下列公式确定销售额和应纳税额：

$$销售额=含税销售额/(1+3\%)$$
$$应纳税额=销售额\times 2\%$$

该规定不包括二手车经销业务，对从事二手车经销业务的纳税人销售其收购的二手车，自2020年5月1日至2023年12月31日减按0.5%的征收率征收增值税，其销售额的计算公式为：

$$销售额=含税销售额/(1+0.5\%)$$

纳税人应当开具二手车销售统一发票。购买方索取增值税专用发票的，应当再开具征收率为0.5%的增值税专用发票。

【想一想】

某家餐饮公司，为按月申报的增值税小规模纳税人，由于对新出台政策不熟悉，2023年5月25日为客户开具了2万元的3%征收率增值税普通发票。5月实际月销售额为15万元，均为3%征收率的销售收入，该公司客户为个人，无法收回已开具发票。

请问：该公司还能享受3%征收率减按1%征收率征收增值税的政策吗？

2.2.6 兼营行为的税率选择

试点纳税人发生应税销售行为适用不同税率或者征收率的，应当分别核算适用不同税率或者征收率的销售额，未分别核算销售额的，按照以下方法适用税率或者征收率：

(1) 兼有不同税率的应税销售行为，从高适用税率。
(2) 兼有不同征收率的应税销售行为，从高适用征收率。
(3) 兼有不同税率和征收率的应税销售行为，从高适用税率。
(4) 纳税人销售活动板房、机器设备、钢结构件等自产货物的同时提供建筑、安装服务，不属于《营业税改征增值税试点实施办法》规定的混合销售，应分别核算货物和建筑服务的销售额，分别适用不同的税率或征收率。

2.3 增值税专用发票的管理

2.3.1 增值税专用发票领购使用范围

一般纳税人凭《发票领购簿》、IC卡和经办人身份证明领购增值税专用发票。一般纳税人有下列情形之一的，不得领购开具增值税专用发票。

(1) 会计核算不健全，不能向税务机关准确提供增值税销项税额、进项税额、应纳税额数据及其他有关增值税税务资料的。

上述其他有关增值税税务资料的内容,由省、自治区、直辖市和计划单列市税务局确定。

(2) 有《中华人民共和国税收征收管理法》规定的税收违法行为,拒不接受税务机关处理的。

(3) 有下列行为之一,经税务机关责令限期改正而仍未改正的:

①虚开增值税专用发票;

②私自印制增值税专用发票;

③向税务机关以外的单位和个人买取增值税专用发票;

④借用他人增值税专用发票;

⑤未按要求开具发票的;

⑥未按规定保管专用发票和专用设备;

有下列情形之一的,为未按规定保管增值税专用发票和专用设备:

a) 未设专人保管增值税专用发票和专用设备;

b) 未按税务机关要求存放增值税专用发票和专用设备;

c) 未将认证相符的增值税专用发票抵扣联、《认证结果通知书》和《认证结果清单》装订成册;

d) 未经税务机关查验,擅自销毁增值税专用发票基本联次。

⑦未按规定申请办理防伪税控系统变更发行;

⑧未按规定接受税务机关检查。

有上列情形的,如已领购增值税专用发票,主管税务机关应暂扣其结存的增值税专用发票和 IC 卡。

(4) 新办纳税人首次申领增值税发票的规定。

①同时满足下列条件的新办纳税人首次申领增值税发票,主管税务机关应当自受理申请之日起 2 个工作日内办结,有条件的主管税务机关当日办结:

a) 纳税人的办税人员、法定代表人已经进行实名信息采集和验证(需要采集、验证法定代表人实名信息的纳税人范围由各省税务机关确定)。

b) 纳税人有开具增值税发票需求,主动申领发票。

c) 纳税人按照规定办理税控设备发行等事项。

②新办纳税人首次申领增值税发票主要包括发票票种核定、增值税专用发票(增值税税控系统)最高开票限额审批、增值税税控系统专用设备初始发行、发票领用等涉税事项。

③税务机关为符合第(1)项规定的首次申领增值税发票的新办纳税人办理发票票种核定,增值税专用发票最高开票限额不超过 10 万元,每月最高领用数量不超过 25 份;增值税普通发票最高开票限额不超过 10 万元,每月最高领用数量不超过 50 份。各省税务机关可以在此范围内结合纳税人税收风险程度,自行确定新办纳税人首次申领增值税发票票种核定标准。

2.3.2 增值税专用发票的开具范围

(1) 一般纳税人发生应税销售行为,应向购买方开具增值税专用发票。

(2) 商业企业一般纳税人零售的烟、酒、食品、服装、鞋帽(不包括劳保专用部分)、化妆品等消费品不得开具增值税专用发票。

（3）增值税小规模纳税人需要开具增值税专用发票的，可向主管税务机关申请代开。

（4）销售免税货物不得开具增值税专用发票，法律、法规及国家税务总局另有规定的除外。

（5）纳税人发生应税销售行为，应当向索取增值税专用发票的购买方开具增值税专用发票，并在增值税专用发票上分别注明销售额和销项税额。属于下列情形之一的，不得开具增值税专用发票：

①应税销售行为的购买方为消费者个人的；

②发生应税销售行为适用免税规定的。

（6）增值税小规模纳税人（其他个人除外）发生增值税应税行为，需要开具增值税专用发票的，可以自愿使用增值税发票管理系统自行开具。选择自行开具增值税专用发票的小规模纳税人，税务机关不再为其代开增值税专用发票。增值税小规模纳税人应当就开具增值税专用发票的销售额计算增值税应纳税额，并在规定的纳税申报期内向主管税务机关申报缴纳。

自愿选择自行开具增值税专用发票的小规模纳税人销售其取得的不动产，需要开具增值税专用发票的，税务机关不再为其代开。

小规模纳税人应当就开具增值税专用发票的销售额计算增值税应纳税额，并在规定的纳税申报期内向主管税务机关申报缴纳。在填写增值税纳税申报表时，应当将当期开具增值税专用发票的销售额，按照3%和5%的征收率，分别填写在《增值税纳税申报表（小规模纳税人适用）》第2栏和第5栏"税务机关代开的增值税专用发票不含税销售额"的"本期数"相应栏次中。

（7）小规模纳税人月销售额超过10万元的，使用增值税发票管理系统开具增值税普通发票、机动车销售统一发票、增值税电子普通发票。

已经使用增值税发票管理系统的小规模纳税人，月销售额未超过10万元的，可以继续使用现有税控设备开具发票；已经自行开具增值税专用发票的，可以继续自行开具增值税专用发票，并就开具增值税专用发票的销售额计算缴纳增值税。

2.3.3 红字专用发票的开具

纳税人开具增值税专用发票后，发生销货退回、开票有误、应税服务中止等情形但不符合发票作废条件，或者因所销售的货物部分退回及发生销售折让，需要开具红字增值税专用发票的，按以下方法处理。

（1）购买方取得增值税专用发票已用于申报抵扣的，购买方可在新系统中填开并上传《开具红字增值税专用发票信息表》（以下简称《信息表》），在填开《信息表》时不填写相对应的蓝字增值税专用发票信息，应暂依《信息表》所列增值税税额从当期进项税额中转出，待取得销售方开具的红字增值税专用发票后，与《信息表》一并作为记账凭证。

购买方取得增值税专用发票未用于申报抵扣、但发票联或抵扣联无法退回的，购买方填开《信息表》时应填写相对应的蓝字增值税专用发票信息。

销售方开具增值税专用发票尚未交付购买方，以及购买方未用于申报抵扣并将发票联及抵扣联退回的，销售方可在新系统中填开并上传《信息表》。销售方填开《信息表》时应填写相对应的蓝字增值税专用发票信息。

（2）主管税务机关通过网络接收纳税人上传的《信息表》，系统自动校验通过后，生成带有红字发票信息表编号的《信息表》，并将信息同步至纳税人的系统中。

（3）销售方凭税务机关系统校验通过的《信息表》开具红字增值税专用发票，在新系统中以销项税额负数开具。红字增值税专用发票应与《信息表》一一对应。

（4）纳税人也可凭《信息表》电子信息或纸质资料到税务机关对《信息表》内容进行系统校验。

纳税人开具增值税普通发票后，如发生所销售的货物退回、开票有误、应税服务中止等情形但不符合发票作废条件，或者因所销售的货物部分退回及发生销售折让，需要开具红字发票的，应收回原发票并注明"作废"字样或取得对方有效证明。

纳税人需要开具红字增值税普通发票的，可以在所对应的蓝字发票金额范围内开具多份红字发票。红字机动车销售统一发票需与原蓝字机动车销售统一发票一一对应。

2.3.4　增值税专用发票的开具要求

增值税专用发票统一规定为三联，各联次必须按规定用途使用；第一联为记账联，销货方作为销售的记账凭证；第二联为税款抵扣联，购货方作为扣税凭证；第三联为发票联，购货方作为付款的记账凭证。

增值税专用发票基本内容包括购销双方纳税人名称、纳税人识别号、纳税人地址电话；开户银行及账号、销售货物或应税劳务的名称、计量单位和销售数量；不包括增值税在内的单位售价及货款金额；增值税税率、税额；发票填开日期、发票号码、密码区。

增值税专用发票的表样见图2-1。

图2-1　增值税专用发票（发票联）

1. 专用发票开具的一般要求

任何填开发票的单位和个人必须在发生经营业务并确认营业收入时，才能开具发票，如果未发生经营业务则一律不得开具发票。专用发票必须按下列要求开具：字迹清楚；不得涂改。如果填写错误，应另行开具专用发票，并在误填的专用发票上注明"误填作废"四字。如果专用发票开具后因购货方不索取而成为废票的，也应按填写错误办理；项目填写齐全；票、物相符，票面金额与实际收取的金额相符；各项目内容正确无误；全部联次一次填开，各联的内容和金额一致；发票联和抵扣联加盖财务专用章或发票专用章；按照规定的时限（纳税义务发生时）开具专用发票；不得开具伪造的专用发票；不得开具票样与国家税务总局统一制定的票样不相符合的专用发票。

开具的专用发票有不符合上列要求者，不得作为扣税凭证，购买方有权拒收。

2. 专用发票开具地点的要求

发票限于领购单位和个人在本省范围内开具，未经批准不得跨规定的使用区域携带、邮寄或者运输发票，更不得携带、邮寄或者运输发票出入国境。

2.4 增值税应纳税额的计算

2.4.1 一般纳税人增值税应纳税额的计算

1. 销项税额的计算

销项税额是指纳税人发生应税销售行为时，按照销售额与规定税率计算并向购买方收取的增值税税额。销项税额的计算公式为：

$$销项税额 = 销售额 \times 适用税率$$

1) 一般销售方式下的销售额确认

销售额是指纳税人发生应税销售行为时收取的全部价款和价外费用。特别需要强调的是，尽管销项税额也是销售方向购买方收取的，但是由于增值税采用价外计税方式，用不含增值税（以下简称不含税）价作为计税依据，因而销售额中不包括向购买方收取的销项税额。

价外费用是指价外收取的各种性质的收费，但下列项目不包括在内：

（1）受托加工应征消费税的消费品所代收代缴的消费税。

（2）同时符合以下条件的代垫运输费用：

①承运部门的运输费用发票开具给购买方的。

②纳税人将该项发票转交给购买方的。

（3）同时符合以下条件代为收取的政府性基金或者行政事业性收费：

①由国务院或者财政部批准设立的政府性基金，由国务院或者省级人民政府及其财政、价格主管部门批准设立的行政事业性收费。

②收取时开具省级以上财政部门印制的财政票据。

③所收款项全额上缴财政。

（4）以委托方名义开具发票代委托方收取的款项。

（5）销售货物的同时代办保险等而向购买方收取的保险费，以及向购买方收取的代购买方缴纳的车辆购置税、车辆牌照费。

凡随同应税销售行为向购买方收取的价外费用，无论其会计制度如何核算，均应并入销售额计算应纳税额。应当注意，根据国家税务总局的规定，对增值税一般纳税人（包括纳税人自己或代其他部门）向购买方收取的价外费用和逾期包装物押金，应视为含增值税（以下简称含税）收入，在征税时应换算成不含税收入再并入销售额。

按照会计准则的规定，由于对价外收费一般都不在营业收入科目中核算，而在"其他应付款""营业外收入"等科目中核算。这样，企业在会计实务中时常出现对价外收费虽在相应科目中作会计核算，但却未核算其销项税额。有的企业则既不按会计核算要求进行收入核算，又不按规定核算销项税额，而是将发生的价外收费直接冲减有关费用科目。因此，应严格核查各项价外收费，进行正确的会计核算和税额核算。

对于一般纳税人发生的应税销售行为，采用销售额和销项税额合并定价（含增值税价格）方法的，按下列公式计算销售额：

$$销售额 = 含税销售额 / (1+税率)$$

公式中的税率为发生应税销售行为时按增值税法律法规所规定的适用税率。

销售额应以人民币计算。纳税人以人民币以外的货币结算销售额的，应当折合成人民币计算。折合率可以选择销售额发生的当天或者当月1日的人民币汇率中间价。纳税人应当事先确定采用何种折合率，确定后1年内不得变更。

2）特殊销售方式下的销售额确认

在销售活动中，为了达到促销目的，纳税人有多种销售方式选择。不同销售方式下，销售者取得的销售额会有所不同。增值税的法律法规对以下几种销售方式分别做出了规定。

（1）折扣方式销售。折扣销售是指销货方在发生应税销售行为时，因购货方购货数量较大等原因而给予购货方的价格优惠。例如，购买5件商品，销售价格折扣10%；购买10件商品，销售价格折扣20%等。根据增值税法律制度的规定，纳税人发生应税销售行为并向购买方开具增值税专用发票后，由于购货方在一定时期内累计购买货物、劳务、服务、无形资产、不动产达到一定数量，或者由于市场价格下降等原因，销货方给予购货方相应的价格优惠或补偿等折扣、折让行为，销货方可按现行《增值税专用发票使用规定》（国税发〔2006〕156号）的有关规定开具红字增值税专用发票。这里需要解释的内容如下：

①折扣销售不同于销售折扣。销售折扣是指销货方在发生应税销售行为后，为了鼓励购货方及早支付货款而协议许诺给予购货方的一种折扣优待，例如，1天内付款，货款折扣2%；20天内付款，货款折扣1%；30天内全价付款。由于销售折扣发生在应税销售行为之后，是一种融资性质的理财费用，因此，销售折扣不得从销售额中减除。企业在确定销售额时应把折扣销售与销售折扣严格区分开。

②销售折扣又不同于销售折让。销售折让是指企业因售出商品的质量不合格等原因而在售价上给予的减让。对增值税而言，销售折让其实是指纳税人发生应税销售行为后因为劳动成果质量不合格等原因在售价上给予的减让。销售折让与销售折扣相比较，虽然都是在应税销售行为销售后发生的，但因为销售折让是由于应税销售行为的品种和质量引起的销售额减少，因此，销售折让应该以折让后的货款为销售额。

③折扣销售仅限于应税销售行为价格的折扣,如果销货者将自产、委托加工和购买的应税销售行为用于实物折扣,则该价款不能从应税销售行为的销售额中减除,且该实物应按《中华人民共和国增值税暂行条例实施细则》和《营业税改征增值税试点实施办法》"视同销售货物"中的"赠送他人"计算征收增值税。

纳税人发生应税销售行为,如将价款的折扣额在同一张发票上的"金额"栏分别注明的,可按折扣后的销售额征收增值税。未在同一张发票"金额"栏注明折扣额,而仅在发票的"备注"栏注明折扣额的,折扣额不得从销售额中减除;未在同一张发票上分别注明的,以价款为销售额,不得扣减折扣额。

纳税人发生应税销售行为因销售折让、中止或者退回的,应扣减当期的销项税额(一般计税方法)或销售额(简易计税方法)。

(2) 以旧换新方式销售。以旧换新是指纳税人在销售自己的货物时,有偿收回旧货物的行为。根据增值税法律法规的规定,采取以旧换新方式销售货物的,应按新货物的同期销售价格确定销售额,不得扣减旧货物的收购价格。之所以这样规定,既是因为销售货物与收购货物是两个不同的业务活动,销售额与收购额不能相互抵减,也是为了使增值税的计算征收制度更加严格,防止出现销售额不实、减少纳税的现象。

但是,考虑到金银首饰以旧换新业务的特殊情况,对金银首饰以旧换新业务,可以按销售方实际收取的不含增值税的全部价款征收增值税。

(3) 还本方式销售。还本销售是指纳税人在销售货物后,到一定期限由销售方一次或分次退还给购货方全部或部分价款。根据增值税法律制度的规定,采取还本销售方式销售货物,其销售额就是货物的销售价格,不得从销售额中减除还本支出。

(4) 以物易物方式销售。以物易物是一种较为特殊的购销活动,是指购销双方不是以货币结算,而是以同等价款的应税销售行为相互结算,实现应税销售行为购销的一种方式。在实务中,有的纳税人以为以物易物不是购销行为,销货方收到购货方抵顶货款的货物、劳务、服务、无形资产、不动产,认为自己不是购货;购货方发出抵顶货款的应税销售行为,认为自己不是销货。这两种认识都是错误的。正确的方法应当是,以物易物双方都应作购销处理,以各自发出的应税销售行为核算销售额并计算销项税额,以各自收到的货物、劳务、服务、无形资产、不动产按规定核算购进金额并计算进项税额。应注意,在以物易物活动中,应分别开具合法的票据,如收到的货物、劳务、服务、无形资产、不动产不能取得相应的增值税专用发票或其他合法票据的,不能抵扣进项税额。

(5) 包装物押金是否计入销售额。包装物是指纳税人包装本单位货物的各种物品。纳税人销售货物时另收取包装物押金,目的是促使购货方及早退回包装物以便周转使用。

根据增值税法律法规的规定,纳税人为销售货物而出租出借包装物收取的押金,单独记账核算的,时间在1年以内,又未过期的,不并入销售额征税,但对因逾期未收回包装物不再退还的押金,应按所包装货物的适用税率计算销项税额。

"逾期"是指按合同约定实际逾期或以1年为期限,对收取1年以上的押金,无论是否退还均并入销售额征税。当然,在将包装物押金并入销售额征税时,需要先将该押金换算为不含税价,再并入销售额征税。纳税人为销售货物出租出借包装物而收取的押金,无论包装物周转使用期限长短,超过1年(含1年)以上仍不退还的均并入销售额征税。

但是,对销售除啤酒、黄酒外的其他酒类产品而收取的包装物押金,无论是否返还以及会计上如何核算,均应并入当期销售额征税。对销售啤酒、黄酒所收取的押金,按上述一般押金的规定处理。

另外,包装物押金不应混同于包装物租金,纳税人在销售货物同时收取包装物租金的,在包装物租金收取时就应该考虑销项税额的征纳问题。

(6) 视同销售货物行为销售额的确定。纳税人发生应税销售行为的情形,价格明显偏低并无正当理由的,或者视同发生应税销售行为而无销售额的,由主管税务机关按照下列顺序核定销售额:

①按照纳税人最近时期发生同类应税销售行为的平均价格确定。
②按照其他纳税人最近时期发生同类应税销售行为的平均价格确定。
③按照组成计税价格确定。组成计税价格的公式为:

$$组成计税价格=成本\times(1+成本利润率)$$

成本利润率由国家税务总局确定。

3) 含税销售额的换算

对于一般纳税人发生的应税销售行为,采用销售额和销项税额合并定价(含增值税价格)方法的,按下列公式计算销售额:

$$销售额=含税销售额/(1+税率)$$

公式中的税率为发生应税销售行为时按增值税法律法规所规定的适用税率。

2. 进项税额的计算

进项税额是指纳税人购进货物、劳务、服务、无形资产、不动产所支付或者负担的增值税税额。进项税额是与销项税额相对应的另一个概念。在开具增值税专用发票的情况下,它们之间的对应关系是,销售方收取的销项税额,就是购买方支付的进项税额。增值税的核心就是用纳税人收取的销项税额抵扣其支付的进项税额,其余额为纳税人实际应缴纳的增值税税额。这样,进项税额作为可抵扣的部分,对于纳税人实际纳税多少就产生了举足轻重的作用。

然而,并不是纳税人支付的所有进项税额都可以从销项税额中抵扣。为体现增值税的配比原则,即购进项目金额与发生应税销售行为的销售额之间应有配比性,当纳税人购进的货物、劳务、服务、无形资产、不动产行为不是用于增值税应税项目,而是用于简易计税方法计税项目、免税项目或用于集体福利、个人消费等情况时,其支付的进项税额就不能从销项税额中抵扣。增值税法律法规对不能抵扣进项税额的项目作了严格的规定,如果违反规定,随意抵扣进项税额就将以逃避缴纳税款论处。因此,严格把握哪些进项税额可以抵扣、哪些进项税额不能抵扣是非常重要的,这些方面也是纳税人在增值税缴纳的实务中出现问题最多的地方。

1) 准予从销项税额中抵扣的进项税额

根据《中华人民共和国增值税暂行条例》和《营业税改征增值税试点实施办法》,准予从销项税额中抵扣的进项税额,限于下列增值税扣税凭证上注明的增值税税额和按规定的扣除率计算的进项税额。

(1) 从销售方取得的增值税专用发票上注明的增值税税额。

(2) 从海关取得的海关进口增值税专用缴款书上注明的增值税税额。

(3) 自境外单位或者个人购进劳务、服务、无形资产或者境内的不动产，从税务机关或者扣缴义务人处取得的代扣代缴税款的完税凭证上注明的增值税税额。

(4) 纳税人购进农产品，按下列规定抵扣进项税额：

①纳税人购进农产品，取得一般纳税人开具的增值税专用发票或海关进口增值税专用缴款书的，以增值税专用发票或海关进口增值税专用缴款书上注明的增值税税额为进项税额。

②从按照简易计税方法依照3%的征收率计算缴纳增值税的小规模纳税人处取得增值税专用发票的，以增值税专用发票上注明的金额和9%的扣除率计算进项税额。

③取得（开具）农产品销售发票或收购发票的，以农产品销售发票或收购发票上注明的农产品买价和9%的扣除率计算进项税额。

④纳税人购进用于生产销售或委托加工13%税率货物的农产品，按照10%的扣除率计算进项税额。

⑤购进农产品进项税额的计算公式为：

$$进项税额 = 买价 \times 扣除率$$

⑥纳税人从批发、零售环节购进适用免征增值税政策的蔬菜、部分鲜活肉蛋而取得的普通发票，不得作为计算抵扣进项税额的凭证。

⑦纳税人购进农产品既用于生产销售或委托受托加工13%税率货物，又用于生产销售其他货物服务的，应当分别核算用于生产销售或委托受托加工13%税率货物和其他货物服务的农产品进项税额。未分别核算的，统一以增值税专用发票或海关进口增值税专用缴款书上注明的增值税额为进项税额，或以农产品收购发票或销售发票上注明的农产品买价和9%的扣除率计算进项税额。

⑧对烟叶税纳税人按规定缴纳的烟叶税，准予并入烟叶产品的买价计算增值税的进项税额，并在计算缴纳增值税时予以抵扣。购进烟叶准予抵扣的增值税进项税额，按照收购烟叶实际支付的价款总额和烟叶税及法定扣除率计算。

计算公式为：

$$烟叶税应纳税额 = 收购烟叶实际支付的价款总额 \times 税率(20\%)$$
$$准予抵扣的进项税额 = (收购烟叶实际支付的价款总额 + 烟叶税应纳税额) \times 扣除率$$

上述购进农产品抵扣进项税额的办法，不适用于《关于在部分行业试行农产品增值税进项税额核定扣除办法的通知》（财税〔2012〕38号）中购进的农产品。

(5) 纳税人支付的道路、桥、闸通行费，按照以下规定抵扣进项税额：

①纳税人支付的道路通行费，按照收费公路通行费增值税电子普通发票上注明的增值税税额抵扣进项税额。

②纳税人支付的桥、闸通行费，可凭取得的通行费发票上注明的收费金额按照下列公式计算可抵扣的进项税额：

$$桥、闸通行费可抵扣进项税额 = [桥、闸通行费发票上注明的金额/(1+5\%)] \times 5\%$$

(6) 按照规定不得抵扣且未抵扣进项税额的固定资产、无形资产、不动产,发生用途改变,用于允许抵扣进项税额的应税项目,可在用途改变的次月按照下列公式计算可以抵扣的进项税额:

可以抵扣的进项税额=[固定资产、无形资产、不动产净值/(1+适用税率)]×适用税率

上述可以抵扣的进项税额应取得合法有效的增值税扣税凭证。

(7) 纳税人租入固定资产、不动产,既用于一般计税方法计税项目,又用于简易计税方法计税项目、免征增值税项目、集体福利或者个人消费的,其进项税额准予从销项税额中全额抵扣。

(8) 自2019年4月1日起,纳税人购进国内旅客运输服务,其进项税额允许从销项税额中抵扣。

纳税人未取得增值税专用发票的,暂按以下规定确定进项税额:

①纳税人购进国内旅客运输服务,以取得的增值税电子普通发票上注明的税额为进项税额的,增值税电子普通发票上注明的购买方"名称""纳税人识别号"等信息,应当与实际抵扣税款的纳税人一致,否则不予抵扣。

②取得注明旅客身份信息的航空运输电子客票行程单的,按照下列公式计算进项税额:

航空旅客运输进项税额=[(票价+燃油附加费)/(1+9%)]×9%

③取得注明旅客身份信息的铁路车票的,按照下列公式计算进项税额:

铁路旅客运输进项税额=[票面金额/(1+9%)]×9%

④取得注明旅客身份信息的公路、水路等其他客票的,按照下列公式计算进项税额:

公路、水路等其他旅客运输进项税额=[票面金额/(1+3%)]×3%

2) 不得从销项税额中抵扣的进项税额

纳税人购进货物、劳务、服务、无形资产、不动产,取得的增值税扣税凭证不符合法律、行政法规或者国务院税务主管部门有关规定的,其进项税额不得从销项税额中抵扣。增值税扣税凭证是指增值税专用发票、海关进口增值税专用缴款书、农产品收购发票和农产品销售发票、从税务机关或者境内代理人取得的解缴税款的税收缴款凭证及增值税法律法规允许抵扣的其他扣税凭证。

按照增值税法律法规的规定,下列项目的进项税额不得从销项税额中抵扣:

(1) 用于简易计税方法计税项目、免征增值税项目、集体福利或者个人消费的购进货物、劳务、服务、无形资产和不动产。

(2) 非正常损失的购进货物,以及相关劳务和交通运输服务。

(3) 非正常损失的在产品、产成品所耗用的购进货物(不包括固定资产)、劳务和交通运输服务。

(4) 非正常损失的不动产,以及该不动产所耗用的购进货物、设计服务和建筑服务。

(5) 非正常损失的不动产在建工程所耗用的购进货物、设计服务和建筑服务。纳税人新建、改建、扩建、修缮、装饰不动产,均属于不动产在建工程。

上述第（2）~（5）项所说的非正常损失，是指因管理不善造成货物被盗、丢失、霉烂变质，以及因违反法律法规造成货物或者不动产被依法没收、销毁、拆除的情形。这些非正常损失是由于纳税人自身的原因导致征税对象实体的消失，为保证税负公平，其损失不应由国家承担，因而纳税人无权要求抵扣进项税额。

上述第（4）~（5）项所称货物，是指构成不动产实体的材料和设备，包括建筑装饰材料和给排水、采暖、卫生、通风、照明、通信、煤气、消防、中央空调、电梯、电气、智能化楼宇设备及配套设施。

（6）购进的贷款服务、餐饮服务、居民日常服务和娱乐服务。

（7）纳税人接受贷款服务向贷款方支付的与该笔贷款直接相关的投融资顾问费、手续费、咨询费等费用，其进项税额不得从销项税额中抵扣。

（8）提供保险服务的纳税人以现金赔付方式承担机动车辆保险责任的，将应付给被保险人的赔偿金直接支付给车辆修理劳务提供方，不属于保险公司购进车辆修理劳务，其进项税额不得从保险公司销项税额中抵扣。

纳税人提供的其他财产保险服务，比照上述规定执行。

（9）适用一般计税方法的纳税人，兼营简易计税方法计税项目、免征增值税项目而无法划分不得抵扣的进项税额，按照下列公式计算不得抵扣的进项税额：

主管税务机关可以按照上述公式依据年度数据对不得抵扣的进项税额进行清算。这是因为对于纳税人而言，进项税额转出是按月进行的，但由于年度内取得进项税额的不均衡性，有可能会造成按月计算的进项税额转出与按年度计算的进项税额转出产生差异，主管税务机关可在年度终了时利用上述公式对纳税人进项税额转出进行清算，对相关差异进行调整。

（10）一般纳税人已抵扣进项税额的不动产，发生非正常损失，或者改变用途，专用于简易计税方法、免征增值税项目、集体福利或者个人消费的，按照下列公式计算不得抵扣的进项税额：

$$不得抵扣的进项税额 = 已抵扣的进项税额 \times 不动产净值率$$
$$不动产净值率 = (不动产净值 / 不动产原值) \times 100\%$$

（11）有下列情形之一的，应当按照销售额和增值税税率计算应纳税额，不得抵扣进项税额，也不得使用增值税专用发票：

①一般纳税人会计核算不健全，或者不能够提供准确税务资料的。

②应当办理一般纳税人资格登记而未办理的。

（12）财政部和国家税务总局规定的其他情形。

3. 应纳税额的计算

计算出销项税额和进项税额后，就可以确认应纳税额。其计算公式是：

$$不得抵扣的进项税额 = 当期无法划分的全部进项税额 \times \left(\frac{当期简易计税方法计税项目销售额 + 免征增值税项目销售额}{当期全部销售额} \right)$$

$$应纳税额 = 当期销项税额 - 当期进项税额$$

当期销项税额小于当期进项税额而不足抵扣时，其不足部分可以结转下期继续抵扣。

【例2-3】天洋纺织有限公司为增值税一般纳税人，适用增值税税率13%，2022年5月有关生产经营业务如下：

（1）5月5日，销售毛料给龙防商城，开具增值税专用发票，取得不含税销售额1 200 000元；另外因销售毛料收取送货运输费45 200元。

（2）5月8日，销售一批布料给洪岩服装加工厂，开具普通发票，取得含税销售额280 800元。

（3）5月10日，将一批涤纶布料发给本厂职工，成本价为160 000元，成本利润率为10%，该新产品无同类产品市场销售价格。

（4）5月12日，购进材料取得增值税专用发票，注明支付的货款1 046 153.85元，进项税额136 000元，货物验收入库；支付购货的运输费用，取得增值税专用发票，注明金额50 000元。

（5）5月13日，向农业生产者收购免税棉花支付收购价200 000元（用于生产），支付给运输单位的运费20 000元（含税）取得增值税专用发票，杂费8 000元，棉花验收入库。

（6）5月15日，预缴增值税45 000元。

（7）5月28日，上月购入一批生产材料被盗，账面价值20 672元，该批材料成本组成为：价款20 000元，运费372元，保险费100元，装卸费200元。经批准处理，保险公司应赔偿15 000元，其余列入营业外支出。

假设相关款项已收付，扣税凭证已认证相符。根据该企业2022年5月的各项业务计算应缴纳的增值税税额。

【答案】

(1) 销售毛料的销项税额：
   1 200 000×13%+[45 200/(1+13%)]×13%=161 200(元)

(2) 销售布料的销项税额：
   [280 800/(1+13%)]×13%=32 304.42(元)

(3) 发放涤纶布料的销项税额：
   [160 000×(1+10%)]×13%=22 880(元)

(4) 外购货物应抵扣的进项税额：
   136 000+50 000×9%=140 500(元)

(5) 外购免税农产品应抵扣的进项税额：
   200 000×10%+[20 000/(1+9%)]×9%=21 651.38(元)

(6) 进项税额转出：
   20 000×13%+372×9%=2 633.48(元)

销项税额=161 200+32 304.42+22 880=216 384.42(元)
进项税额=140 500+21 651.38=162 151.38(元)
应纳税额=216 384.42-(162 151.38-2 633.48)-45 000=11 866.52(元)

第 2 章 增值税

【例 2-4】某生产企业为增值税一般纳税人,其生产的货物适用13%增值税税率,2022年8月该企业的有关生产经营业务如下:

(1) 销售甲产品给某大商场,开具了增值税专用发票,取得不含税销售额为80万元;同时取得销售甲产品的送货运输费收入为5.6万元(含增值税价格,与销售货物不能分别核算)。

(2) 销售乙产品,开具了增值税普通发票,取得含税销售额为22.6万元。

(3) 将自产的一批应税新产品用于本企业集体福利项目,成本价为20万元,该新产品无同类产品市场销售价格,国家税务总局确定该产品的成本利润率为10%。

(4) 销售2021年10月购进作为固定资产使用过的进口摩托车5辆,开具增值税专用发票,上面注明每辆摩托车不含税销售额为1万元。

(5) 购进货物取得增值税专用发票,上面注明的货款金额为60万元、税额为7.8万元;另外支付购货的运输费为6万元,取得运输公司开具的增值税专用发票,上面注明的税额为0.54万元。

(6) 从农产品经营者(小规模纳税人)购进农产品一批(不适用进项税额核定扣除办法)作为生产货物的原材料,取得的增值税专用发票上注明的不含税金额为3万元,税额为0.9万元,同时支付给运输单位的运费为5万元(不含增值税),取得运输部门开具的增值税专用发票,上面注明的税额为0.45万元。本月下旬将购进的农产品的20%用于本企业职工福利。

(7) 当月租入商用楼房一层,取得对方开具的增值税专用发票上注明的税额为5.22万元。该楼房的1/3用于工会的集体福利项目,其余为企业管理部门使用。

以上相关票据均符合税法的规定。请按下列顺序计算该企业8月应缴纳的增值税税额。

(1) 计算销售甲产品的销项税额。
(2) 计算销售乙产品的销项税额。
(3) 计算自产自用新产品的销项税额。
(4) 计算销售使用过的摩托车应纳税额。
(5) 计算当月允许抵扣进项税额的合计数。
(6) 计算该企业8月合计应缴纳的增值税税额。

【答案】
(1) 销售甲产品的销项税额 = 80×13%+[5.65/(1+13%)]×13% = 11.05(万元)
(2) 销售乙产品的销项税额 = [22.6/(1+13%)]×13% = 2.6(万元)
(3) 自产自用新产品的销项税额 = [20×(1+10%)]×13% = 2.86(万元)
(4) 销售使用过的摩托车销项税额 = 1×13%×5 = 0.65(万元)
(5) 合计允许抵扣的进项税额 = 7.8+0.54+[(30×10%+0.45)×(1-20%)]+5.22 = 16.32(万元)
(6) 该企业8月应缴纳的增值税税额 = 11.05+2.6+2.86+0.65-16.32 = 0.84(万元)

2.4.2 小规模纳税人增值税应纳税额的计算

小规模纳税人销售货物或者提供应税劳务和应税服务，按照销售额和征收率计算应纳税额，不得抵扣进项税额。应纳税额计算公式为：

$$应纳税额 = (不含税)销售额 \times 征收率$$
$$= [含税销售额/(1+征收率)] \times 征收率$$

【例2-5】颐园装饰材料商店为小规模纳税人，2023年3月装饰材料销售收入61 800元，以银行存款结算的货款已收到。

销售装饰材料应纳税额 = [61 800/(1+1%)] × 1% = 611.88(元)

【例2-6】某餐馆为增值税小规模纳税人，2023年4月取得含增值税的餐饮收入总额为12.36万元。计算该餐馆4月应缴纳的增值税税额。

4月取得的不含税销售额 = 12.36/(1+1%) = 12.24(万元)

4月应缴纳增值税税额 = 12.24 × 1% = 0.12(万元)

纳税人适用简易计税方法计税的，因销售折让、中止或者退回而退还给购买方的销售额，应当从当期销售额中扣减。扣减当期销售额后仍有余额造成多缴的税款，可以从以后的应纳税额中扣减。

对小规模纳税人发生上述情况而退还销售额给购买方，依照规定将所退的款项扣减当期销售额的，如果小规模纳税人已就该项业务委托税务机关为其代开了增值税专用发票的，应按规定申请开具红字专用发票。

【想一想】

张先生是按月申报的增值税小规模纳税人，2023年5月为客户开具发票时按照习惯开具了3%征收率的增值税普通发票，如实际月销售额未超过10万元，请问他应该交多少增值税？是否能够享受免税优惠政策？

2.4.3 进口货物增值税应纳税额的计算

纳税人进口货物，按照组成计税价格和规定的税率计算应纳税额。我们在计算增值税销项税额时直接用销售额作为计税依据或计税价格就可以了，但在进口产品计算增值税时我们不能直接得到类似销售额这么一个计税依据，而需要通过计算获得，即要计算组成计税价格。组成计税价格是指在没有实际销售价格时，按照税法规定计算出作为计税依据的价格。

纳税人进口货物，按照组成计税价格和规定的税率计算应纳税额，不得抵扣任何税额。

1. 组成计税价格

若进口货物为不征消费税的货物，其组成计税价格计算公式为：

$$组成计税价格=关税完税价格+关税$$

若进口货物为应征消费税的货物，其组成计税价格计算公式为：

$$组成计税价格=关税完税价格+关税+消费税$$
$$=（关税完税价格+关税）/（1-消费税税率）$$

其中，关税=关税完税价格×关税税率。

2. 应纳税额

$$应纳税额=组成计税价格×增值税税率$$

【例2-7】霞飞化妆品公司2022年5月进口一批高档化妆品，该批高档化妆品关税完税价格为1 020 000元，关税税率为20%，高档化妆品的消费税税率为15%，请计算该批高档化妆品进口环节应缴纳的增值税税额。

进口关税=1 020 000×20%=204 000（元）
组成计税价格=（1 020 000+204 000）/（1-15%）=1 440 000（元）
应纳税额=1 440 000×13%=187 200（元）

【例2-8】某商贸公司（有进出口经营权）10月进口货物一批。该批货物在国外的买价为40万元，该批货物运抵我国海关前发生的包装费、运输费、保险费等共计20万元。货物报关后，公司按规定缴纳了进口环节的增值税并取得了海关开具的海关进口增值税专用缴款书。假定该批进口货物在国内全部销售，取得不含税销售额80万元。

相关资料：货物进口关税税率为15%，增值税税率为13%。
要求：请按下列顺序回答问题。
（1）计算关税完税价格。
（2）计算进口环节应纳的进口关税。
（3）计算进口环节应纳增值税的组成计税价格。
（4）计算进口环节应缴纳增值税税额。
（5）计算国内销售环节的销项税额。
（6）计算国内销售环节应缴纳增值税税额。
【答案】
（1）关税完税价格=40+20=60（万元）
（2）应缴纳进口关税=60×15%=9（万元）
（3）进口环节应纳增值税的组成计税价格=60+9=69（万元）
（4）进口环节应缴纳增值税税额=69×13%=8.97（万元）
（5）国内销售环节的销项税额=80×13%=10.4（万元）
（6）国内销售环节应缴纳增值税税额=10.4-8.97=1.43（万元）

纳税人在计算进口货物的增值税时应该注意以下问题：
（1）进口货物增值税的组成计税价格中包括已纳关税税额，如果进口货物属于消费税应税消费品,其组成计税价格中还要包括进口环节已纳消费税税额。

(2) 在计算进口环节的应纳增值税税额时不得抵扣任何税额,即在计算进口环节的应纳增值税税额时,不得抵扣发生在我国境外的各种税金。

以上两点实际上是贯彻了出口货物的目的地原则或称消费地原则。即对出口货物原则上在实际消费地征收商品或货物税。对进口货物而言,出口这些货物的出口国在出口时并没有征收出口关税、增值税和消费税,到我国口岸时货物的价格基本就是到岸价格,即所谓的关税完税价格。如果此时不征关税和其他税收,则与国内同等商品的税负差异就会很大。因此,在进口时首先要对其征收进口关税,如果是应征消费税的商品则要征收消费税。在此基础上才形成了增值税的计税依据即组成计税价格,这与国内同类商品的税基是一致的。

由于货物出口时出口国并没有征收过流转税,因此在进口时我们计算增值税时就不用进行进项税额抵扣。

(3) 按照《中华人民共和国海关法》和《中华人民共和国进出口关税条例》(国务院令〔2003〕392号) 的规定,一般贸易下进口货物的关税完税价格以海关审定的成交价格为基础的到岸价格作为完税价格。

成交价格是指一般贸易下进口货物的买方为购买该项货物向卖方实际支付或应当支付的价格。到岸价格包括货价,加上货物运抵我国关境内输入地点起卸前的包装费、运费、保险费和其他劳务费等费用构成的一种价格。特殊贸易下进口的货物,由于进口时没有"成交价格"可作依据,为此,《中华人民共和国进出口关税条例》对这些进口货物制定了确定其完税价格的具体办法。

(4) 纳税人进口货物取得的海关进口增值税专用缴款书,是计算增值税进项税额的唯一依据,其价格差额部分以及从境外供应商取得的退还或返还的资金,不做进项税额转出处理。

(5) 跨境电子商务零售进口商品按照货物征收关税和进口环节增值税、消费税,以实际交易价格(包括货物零售价格、运费和保险费)作为完税价格。

(6) 跨境电子商务零售进口商品的进口环节增值税、消费税取消免征税额,暂按法定应纳税额的70%征收。完税价格超过5 000元单次交易限值,但低于26 000元年度交易限值,且订单下仅一件商品时,可以自跨境电商零售渠道进口,按照货物税率全额征收关税和进口环节增值税、消费税,交易额计入年度交易总额,但年度交易总额超过年度交易限值的,应按一般贸易管理。

国家在规定对进口货物征税的同时,对某些进口货物制定了减免税的特殊规定,如属于"来料加工、进料加工"贸易方式进口国外的原材料、零部件等在国内加工后又出口的,对进口的料、件按规定给予免税或减税,但这些进口免税、减税的料件若不能加工再出口,而是销往国内的,就要予以补税。对进口货物是否减免税由国务院统一规定,任何地方、部门都无权规定减免税项目。

2.5 出口货物退(免)增值税

出口货物以不含国内流转税的价格参与全球市场竞争,是国际上在消费地征税原则的体现,是国际通行惯例。我国税法依照国际惯例,实行出口货物税负为零的优惠政策。实行零税率是指货物在出口时整体税负为零。增值税出口货物、劳务和跨境应税行为的零税率，从税法上理解有两层含义：一是对本道环节生产或销售货物、劳务和跨境应税行为的增值部分免征增值税；二是对出口货物、劳务和跨境应税行为前道环节所含的进项税额进行退还。零税率是基本原则，针对不同的出口组织者和不同的出口商品种类，法律也制定了不同的退（免）税方法。

2.5.1 出口货物退（免）增值税概述

1. 我国的出口货物退（免）增值税基本政策

世界各国为了鼓励本国货物出口，在遵循世界贸易组织（WTO）基本规则的前提下，一般都采取优惠的税收政策。有的国家采取对该货物出口前所包含的税金在出口后予以退还的政策（出口退税）；有的国家采取对出口的货物在出口前即予以免税的政策。我国则根据国情，采取了出口退税与免税相结合的政策。目前，我国的出口货物、劳务和跨境应税行为的增值税税收政策分为以下 3 种形式。

1) 出口免税并退税

出口免税是指对货物、劳务和跨境应税行为在出口销售环节免征增值税，这是把货物、劳务和跨境应税行为出口环节与出口前的销售环节都同样视为一个征税环节；出口退税是指对货物、劳务和跨境应税行为在出口前实际承担的税收负担，按规定的退税率计算后予以退还。

2) 出口免税不退税

出口免税与上述第 1 项含义相同。出口不退税是指适用这个政策的出口货物、劳务和跨境应税行为因在前一道生产、销售环节或进口环节是免税的，因此，出口时该货物、劳务和跨境应税行为的价格中本身就不含税，也无须退税。

3) 出口不免税也不退税

出口不免税是指对国家限制或禁止出口的某些货物、劳务和跨境应税行为的出口环节视同内销环节，照常征税；出口不退税是指对这些货物、劳务和跨境应税行为出口不退还出口前其所负担的税款。

2. 我国出口货物的退税率

除财政部和国家税务总局根据国务院决定而明确的增值税出口退税率（以下简称退税率）以外，出口货物、服务和无形资产的退税率为其适用税率。目前我国增值税出口退税率分为 5 档，即 13%、10%、9%、6% 和零税率。

退税率的特殊规定。

（1）外贸企业购进按简易办法征税的出口货物、从小规模纳税人购进的出口货物，其退税率分别为简易办法实际执行的征收率、小规模纳税人征收率。上述出口货物取得增值税专用发票的，退税率按照增值税专用发票上的税率和出口货物退税率孰低的原则确定。

（2）出口企业委托加工修理修配货物，其加工修理修配费用的退税率，为出口货物的退税率。

（3）中标机电产品、出口企业向海关报关进入特殊区域销售，给特殊区域内生产企业生产耗用的列名原材料、输入特殊区域的水电气,其退税率为适用税率。如果国家调整列名原材料的退税率,列名原材料应当自调整之日起按调整后的退税率执行。

适用不同退税率的货物、劳务及跨境应税行为,应分开报关、核算并申报退(免)税,未分开报关、核算或划分不清的,从低适用退税率。

2.5.2 出口货物应退税额的计算

1. "免、抵、退"法

生产企业出口货物、劳务、服务和无形资产的增值税"免、抵、退"税,按下列公式计算。

1) 当期应纳税额的计算

当期应纳税额=当期销项税额-(当期进项税额-当期不得免征和抵扣税额)

当期不得免征和抵扣税额=当期出口货物离岸价×外汇人民币折合率×(出口货物适用税率-出口货物退税率)-当期不得免征和抵扣税额抵减额

当期不得免征和抵扣税额抵减额=当期免税购进原材料价格×(出口货物适用税率-出口货物退税率)

2) 当期"免、抵、退"税额的计算

当期"免、抵、退"税额=当期出口货物离岸价×外汇人民币折合率×出口货物退税率-当期"免、抵、退"税额抵减额

当期"免、抵、退"税额抵减额=当期免税购进原材料价格×出口货物退税率

3) 当期应退税额和免抵税额的计算

①当期期末留抵税额≤当期"免、抵、退"税额,则:

当期应退税额=当期期末留抵税额

当期免抵税额=当期"免、抵、退"税额-当期应退税额

②当期期末留抵税额>当期"免、抵、退"税额,则:

当期应退税额=当期"免、抵、退"税额

当期免抵税额=0

当期期末留抵税额为当期增值税纳税申报表中"期末留抵税额"。

4) 当期免税购进原材料

当期免税购进原材料价格包括当期国内购进的无进项税额且不计提进项税额的免税原材料的价格和当期进料加工保税进口料件的价格,其中当期进料加工保税进口料件的价格为进料加工出口货物耗用的保税进口料件金额,其计算公式为:

进料加工出口货物耗用的保税进口料件金额 = 进料加工出口货物人民币离岸价 × 进料加工计划分配率

计划分配率=计划进口总值÷计划出口总值×100%

【例2-9】某自营出口的生产企业为增值税一般纳税人，出口货物的征税税率为13%，退税税率为10%，2022年5月的有关经营业务为：购进原材料一批，取得增值税专用发票注明的价款200万元，外购货物准予抵扣的进项税额26万元。上月月末留抵税款3万元，本月内销货物不含税销售额100万元，收款113万元存入银行，本月出口货物的销售额折合人民币200万元。试计算该企业当期的"免、抵、退"税额。

(1) 当期"免、抵、退"税不得免征和抵扣税额=200×(13%-10%)=6(万元)
(2) 当期应纳税额=100×13%-(26-6)-3=13-20-3=-10（万元）
(3) 出口货物"免、抵、退"税额=200×10%=20（万元）
(4) 按规定，如果当期期末留抵税额≤当期"免、抵、退"税额时：
当期应退税额=当期期末留抵税额
即该企业当期应退税额=10万元
(5) 当期免抵税额=当期"免、抵、退"税额-当期应退税额
当期免抵税额=20-10=10（万元）

【例2-10】某自营出口的生产企业为增值税一般纳税人，出口货物的征税税率为13%，退税税率为10%。2022年7月有关经营业务为：购进原材料一批，取得的增值税专用发票注明的价款400万元，外购货物准予抵扣的进项税额52万元。上期期末留抵税款5万元。本月内销售货物不含税销售额100万元，收款113万元存入银行。本月出口货物的销售额折合人民币200万元。试计算该企业当期的"免、抵、退"税额。

(1) 当期"免、抵、退"税不得免征和抵扣税额=200×(13%-10%)=6（万元）
(2) 当期应纳税额=100×13%-(52-6)-5=13-46-5=-38（万元）
(3) 出口货物"免、抵、退"税额=200×10%=20（万元）
(4) 按规定，如果当期期末留抵税额>当期"免、抵、退"税额时：
当期应退税额=当期"免、抵、退"税额
即该企业当期应退税额=20万元
(5) 当期免抵税额=当期"免、抵、退"税额-当期应退税额
该企业当期免抵税额=20-20=0
(6) 7月期末留抵结转下期继续抵扣税额为18万元（38-20）。

2. "免、退"法

外贸企业出口货物、劳务和应税行为增值税免退税，按下列公式计算。

1) 外贸企业出口委托加工修理修配货物以外的货物

增值税应退税额=增值税退(免)税计税依据×出口货物退税率

【例2-11】某进出口公司2022年6月出口美国平纹布2 000 m，进货增值税专用发票列明单价20元/m^2，计税金额40 000元，增值税出口退税率为13%。要求：计算当期应

退增值税税额。

应退增值税税额 = 2 000×20×13% = 5 200（元）

2) 外贸企业出口委托加工修理修配货物

$$\begin{matrix}\text{出口委托加工修理修配}\\ \text{货物的增值税应退税额}\end{matrix} = \begin{matrix}\text{委托加工修理修配的增值税}\\ \text{退(免)税计税依据}\end{matrix} \times \begin{matrix}\text{出口货物}\\ \text{退税率}\end{matrix}$$

【例2-12】某进出口公司2022年6月购进牛仔布委托加工成服装出口，取得牛仔布增值税发票一张，注明计税金额10 000元；取得服装加工费计税金额2 000元，受托方将原材料成本并入加工修理修配费用并开具了增值税专用发票。假设增值税出口退税率为13%。要求：计算当期应退增值税税额。

应退增值税税额 = （10 000+2 000）×13% = 1 560（元）

3) 外贸企业兼营的零税率应税行为增值税免退税的计算

$$\begin{matrix}\text{外贸企业兼营的零税率}\\ \text{应税服务应退税额}\end{matrix} = \begin{matrix}\text{外贸企业兼营的零税率}\\ \text{应税行为免退税计税依据}\end{matrix} \times \begin{matrix}\text{零税率应税行为}\\ \text{增值税退税率}\end{matrix}$$

2.6 增值税税收优惠政策

2.6.1 《中华人民共和国增值税暂行条例》规定的免税项目

（1）农业生产者销售的自产农产品。
（2）避孕药品和用具。
（3）古旧图书，是指向社会收购的古书和旧书。
（4）直接用于科学研究、科学试验和教学的进口仪器、设备。
（5）外国政府、国际组织无偿援助的进口物资和设备。
（6）由残疾人的组织直接进口供残疾人专用的物品。
（7）销售自己使用过的物品。自己使用过的物品，是指其他个人自己使用过的物品。

2.6.2 《营业税改征增值税试点实施办法》及有关部门规定的税收优惠政策

1. 免征增值税项目

（1）托儿所、幼儿园提供的保育和教育服务。
（2）养老机构提供的养老服务。
（3）残疾人福利机构提供的育养服务。
（4）婚姻介绍服务。
（5）殡葬服务。

（6）残疾人员本人为社会提供的服务。

（7）医疗机构提供的医疗服务。

（8）从事学历教育的学校提供的教育服务。

（9）学生勤工俭学提供的服务。

（10）农业机耕、排灌、病虫害防治、植物保护、农牧保险以及相关技术培训业务，家禽、牲畜、水生动物的配种和疾病防治。

（11）纪念馆、博物馆、文化馆、文物保护单位管理机构、美术馆、展览馆、书画院、图书馆在自己的场所提供文化体育服务取得的第一道门票收入。

（12）寺院、宫观、清真寺和教堂举办的文化、宗教活动的门票收入。

（13）行政单位之外的其他单位收取的符合规定条件的政府性基金和行政事业性收费。

（14）个人转让著作权。

（15）个人销售自建自用住房。

（16）台湾航运公司、航空公司从事海峡两岸海上直航、空中直航业务在大陆取得的运输收入。

（17）纳税人提供的直接或者间接国际货物运输的代理服务。

（18）下列利息收入免征增值税：

①国家助学贷款。

②国债、地方政府债。

③人民银行对金融机构的贷款。

④住房公积金管理中心用住房公积金在指定的委托银行发放的个人住房贷款。

⑤外汇管理部门在从事国家外汇储备经营过程中，委托金融机构发放的外汇贷款。

⑥统借统还业务中，企业集团或企业集团中的核心企业以及集团所属财务公司按不高于支付给金融机构的借款利率水平或者支付的债券票面利率水平，向企业集团或者集团内下属单位收取的利息。

⑦自2018年11月7日起至2021年11月6日止，对境外机构投资境内债券市场取得的债券利息收入暂免征收增值税。

（19）被撤销金融机构以货物、不动产、无形资产、有价证券、票据等财产清偿债务，除另有规定外，被撤销金融机构所属、附属企业，不享受被撤销金融机构增值税免税政策。

（20）保险公司开办的一年期以上人身保险产品取得的保费收入。

一年期以上人身保险是指保险期间为一年期及以上返还本利的人寿保险、养老年金保险，以及保险期间为一年期及以上的健康保险。

（21）再保险服务。

（22）下列金融商品转让收入：

①合格境外投资者（QFII）委托境内公司在我国从事证券买卖业务。

②香港市场投资者（包括单位和个人）通过沪港通和深港通买卖上海证券交易所和深圳证券交易所上市A股；内地投资者（包括单位和个人）通过沪港通买卖香港联交所上市股票。

③对香港市场投资者（包括单位和个人）通过基金互认买卖内地基金份额。

④证券投资基金（封闭式证券投资基金和开放式证券投资基金）管理人运用基金买卖

股票、债券。

⑤个人从事金融商品转让业务。

(23) 金融同业往来利息收入。

(24) 同时符合规定条件的担保机构从事中小企业信用担保或者再担保业务取得的收入（不含信用评级、咨询、培训等收入）3年内免征增值税。

①已取得监管部门颁发的融资性担保机构经营许可证，依法登记注册为企（事）业法人，实收资本超过2 000万元。

②平均年担保费率不超过银行同期贷款基准利率的50%。

平均年担保费率＝[本期担保费收入／（期初担保余额＋本期增加担保金额）]×100%

③连续合规经营2年以上，资金主要用于担保业务，具备健全的内部管理制度和为中小企业提供担保的能力，经营业绩突出，对受保项目具有完善的事前评估、事中监控、事后追偿与处置机制。

④为中小企业提供的累计担保贷款额占其2年累计担保业务总额的80%以上，单笔800万元以下的累计担保贷款额占其累计担保业务总额的50%以上。

⑤对单个受保企业提供的担保余额不超过担保机构实收资本总额的10%，且平均单笔担保责任金额最多不超过3 000万元人民币。

(25) 国家商品储备管理单位及其直属企业承担商品储备任务，从中央或者地方财政取得的利息补贴收入和价差补贴收入。

(26) 纳税人提供技术转让、技术开发和与之相关的技术咨询、技术服务。

与技术转让、技术开发相关的技术咨询、技术服务，是指转让方（或者受托方）根据技术转让或者开发合同的规定，为帮助受让方（或者委托方）掌握所转让（或者委托开发）的技术，而提供的技术咨询、技术服务业务，且这部分技术咨询、技术服务的价款与技术转让或者技术开发的价款应当在同一张发票上开具。

(27) 同时符合下列条件的合同能源管理服务：

①节能服务公司实施合同能源管理项目相关技术，应当符合国家质量监督检验检疫总局和国家标准化管理委员会发布的《合同能源管理技术通则》（GB/T 24915—2020）规定的技术要求。

②节能服务公司与用能企业签订节能效益分享型合同，其合同格式和内容，符合《中华人民共和国民法典》(中华人民共和国主席令第四十五号) 和《合同能源管理技术通则》等规定。

(28) 政府举办的从事学历教育的高等、中等和初等学校（不含下属单位），举办进修班、培训班取得的全部归该学校所有的收入。

举办进修班、培训班取得的收入进入该学校下属部门自行开设账户的，不予免征增值税。

(29) 政府举办的职业学校设立的主要为在校学生提供实习场所，并由学校出资自办、由学校负责经营管理、经营收入归学校所有的企业，从事"现代服务"（不含融资租赁服务、广告服务和其他现代服务）、"生活服务"（不含文化体育服务、其他生活服务和桑拿、氧吧）业务活动取得的收入。

(30) 家政服务企业由员工制家政服务员提供家政服务取得的收入。

（31）福利彩票、体育彩票的发行收入。

（32）军队空余房产租赁收入。

（33）企业、行政事业单位按房改成本价、标准价出售住房取得的收入。

（34）将土地使用权转让给农业生产者用于农业生产。

（35）涉及家庭财产分割的个人无偿转让不动产、土地使用权。

（36）土地所有者出让土地使用权和土地使用者将土地使用权归还给土地所有者。

（37）县级以上地方人民政府或自然资源行政主管部门出让、转让或收回自然资源使用权（不含土地使用权）。

（38）随军家属就业。

①为安置随军家属就业而新开办的企业，自领取税务登记证之日起，其提供的应税服务3年内免征增值税。

②从事个体经营的随军家属，自办理税务登记事项之日起，其提供的应税服务3年内免征增值税。

按照上述规定，每名随军家属可以享受一次免税政策。

（39）军队转业干部就业。

①从事个体经营的军队转业干部，自领取税务登记证之日起，其提供的应税服务3年内免征增值税。

②为安置自主择业的军队转业干部就业而新开办的企业，凡安置自主择业的军队转业干部占企业总人数60%（含）以上的，自领取税务登记证之日起，其提供的应税服务3年内免征增值税。

（40）各党派、共青团、工会、妇联、中科协、青联、台联、侨联收取党费、团费、会费，以及政府间国际组织收取会费，属于非经营活动，不征收增值税。

（41）青藏铁路公司提供的铁路运输服务免征增值税。

（42）中国邮政集团公司及其所属邮政企业提供的邮政普遍服务和邮政特殊服务，免征增值税。

（43）中国邮政集团公司及其所属邮政企业为金融机构代办金融保险业务取得的代理收入免征增值税。

（44）全国社会保障基金理事会、全国社会保障基金投资管理人运用全国社会保障基金买卖证券投资基金、股票、债券取得的金融商品转让收入，免征增值税。

（45）对下列国际航运保险业务免征增值税：

①注册在上海、天津的保险企业从事国际航运保险业务。

②注册在深圳市的保险企业向注册在前海深港现代服务业合作区的企业提供国际航运保险业务。

③注册在平潭的保险企业向注册在平潭的企业提供国际航运保险业务。

（46）对社保基金会、社保基金投资管理人在运用社保基金投资过程中，提供贷款服务取得的全部利息及利息性质的收入和金融商品转让收入，免征增值税。

（47）境外教育机构与境内从事学历教育的学校开展中外合作办学，提供学历教育服务取得的收入免征增值税。

（48）纳税人取得的财政补贴收入，与其销售货物、劳务、服务、无形资产、不动产的收入或者数量直接挂钩的,应按规定计算缴纳增值税。纳税人取得的其他情形的财政补贴收入,不属于增值税应税收入,不征收增值税。

2. 增值税即征即退

纳税人享受增值税即征即退政策的主要规定如下:

(1) 增值税一般纳税人销售其自行开发生产的软件产品,按13%税率征收增值税后,对其增值税实际税负超过3%的部分实行即征即退政策。

(2) 一般纳税人提供管道运输服务,对其增值税实际税负超过3%的部分实行增值税即征即退政策。

(3) 经人民银行、银监会或者商务部批准从事融资租赁业务的纳税人中的一般纳税人,提供有形动产融资租赁服务和有形动产融资性售后回租服务,对其增值税实际税负超过3%的部分实行增值税即征即退政策。

(4) 纳税人安置残疾人应享受增值税即征即退优惠政策:

①纳税人,是指安置残疾人的单位和个体工商户。

②纳税人本期应退增值税额按下列公式计算:

$$本期应退增值税额 = 本期所含月份每月应退增值税额之和$$

$$月应退增值税额 = 纳税人本月安置残疾人员人数 \times 本月月最低工资标准4倍$$

③纳税人新安置的残疾人从签订劳动合同并缴纳社会保险的次月起计算,其他职工从录用的次月起计算;安置的残疾人和其他职工减少的,从减少当月计算。

(5) 增值税的退还。纳税人本期已缴增值税额小于本期应退税额不足退还的,可在本年度内以前纳税期已缴增值税额扣除已退增值税额的余额中退还,仍不足退还的可结转本年度内以后纳税期退还。

年度已缴增值税额小于或等于年度应退税额的,退税额为年度已缴增值税额;年度已缴增值税额大于年度应退税额的,退税额为年度应退税额。年度已缴增值税额不足退还的,不得结转以后年度退还。

(6) 纳税人享受增值税即征即退政策,有纳税信用级别条件要求的,以纳税人申请退税税款所属期的纳税信用级别确定。申请退税税款所属期内纳税信用级别发生变化的,以变化后的纳税信用级别确定。

3. 增值税起征点的规定

纳税人销售额未达到国务院财政、税务主管部门规定的增值税起征点的,免征增值税;达到起征点的,依照规定全额计算缴纳增值税。

增值税起征点仅适用于个人,包括个体工商户和其他个人,但不适用于登记认定为一般纳税人的个体工商户。即增值税起征点仅适用于按照小规模纳税人纳税的个体工商户和其他个人。

增值税起征点幅度如下:

(1) 按期纳税的,为月销售额5 000~20 000元(含本数)。

(2) 按次纳税的,为每次(日)销售额300~500元(含本数)。

另外，对增值税月销售额10万元以下（含本数）的增值税小规模纳税人，免征增值税。

4. 其他有关减免税规定

（1）纳税人兼营免税、减税项目的，应当分别核算免税、减税项目的销售额；未分别核算销售额的，不得免税、减税。

（2）纳税人发生应税销售行为适用免税规定的，可以放弃免税，依照《中华人民共和国增值税暂行条例》的规定缴纳增值税。放弃免税后，36个月内不得再申请免税。

纳税人发生应税销售行为同时适用免税和零税率规定的，纳税人可以选择适用免税或者零税率。

①生产和销售免征增值税的应税销售行为的纳税人要求放弃免税权，应当以书面形式提交放弃免税权声明，报主管税务机关备案。纳税人自提交备案资料的次月起，按照现行有关规定计算缴纳增值税。

②放弃免税权的纳税人符合一般纳税人认定条件尚未认定为增值税一般纳税人的，应当按现行规定认定为增值税一般纳税人，其发生的应税销售行为可开具增值税专用发票。

③纳税人一经放弃免税权，其生产销售的全部应税销售行为均应按照适用税率征税，不得选择某一免税项目放弃免税权，也不得根据不同的销售对象选择部分应税销售行为放弃免税权。

④纳税人在免税期内购进用于免税项目的货物、劳务、服务、无形资产、不动产所取得的增值税扣税凭证，一律不得抵扣。

（3）安置残疾人单位既符合促进残疾人就业增值税优惠政策条件，又符合其他增值税优惠政策条件的，同时享受多项增值税优惠政策，但年度申请退还增值税总额不得超过本年度内应纳增值税总额。

（4）纳税人既享受增值税即征即退、先征后退政策，又享受免抵退税政策有关问题的处理。

①纳税人既有增值税即征即退、先征后退项目，也有出口等其他增值税应税项目的，增值税即征即退和先征后退项目不参与出口项目免抵退税计算。纳税人应分别核算增值税即征即退、先征后退项目和出口等其他增值税应税项目，分别申请享受增值税即征即退、先征后退和免抵退税政策。

②用于增值税即征即退或者先征后退项目的进项税额无法划分的，按照下列公式计算：

$$\text{无法划分进项税额中用于增值税即征即退或者先征后退项目的部分} = \left(\text{当月无法划分的全部进项税额} \times \frac{\text{当月增值税即征即退或者先征后退项目销售额}}{\text{当月全部销售额、营业额总计}} \right)$$

【思政案例】

税收优惠政策有效盘活现金流　增加企业信心激发市场活力

税收在国家治理中具有基础性、支柱性、保障性作用。近年来，税务部门以更大力度、更实举措、更优服务，有效减轻企业税费负担，支持服务实体经济，特别是民营经济、先进制造业和高新技术产业发展。

日前，中央网信办网络社会工作局、国家税务总局税收宣传中心联合举办"发现最美你评我论"——"看税收走基层税惠 赋能高质量发展"湖南行网评品牌活动，网络媒体记者、网络正能量人士、网评员等走访湖南省港务集团有限公司（以下简称港务集团）城陵矶国际集装箱码头，了解税收优惠政策助力企业高质量发展的举措与成效。

港务集团于2018年12月28日由湖南省国资委牵头成立，旨在贯彻落实习近平总书记在深入推动长江经济带发展座谈会和岳阳视察时的重要讲话精神，以及湖南省委、省政府关于长江岸线整治的战略部署，推动湖南省长江岸线绿色高效利用，加快全省港航资源整合，扎实推进湖南长江岸线港口码头专项整治。据了解，港务集团负责湖南"一江一湖四水"（长江湖南段、洞庭湖、湘江、沅水、澧水、资水）及其他区域性重要港区国有涉港核心有效资产的资源整合，公共码头及配套设施的投资建设和统一运营，港口物流及相关产业的投资开发。

"这个行业投资建设周期比较长，而且我们连续三年投资了三个项目，所以资金方面压力比较大，税收减免政策给了我们很大的支持。"湖南省港务集团财务负责人白钦林介绍，近几年，国家出台了物流企业大宗商品仓储设施用地减半征收城镇土地使用税，高新技术企业购置设备、器具企业所得税税前一次性扣除和100%加计扣除，增值税留抵退税等政策，在税务部门的指导下，港务集团都第一时间享受到了政策红利。

据了解，在新港区税务局的"靶向推送"和快速办理加持下，仅增值税留抵退税一项，2022年港务集团就享受到了1 900余万元的退税。白钦林说，税收优惠政策缓解了资金的压力，港务集团将被盘活的"真金白银"投入港口建设当中。"与一期比较，我们第二期的建设更为先进。比如，原来每台吊车上都要有一个操作员，现在大家看，车上都没有人了。只需要在中控室里操作，而且一个人能管三台车，用无人化改造提高了作业的效率"。

2022年，港务集团完成集装箱吞吐量121.6万TEU，零散的货物进出港量2 908万t，其中城陵矶港集装箱吞吐量突破100万TEU，成为继重庆、武汉之后长江中上游第三个百万标箱大港。

（资料来源：国家税务总局. 税收优惠政策有效盘活现金流 增加企业信心激发市场活力 ［EB/OL］.（2023-04-14）［2023-05-03］. http：//www. chinatax. gov. cn/chinatax/n810219/n810780/c5192327/content. html.）

2.7 增值税征收管理

2.7.1 增值税纳税义务发生时间

纳税义务发生时间，是指纳税人发生应税销售行为应当承担纳税义务的起始时间。

1. 应税销售行为纳税义务发生时间的一般规定

（1）纳税人发生应税销售行为，其纳税义务发生时间为收讫销售款项或者取得销售款项凭据的当天；先开具发票的，为开具发票的当天。

收讫销售款项，是指纳税人发生应税销售行为过程中或者完成后收到的款项。取得销售款项凭据的当天，是指书面合同确定的付款日期；未签订书面合同或者书面合同未确定付款日期的，为应税销售行为完成的当天或者不动产权属变更的当天。

（2）进口货物，为报关进口的当天。

（3）增值税扣缴义务发生时间为纳税人增值税纳税义务发生的当天。

2. 应税销售行为纳税义务发生时间的具体规定

（1）采取直接收款方式销售货物，不论货物是否发出，均为收到销售款或者取得销售款凭据的当天。

纳税人生产经营活动中采取直接收款方式销售货物，已将货物移送对方并暂估销售收入入账，但既未取得销售款或取得销售款凭据也未开具销售发票的，其增值税纳税义务发生时间为取得销售款或取得销售款凭据的当天；先开具发票的，为开具发票的当天。

（2）采取托收承付和委托银行收款方式销售货物，为发出货物并办妥托收手续的当天。

（3）采取赊销和分期收款方式销售货物，为书面合同约定的收款日期的当天，无书面合同的或者书面合同没有约定收款日期的，为货物发出的当天。

（4）采取预收货款方式销售货物，为货物发出的当天，但生产销售生产工期超过12个月的大型机械设备、船舶、飞机等货物，为收到预收款或者书面合同约定的收款日期的当天。

（5）委托其他纳税人代销货物，为收到代销单位的代销清单或者收到全部或者部分货款的当天。未收到代销清单及货款的，为发出代销货物满180日的当天。

（6）销售劳务，为提供劳务同时收讫销售款或者取得销售款凭据的当天。

（7）纳税人发生除将货物交付其他单位或者个人代销和销售代销货物以外的视同销售货物行为，为货物移送的当天。

（8）纳税人提供租赁服务采取预收款方式的，其纳税义务发生时间为收到预收款的当天。

（9）纳税人从事金融商品转让的，为金融商品所有权转移的当天。

（10）纳税人发生视同销售服务、无形资产或者不动产情形的，其纳税义务发生时间为服务、无形资产转让完成的当天或者不动产权属变更的当天。

2.7.2 增值税纳税期限

增值税的纳税期限分别为1日、3日、5日、10日、15日、1个月或者1个季度。纳税人的具体纳税期限，由主管税务机关根据纳税人应纳税额的大小分别核定。不能按照固定期限纳税的，可以按次纳税。

以1个季度为纳税期限的规定适用于小规模纳税人、银行、财务公司、信托投资公司、信用社，以及财政部和国家税务总局规定的其他纳税人。

纳税人以 1 个月或者 1 个季度为 1 个纳税期的，自期满之日起 15 日内申报纳税；以 1 日、3 日、5 日、10 日或者 15 日为 1 个纳税期的，自期满之日起 5 日内预缴税款，于次月 1 日起 15 日内申报纳税并结清上月应纳税款。

扣缴义务人解缴税款的期限，依照前两项规定执行。

纳税人进口货物，应当自海关填发进口增值税专用缴款书之日起 15 日内缴纳税款。

按固定期限纳税的小规模纳税人可以选择以 1 个月或 1 个季度为纳税期限，一经选择，1 个会计年度内不得变更。

2.7.3 增值税纳税地点

（1）固定业户应当向其机构所在地主管税务机关申报纳税。机构所在地是指纳税人的注册登记地。总机构和分支机构不在同一县（市）的，应当分别向各自所在地的主管税务机关申报纳税；经财政部和国家税务总局或者其授权的财政和税务机关批准，可以由总机构汇总向总机构所在地的主管税务机关申报纳税。

（2）固定业户到外县（市）销售货物或者劳务，应当向其机构所在地的主管税务机关报告外出经营事项，并向其机构所在地的主管税务机关申报纳税；未报告的，应当向销售地或者劳务发生地的主管税务机关申报纳税，未向销售地或者劳务发生地的主管税务机关申报纳税的，由其机构所在地的主管税务机关补征税款。

（3）非固定业户销售货物或者劳务应当向销售地或者劳务发生地主管税务机关申报纳税；未向销售地或者劳务发生地的主管税务机关申报纳税的，由其机构所在地或者居住地主管税务机关补征税款。

（4）进口货物，应当向报关地海关申报纳税。

（5）扣缴义务人应当向其机构所在地或者居住地主管税务机关申报缴纳扣缴的税款。

思考与练习

1. 某商店本月销售给某客户一套真皮沙发并负责送货。该项行为属于混合销售还是兼营？应该如何缴纳增值税？

2. 某商场采取以旧换新方式销售电视机，每台零售价 5 085 元，本月售出电视机 150 台，共收回 50 台旧电视机，每台旧电视机折价 200 元，计算该业务增值税的销售额为多少？

3. A 为生产企业，B 为运输企业，C 为商业零售企业。A、B、C 均为增值税一般纳税人。2022 年 5 月 A 与 B 和 C 分别发生以下业务：

（1）A 销售给 C 一批货物，采用委托银行收款方式结算，货物已发出并办妥托收手续。开具的增值税专用发票上注明的销售额为 300 万元，税金为 39 万元。该货物由 B 负责运输，运输费为 0.5 万元（含税价取得增值税专用发票）。按合同规定，该款项应由 C 支付，但由 A 代垫运费，并开具了抬头为 C 的货票，A 已将货票交给 C。

（2）A 当月购进一批生产用原材料，由 B 负责运输，已支付货款和运费，取得的增值税专用发票上注明的货物销售额为 100 万元，税金为 13 万元，发票已认证；支付 B 的运输装卸费为 0.8 万元（含税价取得增值税专用发票）（已认证）。

（3）A从C购进一批货物，取得的专用发票上注明的销售额为5 000元，税金为650元，发票尚未认证。国庆节前将价值4 000元的货物发给职工使用。

要求：根据上述材料计算A公司当期应缴纳的增值税税额。

▶自测习题及参考答案

第3章 消费税

学习目标

【知识目标】

通过本章的学习,了解消费税的概念;熟悉消费税的税目、税率、征收管理的相关规定;掌握消费税应纳税额的计算方法。

【能力目标】

培养学生的自学能力;培养学生分析问题与归纳、总结能力;培养学生运用所学知识解决实际问题的能力。

【价值目标】

使学生体验到主动学习中求知的满足感、成功的欢乐感和学习的愉悦感;增强学生的环保意识;增强遵纪守法意识。

思维导图

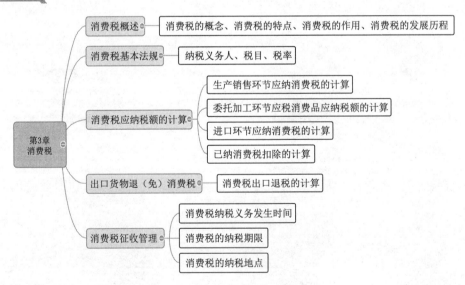

导入案例

按照财政部 海关总署 税务总局公告2022年第33号《关于对电子烟征收消费税的公告》的规定,纳税人从事生产、批发电子烟业务的,按生产、批发电子烟的销售额作为计税价格。其中,电子烟生产环节纳税人采用代销方式销售电子烟的,以经销商(代理商)销售给电子烟批发企业的销售额(含收取的全部价款和价外费用)为电子烟生产环节纳税人的计税价格。例如，某电子烟消费税纳税人2022年12月生产持有商标的电子烟产品并销售给电子烟批发企业，不含增值税销售额为100万元，该纳税人2023年1月应申报缴纳电子烟消费税为36万元（100万元×36%）。如果该纳税人委托经销商（代理商）销售同一款电子烟产品，经销商（代理商）销售给电子烟批发企业不含增值税销售额为110万元，则该纳税人2023年1月应申报缴纳电子烟消费税为39.6万元（110万元×36%）。

（资料来源：国家税务总局．关于《国家税务总局关于电子烟消费税征收管理有关事项的公告》的解读［EB/OL］．(2022-10-27)［2023-05-30］．http://www.chinatax.gov.cn/chinatax/n810341/n810760/c5182407/content.html.）

3.1 消费税概述

3.1.1 消费税的概念

消费税是指对消费品和特定的消费行为按流转额征收的一种商品税。广义上看，消费税应对所有消费品包括生活必需品和日用品普遍课税。但从征收实践上看，消费税主要指对特定消费品或特定消费行为等课税。消费税主要以消费品为课税对象，属于间接税，税收随价格转嫁给消费者负担，消费者是税款的实际负担者。消费税的征收具有较强的选择性，是国家贯彻消费政策、引导消费结构从而引导产业结构的重要手段，因而在保证国家财政收入、体现国家经济政策等方面具有十分重要的意义。

消费税法是指国家制定的用以调整消费税征收与缴纳相关权利及义务关系的法律规范。现行消费税法的基本规范，是2008年11月5日经国务院第三十四次常务会议修订通过并颁布，自2009年1月1日起施行的《中华人民共和国消费税暂行条例》，以及2008年12月15日财政部、国家税务总局第51号令颁布的《中华人民共和国消费税暂行条例实施细则》。

3.1.2 消费税的特点

1. 征收范围具有选择性

我国消费税在征收范围上根据产业政策与消费政策仅选择部分消费品征税，而不是对所有消费品都征收消费税。

2. 征税环节具有单一性

主要在生产销售和进口环节上征收。

3. 平均税率水平比较高且税负差异大

消费税的平均税率水平比较高，并且不同征税项目的税负差异较大。如小汽车按排气量大小划分，最低税率1%，最高税率40%。

4. 计税方法具有灵活性

既采用对消费品规定单位税额，以消费品的数量实行从量定额的计税方法，也采用对消费品制定比例税率，以消费品的价格实行从价定率的计税方法。对卷烟、白酒还采用从量征收与从价征收相结合的复合计税方式。

3.1.3 消费税的作用

1. 体现消费政策，调整产业结构

消费税的立法主要集中体现国家的产业政策和消费政策。如为了抑制对人体健康不利或者是过度消费会对人体有害的消费品的生产，将烟、酒及鞭炮、焰火列入征税范围；为了调节特殊消费，将摩托车、小汽车、贵重首饰及珠宝玉石列入征税范围；为了节约一次性能源，限制过量消费，将汽油、柴油等油品列入征税范围。

2. 正确引导消费，抑制超前消费

目前我国正处于社会主义初级阶段，总体财力还比较有限，个人的生活水平还不够宽裕，需要在政策上正确引导人们的消费方向。在消费税立法过程中，对人们日常消费的基本生活用品和企业正常的生产消费物品不征收消费税，只对目前属于奢侈品或超前消费的物品以及其他非基本生活品征收消费税，特别是对其中的某些消费品，如烟、酒、高档次的汽车等适用较高的税率，加重调节，增加购买者（消费者）的负担，适当抑制高水平或超前的消费。

3. 稳定财政收入，保持原有负担

消费税是在原流转税制进行较大改革的背景下出台的。原流转税主要集中在卷烟、酒、石化、化工等几类产品上，且税率档次多，税率较高。实行新的、规范化的增值税后，不可能设置多档次、相差悬殊的税率。所以，许多原高税率产品改征增值税后，税负下降过多，对财政收入的影响较大。为了确保税制改革后尽量不减少财政收入，同时不削弱税收对某些产品生产和消费的调控作用，需要通过征收消费税，把实行增值税后由于降低税负而可能减少的税收收入征收上来，基本保持原产品的税收负担，并随着应税消费品生产和消费的增长，使财政收入也保持稳定增长。

4. 调节支付能力，缓解分配不公

个人生活水平或贫富状况很大程度体现在其支付能力上，显然受多种因素制约，仅依靠个人所得税不可能完全实现税收的公平分配目标，也不可能有效缓解社会分配不公的问题。通过对某些奢侈品或特殊消费品征收消费税，立足于从调节个人支付能力的角度间接增加某些消费者的税收负担或增加消费支出的超额负担，使高收入者的高消费受到一定抑制，低收入者或消费基本生活用品的消费者则不负担消费税，支付能力不受影响。所以，开征消费税有利于配合个人所得税及其他有关税种进行调节，缓解目前存在的社会分配不公的现象。

3.1.4 消费税的发展历程

消费税是 1994 年工商税制改革中新设置的一种商品课税。1994 年设置消费税时主要是考虑以下 4 个种类的消费品：一是流转税制格局调整后税收负担下降较多的产品；二是非生活必需品中一些高档、奢侈的消费品；三是从保护身体健康、生态环境等方面的需要出发，不提倡也不宜过度消费的某些消费品；四是一些特殊的资源性消费品。

2006 年 4 月 1 日起对消费税制度进行重大调整。这次调整突出两个重点：一是突出环境保护和资源节约，二是突出合理引导消费并间接调节收入分配。比如，对高尔夫球及球具和游艇等高档消费品开征消费税，对已具有大众消费特征的护肤、护发品停征消费税，提高白酒、小汽车的税率。调整的主要内容：①新增高尔夫球及球具、高档手表、游艇、木制一次性筷子、实木地板等税目，增列成品油税目，将原汽油、柴油税目作为该税目的两个子目，同时新增石脑油、溶剂油、润滑油、燃料油、航空煤油 5 个子目；②取消护肤护发品税目；③调整部分税目税率。在当时的 11 个税目中，涉及税率调整的有白酒、小汽车、摩托车、汽车轮胎这几个税目。

2008 年 11 月财政部、国家税务总局按照国务院关于实施成品油价格和税费改革的要求，曾联合下发通知，决定从 2009 年 1 月 1 日起调整成品油消费税政策。主要内容：①提高成品油消费税单位税额，汽油、石脑油、溶剂油、润滑油的消费税单位税额由 0.2 元/升提高到 1.0 元/升；柴油、航空煤油和燃料油的消费税单位税额由每升 0.1 元提高到每升 0.8 元；②调整特殊用途成品油消费税政策。

2014 年 11 月财政部、国家税务总局发出通知，决定自 2014 年 11 月 29 日起上调成品油消费税，该通知称，自 11 月 29 日起调整成品油等部分产品的消费税，其中，汽油消费税单位税额提高 0.12 元/升，柴油消费税提高 0.14 元/升，调整后，汽油、柴油消费税将为 1.12 元/升和 0.94 元/升；自 12 月 1 日起停止征收成品油价格调节基金，取消汽车轮胎消费税等四项消费税。

2019 年 12 月财政部发布了《中华人民共和国消费税法（征求意见稿）》。该征求意见稿的税目税率表明确，白酒在生产（进口）环节征税，税率为 20% 加 0.5 元/500 克（或者 500 毫升）；金银首饰、铂金首饰和钻石及钻石饰品在零售环节按 5% 的税率征税，乘用车根据气缸容量，按 1%~40% 不等的税率征税。对比现行的消费税暂行条例，烟、酒、石油等热门品类消费税税率没有改变。该征求意见稿不仅有助于落实税收法定原则，推动现代税制建设，同时也做出依法授权国务院组织开展消费税改革试点的规定，推动消费税的进一步改革，对调节中央与地方的收入分配、引导地方优化营商环境、促进消费结构升级等都具有积极意义。

3.2 消费税基本法规

3.2.1 消费税纳税义务人

在中华人民共和国境内生产、委托加工和进口《中华人民共和国消费税暂行条例》规定的消费品的单位和个人，以及国务院确定的销售《中华人民共和国消费税暂行条例》规定的消费品的其他单位和个人，为消费税的纳税人，应当依照《中华人民共和国消费税暂行条例》缴纳消费税。

单位,是指企业、行政单位、事业单位、军事单位、社会团体及其他单位。

个人,是指个体工商户及其他个人。

在中华人民共和国境内,是指生产、委托加工和进口属于应当缴纳消费税的消费品的起运地或者所在地在境内。

3.2.2 消费税税目

消费税的征收范围比较狭窄,同时也会根据经济发展、环境保护等国家大政方针进行修订,依据《中华人民共和国消费税暂行条例》及相关法规规定,目前消费税税目包括烟、酒、化妆品等15种商品,部分税目还进一步划分了若干子目。

1. 烟

凡是以烟叶为原料加工生产的产品,不论使用何种辅料,均属于本税目的征收范围。包括卷烟(进口卷烟、白包卷烟、手工卷烟和未经国务院批准纳入计划的企业及个人生产的卷烟)、雪茄烟和烟丝。

在"烟"税目下分"卷烟"等子目,"卷烟"又分"甲类卷烟"和"乙类卷烟"。其中,甲类卷烟是指每标准条(200支,下同)调拨价格在70元(不含增值税)以上(含70元)的卷烟;乙类卷烟是指每标准条调拨价格在70元(不含增值税)以下的卷烟。

【想一想】

吸烟不仅可以导致人的平均寿命缩短,也可能会引起呼吸、心血管、神经、生殖等多个系统的疾病,更是明显增加癌症的发生率。吸烟不仅会对吸烟者自身造成伤害,对身边的人也会造成非常大的危害。

请问:既然吸烟危害这么大,为什么我国没有禁止生产烟呢?

2. 酒

酒是酒精度在1度以上的各种酒类饮料,包括白酒、黄酒、啤酒和其他酒。

啤酒每吨出厂价(含包装物及包装物押金)在3 000元(含3 000元,不含增值税)以上的是甲类啤酒,每吨出厂价(含包装物及包装物押金)在3 000元(不含增值税)以下的是乙类啤酒。包装物押金不包括重复使用的塑料周转箱的押金。对饮食业、商业、娱乐业举办的啤酒屋(啤酒坊)利用啤酒生产设备生产的啤酒,应当征收消费税。果啤属于啤酒,按啤酒征收消费税。

配制酒(露酒)是指以发酵酒、蒸馏酒或食用酒精为酒基,加入可食用或药食两用的辅料或食品添加剂,进行调配、混合或再加工制成的并改变了其原酒基风格的饮料酒。具体规定如下:

(1)以蒸馏酒或食用酒精为酒基,具有国家相关部门批准的国食健字或卫食健字文号并且酒精度低于38度(含)的配制酒,按消费税税目税率表"其他酒"10%适用税率征收消费税。

（2）以发酵酒为酒基，酒精度低于 20 度（含）的配制酒，按消费税税目、税率（额）表"其他酒"10%的适用税率征收消费税。

（3）其他配制酒，按《消费税税目、税率（额）表》中"白酒"的适用税率征收消费税。

葡萄酒消费税适用"酒"税目下设的"其他酒"子目。葡萄酒是指以葡萄为原料，经破碎（压榨）、发酵而成的酒精度在 1 度（含）以上的葡萄原酒和成品酒（不含以葡萄为原料的蒸馏酒）。

3. 高档化妆品

自 2016 年 10 月 1 日起，本税目调整为包括高档美容、修饰类化妆品、高档护肤类化妆品和成套化妆品。

高档美容、修饰类化妆品和高档护肤类化妆品是指生产（进口）环节销售（完税）价格（不含增值税）在 10 元/毫升（克）或 15 元/片（张）及以上的美容、修饰类化妆品和护肤类化妆品。

美容、修饰类化妆品是指香水、香水精、香粉、口红、指甲油、胭脂、眉笔、唇笔、蓝眼油、眼睫毛以及成套化妆品。

舞台、戏剧、影视演员化妆用的上妆油、卸妆油、油彩，不属于本税目的征收范围。高档护肤类化妆品征收范围另行制定。

4. 贵重首饰及珠宝玉石

贵重首饰及珠宝玉石包括以金、银、白金、宝石、珍珠、钻石、翡翠、珊瑚、玛瑙等高贵稀有物质以及其他金属、人造宝石等制作的各种纯金银首饰及镶嵌首饰和经采掘、打磨、加工的各种珠宝玉石。对出国人员免税商店销售的金银首饰征收消费税。

5. 鞭炮、焰火

鞭炮、焰火包括各种鞭炮、焰火。体育上用的发令纸、鞭炮药引线，不按本税目征收。

6. 成品油

成品油包括汽油、柴油、石脑油、溶剂油、航空煤油、润滑油、燃料油 7 个子目。航空煤油暂缓征收。

（1）汽油是指用原油或其他原料加工生产的辛烷值不小于 66 的可用作汽油发动机燃料的各种轻质油。取消车用含铅汽油消费税，汽油税目不再划分二级子目，统一按照无铅汽油税率征收消费税。

（2）柴油是指用原油或其他原料加工生产的倾点或凝点在 $-50\sim30℃$ 的可用作柴油发动机燃料的各种轻质油和以柴油成分为主、经调和精制可用作柴油发动机燃料的非标油。

经国务院批准，从 2009 年 1 月 1 日起，对同时符合下列条件的纯生物柴油免征消费税：

①生产原料中废弃的动物油和植物油用量所占比重不低于 70%。

②生产的纯生物柴油符合《B5 柴油》（CB25199-2017）。

（3）石脑油又叫化工轻油，是以原油或其他原料加工生产的用于化工原料的轻质油。石脑油的征收范围包括除汽油、柴油、航空煤油、溶剂油以外的各种轻质油。非标汽油、重整生成油、拔头油、戊烷原料油、轻裂解料（减压柴油 VGO 和常压柴油 AGO）、重裂解料、加氢裂化尾油、芳烃抽余油均属轻质油，属于石脑油征收范围。

（4）溶剂油是用原油或其他原料加工生产的用于涂料、油漆、食用油、印刷油墨、皮革、农药、橡胶、化妆品生产和机械清洗、胶粘剂行业的轻质油。

橡胶填充油、溶剂油原料，属于溶剂油征收范围。

（5）航空煤油也叫喷气燃料，是用原油或其他原料加工生产的用作喷气发动机和喷气推进系统燃料的各种轻质油。航空煤油的消费税暂缓征收。

（6）润滑油是用原油或其他原料加工生产的用于内燃机、机械加工过程的润滑产品。润滑油分为矿物性润滑油、植物性润滑油、动物性润滑油和化工原料合成润滑油。

润滑油征收范围包括矿物性润滑油、矿物性润滑油基础油、植物性润滑油、动物性润滑油和化工原料合成润滑油。以植物性、动物性和矿物性基础油（或矿物性润滑油）混合掺配而成的"混合性"润滑油，不论矿物性基础油（或矿物性润滑油）所占比例高低，均属于润滑油征收范围。

另外，用原油或其他原料加工生产的用于内燃机、机械加工过程的润滑产品均属于润滑油征税范围。润滑脂是润滑产品，生产、加工润滑脂应当征收消费税。变压器油、导热类油等绝缘油类产品不属于润滑油，不征收消费税。

（7）燃料油也称重油、渣油，是用原油或其他原料加工生产，主要用作电厂发电、锅炉用燃料、加热炉燃料、冶金和其他工业炉燃料。蜡油、船用重油、常压重油、减压重油、180CTS 燃料油、7 号燃料油、糠醛油、工业燃料、4~6 号燃料油等油品的主要用途是作为燃料燃烧，属于燃料油征收范围。

根据《财政部　国家税务总局关于对废矿物油再生油品免征消费税的通知》（财税〔2013〕105 号）的规定，纳税人利用废矿物油为原料生产的润滑油基础油、汽油、柴油等工业油料免征消费税。但应同时符合下列条件：

①纳税人必须取得省级以上（含省级）环境保护部门颁发的《危险废物（综合）经营许可证》，且该证件上核准生产经营范围应包括"利用"或"综合经营"字样。

②生产原料中废矿物油重量必须占到 90% 以上。产成品中必须包括润滑油基础油，且每吨废矿物油生产的润滑油基础油应不少于 0.65 吨。

③利用废矿物油生产的产品与利用其他原料生产的产品应分别核算。

《财政部　国家税务总局关于延长对废矿物油再生油品免征消费税政策实施期限的通知》（财税〔2018〕144 号）规定将该免征消费税政策实施期限延长至 2023 年 10 月 31 日。

7. 小汽车

小汽车是指由动力驱动，具有 4 个或 4 个以上车轮的非轨道承载的车辆。

（1）乘用车：含驾驶员座位在内最多不超过 9 个座位（含）的，在设计和技术特性上用于载运乘客和货物的各类乘用车。

（2）中轻型商用客车：含驾驶员座位在内的座位数在 10~23 座（含 23 座）的，在设计和技术特性上用于载运乘客和货物的各类中轻型商用客车。

（3）超豪华小汽车：每辆零售价格 130 万元（不含增值税）及以上的乘用车和中轻型商用客车。

用排气量小于1.5升（含）的乘用车底盘（车架）改装、改制的车辆属于乘用车征收范围。用排气量大于1.5升的乘用车底盘（车架）或用中轻型商用客车底盘（车架）改装、改制的车辆属于中轻型商用客车征收范围。

含驾驶员人数（额定载客）为区间值的（如8~10人、17~26人）小汽车，按其区间值下限人数确定征收范围。

电动汽车不属于本税目征收范围。车身长度大于7米（含），并且座位在10~23座（含）以下的商用客车，不属于中轻型商用客车征税范围，不征收消费税。沙滩车、雪地车、卡丁车、高尔夫车不属于消费税征收范围，不征收消费税。

8. 摩托车

摩托车包括轻便摩托车和摩托车两种。气缸容量250毫升（不含）以下的小排量摩托车不征收消费税。

9. 高尔夫球及球具

高尔夫球及球具是指从事高尔夫球运动所需的各种专用装备，包括高尔夫球、高尔夫球杆及高尔夫球包（袋）等。

高尔夫球是指重量不超过45.93克、直径不超过42.67毫米的高尔夫球运动比赛、练习用球；高尔夫球杆是指被设计用来打高尔夫球的工具，由杆头、杆身和握把3部分组成；高尔夫球包（袋）是指专用于盛装高尔夫球及球杆的包（袋）。

本税目征收范围包括高尔夫球、高尔夫球杆、高尔夫球包（袋）。高尔夫球杆的杆头、杆身和握把属于本税目的征收范围。

10. 高档手表

高档手表是指销售价格（不含增值税）每只在10 000元（含）以上的各类手表。本税目征收范围包括符合以上标准的各类手表。

本税目征收范围包括艇身长度大于8米（含）小于90米（含），内置发动机，可以在水上移动，一般为私人或团体购置，主要用于水上运动和休闲娱乐等非牟利活动的各类机动艇。

11. 游艇

游艇是指长度大于8米小于90米，船体由玻璃钢、钢、铝合金、塑料等多种材料制作，可以在水上移动的水上浮载体。按照动力划分，游艇分为无动力艇、帆艇和机动艇。

12. 木制一次性筷子

木制一次性筷子，又称卫生筷子，是指以木材为原料经过锯段、浸泡、旋切、刨切、烘干、筛选、打磨、倒角、包装等环节加工而成的各类供一次性使用的筷子。

本税目征收范围包括各种规格的木制一次性筷子。未经打磨、倒角的木制一次性筷子属于本税目征税范围。

13. 实木地板

实木地板是指以木材为原料，经锯割、干燥、刨光、截断、开榫、涂漆等工序加工而成的块状或条状的地面装饰材料。实木地板按生产工艺不同,可分为独体(块)实木地板、实木指接地板、实木复合地板 3 类;按表面处理状态不同,可分为未涂饰地板(白坯板、素板)和漆饰地板两类。

本税目征收范围包括各类规格的实木地板、实木指接地板、实木复合地板及用于装饰墙壁、天棚的侧端面为榫、槽的实木装饰板。未经涂饰的素板也属于本税目征税范围。

14. 电池

电池,是一种将化学能、光能等直接转换为电能的装置,一般由电极、电解质、容器、极端,通常还有隔离层组成的基本功能单元,以及用一个或多个基本功能单元装配成的电池组。本税目征收范围包括原电池、蓄电池、燃料电池、太阳能电池和其他电池。

15. 涂料

涂料是指涂于物体表面能形成具有保护、装饰或特殊性能的固态涂膜的一类液体或固体材料的总称。

【想一想】

吉林省某公司生产销售化工涂料,公司尊崇"踏实、拼搏、责任"的企业精神,并以"诚信、共赢"为经营理念,创造良好的企业环境。后因产能受限,需要从第三方采购涂料,但不进行包装、标签等任何更换。

请问:外购涂料是否缴纳消费税?

3.2.3 消费税税率

消费税采用比例税率和定额税率两种形式,以适应不同应税消费品的实际情况。

消费税根据不同的税目或子目确定相应的税率或单位税额。大部分应税消费品适用比例税率,例如,烟丝税率为 30%,摩托车税率为 3% 等;黄酒、啤酒、成品油按单位重量或单位体积确定单位税额;卷烟、白酒采用比例税率和定额税率双重征收形式。

消费税税目、税率(额)见表 3-1。

表 3-1 消费税税目、税率(额)

税 目	税率(额)
一、烟	
1. 卷烟	
(1)甲类卷烟(生产或进口环节)	56%加 0.003 元/支
(2)乙类卷烟(生产或进口环节)	36%加 0.003 元/支
(3)批发环节	11%加 0.005 元/支
2. 雪茄烟	36%

续表

税　目	税率（额）
二、酒 1. 白酒	20%加 0.5 元/500 克（或者 500 毫升）
2. 黄酒	240 元/吨
3. 啤酒 （1）甲类啤酒 （2）乙类啤酒	250 元/吨 220 元/吨
4. 其他酒	10%
三、高档化妆品	15%
四、贵重首饰及珠宝玉石 1. 金银首饰、铂金首饰和钻石及钻石饰品 2. 其他贵重首饰和珠宝玉石	5% 10%
五、鞭炮、焰火	15%
六、成品油 1. 汽油 2. 柴油 3. 航空煤油 4. 石脑油 5. 溶剂油 6. 润滑油 7. 燃料油	1.52 元/升 1.2 元/升 1.2 元/升 1.52 元/升 1.52 元/升 1.52 元/升 1.2 元/升
七、小汽车 1. 乘用车 （1）气缸容量（排气低下同）在 1.0 升（含 1.0 升）以下的 （2）气缸容量在 1.0 升以上至 1.5 升（含 1.5 升）的 （3）气缸容量在 1.5 升以上至 2.0 升（含 2.0 升）的 （4）气缸容量在 2.0 升以上至 2.5 升（含 2.5 升）的 （5）气缸容量在 2.5 升以上至 3.0 升（含 3.0 升）的 （6）气缸容量在 3.0 升以上至 4.0 升（含 4.0 升）的 （7）气缸容量在 4.0 升以上的 2. 中轻型商用客车 3. 超豪华小汽车（零售环节）	1% 3% 5% 9% 12% 25% 40% 5% 10%
八、摩托车 1. 气缸容量为 250 毫升的 2. 气缸容量为 250 毫升以上的	3% 10%
九、高尔夫球及球具	10%
十、高档手表	20%
十一、游艇	10%

续表

税 目	税率（额）
十二、木制一次性筷子	5%
十三、实木地板	5%
十四、电池	4%
十五、涂料	4%

纳税人兼营不同税率的应税消费品，应当分别核算不同税率应税消费品的销售额、销售数量。未分别核算销售额、销售数量，或者将不同税率的应税消费品组成成套消费品销售的，从高适用税率。

例如，某酒厂既生产税率为20%的粮食白酒，又生产税率为10%的其他酒，如汽酒、药酒等，该厂应分别核算白酒与其他酒的销售额，然后按各自适用的税率计税；如不分别核算各自的销售额，其他酒也按白酒的税率计算纳税。如果该酒厂还生产白酒与其他酒小瓶装礼品套酒，就是税法所指的成套消费品，应将全部销售额按白酒的税率20%计算应纳消费税税额，而不能以其他酒10%的税率计算其中任何一部分的应纳税额。对未分别核算的销售额按高税率计税，意在督促企业对不同税率应税消费品的销售额分别核算，准确计算纳税。

3.3 消费税应纳税额的计算

3.3.1 生产销售环节应纳消费税的计算

纳税人在生产销售环节应缴纳的消费税，包括直接对外销售应税消费品应缴纳的消费税和自产自用应税消费品应缴纳的消费税。

1. 直接对外销售应纳消费税的计算

直接对外销售应税消费品涉及以下3种计算方法：

1）从价定率计算

计算公式为：

$$应纳税额 = 应税消费品的销售额 \times 比例税率$$

【例3-1】某化妆品生产企业为增值税一般纳税人。2022年6月15日向某大型商场销售高档化妆品一批，开具增值税专用发票，取得不含增值税销售额50万元，增值税税额6.5万元；6月20日向某单位销售高档化妆品一批，开具普通发票，取得含增值税销售额4.64万元。已知高档化妆品适用消费税税率15%，计算该化妆品生产企业上述业务应纳消费税税额。

$$化妆品的应税销售额 = 50 + \frac{4.64}{(1+13\%)} = 54.11(万元)$$

$$应纳消费税税额 = 54.11 \times 15\% = 8.12(万元)$$

2) 从量定额计算

计算公式为：

$$应纳税额=应税消费品的销售数量×定额税率$$

【例3-2】 某啤酒厂2022年5月销售啤酒1 000吨，取得不含增值税销售额295万元，增值税税款38.35万元，另收取包装物押金23.4万元。计算该啤酒厂应纳消费税税额。

每吨啤酒出厂价=(295+23.4/1.13)×10 000/1 000=3 157.08（元），大于3 000元，属于销售甲类啤酒，适用定额税率每吨250元。

应纳消费税税额=销售数量×定额税率=1 000×250=250 000(元)

3) 从价定率和从量定额复合计算

现行消费税的征税范围中，只有卷烟、白酒采用复合计算方法。计算公式为：

$$应纳税额=应税消费品的销售数量×定额税率+应税消费品的销售额×比例税率$$

【例3-3】 某白酒生产企业为增值税一般纳税人，2022年4月销售白酒50吨，取得不含增值税的销售额200万元。计算白酒生产企业4月应缴纳的消费税税额。

白酒适用比例税率20%，定额税率每500克0.5元。

应纳消费税税额=50×2 000×0.000 05+200×20%=45（万元）

2. 自产自用应纳消费税的计算

所谓自产自用，就是纳税人生产应税消费品后，不是用于直接对外销售，而是用于自己连续生产应税消费品或者用于其他方面。这种自产自用应税消费品形式，在实际经济活动中是很常见的，但在是否纳税或如何纳税上也最容易出现问题。例如，有的企业把自己生产的应税消费品以福利或奖励等形式发给本企业职工，以为不是对外销售，不必计入销售额，无须纳税，这样就出现了漏缴税款的现象。

1) 用于连续生产应税消费品

纳税人自产自用的应税消费品，用于连续生产应税消费品的，不纳税。所谓"纳税人自产自用的应税消费品，用于连续生产应税消费品的"，是指作为生产最终应税消费品的直接材料并构成最终产品实体的应税消费品。例如，卷烟厂生产出烟丝，再用生产出的烟丝连续生产卷烟，虽然烟丝是应税消费品，但用于连续生产卷烟的烟丝就不用缴纳消费税，只对生产销售的卷烟征收消费税。如果生产的烟丝直接用于销售，则烟丝需要缴纳消费税。税法规定对自产自用的应税消费品，用于连续生产应税消费品的不征税，体现了不重复课税的原则。

2) 用于其他方面的应税消费品

纳税人自产自用的应税消费品，除用于连续生产应税消费品外，凡用于其他方面的，于移送使用时纳税。用于其他方面是指纳税人用于生产非应税消费品、在建工程、管理部门、非生产机构、提供劳务，以及用于馈赠、赞助、集资、广告、样品、职工福利、奖励等方面。

3) 组成计税价格及税额的计算

纳税人自产自用的应税消费品，凡用于其他方面，应当纳税的，按照纳税人生产的同类消费品的销售价格计算纳税，同类消费品的销售价格是指纳税人当月销售的同类消费品的销售价格，如果当月同类消费品各期销售价格高低不同，应按销售数量加权平均计算。但销售的应税消费品有下列情况之一的，不得列入加权平均计算：

(1) 销售价格明显偏低又无正当理由的。
(2) 无销售价格的。

如果当月无销售或者当月未完结，应按照同类消费品上月或者最近月份的销售价格计算纳税。没有同类消费品销售价格的，按照组成计税价格计算纳税。

实行从价定率办法计算纳税的组成计税价格，其计算公式为：

$$组成计税价格=(成本+利润)/(1-比例税率)$$
$$应纳税额=组成计税价格\times 比例税率$$

实行复合计税办法计算纳税的组成计税价格，其计算公式为：
组成计税价格＝（成本+利润+自产自用数量×定额税率）/(1-比例税率)
应纳税额＝组成计税价格×比例税率+自产自用数量×定额税率

上述公式中所说的"成本"，是指应税消费品的产品生产成本。上述公式中所说的"利润"，是指根据应税消费品的全国平均成本利润率计算的利润。应税消费品全国平均成本利润率由国家税务总局确定（参考表3-2）。

表3-2 平均成本利润率表 单位:%

货物名称	利润率	货物名称	利润率
1. 甲类卷烟	10	10. 贵重首饰及珠宝玉石	6
2. 乙类卷烟	5	11. 摩托车	6
3. 雪茄烟	5	12. 高尔夫球及球具	10
4. 烟丝	5	13. 高档手表	20
5. 粮食白酒	10	14. 游艇	10
6. 薯类白酒	5	15. 木制一次性筷子	5
7. 其他酒	5	16. 实木地板	5
8. 高档化妆品	5	17. 乘用车	8
9. 鞭炮、焰火	5	18. 中轻型商用客车	5

【例3-4】某化妆品公司将一批自产的高档化妆品用作职工福利，该批高档化妆品的成本为80 000元，无同类产品市场销售价格，但已知其成本利润率为5%，消费税税率为15%，计算该批高档化妆品应纳消费税税额。

组成计税价格=成本×(1+成本利润率)/(1-消费税税率)

$$= 80\,000 \times (1+5\%)/(1-15\%)$$
$$= 98\,823.53(元)$$

应纳消费税税额 $= 98\,823.53 \times 15\% = 14\,823.53(元)$

【例3-5】 2022年5月,雪花制酒有限公司以福利形式发给每位职工新型红酒1箱,该种红酒每箱生产成本为300元,成本利润率为10%。公司职工人数为400人,计算该公司此项行为应交纳的消费税。

组成计税价格 = 成本 × (1+利润率)/(1-消费税税率)
$$= 300 \times 400 \times (1+10\%)/(1-10\%)$$
$$= 146\,666.67(元)$$

应纳消费税 $= 146\,666.67 \times 10\% = 14\,666.67(元)$

【例3-6】 2022年5月,黄海汽车制造有限公司用其所生产的小轿车80辆进行投资,组建出租车公司,该小轿车单位制造成本为75 000元,市场单位销售价格为98 000元,另向某慈善机构捐赠同类小轿车5辆,该轿车适用消费税税率为5%。请问,该公司应缴纳多少消费税?

应纳消费税 $= 85 \times 98\,000 \times 5\% = 416\,500(元)$

3.3.2 委托加工环节应税消费品应纳税额的计算

企业、单位或个人由于设备、技术、人力等方面的局限或其他方面的原因,常要委托其他单位代为加工应税消费品,然后,将加工好的应税消费品收回,直接销售或自己使用。这是生产应税消费品的另一种形式,也需要纳入征收消费税的范围。例如,某企业将购来的小客车底盘和零部件提供给某汽车改装厂,加工组装成小客车供自己使用,则加工、组装成的小客车就需要缴纳消费税。按照规定,委托加工的应税消费品,由受托方(受托方是个人的除外,下同)在向委托方交货时代收代缴税款。

1. 委托加工应税消费品的确定

委托加工的应税消费品是指由委托方提供原料和主要材料,受托方只收取加工费和代垫部分辅助材料加工的应税消费品。对于由受托方提供原材料生产的应税消费品,或者受托方先将原材料卖给委托方,然后再接受加工的应税消费品,以及由受托方以委托方名义购进原材料生产的应税消费品,不论纳税人在财务上是否作销售处理,都不得作为委托加工应税消费品,而应当按照销售自制应税消费品缴纳消费税。

2. 代收代缴税款的规定

对于确实属于委托方提供原料和主要材料,受托方只收取加工费和代垫部分辅助材料加工的应税消费品,税法规定,由受托方在向委托方交货时代收代缴消费税。这样,受托方就是法定的代收代缴义务人。如果受托方对委托加工的应税消费品没有代收代缴或少代收代缴消费税，应按照《中华人民共和国税收征收管理法》的规定，承担代收代缴的法律责任。因此，受托方必须严格履行代收代缴义务，正确计算和按时代缴税款。为了加强对受托方代收代缴税款的管理，委托个人（含个体工商户）加工的应税消费品，由委托方收回后缴纳消费税。

委托加工的应税消费品，受托方在交货时已代收代缴消费税，委托方将收回的应税消费品，以不高于受托方的计税价格出售的，为直接出售，不再缴纳消费税；委托方以高于受托方的计税价格出售的，不属于直接出售，需按照规定申报缴纳消费税，在计税时准予扣除受托方已代收代缴的消费税。

对于受托方没有按照规定代收代缴税款的，不能因此免除委托方补缴税款的责任。在对委托方进行税务检查中，如果发现受其委托加工应税消费品的受托方没有代收代缴税款，则应按照《中华人民共和国税收征收管理法》的规定，对受托方处以应代收代缴税款50%以上3倍以下的罚款；委托方要补缴税款，对委托方补征税款的计税依据是：如果在检查时，收回的应税消费品已经直接销售的，按销售额计税；收回的应税消费品尚未销售或不能直接销售的（如收回后用于连续生产等），按组成计税价格计税。

3. 组成计税价格及应纳税额的计算

委托加工的应税消费品，按照受托方的同类消费品的销售价格计算纳税，同类消费品的销售价格是指受托方（代收代缴义务人）当月销售的同类消费品的销售价格，如果当月同类消费品各期销售价格高低不同，应按销售数量加权平均计算。但销售的应税消费品有下列情况之一的，不得列入加权平均计算：

（1）销售价格明显偏低又无正当理由的。

（2）无销售价格的。

如果当月无销售或者当月未完结，应按照同类消费品上月或最近月份的销售价格计算纳税。没有同类消费品销售价格的，按照组成计税价格计算纳税。

实行从价定率办法计算纳税的组成计税价格，其计算公式为：

$$组成计税价格=(材料成本+加工费)/(1-比例税率)$$

实行复合计税办法计算纳税的组成计税价格，其计算公式为：

$$组成计税价格=(材料成本+加工费+委托加工数量\times 定额税率)/(1-比例税率)$$

上述组成计税价格计算公式中有两个重要的专用名词解释如下：

①材料成本。按照《中华人民共和国消费税暂行条例实施细则》的解释，"材料成本"是指委托方所提供加工材料的实际成本。委托加工应税消费品的纳税人，必须在委托加工合同上如实注明（或以其他方式提供）材料成本，凡未提供材料成本的，受托方所在地主管税务机关有权核定其材料成本。从这一条规定可以看出，税法对委托方提供原料和主要材料，并要以明确的方式如实提供材料成本，要求是很严格的，其目的就是防止假冒委托加工应税消费品或少报材料成本，逃避纳税的现象。

②加工费。《中华人民共和国消费税暂行条例实施细则》规定，"加工费"是指受托方加工应税消费品向委托方所收取的全部费用（包括代垫辅助材料的实际成本，不包括增值税税金），这是税法对受托方的要求。受托方必须如实提供向委托方收取的全部费用，这样

才能既保证组成计税价格及代收代缴消费税准确地计算出来,同时也使受托方按加工费应缴纳的增值税得以正确计算。

【例3-7】 某鞭炮企业2022年4月受托为某单位加工一批鞭炮,委托单位提供的原材料金额为60万元,收取委托单位不含增值税的加工费为8万元,鞭炮企业无同类产品市场价格。鞭炮的适用税率为15%。计算鞭炮企业应代收代缴的消费税。

组成计税价格=(60+8)/(1-15%)=80(万元)

应代收代缴的消费税=80×15%=12(万元)

【例3-8】 2022年5月,碧霞化妆品有限公司委托第三日化公司加工初级化妆品,按加工合同要求,发出原材料100 000元,支付加工费10 000元,支付受托方垫付辅料费2 000元,以上金额均不含税。受托方无同类产品销售价格。加工完毕收回后用于继续生产高级化妆品。加工税费以转账支票付讫。第三日化公司应代收碧霞化妆品有限公司多少消费税?

组成计税价格=(材料成本+加工费)/(1-消费税税率)

=(100 000+10 000+2 000)/(1-15%)

=131 764.71(元)

应代收消费税=131 764.71×15%=19 764.71(元)

【例3-9】 2022年5月,丹诗化妆品有限公司将一批原材料发出,委托立强有限公司加工成套化妆品并在收回后直接对外出售,发出原材料账面成本为200 000元,支付加工费20 000元。立强有限公司同类化妆品计税销售额为300 000元,加工税费以银行存款付清。加工完毕验收入库待售。丹诗化妆品有限公司应支付给受托加工方多少消费税?

应支付消费税=300 000×15%=45 000(元)

3.3.3 进口环节应纳消费税的计算

进口的应税消费品,于报关进口时缴纳消费税;进口的应税消费品的消费税由海关代征;进口的应税消费品,由进口人或者其代理人向报关地海关申报纳税;纳税人进口应税消费品,应当自海关填发海关进口消费税专用缴款书之日起15日内缴纳税款。

《国家税务总局 海关总署关于对进口货物征收增值税、消费税有关问题的通知》(国税发〔1993〕155号)规定,进口应税消费品的收货人或办理报关手续的单位和个人,为进口应税消费品消费税的纳税义务人。进口应税消费品消费税的税目、税率(税额),依照《中华人民共和国消费税暂行条例》所附的《消费税税目、税率(税额)表》执行。

纳税人进口应税消费品,按照组成计税价格和规定的税率计算应纳税额。其计算方法如下:

1. 实行从价定率计征应纳税额的计算

实行从价定率办法计算纳税的组成计税价格,其计算公式为:

组成计税价格=(关税完税价格+关税)/(1-消费税比例税率)

应纳税额=组成计税价格×消费税比例税率

公式中所称"关税完税价格",是指海关核定的关税计税价格。

【例3-10】某商贸公司,2022年5月从国外进口一批应税消费品,已知该批应税消费品的关税完税价格为90万元,按规定应缴纳关税18万元,假定进口的应税消费品的消费税税率10%。请计算该批消费品进口环节应纳消费税税额。

组成计税价格=(90+18)/(1-10%)=120(万元)

应纳消费税税额=120×10%=12(万元)

【例3-11】东方进出口公司2022年6月进口小汽车25辆,小汽车的到岸价格折合人民币3 750 000元,应纳关税450 000元,适用消费税税率5%。该企业进口小汽车的应纳消费税计算如下。

进口小汽车的组成计税价格=(3 750 000+450 000)/(1-5%)
=4 421 052.63(元)

进口小汽车应纳消费税=4 421 052.63×5%=221 052.63(元)

2. 实行从量定额计征应纳税额的计算

应纳税额的计算公式为:

应纳税额=应税消费品数量×消费税定额税率

3. 实行从价定率和从量定额复合计税办法应纳税额的计算

应纳税额的计算公式为:

组成计税价格=(关税完税价格+关税+进口数量×消费税定额税率)/(1-消费税比例税率)

应纳税额=组成计税价格×消费税税率+应税消费品进口数量×消费税定额税率

消费税除国务院另有规定的,一律不得给予减税、免税。

3.3.4 已纳消费税扣除的计算

为了避免重复征税,现行消费税规定,将外购应税消费品和委托加工收回的应税消费品继续生产应税消费品销售的,可以将外购应税消费品和委托加工收回应税消费品已缴纳的消费税给予扣除。

1. 外购应税消费品已纳税款的扣除

1) 外购应税消费品连续生产应税消费品

由于某些应税消费品是用外购已缴纳消费税的应税消费品连续生产出来的,在对一些连续生产出来的应税消费品计算征税时,税法规定应按当期生产领用数量计算准予扣除外购的应税消费品已纳的消费税税款。扣除范围包括:

(1) 外购已税烟丝生产的卷烟。
(2) 外购已税高档化妆品为原料生产的高档化妆品。
(3) 外购已税珠宝、玉石为原料生产的贵重首饰及珠宝、玉石。
(4) 外购已税鞭炮、焰火为原料生产的鞭炮、焰火。
(5) 外购已税杆头、杆身和握把为原料生产的高尔夫球杆。
(6) 外购已税木制一次性筷子为原料生产的木制一次性筷子。
(7) 外购已税实木地板为原料生产的实木地板。
(8) 外购已税汽油、柴油、石脑油、燃料油、润滑油为原料连续生产的应税成品油。

$$当期准予扣除的外购应税消费品已纳税款 = 当期准予扣除的外购应税消费品买价 \times 外购应税消费品适用税率$$

$$当期准予扣除的外购应税消费品买价 = 期初库存的外购应税消费品的买价 + 当期购进的外购应税消费品的买价 - 期末库存的外购应税消费品的买价$$

上述当期准予扣除外购应税消费品已纳消费税税款的计算公式为:

外购已税消费品的买价是指购货发票上注明的销售额(不包括增值税税款)。

另外,根据《国家税务总局关于修订〈葡萄酒消费税管理办法(试行)〉的公告》(国家税务总局公告2015年第15号)的规定,自2015年5月1日起,从葡萄酒生产企业购进、进口葡萄酒连续生产应税葡萄酒的,准予从葡萄酒消费税应纳税额中扣除所耗用应税葡萄酒已纳消费税税款。如本期消费税应纳税额不足抵扣的,余额留待下期抵扣。

【例3-12】某卷烟生产企业,某月初库存外购应税烟丝金额50万元,当月又外购应税烟丝金额500万元(不含增值税),月末库存烟丝金额30万元,其余被当月生产卷烟领用。烟丝适用的消费税税率为30%。请计算卷烟厂当月准许扣除的外购烟丝已缴纳的消费税税额。

当期准许扣除的外购烟丝买价 = 50+500-30 = 520(万元)
当月准许扣除的外购烟丝已缴纳的消费税税额 = 520×30% = 156(万元)

需要说明的是,纳税人用外购的已税珠宝、玉石生产的改在零售环节征收消费税的金银首饰(镶嵌首饰),在计税时一律不得扣除外购珠宝、玉石的已纳税款。

2) 外购应税消费品后销售

对自己不生产应税消费品,而只是购进后再销售应税消费品的工业企业,其销售的高档化妆品、鞭炮、焰火和珠宝玉石,凡不能构成最终消费品直接进入消费品市场,而需进一步生产加工、包装、贴标的或者组合的珠宝玉石、化妆品、酒、鞭炮、焰火等，应当征收消费税，同时允许扣除上述外购应税消费品的已纳税款。

2. 委托加工收回的应税消费品已纳税款的扣除

委托加工的应税消费品因为已由受托方代收代缴消费税，因此，委托方收回货物后用于连续生产应税消费品的，其已纳税款准予按照规定从连续生产的应税消费品应纳消费税税额中抵扣。按照国家税务总局的规定，下列连续生产的应税消费品准予从应纳消费税税额中按当期生产领用数量计算扣除委托加工收回的应税消费品已纳消费税税款：

（1）以委托加工收回的已税烟丝为原料生产的卷烟。
（2）以委托加工收回的已税高档化妆品为原料生产的高档化妆品。
（3）以委托加工收回的已税珠宝玉石为原料生产的贵重首饰及珠宝玉石。
（4）以委托加工收回的已税鞭炮、焰火为原料生产的鞭炮、焰火。
（5）以委托加工收回的已税杆头、杆身和握把为原料生产的高尔夫球杆。
（6）以委托加工收回的已税木制一次性筷子为原料生产的木制一次性筷子。
（7）以委托加工收回的已税实木地板为原料生产的实木地板。
（8）以委托加工收回的已税汽油、柴油、石脑油、燃料油、润滑油为原料用于连续生产的应税成品油。

上述当期准予扣除委托加工收回的应税消费品已纳消费税税款的计算公式为：

当期准予扣除的委托加工应税消费品已纳税款 = 期初库存的委托加工应税消费品已纳税款 + 当期收回的委托加工应税消费品已纳税款 − 期末库存的委托加工应税消费品已纳税款

纳税人以进口、委托加工收回应税油品连续生产应税成品油，分别依据《海关进口消费税专用缴款书》《税收缴款书（代扣代收专用）》，按照现行政策规定计算扣除应税油品已纳消费税税款。

纳税人以外购、进口、委托加工收回的应税消费品（以下简称外购应税消费品）为原料连续生产应税消费品，准予按现行政策规定抵扣外购应税消费品已纳消费税税款。经主管税务机关核实上述外购应税消费品未缴纳消费税的，纳税人应将已抵扣的消费税税款，从核实当月允许抵扣的消费税中冲减。

需要说明的是，纳税人用委托加工收回的已税珠宝、玉石生产的改在零售环节征收消费税的金银首饰，在计税时一律不得扣除委托加工收回的珠宝、玉石的已纳消费税税款。

3.4 出口货物退（免）消费税

消费税出口退税的计算

对纳税人出口应税消费品，免征消费税；国务院另有规定的除外。

1. 出口免税并退税

有出口经营权的外贸企业购进应税消费品直接出口，以及外贸企业受其他外贸企业委代理出口应税消费品。外贸企业只有受其他外贸企业委托，代理出口应税消费品才可以办理退税，外贸企业受其他企业（主要是非生产性的商贸企业）委托，代理出口应税消费品是不予退（免）税的。

属于从价定率计征消费税的，为已征且未在内销应税消费品应纳税额中抵扣的购进出口货物金额；属于从量定额计征消费税的，为已征且未在内销应税消费品应纳税额中抵扣的购进出口货物数量；属于复合计征消费税的，按从价定率和从量定额的计税依据分别确定。

$$消费税应退税额 = 从价定率计征消费税的退税计税依据 \times 比例税率 + 从量定额计征消费税的退税计税依据 \times 定额税率$$

出口货物的消费税应退税额的计税依据，按购进出口货物的消费税专用缴款书和海关进口消费税专用缴款书确定。

2. 出口免税但不退税

有出口经营权的生产性企业自营出口或生产企业委托外贸企业代理出口自产的应税消费品，依据其实际出口数量免征消费税，不予办理退还消费税。免征消费税是指对生产性企业按其实际出口数量免征生产环节的消费税。不予办理退还消费税，因已免征生产环节的消费税，该应税消费品出口时，已不含有消费税，所以无须再办理退还消费税。

3. 出口不免税也不退税

除生产企业、外贸企业外的其他企业，具体是指一般商贸企业，这类企业委托外贸企业代理出口应税消费品一律不予退（免）税。

3.5 消费税征收管理

3.5.1 消费税纳税义务发生时间

消费税纳税义务发生的时间，以货款结算方式或行为发生时间分别确定。

（1）纳税人销售的应税消费品，其纳税义务发生时间为：

①纳税人采取赊销和分期收款结算方式的，为书面合同约定的收款日期的当天，书面合同没有约定收款日期或者无书面合同的，为发出应税消费品的当天。

②纳税人采取预收货款结算方式的，为发出应税消费品的当天。

③纳税人采取托收承付和委托银行收款方式销售的应税消费品，为发出应税消费品并办妥托收手续的当天。

④纳税人采取其他结算方式的，为收讫销售款或者取得销售款凭据的当天。

（2）纳税人自产自用的应税消费品，纳税义务发生时间为移送使用的当天。

（3）纳税人委托加工的应税消费品，纳税义务发生时间为纳税人提货的当天。

（4）纳税人进口的应税消费品，其纳税义务发生时间为报关进口的当天。

3.5.2 消费税纳税期限

按照《中华人民共和国消费税暂行条例》的规定，消费税的纳税期限分别为1日、3日、5日、10日、15日、1个月或者1个季度。纳税人的具体纳税期限，由主管税务机关根据纳税人应纳税额的大小分别核定。不能按照固定期限纳税的，可以按次纳税。

纳税人以1个月或以1个季度为1个纳税期的，自期满之日起15日内申报纳税；以1日、3日、5日、10日或者15日为1个纳税期的，自期满之日起5日内预缴税款，于次月1日起至15日内申报纳税并结清上月应纳税款。

纳税人进口应税消费品，应当自海关填发海关进口消费税专用缴款书之日起15日内缴纳税款。

如果纳税人不能按照规定的纳税期限依法纳税，将按《中华人民共和国税收征收管理法》的有关规定处理。

3.5.3 消费税纳税地点

（1）纳税人销售的应税消费品，以及自产自用的应税消费品，除国务院财政、税务主管部门另有规定外，应当向纳税人机构所在地或者居住地的主管税务机关申报纳税。

（2）委托加工的应税消费品，除受托方为个人外，由受托方向机构所在地或者居住地的主管税务机关解缴消费税税款。

（3）进口的应税消费品，由进口人或者其代理人向报关地海关申报纳税。

（4）纳税人到外县（市）销售或者委托外县（市）代销自产应税消费品的，于应税消费品销售后，向机构所在地或者居住地主管税务机关申报纳税。

纳税人的总机构与分支机构不在同一县（市），但在同一省（自治区、直辖市）范围内，经省（自治区、直辖市）财政厅（局）、税务局审批同意，可以由总机构汇总向总机构所在地的主管税务机关申报缴纳消费税。省（自治区、直辖市）财政厅（局）、税务局应将审批同意的结果，上报财政部、国家税务总局备案。

（5）纳税人销售的应税消费品，因质量等原因发生退货的，其已缴纳的消费税税款可予以退还。

纳税人办理退税手续时，应将开具的红字增值税发票、退税证明等资料报主管税务机关备案。主管税务机关核对无误后办理退税。

（6）纳税人直接出口的应税消费品办理免税后，发生退关或者国外退货，再进口时已予以免税的，可暂不办理补税，待其转为国内销售的当月申报缴纳消费税。

【思政案例】

辽宁省税务局稽查局依法对部分企业偷逃成品油消费税案件进行查处

2021年年初，辽宁省税务局稽查局根据有关信息和反映以及税收大数据分析发现，辽宁省盘锦市部分企业存在数额巨大的涉嫌虚开发票偷逃成品油消费税问题。随后，在国家税务总局、辽宁省人民政府的指导督办下，辽宁省税务局稽查局会同有关部门开展深入调查。

经查,盘锦北方沥青燃料有限公司、辽宁宝来生物能源有限公司、盘锦浩业化工有限公司以篡改生产设备名称等方式为掩护,以虚开增值税专用发票为手段,通过将应税成品油变名为非应税化工品销售等方式,偷逃成品油消费税。辽宁省税务局稽查局依法对涉案企业进行查处,其在规定期限内未能缴清税款、滞纳金和罚款,相关人员涉嫌构成虚开增值税专用发票罪和逃避缴纳税款罪,已依法移送司法机关。公安机关已对涉案企业实际控制人及相关犯罪嫌疑人抓捕归案并采取强制措施,检察机关正依法审查起诉。有关部门依纪依规依法对涉嫌违纪违法、失职失责的政府部门公职人员进行了严肃处理,对涉嫌犯罪的人员移送司法机关。

在案件查处过程中,有关部门和地方政府始终坚持把严厉打击违法犯罪分子与维持企业正常生产经营区分开来,积极采取一系列的有效措施,确保企业生产经营稳定。目前,涉案企业职工队伍稳定,生产运行平稳。

辽宁省税务局有关负责人表示,下一步将坚决依法严查严处各种偷逃税行为,坚决维护国家税法权威,促进社会公平正义,持续营造良好的税收营商环境,促进相关企业和行业长期规范健康发展。

(资料来源:国家税务总局. 辽宁省税务局稽查局依法对部分企业偷逃成品油消费税案件进行查处 [EB/OL].(2022-01-19) [2023-05-20]. http://www.chinatax.gov.cn/chinatax/n810219/c102025/c5172245/content.html.)

思考与练习

1. 2022年5月,龙胜公司委托某加工厂加工一次性筷子一批。该受托单位没有同类产品销售价格,该一次性筷子原材料成本200 000元,支付加工费175 000元,支付代垫辅料费20 000元,该批产品收回后直接对外销售取得销售收入300 000元。以上金额均不包含税款,增值税税率13%,消费税税率5%。

要求:计算该批一次性筷子应缴纳的消费税。

2. 某金店(增值税一般纳税人)2022年5月发生如下业务:

(1) 1—24日,零售纯金首饰取得含税销售额1 200 000元,零售玉石首饰取得含税销售额1 160 000元。

(2) 25日,采取以旧换新方式零售A款纯金首饰,实际收取价款560 000元,同款新纯金首饰零售价为780 000元。

(3) 27日,接受消费者委托加工B款金项链20条,收取含税加工费5 800元,无同类金项链销售价格。黄金材料成本30 000元,当月加工完成并交付委托人。

(4) 30日,将新设计的C款金项链发放给优秀员工作为奖励。该批金项链耗用黄金500克,不含税购进价格270元/克,无同类首饰售价。

已知:贵重首饰及珠宝玉石成本利润率6%,金银首饰消费税税率5%,其他贵重首饰和珠宝玉石消费税税率为10%;增值税税率为13%。

要求:根据上述资料,计算出每笔业务应该缴纳的消费税税款。

▶ 自测习题及参考答案

第4章 关 税

学习目标

【知识目标】

通过本章的学习，了解关税的纳税人、税目和税率，以及征纳管理的基本规定。掌握关税计税依据、应纳税额的计算方法。

【能力目标】

通过对一些经典案例的讲解与分析，培养学生的全球化意识、提升学生的创新性、批判性思维能力及跨国交流的能力。

【价值目标】

引导学生树立实事求是、严谨的科学态度；使学生认识和理解国际经济中的一些主要现象、历史演变和发展趋势；通过中国参与区域经济一体化的进程、中国自贸区的建设进程及与主要国家的比较分析，为学生植入中国的政策、意识与文化，提升学生的大局观意识，引导学生树立正确的价值观。

思维导图

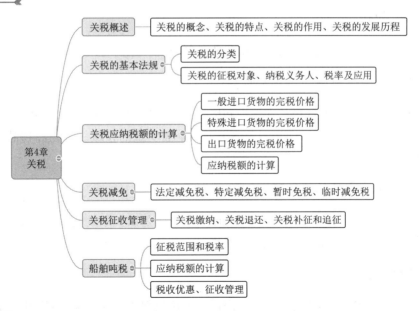

导入案例

天津燕都甘栗有限公司是天津市蓟州区一家农产品出口企业，多年来凭借得天独厚的地理优势，其生产的甘栗仁满味甘，远销日本。蓟州海关精准帮扶企业，通过组织在线宣讲会、网格群宣传、上门宣传等多种形式向企业开展宣传。帮助企业了解和熟悉RCEP关税优惠政策，指导企业做好证书申报。目前已为该企业审核RCEP原产地证书69份，货值近300万美元。

蓟州海关针对辖区农产品出口企业主销日本的特点，积极推行RCEP帮扶"一厂一策"服务措施，梳理出口农产品RCEP关税减税清单发放到企业手中，及时推送日本准入要求、最新标准，指导企业规范生产管理、加强产品自检自控能力，确保出口产品符合RCEP成员国质量要求；同时，持续推进原产地证书自助打印、智能审核等便利化措施，实现"零见面办理"，切实帮助企业降低通关成本、缩短办理时间。

（资料来源：中国注册会计师协会．税法．北京：中国财政经济出版社，2022.）

4.1 关税概述

4.1.1 关税的概念

关税是由海关对进出国境或关境的货物和物品征收的一种流转税。

关税以统一的国境或关境为征税环节。国境是一个国家以边界为界限，全面行使主权的境域，包括领土、领海和领空。关境是一个国家关税法令完全施行的境域。一般情况下，一个国家的国境与关境是一致的，但当一个国家在国境内设立自由贸易港、自由贸易区、保税区、保税仓库时，关境就会小于国境；当几个国家结成关税同盟，成员国之间相互取消关税，对外实行共同的关税税则时，就其成员国而言，关境就会大于国境。

4.1.2 关税的特点

关税作为独特的税种，除了具有一般税收的特点外，还具有以下特点。

1. 征收对象是进出境的货物和物品

关税是对进出境的货品征税，在境内和境外流通的货物，不进出关境的不征关税。这里所指的"境"，是指"关境"，即指海关法规可以全面实施的领域。货物和物品只有在进出关境时，才能被征收关税。

2. 关税是单一环节的价外税

关税的完税价格中不包括关税，即在征收关税时，是以实际成交价格为计税依据，关税不包括在内。但海关代为征收增值税、消费税时，其计税依据包括关税在内。

3. 有较强的涉外性

关税只对进出境的货物和物品征收。因此，关税税则的制定、税率的高低，直接影响到国际贸易的开展。随着世界经济一体化的发展，世界各国的经济联系越来越密切，贸易关系不仅反映简单经济关系，而且成为一种政治关系。这样，关税政策、关税措施也往往和经济政策、外交政策紧密相关，具有涉外性。

正是涉外性，才使得关税对进出口贸易产生巨大的影响作用。对货物征收关税，势必会影响纳税人的经营成本，从而对商品出入境后的销售利润产生直接的影响。纳税人要么提高商品的售价，维持盈利水平，但会导致销售额下降；要么维持商品售价不变，使商品销售额保持不变，但又会导致盈利水平的下降。对进出口的非贸易品征收关税，同样也会使纳税人携带行李物品或邮寄物品的经济负担加重。因此，关税税种的设置、税率的调整和征收办法的改变等，都会影响到国际贸易往来和商品流通。

4.1.3 关税的作用

1. 维护国家主权和经济利益

从表面上看，对进出口商品征收关税似乎只是一个与外贸相关的税收问题。事实上，一个国家采取什么样的关税政策，直接关系到国家之间的主权和经济利益。时至今日，关税已经成为各国政府维护自身政治经济权益，乃至进行国际经济斗争的重要武器。根据平等互利互惠的原则，中国通过实行双重关税，争取国际关税互惠，反对其他国家的关税歧视，促进对外经济技术交流，扩大对外经济合作。

2. 保护和促进国内工农业生产的发展

一个国家采取什么样的关税政策，是自由贸易还是保护性关税政策，是由该国的经济发展水平、产业结构、国际贸易平衡和参与国际经济竞争的能力等诸多因素决定的。许多国际发展经济学家认为，自由贸易政策不适合发展中国家的情况。相反，为了成功地发展国民经济和实现工业化，这些国家必须实施保护性关税政策。作为一个发展中国家，中国一直非常重视利用关税来保护自己的产业，促进进口替代产业的发展。关税在保护和促进国内工农业生产发展方面发挥了重要作用。

3. 调节国民经济和对外贸易

关税是国家重要的经济杠杆，可以通过税率和关税减免影响进出口规模，调节国家经济活动。例如，调整出口产品和出口产品制造商的利润水平，有意识地指导各种产品的生产，调整进出口商品的数量和结构，可以促进国内市场商品的供求平衡，保护国内市场的价格稳定。

4. 增加国家财政收入

从世界上大多数国家特别是发达国家的税收结构分析，关税收入占整个财政收入的比重并不大，而且呈下降趋势。但在一些发展中国家，主要是国内工业不发达、工商税源有限、国民经济主要依靠一种或几种初级资源产品出口、国内许多消费品主要依靠进口的国家，征收进出口关税仍是其获得财政收入的重要渠道之一。中国的关税收入是财政收入的重要组成部分。新中国成立以来，关税为经济建设提供了可观的财政资金。目前，充分发挥关税在筹集建设资金中的作用仍是我国关税政策的重要内容。

4.1.4 关税的发展历程

我国关税的税率从新中国成立至今经过多次变革，特别是 1985 年和 1989 年，为适应对外开放不断发展的要求，对关税制度做了较大的修订，主要精神是按照国际通行的《海关合作理事会商品分类目录》重新对税则、税目进行编排，并大幅降低了税率。我国现行关税的主要特点是只对少量出口商品征收出口税，且税负从轻，对进口商品按必需品、需用品、非必需品、限制进口品分别规定不同的税率。同时，对同种商品按国际惯例实行普通税率和最低税率两种税率，对来自与我国有贸易条约或贸易协定的国家的进口商品，按最低税率课征，对其他商品适用普通税率。关税及贸易总协定创立后进行过多轮谈判来降低关税税率，WTO 成立后继续降低关税税率，目前发达国家的平均关税税率大约在 3% 的水平，发展中国家大约在 10% 的水平。为了最终加入 WTO，我国曾多次降低关税税率，2002 年我国关税总水平（最惠国待遇的算术平均水平）由 15.3% 降低到 12%。在加入 WTO 后，我国降低关税税率的步伐逐步加快，经国务院批准实施的《关于 2015 年关税实施方案的通知》（税委会〔2014〕32 号）规定，2015 年我国关税总水平为 9.8%。

关税是国家宏观调控的一项重要手段。每逢年末，我国会根据经济社会发展情况，对部分进出口商品的关税税率进行调整。国务院关税税则委员会 2022 年年底对外发布公告，明确了 2023 年我国关税调整方案。此次调整降低了部分医疗产品、消费品、资源产品、原材料和零部件等多种商品进口关税，将进一步满足百姓生活、企业生产和社会发展需要，充分发挥关税作为国内国际双循环联结点的作用，以高水平对外开放助力构建新发展格局、实现高质量发展。

4.2 关税的基本法规

4.2.1 关税的分类

1. 按照货物的流动方向分类

（1）进口关税，是指对国外输入本国的货物和物品征收的一种税。它是一种最主要的关税。进口关税通常在外国货物进入关境或国境时征收；或在外国货物从保税仓库提出运往国内市场时征收。征收进口关税的目的在于保护本国市场和增加财政收入。

（2）出口关税，是指对货物出境征收的一种税。为了降低出口货物的成本，提高本国货物在国际市场上的竞争力，世界各国一般不征或很少征出口关税。但为了限制本国某些产品或自然资源的输出，或为了保护本国生产、本国市场供应和增加财政收入以及某些特定的要求，有些国家也征收出口关税。目前主要是一些发展中国家在继续征收出口关税，我国目前仅对少数货物征收出口关税。

（3）过境关税，是指对外国经过本国国境（关境）运往另一国的货物征收关税。过境关税最早产生并流行于欧洲国家，主要是为了增加国家财政收入。但是，由于过境关税严重阻碍了国际贸易的发展，现已被绝大多数国家废止。目前，只有伊朗、委内瑞拉等少数国家仍在征收过境关税。

2. 按照征收的目的分类

（1）财政关税，又称收入关税，是以增加国家财政收入为主要目的而课征的关税。随着世界经济的发展，财政关税的意义逐渐降低，而为保护关税所取代。

（2）保护关税，是以保护本国经济发展为主要目的而课征的关税。保护关税主要是进口税，税率较高。通过征收高额进口关税，使进口商品的成本较高，从而削弱它在进口国市场的竞争能力，以达到保护本国经济发展的目的。保护关税是实现一个国家对外贸易政策的重要措施之一。

3. 按照关税的差别分类

（1）歧视关税。歧视关税是通过提高关税税率，加重关税负担，作为保护和报复的手段，分为反补贴关税、反倾销关税和报复关税。

反补贴关税是出口国政府间接或直接给予出口产品津贴或补贴，进口国在进口该产品时就津贴或补贴部分征收的附加关税。反倾销关税是对于特别出口国的特定产品，进口国专门征收的一种附加关税。报复关税是因对方国家对本国货物、船舶或企业实行歧视性税收待遇，而当对方国货物、船舶或企业产品进口时加征的关税。

（2）优惠关税。优惠关税是由于历史、政治、经济上的原因，缔约国之间或单方面给予的比正常关税税率低的关税优待，分为互惠关税、特惠关税、最惠国待遇和普惠制。

互惠关税是两国间协商签订协定，对进出口货物相互提供较低的关税税率直至免税。特惠关税是一个国家或某一经济集团对某些特定国家的全部进口货物或部分货物单方给予低关税或免税待遇的特殊优惠。最惠国待遇是授予国给予某外国的待遇，不低于或不少于授予国已给予或将给予任何第三国的待遇。普惠制是发达国家对来自发展中国家的某种进口货物，特别是工业制成品和半制成品给予一种普通的关税优惠制度，而不求发展中国家给予回报。

4.2.2 关税征税对象

关税的征税对象是准许进出境的货物和物品。货物是指贸易性商品；物品是指入境旅客随身携带的行李物品、个人邮递物品、各种运输工具上的服务人员携带进口的自用物品、馈赠物品以及其他方式进境的个人物品。

4.2.3 关税纳税义务人

进口货物的收货人、出口货物的发货人、进出境物品的所有人，是关税的纳税义务人。进出口货物的收、发货人是依法取得对外贸易经营权，并进口或者出口货物的法人或者其他社会团体。进出境物品的所有人包括该物品的所有人和推定为所有人的人。一般情况下，对于携带进境的物品，推定其携带人为所有人；对分离运输的行李，推定相应的进出境旅客为所有人；对以邮递方式进境的物品，推定其收件人为所有人；以邮递或其他运输方式出境的物品，推定其寄件人或托运人为所有人。

4.2.4 关税的税率及应用

1. 关税税则

税则归类，就是按照税则的规定，将每项具体进出口商品按其特性在税则中找出其最适合的某一个税号，即"对号入座"，以便确定其适用的税率，计算关税税负。

我国海关总署制定有《中华人民共和国进境物品归类表》和《中华人民共和国进境物品完税价格表》。进境物品依次遵循以下原则归类：

(1)《中华人民共和国进境物品归类表》已列名的物品，归入其列名类别。

(2)《中华人民共和国进境物品归类表》未列名的物品，按其主要功能（或用途）归入相应类别。

(3) 不能按照上述原则归入相应类别的物品，归入"其他物品"类别。

(4) 纳税义务人对进境物品的归类、完税价格的确定持有异议的，可以依法提请行政复议。

2. 关税税率

1) 进口关税税率

在我国加入世界贸易组织之前，我国进口税则设有两栏税率，即普通税率和优惠税率。在我国加入世界贸易组织之后，为履行我国在加入世界贸易组织关税减让谈判中承诺的有关义务，享有世界贸易组织成员应有的权利，自 2002 年 1 月 1 日起，我国进口税则设有最惠国税率、协定税率、特惠税率、普通税率、暂定税率、配额税率等税率形式，对进口货物在一定期限内可以实行暂定税率。

适用最惠国税率、协定税率、特惠税率的国家或者地区名单，由国务院关税税则委员会决定，报国务院批准后执行。

(1) 最惠国税率。最惠国税率适用原产于与我国共同适用最惠国待遇条款的世界贸易组织成员的进口货物，或原产于与我国签订有相互给予最惠国待遇条款的双边贸易协定的国家或地区进口的货物，以及原产于我国境内的进口货物。

(2) 协定税率。协定税率适用原产于与我国签订含有关税优惠条款的区域性贸易协定的国家或地区的进口货物。

(3) 特惠税率。特惠税率适用原产于与我国签订含有特殊关税优惠条款的贸易协定的国家或地区的进口货物。

(4) 普通税率。普通税率适用于原产于上述国家或地区以外的其他国家或地区的进口货物，以及原产地不明的进口货物。按照普通税率征税的进口货物，经国务院关税税则委员会特别批准，可以适用最惠国税率。

(5) 暂定税率。暂定税率是在海关进出口税则规定的进口优惠税率基础上，对进口的某些重要的工农业生产原材料和机电产品关键部件（但仅限于从与中国订有关税互惠协议的国家和地区进口的货物）和出口的特定货物实施的更为优惠的关税税率。这种税率一般按照年度制定，并且可以随时根据需要恢复按照法定税率征税。自 2020 年 1 月 1 日起，我国对 859 项商品（不含关税配额商品）实施进口暂定税率；自 2020 年 7 月 1 日起，取消 7 项信息技术产品进口暂定税率。

（6）配额税率。配额税率是指对实行关税配额管理的进口货物，关税配额内的，适用关税配额税率；关税配额外的，按不同情况分别适用于最惠国税率、协定税率、特惠税率或普通税率。目前，继续对小麦、玉米等 8 种农产品和尿素等 3 种化肥产品实行关税配额管理，其中，对尿素、复合肥、磷酸氢铵 3 种化肥的配额税率实施 1% 的暂定税率。

2）出口关税税率

我国出口税则为一栏税率，即出口税率。国家仅对少数资源性产品及易于竞相杀价、盲目进口、需要规范出口秩序的半制成品征收出口关税。自 2020 年 1 月 1 日起，我国继续对铁等 107 项出口商品征收出口关税，适用出口税率或出口暂定税率，征收商品范围和税率维持不变。

【思政案例】

加强互学互鉴互信　深化国际税收合作

——王军访问比利时联邦公共财政管理委员会及欧盟税收和关税总司

王军与欧盟委员会经济和财政事务、税收和关税总司委员皮埃尔·莫斯科维奇会谈

国家税务总局局长王军应邀访问了比利时联邦公共财政管理委员会以及欧盟税收和关税总司，围绕进一步加强互学互鉴互信，深化国际税收合作，进行了深入沟通与交流。

在访问比利时联邦公共财政管理委员会时，王军与该委员会主席汉斯·德亨特进行了会谈。双方就推动中比两国税务合作，增进双方在 G20/OECD 倡导的多边税收合作中的协调，以及推进"一带一路"税收合作等议题进行了坦诚交流。王军表示，中比两国各领域交往不断深入，经贸关系日益紧密，相互投资不断增长，加强两国税务合作既非常重要，又恰逢其时，希望双方税务部门保持密切联系，共同探索深化双边合作的途径和机制，并欢迎比利时派人参加明年在中国举办的首届"一带一路"税收征管合作论坛。汉斯·德亨特表示，各国需要加强沟通合作，推动构建人类命运共同体。他支持中国举办"一带一路"税收征管合作论坛，认为中比双方在税收领域有着良好的合作，进一步深化合作符合双方共同利益。王军对此表示赞赏，并就个人所得税、增值税征管以及涉税信息归集应用、税收数据深度挖掘分析等问题，与比方进行了深入探讨。双方同意进一步加强两国税务部门在这些领域的沟通交流，相互借鉴、共同提高。

王军在与欧盟委员会经济和财政事务、税收和关税总司委员皮埃尔·莫斯科维奇会谈时指出，今年是中欧建立全面战略伙伴关系15周年，中国税务部门愿意进一步深化与欧盟在税收领域的务实合作，支持建立中欧税务对话机制，从不同层面开展经常性交流研讨，特别是邀请欧盟作为观察员出席2019年在中国举办的首届"一带一路"税收征管合作论坛，分享重大税收改革经验，推进税收政策沟通、征管协作、争议解决等，为促进全球税收治理和经济治理做出更积极的贡献。皮埃尔·莫斯科维奇非常赞同探索建立中欧税务对话机制，推动解决双方关心的税收问题，并表示将派人作为观察员出席在中国举办的"一带一路"税收征管合作论坛。王军对欧盟重视加强与中国的税收合作表示感谢，并希望借助"一带一路"税收合作机制和平台，进一步拓宽共识、深化互信，推进中欧税收合作更好地服务中欧和世界经济增长。双方还就帮助发展中国家提高税收征管能力等议题交换了意见。

（资料来源：国家税务总局．加强互学互鉴互信　深化国际税收合作［EB/OL］．（2018-11-27）［2023-06-7］．http://www.chinatax.gov.cn/chinatax/n810219/n810724/c3919422/content.html．）

4.3　关税应纳税额的计算

根据《中华人民共和国海关法》的规定，进出口货物的完税价格，由海关以该货物的成交价格为基础审查确定。成交价格不能确定时，完税价格由海关依法估定。自我国加入世界贸易组织后，我国海关已全面实施《世界贸易组织估价协定》，遵循客观、公平、统一的估价原则，并依据2014年2月1日起实施的《中华人民共和国海关审定进出口货物完税价格办法》（海关总署令第213号），审定进出口货物的完税价格。

4.3.1　一般进口货物的完税价格

根据《中华人民共和国海关法》规定，进口货物的完税价格包括货物的货价、货物运抵我国境内输入地点起卸前的运输及其相关费用、保险费。进口货物完税价格的确定方法大致可以划分为两类：一类是以进口货物的成交价格为基础进行调整，从而确定进口货物完税价格的估价方法；另一类则是在进口货物的成交价格不符合规定条件或者成交价格不能确定的情况下，海关用以审查确定进口货物完税价格的估价方法。

1. 进口货物完税价格的估价方法

进口货物的成交价格，是指卖方向我国境内销售该货物时买方为进口该货物向卖方实付、应付的，并且按照《中华人民共和国海关审定进出口货物完税价格办法》有关规定调整后的价款总额，包括直接支付的价款和间接支付的价款。

1) 成交价格应符合的条件

(1) 对买方处置或者使用进口货物不予限制,但是法律、行政法规规定实施的限制、对货物销售地域的限制和对货物价格无实质性影响的限制除外。

有下列情形之一的,应当视为对买方处置或者使用进口货物进行了限制:

进口货物只能用于展示或者免费赠送的;进口货物只能销售给指定第三方的;进口货物加工为成品后只能销售给卖方或者指定第三方的;其他经海关审查,认定买方对进口货物的处置或者使用受到限制的。

(2) 进口货物的价格不得受到使该货物成交价格无法确定的条件或者因素的影响。

有下列情形之一的,应当视为进口货物的价格受到了使该货物成交价格无法确定的条件或者因素的影响:

进口货物的价格是以买方向卖方购买一定数量的其他货物为条件而确定的;进口货物的价格是以买方向卖方销售其他货物为条件而确定的;其他经海关审查,认定货物的价格受到使该货物成交价格无法确定的条件或者因素影响的。

(3) 卖方不得直接或者间接获得因买方销售、处置或者使用进口货物而产生的任何收益,或者虽然有收益但是能够按照《中华人民共和国海关审定进出口货物完税价格办法》的规定做出调整。

2) 应计入完税价格的调整项目

采用成交价格估价方法,以成交价格为基础审查确定进口货物的完税价格时,未包括在该货物实付、应付价格中的下列费用或者价值应当计入完税价格:

(1) 由买方负担的除购货佣金以外的佣金和经纪费。"购货佣金"是指买方为购买进口货物向自己的采购代理人支付的劳务费用。"经纪费"是指买方为购买进口货物向代表买卖双方利益的经纪人支付的劳务费用。

(2) 由买方负担的与该货物视为一体的容器费用。

(3) 由买方负担的包装材料费用和包装劳务费用。

(4) 与进口货物的生产和向中华人民共和国境内销售有关的,由买方以免费或者以低于成本的方式提供,并且可以按适当比例分摊的下列货物或者服务的价值:

进口货物包含的材料、部件、零件和类似货物;在生产进口货物过程中使用的工具、模具和类似货物;在生产进口货物过程中消耗的材料;在境外进行的为生产进口货物所需的工程设计、技术研发、工艺及制图等相关服务。

2. 进口货物海关估价方法

进口货物的成交价格不符合规定条件或者成交价格不能确定的,海关经了解有关情况,并且与纳税义务人进行价格磋商后,依次以相同货物成交价格估价方法、类似货物成交价格估价方法、倒扣价格估价方法、计算价格估价方法及其他合理方法审查确定该货物的完税价格。纳税义务人向海关提供有关资料后,可以提出申请,颠倒倒扣价格估价方法和计算价格估价方法的适用次序。

1) 相同货物成交价格估价方法

相同货物成交价格估价方法是指海关以与进口货物同时或者大约同时向中华人民共和国

境内销售的相同货物的成交价格为基础,审查确定进口货物的完税价格的估价方法。

上述"相同货物",是指与进口货物在同一国家或地区生产的,在物理性质、质量和信誉等所有方面都相同的货物,但允许表面微小差异存在。"大约同时",是指海关接受货物申报之日的大约同时,最长不应当超过前后45日。

2) 类似货物成交价格估价方法

类似货物成交价格估价方法是指海关以与进口货物同时或者大约同时向中华人民共和国境内销售的类似货物的成交价格为基础,审查确定进口货物的完税价格的估价方法。

上述"类似货物",是指与进口货物在同一国家或地区生产的,虽然不是在所有方面都相同,但是却具有相似的特征、相似的组成材料、同样的功能,并且在商业中可以互换的货物。选择类似货物时,应主要考虑货物的品质、信誉和现有商标。

3) 倒扣价格估价方法

倒扣价格估价方法是指海关以进口货物、相同或者类似进口货物在境内的销售价格为基础,扣除境内发生的有关费用后,审查确定进口货物完税价格的估价方法。按照倒扣价格估价法审查确定进口货物的完税价格时,如果进口货物、相同或者类似货物没有在海关接受进口货物申报之日前后45日内在境内销售,可以将在境内销售的时间延长至接受货物申报之日前后90日内。

4) 计算价格估价方法

计算价格估价方法是指海关以下列各项的总和为基础,审查确定进口货物完税价格的估价方法。

(1) 生产该货物所使用的料件成本和加工费用。

(2) 向境内销售同等级或者同种类货物通常的利润和一般费用(包括直接费用和间接费用)。

(3) 该货物运抵境内输入地点起卸前的运输及相关费用、保险费。

按照上述规定审查确定进口货物的完税价格时,海关在征得境外生产商同意并且提前通知有关国家或者地区政府后,可以在境外核实该企业提供的有关资料。

5) 合理估价方法

合理估价方法是指当海关使用上述任何一种估价方法都无法确定海关估价时,遵循客观、公平、统一的原则,以客观量化的数据资料为基础审查确定进口货物完税价格的估价方法,习惯上也叫作"最后一招"。海关在采用合理估价方法确定进口货物的完税价格时,不得使用以下价格:

(1) 境内生产的货物在境内的销售价格;

(2) 可供选择的价格中较高的价格;

(3) 货物在出口地市场的销售价格;

(4) 以计算价格估价方法规定之外的价值或者费用计算的相同或者类似货物的价格;

(5) 出口到第三国或者地区的货物的销售价格;

(6) 最低限价或者武断、虚构的价格。

【想一想】

目前,很多国家都有严格的环境标准。根据我国的现状,许多出口商品很难在短时间内达到发达国家和部分新兴国家制定的较为严格的环境标准,于是我国的农产品出口贸易将限制在一个较小的范围之内,甚至使我国产品出口范围逐步缩小,影响我国对外贸易的发展,这使我国传统商品出口遭受了严重的打击。近年来,这些国家不断给我国农产品出口实施绿色壁垒,给我国农产品出口带来很大的经济损失。

4.3.2 特殊进口货物的完税价格

1. 运往境外修理的货物

运往境外修理的机械器具、运输工具或其他货物,出境时已向海关报明,并在海关规定期限内复运进境的,应当以境外修理费和物料费为基础审查确定完税价格。

2. 运往境外加工的货物

运往境外加工的货物,出境时已向海关报明,并在海关规定期限内复运进境的,应当以境外加工费、料件费、复运进境的运输及相关费用、保险费为基础审查确定完税价格。

3. 暂时进境的货物

经海关批准暂时进境的货物,应当按照一般进口货物完税价格确定的有关规定,审查确定完税价格。

4. 租赁方式进口的货物

租赁方式进口的货物中,以租金方式对外支付的租赁货物,在租赁期间以海关审定的租金作为完税价格,利息应当予以计入;留购的租赁货物,以海关审定的留购价格作为完税价格;承租人申请一次性缴纳税款的,可以选择按照"进口货物海关估价方法"的相关内容确定完税价格,或者按照海关审查确定的租金总额作为完税价格。

5. 留购的进口货样

对于境内留购的进口货样、展览品和广告陈列品,以海关审定的留购价格作为完税价格。

6. 予以补税的减免税货物

特定地区、特定企业或者具有特定用途的特定减免税进口货物,应当接受海关监管。其监管年限依次为:

(1) 船舶、飞机 8 年;
(2) 机动车辆 6 年;
(3) 其他货物 3 年。

监管年限自货物进口放行之日起计算。

由海关监管使用的减免税进口货物，在监管年限内转让或移作他用需要补税的，应当以海关审定的该货物原进口时的价格，扣除折旧部分价值作为完税价格。其计算公式为：

完税价格＝海关审定的该货物原进口时的价格×[1－申请补税时实际已使用的时间（月）／（监管年限×12）]

7. 不存在成交价格的进口货物

易货贸易、寄售、捐赠、赠送等不存在成交价格的进口货物，由海关与纳税人进行价格磋商后，按照"进口货物海关估价方法"的规定，估定完税价格。

4.3.3　出口货物的完税价格

1. 以成交价格为基础的完税价格

出口货物的完税价格，由海关以该货物的成交价格为基础审查确定，并且应当包括货物运至我国境内输出地点装载前的运输及其相关费用、保险费。

出口货物的成交价格，是指该货物出口销售时，卖方为出口该货物应当向买方直接收取和间接收取的价款总额。下列税收、费用不计入出口货物的完税价格：

（1）出口关税。
（2）在货物价款中单独列明的货物运至我国境内输出地点装载后的运输及其相关费用、保险费。

2. 出口货物海关估价方法

出口货物的成交价格不能确定时，海关经了解有关情况，并且与纳税义务人进行价格磋商后，依次以下列价格审查确定该货物的完税价格：

（1）同时或者大约同时向同一国家或者地区出口的相同货物的成交价格。
（2）同时或者大约同时向同一国家或者地区出口的类似货物的成交价格。
（3）根据境内生产相同或者类似货物的成本、利润和一般费用（包括直接费用和间接费用）、境内发生的运输及其相关费用、保险费计算所得的价格。
（4）按照合理方法估计的价格。

4.3.4　应纳税额的计算

1. 从价税应纳税额的计算

从价税是一种最常用的关税计税标准。它是以货物的价格或者价值为征税标准，以应征税额占货物价格或者价值的百分比为税率，价格越高，税额越高。货物进口时，以此税率和海关审定的实际进口货物完税价格相乘计算应纳税额。目前，我国海关计征关税标准主要是从价税。其计算公式为：

关税税额＝应税进(出)口货物数量×单位完税价格×税率

【例4-1】 某商场于2022年2月进口一批高档美容修饰类化妆品。该批货物在国外的买价为120万元，货物运抵我国入关前发生的运输费、保险费和其他费用分别为10万元、6万元、4万元。货物报关后，该商场按规定缴纳了进口环节的增值税和消费税并取得了海关开具的缴款书。将化妆品从海关运往商场所在地取得增值税专用发票，注明运输费用5万元、增值税进项税额0.45万元，该批化妆品当月在国内全部销售，取得不含税销售额520万元（假定化妆品进口关税税率为20%，增值税税率13%，消费税税率15%）。

要求：计算该批化妆品进口环节应缴纳的关税、增值税、消费税和国内销售环节应缴纳的增值税。

关税完税价格 = 120+10+6+4 = 140（万元）

应缴纳进口关税 = 140×20% = 28（万元）

进口环节的组成计税价格 = (140+28)/(1-15%) = 197.65（万元）

进口环节应缴纳增值税 = 197.65×13% = 25.69（万元）

进口环节应缴纳消费税 = 197.65×15% = 29.65（万元）

国内销售环节应缴纳增值税 = 520×13%-0.45-25.69 = 41.46（万元）

2. 从量税应纳税额的计算

从量税是以货物的数量、重量、体积、容量等计量单位为计税标准，以每计量单位货物的应征税额为税率，我国目前对原油、啤酒和胶卷等进口商品征收从量税，其计算公式为：

关税税额 = 应税进（出）口货物数量×单位货物税额

3. 复合税应纳税额的计算

复合税又称混合税，即订立从价、从量两种税率，随着完税价格和进口数量的变化而变化，征收时两种税率合并计征。它是对某种进口货物混合使用从价税和从量税的一种关税计征标准。我国目前仅对录像机、放像机、摄像机、数字照相机和摄录一体机等进口商品征收复合税。其计算公式为：

关税税额 = 应税进（出）口货物数量×单位货物税额+应税进（出）口货物数量×单位完税价格×税率

4. 滑准税应纳税额的计算

滑准税是根据货物的不同价格适用不同税率的一类特殊的从价关税。它是一种关税税率随进口货物价格由高至低而由低至高设置计征关税的方法。简单地讲，就是进口货物的价格越高，其进口关税税率越低，进口商品的价格越低，其进口关税税率越高。滑准税的特点是可保持实行滑准税商品的国内市场价格的相对稳定，而不受国际市场价格波动的影响。其计算公式为：

关税税额 = 应税进（出）口货物数量×单位完税价格×滑准税税率

4.4　关税减免

关税减免是对某些纳税人和征税对象给予鼓励和照顾的一种特殊调节手段。正是有了这一手段，使关税政策工作兼顾了普遍性和特殊性、原则性和灵活性。因此，关税减免是贯彻国家关税政策的一项重要措施。关税减免分为法定减免税、特定减免税、暂时免税和临时减免税。根据《中华人民共和国海关法》的规定，除法定减免税外的其他减免税均由国务院决定。减征关税在我国加入世界贸易组织之前以税则规定税率为基准，在我国加入世界贸易组织之后以最惠国税率或者普通税率为基准。

4.4.1　法定减免税

法定减免税是税法中明确列出的减税或免税。符合税法规定可予以减免税的进出口货物，纳税义务人无须提出申请，海关可按规定直接予以减免税。海关对法定减免税货物一般不进行后续管理。

下列进出口货物、物品予以减免关税：

（1）关税税额在人民币50元以下的一票货物，可免征关税。

（2）无商业价值的广告品和货样，可免征关税。

（3）外国政府、国际组织无偿赠送的物资，可免征关税。

（4）进出境运输工具装载的途中必需的燃料、物料和饮食用品，可予免税。

（5）在海关放行前损失的货物，可免征关税。

（6）在海关放行前遭受损坏的货物，可以根据海关认定的受损程度减征关税。

（7）我国缔结或者参加的国际条约规定减征、免征关税的货物、物品，按照规定予以减免关税。

（8）法律规定减征、免征关税的其他货物、物品。

4.4.2　特定减免税

特定减免税也称政策性减免税。在法定减免税之外，国家按照国际通行规则和我国实际情况，制定发布的有关进出口货物减免关税的政策，称为特定或政策性减免税。特定减免税货物一般有地区、企业和用途的限制，海关需要进行后续管理，也需要进行减免税统计。主要包括科教用品；残疾人专用品；慈善捐赠物资；重大技术装备。

1. 科教用品

为有利于我国科研、教育事业发展，推动科教兴国战略的实施，经国务院批准，财政部、海关总署、国家税务总局制定了《科学研究和教学用品免征进口税收规定》（海关总署令　国家税务总局令第45号），对科学研究机构和学校，以科学研究和教学为目的，在合理数量范围内进口国内不能生产或者性能不能满足需要的科学研究和教学用品，免征进口关税和进口环节增值税、消费税。该规定对享受该优惠的科研机构和学校资格、类别以及可以免税的物品都作了明确规定。

2. 残疾人专用品

为支持残疾人的康复工作,经国务院批准,海关总署发布了《残疾人专用品免征进口税收暂行规定的实施办法》(海关总署令〔1997〕544号),对规定的残疾人个人专用品,免征进口关税和进口环节增值税、消费税;对康复、福利机构、假肢厂和荣誉军人康复医院进口国内不能生产的、该规定明确的残疾人专用品,免征进口关税和进口环节增值税。该规定对可以免税的残疾人专用品种类和品名作了明确规定。

3. 慈善捐赠物资

为促进慈善事业的健康发展,支持慈善事业发挥扶贫济困积极作用,经国务院批准,财政部、国家税务总局、海关总署发布了《慈善捐赠物资免征进口税收暂行办法》(财政部 海关总署 国家税务总局公告2015年第102号)。对境外自然人、法人或者其他组织等境外捐赠人,无偿向国务院有关部门和各省、自治区、直辖市人民政府、中国红十字会总会、中华全国妇女联合会、中国残疾人联合会、中华慈善总会、中国初级卫生保健基金会、中国宋庆龄基金会和中国癌症基金会,以及经民政部或省级民政部门登记注册且被评定为5A级的以人道救助和发展慈善事业为宗旨的社会团体或基金会等受赠人捐赠的直接用于慈善事业的物资,免征进口关税和进口环节增值税。所称"慈善事业"是指非营利的慈善救助等社会慈善和福利事业,包括以捐赠财产方式自愿开展的扶贫济困、扶助老幼病残等困难群体,促进教育、科学、文化、卫生、体育等事业发展,防治污染和其他公害,保护和改善环境等慈善活动。该办法对可以免税的捐赠物资种类和品名作了明确规定。

4. 重大技术装备

为继续支持我国重大技术装备制造业发展,财政部会同工业和信息化部、海关总署、税务总局、能源局发布了《重大技术装备进口税收政策管理办法》(财关税〔2020〕2号),自2020年1月8日起实施。

对符合规定条件的企业及核电项目业主为生产国家支持发展的重大技术装备或产品而确有必要进口的部分关键零部件及原材料,免征关税和进口环节增值税。

4.4.3 暂时免税

暂时进境或者暂时出境的下列货物,在进境或者出境时纳税义务人向海关缴纳相当于应纳税款的保证金或者提供其他担保的,可以暂不缴纳关税,并应当自进境或者出境之日起6个月内复运出境或者复运进境;需要延长复运出境或者复运进境期限的,纳税义务人应当根据海关总署的规定向海关办理延期手续。

(1)在展览会、交易会、会议及类似活动中展示或者使用的货物。
(2)文化、体育交流活动中使用的表演、比赛用品。
(3)进行新闻报道或者摄制电影、电视节目使用的仪器、设备及用品。
(4)开展科研、教学、医疗活动使用的仪器、设备及用品。
(5)在上述第1项至第4项所列活动中使用的交通工具及特种车辆。
(6)货样。

(7) 供安装、调试、检测设备时使用的仪器、工具。
(8) 盛装货物的容器。
(9) 其他用于非商业目的的货物。

4.4.4 临时减免税

临时减免税是指以上法定和特定减免税以外的其他减免税,即由国务院根据《中华人民共和国海关法》对某个单位、某类商品、某个项目或某批进出口货物的特殊情况,给予特别照顾,一案一批,专文下达的减免税。一般有单位、品种、期限、金额或数量等限制,不能比照执行。

4.5 关税征收管理

4.5.1 关税缴纳

进口货物的纳税义务人应当自运输工具申报进境之日起 14 日内,出口货物的纳税义务人除海关特准的以外,应当在货物运抵海关监管区后、装货的 24 小时以前,向货物的进出境地海关申报,海关根据税则归类和完税价格计算应缴纳的关税和进口环节代征税,并填发税款缴款书。纳税义务人应当自海关填发税款缴款书之日起 15 日内,向指定银行缴纳税款。如关税缴款期限届满日遇星期六、星期日等休息日或者法定节假日,则关税缴纳期限顺延至休息日或者法定节假日之后的第 1 个工作日。为方便纳税义务人,经申请且海关同意,进(出)口货物的纳税义务人可以在设有海关的指运地(启运地)办理海关申报、纳税手续。

关税纳税义务人因不可抗力或者在国家税收政策调整的情形下,不能按期缴纳税款的,经依法提供税款担保后,可以延期缴纳税款,但最长不得超过 6 个月。

4.5.2 关税退还

关税退还是关税纳税义务人按海关核定的税额缴纳关税后,因某种原因的出现,海关将实际征收多于应当征收的税额(称为溢征关税)退还给原纳税义务人的一种行政行为。根据《中华人民共和国海关法》和《中华人民共和国进出口关税条例》的规定,海关多征的税款,海关发现后应当立即退还;纳税义务人发现多缴税款的,自缴纳税款之日起 1 年内,可以以书面形式要求海关退还多缴的税款并加算银行同期活期存款利息;海关应当自受理退税申请之日起 30 日内查实并通知纳税义务人办理退还手续。此外,有下列情形之一的,纳税义务人自缴纳税款之日起 1 年内,可以申请退还关税,并应当以书面形式向海关说明理由,提供原缴款凭证及相关资料。

(1) 已征进口关税的货物,因品质或者规格原因,原状退货复运出境的。
(2) 已征出口关税的货物,因品质或者规格原因,原状退货复运进境,并已重新缴纳因出口而退还的国内环节有关税收的。
(3) 已征出口关税的货物,因故未装运出口,申报退关的。

海关应当自受理退税申请之日起 30 日内查实并通知纳税义务人办理退还手续;纳税义务人应当自收到通知之日起 3 个月内办理有关退税手续。前述第 1 项和第 2 项规定强调的是

"因货物品质或者规格原因，原状复运进境或者出境的"。如果属于其他原因且不能以原状复运进境或者出境，不能退税。

4.5.3 关税补征和追征

补征和追征是海关在关税纳税义务人按海关核定的税额缴纳关税后，发现实际征收税额少于应当征收的税额（称为短征关税）时，责令纳税义务人补缴所差税款的一种行政行为。海关法根据短征关税的原因，将海关征收原短征关税的行为分为补征和追征两种。由于纳税人违反海关规定造成短征关税的，称为追征；非因纳税人违反海关规定造成短征关税的，称为补征。区分关税追征和补征的目的是区别不同情况适用不同的征收时效，超过时效规定的期限，海关就丧失了追补关税的权力。

根据《中华人民共和国海关法》和《中华人民共和国进出口关税条例》的规定，进出境货物和物品放行后，海关发现少征或者漏征税款，应当自缴纳税款或者货物、物品放行之日起 1 年内，向纳税义务人补征税款；因纳税义务人违反规定而造成的少征或者漏征的税款，海关可以自纳税义务人缴纳税款或者货物、物品放行之日起 3 年以内追征，并从缴纳税款或者货物、物品放行之日起按日加收少征或者漏征税款万分之五的滞纳金；海关发现其监管货物因纳税义务人违反规定造成少征或者漏征税款的，应当自纳税义务人应缴纳税款之日起 3 年内追征税款，并从应缴纳税款之日起按日加收少征或者漏征税款万分之五的滞纳金。

【想一想】

某人涉及一起走私电子烟案，案子到了检察院，当事人发现海关是用普通税率来计算偷逃税款的，而普通税率非常高。

请问：海关的做法是否正确、合法？

4.6 船舶吨税

船舶吨税是根据船舶运载量课征的一个税种，源于明朝以后税关的"船料"。中英鸦片战争后，海关对出入中国口岸的商船按船舶吨位计征税款，故称船舶吨税。除海关外，内地常关也对过往船只征船料，直到 1931 年常关撤销时，船料废止。

4.6.1 征税范围和税率

1. 征税范围

自中华人民共和国境外港口进入境内港口的船舶（以下简称应税船舶），应当缴纳船舶吨税。船舶吨税的税目、税率依照船舶吨税税目、税率表执行。

2. 税率

船舶吨税设置优惠税率和普通税率。中华人民共和国国籍的应税船舶，船籍国（地区）与中华人民共和国签订含有相互给予船舶税费最惠国待遇条款的条约或者协定的应税船舶，适用优惠税率。其他应税船舶，适用普通税率。船舶吨税税目、税率见表4-1。

表4-1　船舶吨税税目、税率表

税目 （按船舶 净吨位划分）	税率（元/净吨位）						备注
	普通税率 （按执照期限划分）			优惠税率 （按执照期限划分）			
	1年	90日	30日	1年	90日	30日	
不超过2 000净吨位	12.6	4.2	2.1	9.0	3.0	1.5	1. 拖船按照发动机功率每千瓦折合净吨位0.67吨。 2. 无法提供净吨位证明文件的游艇，按照发动机功率每千瓦折合净吨位0.05吨。 3. 拖船和非机动驳船分别按相同净吨位船舶税率50%计征税款
超过2 000净吨位，但不超过10 000净吨位	24.0	8.0	4.0	17.4	5.8	2.9	
超过10 000净吨位，但不超过50 000净吨位	27.6	9.2	4.6	19.8	6.6	3.3	
超过50 000净吨位	31.8	10.6	5.3	22.8	7.6	3.8	

注：拖船，是指专门用于拖（推）动运输船舶的专业作业船舶。

4.6.2　应纳税额的计算

船舶吨税按照船舶净吨位和执照期限征收。净吨位，是指由船籍国（地区）政府签发或者授权签发的船舶吨位证明书上标明的净吨位；执照期限，是指按照公历年、日计算的期间。应税船舶负责人在每次申报纳税时，可以按照船舶吨税税目、税率表选择申领一种期限的执照。船舶吨税的应纳税额按照船舶净吨位乘以适用税率计算，其计算公式为：

$$应纳税额 = 船舶净吨位 \times 定额税率$$

船舶吨税由海关负责征收。海关征收船舶吨税应当制发缴款凭证。应税船舶负责人缴纳船舶吨税或者提供担保后，海关按照其申领的执照期限填发执照。应税船舶在进入港口办理入境手续时，应当向海关申报纳税领取执照，或者交验执照（或者申请核验执照电子信息）。应税船舶在离开港口办理出境手续时，应当交验执照（或者申请核验船舶吨税执照电子信息）。

应税船舶负责人申领执照时，应当向海关提供下列文件：

（1）船舶国籍证书或者海事部门签发的船舶国籍证书收存证明。
（2）船舶吨位证明。

【例4-2】B国某运输公司一艘货轮驶入我国某港口，该货轮净吨位为30 000吨，货轮负责人已向我国海关领取了执照，在港口停留期限为30天，B国已与我国签订有相互给予船舶税费最惠国待遇条款。请计算该货轮负责人应向我国海关缴纳的船舶吨税。

根据船舶吨税的相关规定，该货轮应享受优惠税率，每净吨位为3.3元。

应缴纳的吨税 = 30 000×3.3 = 99 000（元）

4.6.3 税收优惠

1. 直接优惠

下列船舶免征吨税:
(1) 应纳税额在人民币 50 元以下的船舶。
(2) 自境外以购买、受赠、继承等方式取得船舶所有权的初次进口到港的空载船舶。
(3) 吨税执照期满后 24 小时内不上下客货的船舶。
(4) 非机动船舶(不包括非机动驳船)。非机动船舶,是指自身没有动力装置,依靠外力驱动的船舶。非机动驳船,是指在船舶登记机关登记为驳船的非机动船舶。
(5) 捕捞、养殖渔船。捕捞、养殖渔船,是指在中华人民共和国渔业船舶管理部门登记为捕捞船或者养殖船的船舶。
(6) 避难、防疫隔离、修理、改造、终止运营或者拆解,并不上下客货的船舶。
(7) 军队、武装警察部队专用或者征用的船舶。
(8) 警用船舶。
(9) 依照法律规定应当予以免税的外国驻华使领馆、国际组织驻华代表机构及其有关人员的船舶。
(10) 国务院规定的其他船舶。本项免税规定,由国务院报全国人民代表大会常务委员会备案。

2. 延期优惠

在执照期限内,应税船舶发生下列情形之一的,海关按照实际发生的天数批准延长执照期限:
(1) 避难、防疫隔离、修理、改造,并不上下客货。
(2) 军队、武装警察部队征用。

符合直接优惠第 5 项至第 9 项以及延期优惠政策的船舶,应当提供海事部门、渔业船舶管理部门或者出入境检验检疫部门等部门、机构出具的具有法律效力的证明文件或者使用关系证明文件,说明免税或者延长执照期限的依据和理由。

4.6.4 征收管理

(1) 船舶吨税纳税义务发生时间为应税船舶进入港口的当日。
应税船舶在执照期满后尚未离开港口的,应当申领新的执照,自上一次执照期满的次日起续缴船舶吨税。
(2) 应税船舶负责人应当自海关填发船舶吨税缴款凭证之日起 15 日内缴清税款。未按期缴清税款的,自滞纳税款之日起至缴清税款之日止,按日加收滞纳税款万分之五的税款滞纳金。
(3) 应税船舶到达港口前,经海关核准先行申报并办结出入境手续的,应税船舶负责人应当向海关提供与其依法履行船舶吨税缴纳义务相适应的担保;应税船舶到达港口后,按照规定向海关申报纳税。

（4）应税船舶在执照期限内，因修理、改造导致净吨位变化的，执照继续有效。应税船舶办理出入境手续时，应当提供船舶经过修理、改造的证明文件。

（5）应税船舶在执照期限内，因税目税率调整或者船籍改变而导致适用税率变化的，船舶吨税执照继续有效。

因船籍改变而导致适用税率变化的，应税船舶在办理出入境手续时，应当提供船籍改变的证明文件。

（6）船舶吨税执照在期满前毁损或者遗失的，应当向原发照海关书面申请核发船舶吨税执照副本，不再补税。

（7）海关发现少征或者漏征税款的，应当自应税船舶应当缴纳税款之日起1年内，补征税款。但因应税船舶违反规定造成少征或者漏征税款的，海关可以自应当缴纳税款之日起3年内追征税款，并自应当缴纳税款之日起按日加征少征或者漏征税款万分之五的税款滞纳金。

海关发现多征税款的，应当在24小时内通知应税船舶办理退还手续，并加算银行同期活期存款利息。

应税船舶发现多缴税款的，可以自缴纳税款之日起3年内以书面形式要求海关退还多缴的税款并加算银行同期活期存款利息；海关应当自受理退税申请之日起30日内查实并通知应税船舶办理退还手续。

应税船舶应当自收到退税通知之日起3个月内办理有关退还手续。

（8）应税船舶有下列行为之一的，由海关责令限期改正，处2 000元以上30 000元以下的罚款；不缴或者少缴应纳税款的，处不缴或者少缴税款50%以上5倍以下的罚款，但罚款不得低于2 000元。

①未按照规定申报纳税、领取船舶吨税执照。

②未按照规定交验船舶吨税执照（或者申请核验船舶吨税执照电子信息）以及提供其他证明文件。

（9）船舶吨税税款、税款滞纳金、罚款以人民币计算。

船舶吨税的征收，《船舶吨税法》未做规定的，依照有关税收征收管理的法律、行政法规的规定执行。

思考与练习

1. 某医疗器械厂（增值税一般纳税人）2022年8月进口一批医疗器械。该批医疗器械成交价格202万元，支付购货佣金3万元，运抵我国海关前发生运费8万元。保险费无法确定。（医疗器械进口关税税率30%）

要求：计算该厂进口该批医疗器械应缴纳关税多少万元？

2. 某进出口公司2022年7月进口化妆品一批，购买价34万元，该公司另支付入关前运费3万元，保险费无法确定。化妆品关税税率为30%。

要求：计算该公司应缴纳的关税为多少万元？

▶自测习题及参考答案

第5章　个人所得税

📖 学习目标

【知识目标】

通过本章的学习，了解个人所得税的特点、作用及发展历程；明确个人所得税的纳税义务人、征税对象、税率等基本规定；掌握个人所得税应纳税额的计算方法；熟悉个人所得税的税收优惠及征收管理。

【能力目标】

能确定个人所得税纳税期限，能运用个人所得税优惠政策，能根据业务资料正确计算工资、薪金所得，劳务报酬所得，经营所得等各项目应纳税额，具备计算能力，会进行综合所得汇算清缴。

【价值目标】

引导学生利用个人所得税税收政策合法合规纳税，君子爱财，取之有道，要通过正当手段获取财富，树立依法诚信纳税的意识。

🛩 思维导图

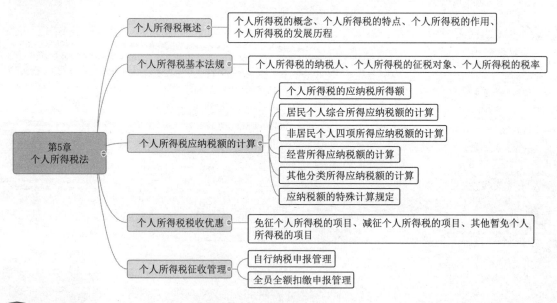

🚂 导入案例

2022年1月张某按市场价格出租一套住房，当月取得租金收入3 500元，财产租赁过程中缴纳的税费 140 元，发生修缮费 500 元。张某当月租金收入应缴纳多少个人所得税？

（资料来源：文颜. 2022 年税务师职业资格考试名师好题：税法：Ⅱ：上下册 [M]. 北京：北京科学技术出版社，2022.）

5.1 个人所得税概述

5.1.1 个人所得税的概念

个人所得税是以个人（自然人）取得的各项应税所得为征税对象征收的一种税。

作为征税对象的个人所得，有狭义和广义之分。狭义的个人所得，仅限于每年经常反复发生的所得。广义的个人所得，是指个人在一定期间内，通过各种方式所获得的一切利益，而不论这种利益是偶然的还是经常的，是货币、有价证券还是实物。目前，包括我国在内的世界各国所实行的个人所得税，大多以广义解释的个人所得概念为基础。基于这种理解，可以根据不同的标准，将个人的各种所得分为毛所得和净所得、劳动所得和非劳动所得、经常所得和偶然所得、自由支配所得和非自由支配所得、积极所得和消极所得等。

5.1.2 个人所得税的特点

1. 实行分类综合所得税制

我国现行的个人所得税制采用了分类综合所得税制，也称混合所得税制。将我国个人取得的各种应税所得划分为 9 种，其中，工资、薪金所得，劳务报酬所得，稿酬所得，特许权使用费所得纳入综合性征税范围之中，其余所得分类征收。综合课征有利于实现公平税负、调节收入差距的目的。分类课征计算简便，可简化纳税手续，减轻征纳双方成本。

2. 定额与定率相结合的费用扣除法

现行的个人所得税对各项应税所得分别在费用扣除上实行定额扣除和定率扣除两种方法。如居民个人的综合所得，以每一纳税年度的收入额减除费用 60 000 元以及专项扣除、专项附加扣除以及依法规定的其他扣除后的余额，为应纳税所得额，财产租赁所得，每次收入不超过 4 000 元的，定额扣除费用 800 元；每次收入超过 4 000 元的，定率减除 20% 的费用。从而把征税重点集中在高收入者身上，体现多得多征，少得少征的政策精神。

3. 累进税率与比例税率并用

个人所得税根据各类个人所得的不同性质和特点，将累进税率与比例税率综合运用于个人所得税制。对于综合所得（工资、薪金所得，劳务报酬所得，稿酬所得及特许权使用费所得），经营所得采用超额累进税率，对利息、股息、红利所得，财产租赁所得，财产转让所得和偶然所得等采用比例税率。比例税率的计算简便，便于实行源泉扣缴。累进税率可以合理调节收入分配，体现税收公平。

4. 源泉扣缴和自行申报并用

源泉扣缴是指以所得支付者为扣缴义务人，即在应税所得的支付环节由扣缴义务人代扣代缴，这种方式有利于控制税款流失、降低征管成本。而对于没有扣缴义务人的所得以及综合所得，由纳税人自行申报和年终汇算清缴，从而最大限度地保障了个人所得税的及时、足额入库。

5.1.3 个人所得税的作用

1. 调节收入分配，体现社会公平

改革开放以来，随着经济的发展，我国人民的生活水平不断提高，一部分人已达到较高的收入求平。因此，有必要对个人收入进行适当的税收调节。在保证人们基本生活不受影响的前提下，本着高收入者多纳税、中等收入者少纳税、低收入者不纳税的原则，通过征收个人所得税来缩小贫富差距，有利于在不损害效率的前提下，体现社会公平，保持社会稳定。

2. 扩大聚财渠道，增加财政收入

个人所得税是市场经济发展的产物，个人所得税收入是随着一国经济的市场化、工业化、城市化程度和人均 GDP 水平提高而不断增长的。目前，一些主要的西方发达国家都实行以所得税为主体的税制，个人所得税的规模和比重均比较大。就我国目前情况来看，随着改革开放的不断深入和经济的快速发展，个人总体收入水平不断提高，个人所得税收入也快速增长，在我国的所有税种中已经位列第三，仅次于增值税和企业所得税。从经济发展角度来看，个人所得税仍然不失为一个收入弹性和增长潜力较大的税种，是国家财政收入的一个重要来源。随着我国经济的进一步发展，我国居民的收入水平还将逐步提高，个人所得税税源将不断扩大，个人所得税收入占国家税收总额的比重将逐年增加，最终将发展成为具有活力的一个主体税种。

3. 稳定经济的功能

个人所得税的累进税制能够发挥自动稳定器功能。当经济增长时，国民收入增加，应纳税所得自动进入较高边际税率，税负随之增加，社会总需求自动减少，对经济发展和通货膨胀起到自动抑制作用；当经济衰退时，国民收入减少，应纳税所得自动退回较低边际税率，税负自然降低，有利于维持社会总需求的规模，抑制经济进一步下滑。当国家选择公平为主要目标时，个人所得税的自动稳定器功能可发挥出最大的作用。

5.1.4 个人所得税的发展历程

自中华人民共和国成立以来，我国个人所得税制度经历了一个不断发展和完善的过程。

1950 年 1 月，政务院发布了中华人民共和国税制建设的纲领性文件《全国税政实施要则》。其中涉及对个人所得征税的主要是薪给报酬所得税和存款利息所得税，前者实际没有开征，后者短暂开征后于 1959 年取消。在此后的 20 年里，我国对个人所得是不征税的。

1980 年 9 月 10 日，第五届全国人民代表大会第三次会议审议通过了《中华人民共和国个人所得税法》并同时公布实施。同年 12 月 14 日，经国务院批准，财政部公布了《中华

人民共和国个人所得税法实施细则》。该税法统一适用于中国公民和在我国取得收入的外籍人员。至此，我国个人所得税征收制度开始建立。

1986年1月，国务院发布了《中华人民共和国城乡个体工商业户所得税暂行条例》。同年9月，颁布了《中华人民共和国个人收入调节税暂行条例》。至此，我国个人所得税的征收制度也就形成了"三税并存"的格局。即对外籍人员征收的个人所得税、对中国公民征收的个人收入调节税和对个体工商户征收的城乡个体工商业户所得税。

自1994年1月起，第一次修正的《中华人民共和国个人所得税法》开始施行，并取消了个人收入调节税和城乡个体工商业户所得税，初步建立起内外资统一的个人所得税制度。1999年8月第二次修正，对个人储蓄存款利息所得征20%的个人所得税；2005年10月第三次修正，将工资、薪金所得的免征额从原来的800元提高到1 600元；2007年6月和12月进行第四次和第五次修正，将工资、薪金所得的免征额提高到2 000元。2011年6月第六次修正，将工资、薪金所得的免征额提高到3 500元。

2018年8月，经过第七次修正的新个人所得税法正式诞生并于2019年1月1日起开始实施。此次修正的主要内容为：建立分类与综合相结合的个人所得税制，将工资、薪金所得的免征额提高到5 000元，设立专项附加扣除，优化调整税率结构，完善有关纳税人的认定标准以及增加反避税条款等。此次修改是个人所得税法修正中变革最大的一次，它给纳税人带来了切实地减税福利，使个人所得税税负水平更趋合理、公平。

5.2 个人所得税基本法规

5.2.1 个人所得税的纳税人

个人所得税的纳税义务人，包括中国公民、个体工商户、个人独资企业、合伙企业投资者以及在中国有所得的外籍人员（包括无国籍人员）和香港、澳门、台湾同胞。这些纳税义务人依据其住所和居住时间两个标准，分为居民个人和非居民个人，分别负有不同的纳税义务。

1. 居民个人

居民个人是指在中国境内有住所，或者无住所而一个纳税年度内在中国境内居住累计满183天的个人。居民个人负无限纳税义务，其所取得的应纳税所得，无论是来源于中国境内还是中国境外任何地方，都要在中国缴纳个人所得税。

所谓在中国境内有住所，是指因户籍、家庭、经济利益关系而在中国境内习惯性居住。在中国境内无住所的个人，在中国境内居住累计满183天的年度连续不满6年的，经向主管税务机关备案，其来源于中国境外且由境外单位或者个人支付的所得，免予缴纳个人所得税；在中国境内居住累计满183天的任一年度中有1次离境超过30天的，其在中国境内居住累计满183天的年度的连续年限重新起算。

所谓从中国境内和境外取得的所得，分别是指来源于中国境内的所得和中国境外的所得。按照税法规定，下列所得，不论支付地点是否在中国境内，均为来源于中国境内的所得：

（1）因任职、受雇、履约等在中国境内提供劳务取得的所得。

（2）将财产出租给承租人在中国境内使用而取得的所得。
（3）许可各种特许权在中国境内使用而取得的所得。
（4）转让中国境内的不动产等财产或者在中国境内转让其他财产取得的所得。
（5）从中国境内企业、事业单位、其他组织以及居民个人取得的利息、股息、红利所得。

一个纳税年度，是指自公历1月1日起至12月31日止。

2. 非居民个人

非居民个人是指在中国境内无住所又不居住，或者无住所而一个纳税年度内在中国境内居住累计不满183天的个人。非居民个人承担有限纳税义务，即仅就其来源于中国境内的所得向中国缴纳个人所得税。

在中国境内无住所的个人，在一个纳税年度内在中国境内居住累计不超过90天的，其来源于中国境内的所得，由境外雇主支付并且不由该雇主在中国境内的机构、场所负担的部分，免予缴纳个人所得税。

5.2.2 个人所得税的征税对象

个人所得税的征税对象是个人取得的应税所得。应税所得项目具体内容如下。

1. 工资、薪金所得

工资、薪金所得，是指个人因任职或受雇而取得的工资、薪金、奖金、年终加薪、劳动分红、津贴、补贴以及与任职或者受雇有关的其他所得。

2. 劳务报酬所得

劳务报酬所得，是指个人从事劳务取得的所得，包括从事设计、装潢、安装、制图、化验、测试、医疗、法律、会计、咨询、讲学、翻译、审稿、书画、雕刻、影视、录音、录像、演出、表演、广告、展览、技术服务、介绍服务、经纪服务、代办服务以及其他劳务取得的所得。

3. 稿酬所得

稿酬所得，是指个人因其作品以图书、报刊等形式出版、发表而取得的所得。这里说的作品，包括文学作品、书画作品、摄影作品以及其他作品。

4. 特许权使用费所得

特许权使用费所得，是指个人提供专利权、商标权、著作权、非专利技术以及其他特许权的使用权取得的所得；提供著作权的使用权取得的所得，不包括稿酬所得。

5. 经营所得

经营所得包括：
（1）个体工商户从事生产、经营活动取得的所得，个人独资企业投资人、合伙企业的个人合伙人来源于境内注册的个人独资企业、合伙企业生产、经营的所得；

(2) 个人依法从事办学、医疗、咨询以及其他有偿服务活动取得的所得；

(3) 个人对企业、事业单位承包经营、承租经营以及转包、转租取得的所得；

(4) 个人从事其他生产、经营活动取得的所得。

6. 利息、股息、红利所得

利息、股息、红利所得，是指个人拥有债权、股权等而取得的利息、股息、红利所得。其中利息一般是指个人因拥有债权而获得的利息所得，包括存款利息、贷款利息和债券利息。股息是指个人拥有股权从公司或企业取得的按照一定的比率派发的每股息金；红利则是根据公司或企业分配给股东的，超过股息部分按股派发的利润。个人取得的上述所得，除另有规定外，均应缴纳个人所得税。

7. 财产租赁所得

财产租赁所得，是指个人出租不动产、机器设备、车船以及其他财产取得的所得。个人取得的财产转租收入也属于财产租赁所得，由财产转租人缴纳个人所得税。

8. 财产转让所得

财产转让所得，是指个人转让有价证券、股权、合伙企业中的财产份额、不动产、机器设备、车船以及其他财产取得的所得。个人取得的各项财产转让所得，除股票转让所得暂不征收个人所得税外，其他都要征收个人所得税。

9. 偶然所得

偶然所得，是指个人得奖、中奖、中彩以及其他偶然性质的所得。得奖是指参加各种有奖竞赛活动，取得名次得到的奖金；中奖、中彩是指参加各种有奖活动，如有奖销售、有奖储蓄，或购买彩票，经过规定程序，抽中、摇中号码而取得的奖金。

偶然所得还包括：

(1) 个人为单位或他人提供担保获得的收入。

(2) 房屋产权所有人将房屋产权无偿赠予他人的，受赠人因无偿受赠房屋取得的受赠收入。

(3) 企业在业务宣传、广告等活动中，随机向本单位以外的个人赠送礼品（包括网络红包），以及企业在年会、座谈会、庆典以及其他活动中向本单位以外的个人赠送礼品，个人取得的礼品收入。但企业赠送的具有价格折扣或折让性质的消费券、代金券、抵用券、优惠券等礼品除外。

个人取得的所得，难以界定应纳税所得项目的，由主管税务机关确定。

5.2.3 个人所得税的税率

个人所得税区分不同个人所得的项目，规定了超额累进税率和比例税率两种形式。

1. 超额累进税率

(1) 居民个人取得综合所得（包括工资、薪金所得，劳务报酬所得，稿酬所得，特许权使用费所得），按纳税年度合并计算个人所得税时，适用七级超额累进税率表，见表5-1。

表5-1 个人所得税税率表（综合所得适用）

级数	全年应纳税所得额	税率/%	速算扣除数
1	不超过36 000元	3	0
2	超过36 000元至144 000元的部分	10	2 520
3	超过144 000元至300 000元的部分	20	16 920
4	超过300 000元至420 000元的部分	25	31 920
5	超过420 000元至660 000元的部分	30	52 920
6	超过660 000元至960 000元的部分	35	85 920
7	超过960 000元的部分	45	181 920

（2）扣缴义务人向居民个人支付工资薪金所得，按月预扣预缴个人所得税时，适用七级超额累进预扣率表，见表5-2。

表5-2 个人所得税预扣率表（居民个人工资、薪金所得预扣预缴适用）

级数	累计预扣预缴应纳税所得额	预扣率/%	速算扣除数
1	不超过36 000元	3	0
2	超过36 000元至144 000元的部分	10	2 520
3	超过144 000元至300 000元的部分	20	16 920
4	超过300 000元至420 000元的部分	25	31 920
5	超过420 000元至660 000元的部分	30	52 920
6	超过660 000元至960 000元的部分	35	85 920
7	超过960 000元的部分	45	181 920

（3）扣缴义务人向居民个人支付劳务报酬所得，按次或按月预扣预缴个人所得税时，适用三级超额累进预扣率表，见表5-3。

表5-3 个人所得税预扣率表（居民个人劳务报酬所得预扣预缴适用）

级数	预扣预缴应纳税所得额	预扣率/%	速算扣除数
1	不超过20 000元的部分	20	0
2	超过20 000元至50 000元的部分	30	2 000
3	超过50 000元的部分	40	7 000

（4）非居民个人取得工资、薪金所得，劳务报酬所得，稿酬所得，特许权使用费所得，有扣缴义务人的，由扣缴义务人按月或按次代扣代缴，适用七级超额累进税率表，见表5-4。

表 5-4 个人所得税税率表

（非居民个人工资、薪金所得，劳务报酬所得，稿酬所得，特许权使用费所得适用）

级 数	应纳税所得额	税率/%	速算扣除数
1	不超过 3 000 元	3	0
2	超过 3 000 元至 12 000 元的部分	10	210
3	超过 12 000 元至 25 000 元的部分	20	1 410
4	超过 25 000 元至 35 000 元的部分	25	2 660
5	超过 35 000 元至 55 000 元的部分	30	4 410
6	超过 55 000 元至 80 000 元的部分	35	7 160
7	超过 80 000 元的部分	45	15 160

相对于综合所得税率表（见表 5-1），本表也称为月度税率表。

（5）纳税人取得经营所得的，适用五级超额累进税率表，见表 5-5。

表 5-5 个人所得税税率表（经营所得适用）

级 数	全年应纳税所得额	税率/%	速算扣除数
1	不超过 30 000 元的	5	0
2	超过 30 000 元至 90 000 元	10	1 500
3	超过 90 000 元至 300 000 元	20	10 500
4	超过 300 000 元至 500 000 元	30	40 500
5	超过 500 000 元的部分	35	65 500

2. 比例税率

利息、股息、红利所得，财产租赁所得，财产转让所得和偶然所得适用比例税率，税率为 20%。居民个人取得稿酬所得、特许权使用费所得，预扣预缴个人所得税时适用 20% 的比例预扣率。

为了有效调控居民收入分配，我国的个人所得税制度对有关项目做了减征的规定。

（1）稿酬所得收入额减按 70% 计算。

（2）对个人出租房屋取得的所得暂减按 10% 的税率征收个人所得税。

5.3 个人所得税应纳税额的计算

居民个人取得综合所得，按纳税年度合并计算个人所得税；非居民个人取得工资、薪金所得，劳务报酬所得，稿酬所得，特许权使用费所得，按月或者按次分项计算个人所得税。纳税人取得经营所得，财产租赁所得，财产转让所得，利息、股息、红利所得，偶然所得，依照个人所得税法规定分别计算个人所得税。

5.3.1 个人所得税应纳税所得额

正确计算应纳税所得额，是依法征收个人所得税的基础和前提。应纳税所得额是以某项应税项目的收入额减去税法规定的相关费用扣除后的余额。

我国现行个人所得税采取混合征收方法，不同的应税项目对应不同的应纳税所得额确定方法，基本规定与费用扣除标准如下。

1. 居民个人综合所得

居民个人的综合所得，以每一纳税年度的收入额减除费用 60 000 元以及专项扣除、专项附加扣除和依法确定的其他扣除后的余额，为应纳税所得额。综合所得包括工资、薪金所得，劳务报酬所得，稿酬所得，特许权使用费所得 4 项。劳务报酬所得、稿酬所得、特许权使用费所得以收入减除 20% 的费用后的余额为收入额。稿酬所得的收入额减按 70% 计算。

1）专项扣除

专项扣除包括居民个人按照国家规定的范围和标准缴纳的基本养老保险、基本医疗保险、失业保险等社会保险和住房公积金。生育保险和工伤保险由单位缴纳，不在扣除范围内。

2）专项附加扣除

专项附加扣除包括子女教育、继续教育、大病医疗、住房贷款利息、住房租金、赡养老人、3 岁以下婴幼儿照护 7 项。现行税法依据遵循公平合理、利于民生、简便易行的原则，并根据教育、医疗、住房、养老抚小等民生支出变化情况，制定了现行的专项附加扣除范围和标准。

（1）子女教育。纳税人的子女接受学前教育和全日制学历教育的相关支出，按照每个子女每月 1 000 元的标准定额扣除。其中，学前教育是指年满 3 岁至小学入学前子女的教育阶段；学历教育包括义务教育（小学、初中教育）、高中阶段教育（普通高中、中等职业、技工教育）、高等教育（大学专科、大学本科、硕士研究生、博士研究生教育）。

父母可以选择由其中一方按扣除标准的 100% 扣除，也可以选择由双方分别按扣除标准的 50% 扣除，具体扣除方式在一个纳税年度内不能变更。纳税人子女在中国境外接受教育的，纳税人应当留存境外学校录取通知书、留学签证等相关教育的证明资料备查。

（2）继续教育。纳税人在中国境内接受学历（学位）继续教育的支出，在学历（学位）教育期间按照每月 400 元定额扣除。同一学历（学位）继续教育的扣除期限不能超过 48 个月。纳税人接受技能人员职业资格继续教育、专业技术人员职业资格继续教育的支出，在取得相关证书的当年，按照 3 600 元定额扣除。

个人接受本科及以下学历（学位）继续教育，符合规定扣除条件的，可以选择由其父母扣除，也可以选择由本人扣除。纳税人接受技能人员职业资格继续教育、专业技术人员职业资格继续教育的，应当留存相关证书等资料备查。

（3）大病医疗。在一个纳税年度内，纳税人发生的与基本医保相关的医药费用支出，扣除医保报销后个人负担（指医保目录范围内的自付部分）累计超过 15 000 元的部分，由纳税人在办理年度汇算清缴时，在 80 000 元限额内据实扣除。

纳税人发生的医药费用支出可以选择由本人或者其配偶扣除；未成年子女发生的医药费

用支出可以选择由其父母一方扣除。纳税人及其配偶、未成年子女发生的医药费用支出，按规定分别计算扣除额。纳税人应当留存医药服务收费及医保报销相关票据原件（或者复印件）等资料备查。医疗保障部门应当向患者提供在医疗保障信息系统记录的本人年度医药费用信息查询服务。

（4）住房贷款利息。纳税人本人或者配偶单独或者共同使用商业银行或者住房公积金个人住房贷款为本人或者其配偶购买中国境内住房，发生的首套住房贷款利息支出，在实际发生贷款利息的年度，按照每月1 000元的标准定额扣除，扣除期限最长不超过240个月。纳税人只能享受一次首套住房贷款的利息扣除。首套住房贷款是指购买住房享受首套住房贷款利率的住房贷款。

经夫妻双方约定，可以选择由其中一方扣除，具体扣除方式在一个纳税年度内不得变更。夫妻双方婚前分别购买住房发生的首套住房贷款，其贷款利息支出，婚后可以选择其中一套购买的住房，由购买方按扣除标准的100%扣除，也可以由夫妻双方对各自购买的住房分别按扣除标准的50%扣除，具体扣除方式在一个纳税年度内不能变更。纳税人应当留存住房贷款合同、贷款还款支出凭证备查。

（5）住房租金。纳税人在主要工作城市没有自有住房而发生的住房租金支出，可以按照以下标准定额扣除：直辖市、省会（首府）城市、计划单列市以及国务院确定的其他城市，扣除标准为每月1 500元。除上述所列城市以外，市辖区户籍人口超过100万人的城市，扣除标准为每月1 100元；市辖区户籍人口不超过100万人的城市，扣除标准为每月800元。

住房纳税人的配偶在纳税人的主要工作城市有自有住房的，视同纳税人在主要工作城市有自有住房。市辖区户籍人口以国家统计局公布的数据为准。主要工作城市是指纳税人任职受雇的直辖市、计划单列市、副省级城市、地级市（地区、州、盟）全部行政区域范围；无任职受雇单位的，为受理其综合所得汇算清缴的税务机关所在城市。

夫妻双方主要工作城市相同的，只能由一方扣除住房租金支出。住房租金支出由签订租赁住房合同的承租人扣除。纳税人及其配偶在一个纳税年度内不能同时分别享受住房贷款利息和住房租金专项附加扣除。纳税人应当留存住房租赁合同、协议等有关资料备查。

（6）赡养老人。纳税人赡养一位及以上被赡养人的赡养支出，统一按照以下标准定额扣除：

纳税人为独生子女的，按照每月2 000元的标准定额扣除；纳税人为非独生子女的，由其与兄弟姐妹分摊每月2 000元的扣除额度，每人分摊的额度不能超过每月1 000元。可以由赡养人均摊或者约定分摊，也可以由被赡养人指定分摊。约定或者指定分摊的须签订书面分摊协议，指定分摊优先于约定分摊。具体分摊方式和额度在一个纳税年度内不能变更。

所称被赡养人是指年满60岁的父母，以及子女均已去世的年满60岁的祖父母、外祖父母。

（7）3岁以下婴幼儿照护。纳税人照护3岁以下婴幼儿子女的相关支出，按照每个婴幼儿每月1 000元的标准定额扣除。父母可以选择由其中一方按扣除标准的100%扣除，也可以选择由双方分别按扣除标准的50%扣除，具体扣除方式在一个纳税年度内不能变更。

3）依法确定的其他扣除

依法确定的其他扣除包括个人缴付符合国家规定的企业年金、职业年金，个人购买符合国家规定的商业健康保险、税收递延型商业养老保险的支出，以及国务院规定可以扣除的其他项目。

📖 【政策提示】

根据 2023 年 8 月 28 日国家税务总局发布的《国务院关于提高个人所得税有关专项附加扣除标准的通知》（国发〔2023〕13 号），为进一步减轻家庭生育养育和赡养老人的支出负担，依据《中华人民共和国个人所得税法》有关规定，国务院决定，提高 3 岁以下婴幼儿照护等三项个人所得税专项附加扣除标准。

3 岁以下婴幼儿照护、子女教育专项附加扣除标准，由每个婴幼儿（子女）每月 1 000 元提高到 2 000 元。赡养老人专项附加扣除标准，由每月 2 000 元提高到 3 000 元，其中，独生子女每月扣除 3 000 元；非独生子女与兄弟姐妹分摊每月 3 000 元的扣除额度，每人不超过 1 500 元。上述调整后的扣除标准自 2023 年 1 月 1 日起实施。

2. 非居民个人工资、薪金所得，劳务报酬所得，稿酬所得，特许权使用费所得

非居民个人的工资、薪金所得，以每月收入额减除费用 5 000 元后的余额为应纳税所得额；非居民个人的劳务报酬所得、稿酬所得、特许权使用费所得，以每次收入额为应纳税所得额。劳务报酬所得、稿酬所得、特许权使用费所得以收入减除 20% 的费用后的余额为收入额。稿酬所得的收入额减按 70% 计算。

3. 经营所得

经营所得，以每一纳税年度的收入总额减除成本、费用以及损失后的余额，为应纳税所得额。其中，成本、费用是指生产、经营活动中发生的各项直接支出和分配计入成本的间接费用以及销售费用、管理费用、财务费用；损失是指生产、经营活动中发生的固定资产和存货的盘亏、毁损、报废损失，转让财产损失，坏账损失，自然灾害等不可抗力因素造成的损失以及其他损失。

取得经营所得的个人，没有综合所得的，计算其每一纳税年度的应纳税所得额时，应当减除费用 60 000 元、专项扣除、专项附加扣除以及依法确定的其他扣除。专项附加扣除在办理汇算清缴时减除。

从事生产、经营活动，未提供完整、准确的纳税资料，不能正确计算应纳税所得额的，由主管税务机关核定应纳税所得额或者应纳税额。

4. 其他分类所得

1）财产租赁所得

财产租赁所得，每次收入不超过 4 000 元的，减除费用 800 元，每次收入在 4 000 元以上的，减除 20% 的费用，其余额为应纳税所得额。

（1）每次收入≤4 000 元：

应纳税所得额＝每次收入额－准予扣除项目－修缮费用－800 元

（2）每次收入＞4 000 元：

应纳税所得额＝（每次收入额－准予扣除项目－修缮费用）×(1－20%)

准予扣除的项目主要指财产租赁过程中缴纳的税费以及转租房屋向出租方支付的租金。修缮费用以每次 800 元为限，一次扣除不完的，准予在下一次继续扣除，直至扣完为止。

2）财产转让所得

财产转让所得，以转让财产的收入额减除财产原值和合理费用后的余额，为应纳税所得额。其中，财产原值，按照下列方法确定：

有价证券，为买入价以及买入时按照规定交纳的有关费用。

建筑物，为建造费或者购进价格以及其他有关费用。

土地使用权，为取得土地使用权所支付的金额、开发土地的费用以及其他有关费用。

机器设备、车船，为购进价格、运输费、安装费以及其他有关费用。

其他财产，参照上述规定的方法确定财产原值。

纳税人未提供完整、准确的财产原值凭证，不能按照上述规定的方法确定财产原值的，由主管税务机关核定财产原值。合理费用，是指卖出财产时按照规定支付的有关税费。

3）利息、股息、红利所得

利息、股息、红利所得，以每次收入额为应纳税所得额。

4）偶然所得

偶然所得，以每次收入额为应纳税所得额。

各项所得收入次数的规定如下：

劳务报酬所得、稿酬所得、特许权使用费所得，属于一次性收入的，以取得该项收入为一次；属于同一项目连续性收入的，以 1 个月内取得的收入为一次。

财产租赁所得，以 1 个月内取得的收入为一次。

利息、股息、红利所得，以支付利息、股息、红利时取得的收入为一次。

偶然所得，以每次取得该项收入为一次。

【想一想】

你的姐姐于 2023 年 2 月生了二胎，向你询问 3 岁以下婴幼儿照护专项附加扣除的范围、标准、时限是什么？她是否可以在缴纳个税时扣除？需留存什么资料？你该如何作答？

5.3.2 居民个人综合所得应纳税额的计算

居民个人取得的综合所得，按年计算个人所得税；有扣缴义务人的，由扣缴义务人按月或者按次预扣预缴税款；需要办理汇算清缴的，应当在取得所得的次年 3 月 1 日至 6 月 30 日内办理汇算清缴。

1. 预扣预缴

1）工资、薪金所得预扣预缴税款的计算

扣缴义务人向居民个人支付工资、薪金所得时，应按照累计预扣法计算税款，按月办理全员全额扣缴申报。计算公式如下：

本期应预扣预缴税额 =（累计预扣预缴应纳税所得额×预扣率−速算扣除数）−累计减免

税额-累计已预扣预缴税额（预扣率见表5-2）

累计预扣预缴应纳税所得额=累计收入-累计免税收入-累计减除费用-累计专项扣除-累计专项附加扣除-累计依法确定的其他扣除

其中，累计减除费用根据5 000元/月乘纳税人当年截至本月在本单位的任职受雇的月份数计算；专项扣除包括居民个人缴纳的基本医疗保险、基本养老保险、失业保险等社会保险费和住房公积金等；专项附加扣除，包括子女教育、继续教育、大病医疗、住房贷款利息或者住房租金、赡养老人、3岁以下婴幼儿照护支出。

【例5-1】李某为甲公司员工，2021年全年在甲公司取得工资、薪金收入为200 000元。2022年李某每月应发工资均为20 000元，每月缴纳的"三险一金"2 200元，从1月起享受住房贷款利息专项附加扣除1 000元（2021年贷款购买首套住房），无其他扣除项目和减免项目。计算2022年李某1—12月每月预扣预缴个人所得税税额。

解析：

1月应预扣预缴个人所得税=（20 000-5 000-2 200-1 000）×3%=354（元）

2月应预扣预缴个人所得税=（20 000×2-5 000×2-2 200×2-1 000×2）×3%-354=708-354=354（元）

3月应预扣预缴个人所得税=（20 000×3-5 000×3-2 200×3-1 000×3）×3%-354×2=1 062-708=354（元）

4月应预扣预缴个人所得税=（20 000×4-5 000×4-2 200×4-1 000×4）×10%-2 520-354×3=2 200-1 062=1 138（元）

5月应预扣预缴个人所得税=（20 000×5-5 000×5-2 200×5-1 000×5）×10%-2 520-354×3-1 138=3 380-1 062-1 138=1 180（元）

6月应预扣预缴个人所得税=（20 000×6-5 000×6-2 200×6-1 000×6）×10%-2 520-354×3-1 138-1 180=4 560-1 062-1 138-1 180=1 180（元）

7月应预扣预缴个人所得税=（20 000×7-5 000×7-2 200×7-1 000×7）×10%-2 520-354×3-1 138-1 180×2=5 740-1 062-1 138-2 360=1 180（元）

8月应预扣预缴个人所得税=（20 000×8-5 000×8-2 200×8-1 000×8）×10%-2 520-354×3-1 138-1 180×3=6 920-1 062-1 138-3 540=1 180（元）

9月应预扣预缴个人所得税=（20 000×9-5 000×9-2 200×9-1 000×9）×10%-2 520-354×3-1 138-1 180×4=8 100-1 062-1 138-4 720=1 180（元）

10月应预扣预缴个人所得税=（20 000×10-5 000×10-2 200×10-1 000×10）×10%-2 520-354×3-1 138-1 180×5=9 280-1 062-1 138-5 900=1 180（元）

11月应预扣预缴个人所得税=（20 000×11-5 000×11-2 200×11-1 000×11）×10%-2 520-354×3-1 138-1 180×6=10 460-1 062-1 138-7 080=1 180（元）

12月应预扣预缴个人所得税=（20 000×12-5 000×12-2 200×12-1 000×12）×10%-2 520-354×3-1 138-1 180×7=11 640-1 062-1 138-8 260=1 180（元）

【政策提示】

自2020年7月1日起，对一个纳税年度内首次取得工资、薪金所得的居民个人，扣缴义务人在预扣预缴个人所得税时，可按照5 000元/月乘纳税人当年截至本月月份数计算累计减除费用。上述首次取得工资、薪金所得的居民个人，是指自纳税年度首月起至新入职时，未取得工资、薪金所得或者未按照累计预扣法预扣预缴过连续性劳务报酬所得个人所得税的居民个人。

自2021年1月1日起，对上一完整纳税年度内每月均在同一单位预扣预缴工资、薪金所得个人所得税且全年工资、薪金收入不超过6万元的居民个人，扣缴义务人在预扣预缴本年度工资、薪金所得个人所得税时，累计减除费用自1月起直接按照全年6万元计算扣除。即在纳税人累计收入超过6万元的当月及年内后续月份，再预扣预缴个人所得税。

2）劳务报酬所得、稿酬所得、特许权使用费所得预扣预缴税款的计算

扣缴义务人向居民个人支付劳务报酬所得、稿酬所得、特许权使用费所得，按次或者按月预扣预缴个人所得税。具体预扣预缴方法如下：

劳务报酬所得应预扣预缴税额=收入额×预扣率-速算扣除数（预扣率表见表5-3）

稿酬所得、特许权使用费所得应预扣预缴税额=收入额×20%

劳务报酬所得、稿酬所得、特许权使用费所得收入额：

（1）每次收入≤4 000元，收入额=每次收入-800元
（2）每次收入>4 000元，收入额=每次收入×（1-20%）

其中，稿酬所得的收入额减按70%计算。

【例5-2】居民个人李某为甲公司员工，2022年2月从兼职单位乙公司取得一次性劳务报酬收入30 000元，同年7月从丙出版社取得一次性稿酬收入10 000元，10月转让给丁公司专利权取得一次性特许权使用费收入共计3 800元。上述收入均为税前收入，且均来源于中国境内。假设不考虑增值税等因素。计算李某应由乙公司、丙出版社、丁公司预扣预缴的个人所得税税额。

解析：
乙公司预扣预缴劳务报酬所得个人所得税=30 000×（1-20%）×30%-2 000=5 200（元）
丙出版社预扣预缴稿酬所得个人所得税=10 000×（1-20%）×70%×20%=1 120（元）
丁公司预扣预缴特许权使用费所得个人所得税=（3 800-800）×20%=600（元）

【政策提示】

自2020年7月1日起，正在接受全日制学历教育的学生因实习取得劳务报酬所得的，扣缴义务人预扣预缴个人所得税时，可按照《税务总局关于发布〈个人所得税扣缴申报管理办法（试行）〉的公告》（国家税务总局公告2018年第61号）规定的累计预扣法计算并预扣预缴税款。

2. 汇算清缴

综合所得年度应纳税额

=（综合所得年度收入额-60 000元-专项扣除-专项附加扣除-依法确定的其他扣除-符合条件的公益慈善事业捐赠）×适用税率-速算扣除数

=（工资薪金收入额+劳务报酬收入×（1-20%）+稿酬收入×（1-20%）×70%+特许权使用费收入×（1-20%）-60 000元-专项扣除-专项附加扣除-依法确定的其他扣除-符合条件的公益慈善事业捐赠）×适用税率-速算扣除数（税率表见表5-1）

汇算清缴应补（退）税额=综合所得年度应纳税额-全年已预扣预缴税额

【例5-3】承例5-1和例5-2，居民个人李某2022年未进行公益慈善事业捐赠，未参加个人养老金，无其他减免项目，于次年3月1日至6月30日内办理汇算清缴，计算李某应补（退）税额。

解析：

2022年李某综合所得年度应纳税额=[20 000×12+30 000×(1-20%)+10 000×(1-20%)×70%+3 800×(1-20%)-60 000-2 200×12-1 000×12)]×20%-16 920=17 928（元）

2022年1—12月已预扣预缴税额=354×3+1 138+1 180×8+5 200+1 120+600=18 560（元）

汇算清缴应退税额=18 560-17 928=632（元）

【政策提示】

（1）无须办理汇算清缴情形。

纳税人在纳税年度内已依法预缴个人所得税且符合下列情形之一的，无须办理年度汇算：

①年度汇算需补税但综合所得收入全年不超过12万元的；

②年度汇算需补税金额不超过400元的；

③已预缴税额与年度汇算应纳税额一致的；

④符合年度汇算退税条件但不申请退税的。

（2）个人养老金税收政策。

自2022年1月1日起，对个人养老金实施递延纳税优惠政策，在个人养老金先行城市开始实施。

在缴费环节，个人向个人养老金资金账户的缴费，按照12 000元/年的限额标准，在综合所得或经营所得中据实扣除；在投资环节，计入个人养老金资金账户的投资收益暂不征收个人所得税；在领取环节，个人领取的个人养老金，不并入综合所得，单独按照3%的税率计算缴纳个人所得税，其缴纳的税款计入"工资、薪金所得"项目。

个人缴费享受税前扣除优惠时，以个人养老金信息管理服务平台出具的扣除凭证为扣税凭据。取得工资薪金所得、按累计预扣法预扣预缴个人所得税劳务报酬所得的，其缴费可以选择在当年预扣预缴或次年汇算清缴时在限额标准内据实扣除。选择在当年预扣预缴的，应及时将相关凭证提供给扣缴单位。扣缴单位应按照本公告有关要求，为纳税人办理税前扣除有关事项。取得其他劳务报酬、稿酬、特许权使用费等所得或经营所得的，其缴费在次年汇算清缴时在限额标准内据实扣除。个人按规定领取个人养老金时，由开立个人养老金资金账户所在市的商业银行机构代扣代缴其应缴的个人所得税。

个人养老金先行城市名单由人力资源社会保障部会同财政部、税务总局另行发布。

3. 全年一次性奖金应纳税额的计算

居民个人取得全年一次性奖金，在2027年12月31日前，不并入当年综合所得，以全年一次性奖金收入除以12个月得到的数额，按照按月换算后的综合所得税率表（税率表同表5-4），确定适用税率和速算扣除数，单独计算纳税。

应纳税额=全年一次性奖金收入×适用税率-速算扣除数

居民个人取得全年一次性奖金，也可以选择并入当年综合所得计算纳税。

【例5-4】居民个人李某于2023年3月取得上年度全年一次性奖金30 000元，李某选择不并入当年综合所得。试计算李某取得全年一次性奖金应缴纳的个人所得税税额。

解析：

30 000/12=2 500(元)

查表可知适用税率3%，速算扣除数为0。

李某全年一次性奖金应纳税额=30 000×3%-0=900(元)

5.3.3 非居民个人四项所得应纳税额的计算

非居民个人取得工资、薪金所得，劳务报酬所得，稿酬所得和特许权使用费所得，有扣缴义务人的，由扣缴义务人按月或者按次代扣代缴税款，不办理汇算清缴。

1. 非居民个人工资、薪金所得应纳税额的计算

应纳税额=月应纳税所得额×适用税率-速算扣除数(税率见表5-4)
　　　　=(每月工资、薪金所得收入额-5 000)×适用税率-速算扣除数

2. 非居民个人劳务报酬所得，稿酬所得，特许权使用费所得应纳税额的计算

1）劳务报酬所得

应纳税额=应纳税所得额×适用税率-速算扣除数(税率见表5-4)
　　　　=每次收入额×适用税率-速算扣除数
　　　　=劳务报酬所得收入×(1-20%)×适用税率-速算扣除数

2) 稿酬所得

应纳税额=应纳税所得额×适用税率-速算扣除数（税率见表5-4）
　　　　=每次收入额×适用税率-速算扣除数
　　　　=稿酬所得收入×(1-20%)×70%×适用税率-速算扣除数

3) 特许权使用费所得

应纳税额=应纳税所得额×适用税率-速算扣除数（税率见表5-4）
　　　　=每次收入额×适用税率-速算扣除数
　　　　=特许权使用费所得收入×(1-20%)×适用税率-速算扣除数

【例5-5】2023年2月，非居民个人杰克从任职单位取得工资收入10 000元，非居民个人玛丽一次性取得劳务报酬收入12 000元。计算支付单位代扣代缴杰克与玛丽的个人所得税税额。

解析：
　　应代扣代缴杰克个人所得税=（10 000-5 000)×10%-210=290（元）
　　应代扣代缴玛丽个人所得税=12 000×（1-20%)×10%-210=750（元）

5.3.4 经营所得应纳税额的计算

应纳税额=应纳税所得额×适用税率-速算扣除数（税率见表5-5）

纳税人取得经营所得，按年计算个人所得税，由纳税人在月度或者季度终了后15日内向税务机关报送纳税申报表，并预缴税款；在取得所得的次年3月31日前办理汇算清缴。

由于经营所得的应纳税额实行按年计算、分月（季）预缴、年终汇算清缴、多退少补的方法，因此，需要分别按月（季）预缴税款。其计算公式为：

　　全年应纳税额=全年应纳税所得额×适用税率-速算扣除数
　　汇算清缴税额=全年应纳税额-全年累计已预缴税额

【例5-6】中国公民王某于2022年1月1日起承包某酒店西餐厅，经营期限12个月。2022年共取得承包收入500 000元，王某需要从承包收入中上交承包费等相关费用200 000元，王某没有综合所得，全年已预缴所得税款32 500元。计算王某2022年度汇算清缴时应补（退）个人所得税额。

解析：
　　应纳税所得额=500 000-200 000-60 000=240 000(元)
　　全年应纳个人所得税额=240 000×20%-10 500=37 500(元)
　　2022年度汇算清缴时应补个人所得税额=37 500-32 500=5 000(元)

5.3.5 其他分类所得应纳税额的计算

1. 财产租赁所得应纳税额的计算

$$应纳税额 = 应纳税所得额 \times 适用税率$$

个人按市场价格出租的居民住房取得的所得，自 2001 年 1 月 1 日起暂减按 10% 的税率征收个人所得税。

每次收入 ≤ 4 000 元：
应纳税额 = [每次收入额 - 准予扣除项目 - 修缮费用(800 为限) - 800 元] × 20%(10%)
每次收入 > 4 000 元：
应纳税额 = [每次收入额 - 准予扣除项目 - 修缮费用(800 为限)] × (1-20%) × 20%(10%)
财产租赁所得以 1 个月内取得的收入为一次。

【例 5-7】 张某从本年 4 月开始将其原居住的房屋租给谢某用于居住，每月租金 6 000 元，租金按月支付，本年 4 月修缮费用 1 000 元，相关税费 200 元。计算本月张某应缴纳的个人所得税税额。

解析：
应纳税额 = (6 000 - 200 - 800) × (1-20%) × 10% = 400(元)

2. 财产转让所得应纳税额的计算

$$应纳税额 = 应纳税所得额 \times 适用税率$$
$$= (财产转让收入额 - 财产原值 - 合理费用) \times 20\%$$

【例 5-8】 刘某有两套私有住房，于本年 2 月转让其中一套，取得转让收入 1 040 000 元。该套住房购进时原价 900 000 元，转让时支付有关税费 26 000 元。计算刘某转让私有住房应缴纳的个人所得税。

解析：
应纳税额 = (1 040 000 - 900 000 - 26 000) × 20% = 22 800(元)

【政策提示】

在 2022 年 10 月 1 日至 2025 年 12 月 31 日，纳税人出售自有住房并在现住房出售后 1 年内，在同一城市重新购买住房的，可按规定申请退还其出售现住房已缴纳的个人所得税。

纳税人换购住房个人所得税退税额的计算公式为：

新购住房金额大于或等于现住房转让金额的，退税金额 = 现住房转让时缴纳的个人所得税；

新购住房金额小于现住房转让金额的，退税金额=(新购住房金额/现住房转让金额)×现住房转让时缴纳的个人所得税。

现住房转让金额和新购住房金额与核定计税价格不一致的，以核定计税价格为准。

现住房转让金额和新购住房金额均不含增值税。

3. 利息、股息、红利所得和偶然所得应纳税额的计算

应纳税额=应纳税所得额×适用税率
　　　　=每次收入额×20%

【例5-9】吴某取得借款利息所得5 000元，购买甲公司的债券利息2 200元，计算吴某应纳个人所得税税额。

解析：

应纳税额=(5 000+2 200)×20%=1 440(元)

4. 偶然所得应纳税额的计算

应纳税额=应纳税所得额×适用税率
　　　　=每次收入额×20%。

【例5-10】叶某购买体育彩票中奖200 000元。计算叶某中奖所得应纳的个人所得税。

解析：

应纳税额=200 000×20%=40 000(元)

【思政案例】

规范行业税收秩序，引导依法纳税

常态化依法打击各类涉税违法行为是保障市场公平竞争的必要手段，也是打造法治公平营商环境的应有之义。

近年来，税务部门依法依规对网络直播、加油站、涉税中介等行业税收违法行为进行查处并曝光，并非对相关行业进行"打击"，而是通过规范税收监管，遏制违法违规行为，推动行业在公平公正的环境下健康、持续发展。

在2023年4月6日"权威部门话开局"系列主题新闻发布会上，国家税务总局总会计师罗天舒介绍税务部门打击涉税违法行为方面工作时指出，税务部门将聚焦涉税风险，有序推进精准治理。对发现的一般性涉税违规行为，税务部门将综合运用"五步工作法"，先提示提醒、再督促整改、后约谈警示，让更多的纳税人有自我纠正的机

会，展示税务执法的"温度"和"柔性"。对仍然拒不改正或者是屡查屡犯的，要依法立案稽查，并且对情节严重、性质恶劣的案件公开进行曝光，彰显严格执法的"力度"和"刚性"。

当前，2022年度个人所得税综合所得汇算清缴正在进行。记者注意到，从安徽蚌埠市税务部门通报的案情来看，涉案的自然人纳税人存在未据实办理汇算清缴的情形，经税务部门提醒督促，拒不如实办理更正申报，当地税务部门遂对其立案检查，并追缴少缴的个人所得税、加收滞纳金、处以相应罚款。

税务部门提醒纳税人依法及时办理个人所得税综合所得汇算清缴，并核查以前年度是否存在应当办理汇算清缴而未办理、申报缴税不规范、取得应税收入未申报等情形并抓紧补正。税务机关发现存在涉税问题的，会通过提示提醒、督促整改和约谈警示等方式，提醒、督促纳税人整改，对于拒不整改或整改不彻底的纳税人，税务机关将依法追缴税款、滞纳金，并纳入税收监管重点人员名单，对其以后3个纳税年度申报情况加强审核，情节严重的将依法进行立案检查。

（资料来源：国家税务总局. 坚持宽严相济　促依法诚信纳税［EB/OL］.（2023-04-26）. http://www.chinatax.gov.cn/chinatax/n810219/n810780/c5192967/content.html. ）

5.3.6　应纳税额的特殊计算规定

1. 公益慈善事业捐赠应纳税额的计算

1）限额扣除

个人将其所得对教育、扶贫、济困等公益慈善事业进行捐赠，捐赠额未超过纳税人申报的应纳税所得额30%的部分，可以从其应纳税所得额中扣除。个人将其所得对教育、扶贫、济困等公益慈善事业进行捐赠，是指个人将其所得通过中国境内的公益性社会组织、国家机关向教育、扶贫、济困等公益慈善事业的捐赠。

个人捐赠住房作为公共租赁住房，符合税收法律法规规定的，对其公益性捐赠支出未超过其申报的应纳税所得额30%的部分，准予从其应纳税所得额中扣除。

2）全额扣除

个人通过非营利性的社会组织和国家机关向红十字事业，福利性、非营利性老年服务机构，公益性青少年活动场所，农村义务教育等公益性捐赠可以从其应纳税所得额中全额扣除。

$$应纳税额=（应纳税所得额-扣除捐赠额）\times 适用税率-速算扣除$$

【例5-11】中国居民张某于2023年2月购买福利彩票，中奖100 000元，当场拿出50 000元通过国家机关对贫困地区进行捐赠。计算张某当月应缴纳的个人所得税。

解析：

捐赠扣除限额=100 000×30%=30 000(元)

50 000元>30 000元，只能扣除30 000元。

应纳税额=（100 000-30 000）×20%=14 000(元)

2. 境外所得已纳税额抵免的计算

居民个人从中国境外取得的所得，可以从其应纳税额中抵免已在境外缴纳的个人所得税税额，但抵免额不得超过该纳税人境外所得依照《中华人民共和国个人所得税法》相关规定计算的应纳税额。其中：已在境外缴纳的个人所得税税额，是指居民个人来源于中国境外的所得，依照该所得来源国家（地区）的法律应当缴纳并且实际已经缴纳的所得税税额。纳税人境外所得依照《中华人民共和国个人所得税法》规定计算的应纳税额，是居民个人抵免已在境外缴纳的综合所得、经营所得以及其他所得的所得税税额的限额（以下简称抵免限额）。除国务院财政、税务主管部门另有规定外，来源于中国境外一个国家（地区）的综合所得抵免限额、经营所得抵免限额以及其他所得抵免限额之和，为来源于该国家（地区）所得的抵免限额。

居民个人在中国境外一个国家（地区）实际已经缴纳的个人所得税税额，低于依照规定计算出的来源于该国家（地区）所得的抵免限额的，应当在中国缴纳差额部分的税款；超过来源于该国家（地区）所得的抵免限额的，其超过部分不得在本纳税年度的应纳税额中抵免，但是可以在以后纳税年度来源于该国家（地区）所得的抵免限额的余额中补扣。补扣期限最长不得超过5年。

居民个人申请抵免已在境外缴纳的个人所得税税额，应当提供境外税务机关出具的税款所属年度的有关纳税凭证。

【例5-12】中国居民李某于2023年1月从A国取得股息收入20 000元。李某在A国已缴纳个人所得税3 000元，且在其A国没有其他收入。计算李某在A国取得的股息收入在我国应补缴的个人所得税。

解析：
抵免限额=20 000×20%=4 000（元）
境外已纳税额3 000元＜抵免限额4 000元，在我国补交差额部分税款。
应补缴税额=4 000-3 000=1 000（元）

5.4 个人所得税税收优惠

5.4.1 免征个人所得税项目

根据《中华人民共和国个人所得税法》及其实施条例相关规定，对个人下列所得项目，免征个人所得税：

（1）省级人民政府、国务院部委和中国人民解放军军以上单位，以及外国组织、国际组织颁发的科学、教育、技术、文化、卫生、体育、环境保护等方面的奖金。

（2）国债和国家发行的金融债券利息。其中，国债利息，是指个人持有中华人民共和国财政部发行的债券而取得的利息；国家发行的金融债券利息，是指个人持有经国务院批准发行的金融债券而取得的利息所得。

(3) 按照国家统一规定发给的补贴、津贴。这是指按照国务院规定发给的政府特殊津贴、院士津贴,以及国务院规定免予缴纳个人所得税的其他补贴、津贴。

(4) 福利费、抚恤金、救济金。其中,福利费是指根据国家有关规定,从企业、事业单位、国家机关、社会团体提留的福利费或者从工会经费中支付给个人的生活补助费;救济金是指各级人民政府民政部门支付给个人的生活困难补助费。

(5) 保险赔款。

(6) 军人的转业费、复员费、退役金。

(7) 按照国家统一规定发给干部、职工的安家费、退职费、基本养老金或者退休费、离休费、离休生活补助费。其中,退职费是指符合《国务院关于工人退休、退职的暂行办法》(国发〔1978〕104号)规定的退职条件,并按该办法规定的退职费标准所领取的退职费。

(8) 依照有关法律规定应予免税的各国驻华使馆、领事馆的外交代表、领事官员和其他人员的所得。依照有关法律规定应予免税的各国驻华使馆、领事馆的外交代表、领事官员和其他人员的所得,是指依照《中华人民共和国外交特权与豁免条例》和《中华人民共和国领事特权与豁免条例》规定免税的所得。

(9) 中国政府参加的国际公约、签订的协议中规定免税的所得。

(10) 国务院规定的其他免税所得。该类免税规定,由国务院报全国人民代表大会常务委员会备案。

5.4.2 减征个人所得税项目

根据《中华人民共和国个人所得税法》规定,有下列情形之一的,可以减征个人所得税,具体幅度和期限由省、自治区、直辖市人民政府规定,并报同级人民代表大会常务委员会备案:

(1) 残疾、孤老人员和烈属的所得。

(2) 因严重自然灾害造成重大损失的。

国务院可以规定其他减税情形,报全国人民代表大会常务委员会备案。

5.4.3 其他暂免个人所得税项目

根据财政部、国家税务总局若干规定,对个人下列所得免征或暂免征收个人所得税:

(1) 外籍个人以非现金形式或实报实销形式取得的住房补贴、伙食补贴、搬迁费、洗衣费。

(2) 外籍个人按合理标准取得的境内、境外出差补贴。

(3) 外籍个人取得的探亲费、语言训练费、子女教育费等,经当地税务机关审核批准为合理的部分。2019年1月1日至2027年12月31日,符合居民个人条件的外籍个人,取得上述三项所得,可以选择享受个人所得税专项附加扣除,也可以选择享受住房补贴、语言训练费、子女教育费等津补贴免税优惠政策,但不得同时享受。外籍个人一经选择,在一个纳税年度内不得变更。

(4) 凡符合下列条件之的外籍专家取得的工资、薪金所得,可免征个人所得税:

①根据世界银行专项贷款协议,由世界银行直接派往我国工作的外国专家。

②联合国组织直接派往我国工作的专家。
③为联合国援助项目来华工作的专家。
④援助国派往我国专为该国无偿援助项目工作的专家,其取得的无论我方或外国支付的工资薪金和生活补贴。
⑤根据两国政府签订的文化交流项目来华工作2年以内的文教专家,其工资、薪金所得由该国负担的。
⑥根据我国大专院校国际交流项目来华工作2年以内的文教专家,其工资、薪金所得由该国负担的。
⑦通过民间科研协定来华工作的专家,其工资、薪金所得由该国政府机构负担的。

(5)个人举报、协查各种违法、犯罪行为而获得的奖金。

(6)个人办理代扣代缴手续,按规定取得的扣缴手续费。

(7)个人转让自用达5年以上,并且是唯一的家庭生活用房取得的所得。

(8)对个人购买福利彩票、赈灾彩票、体育彩票,一次中奖收入在1万元以下(含)的暂免征收个人所得税,超过1万元的全额征收个人所得税。

(9)达到离休、退休年龄,但确因工作需要,适当延长离休、退休年龄的高级专家,其在延长离休、退休期间的工资、薪金所得,视同离休、退休工资免征个人所得税。

(10)对个人取得的教育储蓄存款利息所得以及国务院财政部门确定的其他专项储蓄存款或储蓄型专项基金存款的利息所得,免征个人所得税。自2008年10月9日起,对居民个人储蓄存款利息所得和证券市场个人投资者取得的证券交易结算资金利息所得,暂免征收个人所得税。

(11)居民个人按照国家规定的范围和标准缴纳的基本养老保险、基本医疗保险、失业保险等社会保险费和住房公积金,允许在个人应纳税所得额中扣除,免征个人所得税。

(12)个人实际领(支)取原提存的基本养老保险金、基本医疗保险金、失业保险金和住房公积金时,免征个人所得税。

(13)生育妇女按照县级以上人民政府根据国家有关规定制定的生育保险办法,取得的生育津贴、生育医疗费或其他属于生育保险性质的津贴、补贴,免征个人所得税。

(14)对工伤职工及其近亲属按照《中华人民共和国工伤保险条例》(中华人民共和国国务院令第586号)规定取得的一次性伤残保险待遇,免征个人所得税。

(15)对退役士兵按照《退役士兵安置条例》(中华人民共和国国务院 中华人民共和国中央军事委员会令第608号)规定,取得的一次性退役金以及地方政府发放的一次性经济补助,免征个人所得税。

(16)对个人取得的2012年及以后年度发行的地方政府债券利息收入,免征个人所得税。地方政府债券,是指经国务院批准同意,以省、自治区、直辖市和计划单列市政府为发行和偿还主体的债券。

(17)对个人投资者持有2019—2023年发行的铁路债券取得的利息收入,减按50%计入应纳税所得额计算征收个人所得税。税款由兑付机构在向个人投资者兑付利息时代扣代缴。铁路债券,是指以中国铁路总公司为发行和偿还主体的债券,包括中国铁路建设债券中期票据、短期融资券等债务融资工具。

(18)职工从依照国家有关法律规定宣告破产的企业取得的一次性安置费收入,免征个人所得税。

（19）沪港、深港股票市场交易互联互通和内地与香港基金互认的税收优惠。

①对内地个人投资者通过沪港通、深港通投资香港联交所上市股票取得的转让差价所得和通过基金互认买卖香港基金份额取得的转让差价所得，2019年12月5日至2027年12月31日，继续暂免征收个人所得税。

②对香港市场投资者（包括企业和个人）投资上海证券交易所（以下简称上交所）上市A股取得的转让差价所得，暂免征收所得税。

（20）个人转让全国中小企业股份转让系统挂牌公司股票的税收优惠。

自2018年11月1日起，对个人转让全国中小企业股份转让系统（以下简称"新三板"）挂牌公司非原始股取得的所得，暂免征收个人所得税。非原始股，是指个人在"新三板"挂牌公司挂牌后取得的股票，以及由上述股票滋生的送、转股。

【想一想】

员工同时符合残疾和孤老人员身份是否可以双倍享受个税减征优惠政策？

5.5 个人所得税征收管理

个人所得税以所得人为纳税人，以支付所得的单位或者个人为扣缴义务人。我国现行个人所得税的申报方式包括纳税人自行申报和扣缴义务人全员全额扣缴申报两种。

5.5.1 自行纳税申报管理

自行申报，是由纳税人自行在税法规定的纳税期限内，向税务机关申报取得的应税所得项目数额，如实填写个人所得税纳税申报表，并按税法规定计算应纳税额，据此缴纳个人所得税的一种方法。

1. 自行申报纳税情形

税法规定，凡有下列情形之一的，纳税人必须自行向税务机关申报所得并缴纳税款：
(1) 取得综合所得需要办理汇算清缴。
①已预缴税额大于汇算应纳税额且申请退税的；
②年度综合所得收入超过12万元且需要补税金额超过400元的。
(2) 取得应税所得没有扣缴义务人。
(3) 取得应税所得，扣缴义务人未扣缴税款。
(4) 取得境外所得。
(5) 因移居境外注销中国户籍。
(6) 非居民个人在中国境内从两处以上取得工资、薪金所得。
(7) 国务院规定的其他情形。

2. 自行申报纳税期限

(1) 居民个人取得综合所得，按年计算个人所得税；有扣缴义务人的，由扣缴义务人按月或者按次预扣预缴税款；需要办理汇算清缴的，应当在取得所得的次年3月1日至6月30日内办理汇算清缴。预扣预缴办法由国务院税务主管部门制定。

（2）纳税人取得经营所得，按年计算个人所得税，由纳税人在月度或者季度终了后15日内向税务机关报送纳税申报表，并预缴税款；在取得所得的次年3月31日前办理汇算清缴。

（3）纳税人取得应税所得没有扣缴义务人的应当在取得所得的次月15日内向税务机关报送纳税申报表，并缴纳税款。

（4）纳税人取得应税所得，扣缴义务人未扣缴税款的，纳税人应当在取得所得的次年6月30日前，缴纳税款；税务机关通知限期缴纳的，纳税人应当按照期限缴纳税款。

（5）居民个人从中国境外取得所得的，应当在取得所得的次年3月1日至6月30日内申报纳税。

（6）纳税人因移居境外注销中国户籍的，应当在注销中国户籍前办理税款清算。

（7）非居民个人在中国境内从两处以上取得工资、薪金所得的，应当在取得所得的次月15日内申报纳税。

3. 自行纳税申报表

自行申报的纳税人，应根据不同情况分别填报《个人所得税年度自行纳税申报表（A表）（仅取得境内综合所得年度汇算适用）》《个人所得税年度自行纳税申报表（简易版）》《个人所得税年度自行纳税申报表（B表）》《个人所得税经营所得纳税申报表（A表）》《个人所得税经营所得纳税申报表（B表）》《个人所得税经营所得纳税申报表（C表）》《个人所得税自行纳税申报表（A表）》等。

5.5.2 全员全额扣缴申报管理

全员全额扣缴申报是指扣缴义务人在代扣税款的次月15日内，向主管税务机关报送其支付所得的所有个人的有关信息、支付所得数额、扣除事项和数额、扣缴税款的具体数额和总额以及其他相关涉税信息资料。

1. 全员全额扣缴申报情形

扣缴义务人在向个人支付下列所得时，实行全员全额扣缴申报：

（1）工资、薪金所得；
（2）劳务报酬所得；
（3）稿酬所得；
（4）特许权使用费所得；
（5）利息、股息、红利所得；
（6）财产租赁所得；
（7）财产转让所得；
（8）偶然所得。

2. 全员全额扣缴申报期限

扣缴义务人每月或者每次预扣、代扣的税款，应当在次月15日内缴入国库，并向税务机关报送扣缴个人所得税申报表。

（1）扣缴义务人向居民个人支付工资、薪金所得时，应当按照累计预扣法计算预扣税款并按月办理扣缴申报。

（2）扣缴义务人向居民个人支付劳务报酬所得，稿酬所得、特许权使用费所得时，应当按照有关方法按次或者按月预扣预缴税款。

（3）扣缴义务人向非居民个人支付工资、薪金所得，劳务报酬所得，稿酬所得和特许权使用费所得时，应当按照有关方法按月或者按次代扣代缴税款。

（4）扣缴义务人支付利息、股息、红利所得，财产租赁所得，财产转让所得或者偶然所得时，应当依法按次或者按月代扣代缴税款。

3. 全员全额扣缴纳税申报表

扣缴义务人每月或者每次预扣、代扣税款时，应当填报《个人所得税基础信息表》《个人所得税扣缴申报表》。

思考与练习

1. 个人如何进行个税汇算清缴？
2. 如何区分工资、薪金所得和劳务报酬所得？
3. 计算题。

2022年，某研究所专家郑某全年收入情况如下：

（1）郑某2021年在研究所全年取得工资薪金收入为156 000元。2022年1—12月每月取得工资收入13 800元，"三险一金"专项扣除为2 000元，1月起享受住房贷款利息专项附加扣除1 000元、赡养老人专项附加扣除1 000元，没有减免收入及减免税额等情况。

（2）3月将自有住房一套对外出租用于居住，每月租金收入2 600元。

（3）3月向某地矿局提供一项专有技术，一次性取得特许权使用费50 000元。

（4）3月获得省政府颁发的科技发明奖20 000元。

（5）3月出版一本专著，取得稿酬8 000元。

（6）3月取得利息收入5 000元，其中国债利息2 000元。

要求：

（1）计算2022年3月应预扣预缴郑某个人所得税税额。

（2）计算2023年3—6月郑某综合所得汇算清缴应补（退）税金额。

▶自测习题及参考答案

第6章 企业所得税

学习目标

【知识目标】

通过本章的学习,了解企业所得税的特点、作用及发展历程;明确企业所得税的纳税义务人、征税对象、资产的税务处理等基本规定;掌握企业所得税应纳税额的计算及纳税调整标准;熟悉企业所得税的税收优惠及征收管理。

【能力目标】

能确定企业所得税纳税期限,会运用企业所得税优惠政策,能够正确计算三项经费、业务招待费、广告费及业务宣传费、捐赠支出等扣除项目的纳税调整额,具备计算能力、团队合作能力、表达能力及税务风险防范意识。

【价值目标】

通过国家发布的高新技术企业、环境保护、节能节水税收优惠政策及捐赠纳税调整等课程内容,引领学生培养创新意识,继承和践行社会责任,弘扬社会主义核心价值观。

思维导图

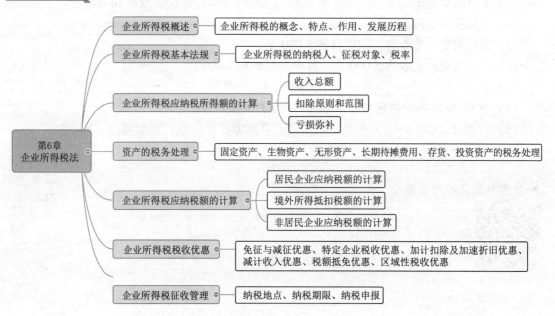

第6章 企业所得税

导入案例

某居民企业适用25%企业所得税率，2021年度实现产品销售收入12 000万元、视同销售收入4 000万元，债务重组收益1 000万元，发生的成本费用、视同销售成本总额6 000万元，其中业务招待费支出200万元。假定不存在其他纳税调整事项，2021年该企业应缴纳多少企业所得税？

（资料来源：张悦.2023年税务师职业资格考试考点抢先学：税法：Ⅱ ［M］.北京：北京科学技术出版社，2022.）

6.1 企业所得税概述

6.1.1 企业所得税的概念

企业所得税是对我国境内的企业和其他取得收入的组织就其生产经营所得和其他所得征收的一种税。企业所得税法，是指国家制定的用以调整企业所得税征收与缴纳之间权利及义务关系的法律规范。随着国民经济水平的快速提高和企业经济效益的不断增长，企业所得税收入也取得了较快的增长，目前已成为仅次于国内增值税的第二大税种。

6.1.2 企业所得税的特点

1. 征税范围较广

在中华人民共和国境内，企业和其他取得收入的组织都是企业所得税的纳税人，都要依照税法的规定缴纳企业所得税。企业所得税的征税对象既包括企业从事产品生产、交通运输、商品流通、劳务服务和其他营利事业等取得的所得，也包括企业提供资金或财产取得的所得，包括利息、股息、红利、租金、转让资产收益和特许权使用费等，所得征税范围较广。

2. 税负公平

企业所得税对企业不分所有制，不分地区、行业和层次，实行统一的比例税率。企业所得税在普遍征收的基础上，能使各类企业税负较为公平。企业所得税的负担水平与纳税人所得多少直接关联，即"所得多的多征，所得少的少征，无所得的不征"。因此，企业所得税是能够较好体现量能负担的一个良性税种。

3. 税基约束力强

企业所得税的税基是应纳税所得额，即纳税人每个纳税年度的收入总额减去准予扣除项目金额之后的余额。为了保护税基，企业所得税明确了收入总额、扣除项目金额的确定以及资产的税务处理等内容，使应税所得额的计算相对独立于企业的会计核算，体现了税法的强制性与统一性。

4. 纳税人与赋税人一致

企业所得税属于企业的终端税种，纳税人缴纳的所得税一般不易转嫁，由纳税人自己负担，纳税人与赋税人一致。

5. 实行按年计算，分期预缴的征收办法

企业所得税的征收一般是以全年的应纳税所得额为计税依据的，实行按年计算、分月或分季预缴，年终汇算清缴的征收办法。汇算清缴时以企业会计利润为基础进行纳税调整，征管较为复杂。

6.1.3 企业所得税的作用

1. 组织国家财政收入

企业所得税收入对组织国家财政收入有重要作用。从我国税收收入结构来看，企业所得税是我国税收收入的重要组成部分。所得税富有弹性的特征，使得企业所得税收入随经济发展变动情况较为敏捷，相较于其他税种，能更好地满足财政收入弹性原则。

2. 经济宏观调控

企业所得税是贯彻国家产业政策和社会政策，实施宏观调控的一种重要手段。企业所得税能够通过降低税率、加计扣除、加速折旧、投资抵免、减计收入等税收优惠措施合理对地区经济结构和产业结构进行调整。通过税收手段促进资本形成、劳动供给以及技术进步，进而促进欠发达地区的经济增长，缩小地区间经济发展水平差异，使我国经济又好又快发展。

3. 企业内生增长

企业所得税调节的是国家与企业之间的利润分配关系，而企业内生技术的进步是保证经济持续增长的主要因素。企业技术创新活动需要政府的引导与激励，企业所得税的相关制度设计可以促进企业扩大再生产和投资研发的积极性，目前企业所得税中相关税收优惠条款在促进企业研发投入以及科技成果转化等方面具有重要作用。

6.1.4 企业所得税的发展历程

我国的企业所得税制度在不同的历史时期经历了一系列变迁，不仅反映了我国社会政治经济发展的内在变化，也体现了政府市场关系的深层变革。

1949年首届全国税务会议召开，通过了统一全国税收政策基本方案。1950年，政务院发布《全国税政实施要则》，初步设立14个税种，其中对私营企业、集体企业和个体工商户征收工商业税，对国营企业实施利润上缴制度。

1958年和1973年我国进行了两次重大的税制改革，其核心是简化税制，其中的工商业税（所得税部分）主要还是对集体企业征收，国营企业只征一道工商税，不征所得税。在这个阶段，各项税收收入占财政收入的比重有所提高，占50%左右，但国营企业上缴的利润仍是国家财政收入主要来源之一。

1978年改革开放以后，为适应引进国外资金、技术和人才，开展对外经济技术合作的需要，根据党中央统一部署，税制改革工作在"七五"计划期间逐步推开。1980年9月，第五届全国人民代表大会第三次会议通过了《中华人民共和国中外合资经营企业所得税法》并公布施行。企业所得税税率确定为30%，另按应纳所得税额附征10%的地方所得税。1981年12月，第五届全国人民代表大会第四次会议通过了《中华人民共和国外国企业所得税法》，实行20%~40%的5级超额累进税率，另按应纳税所得额附征10%的地方所得税。

1983年，国务院决定在全国试行国营企业"利改税"，即将中华人民共和国成立后实行了30多年的国营企业向国家上缴利润的制度改为缴纳企业所得税的制度。1984年9月，国务院发布了《中华人民共和国国营企业所得税条例（草案）》和《国营企业调节税征收办法》。国营企业所得税的纳税人为实行独立经济核算的国营企业，大中型企业实行55%的比例税率，小型企业等适用10%~55%的8级超额累进税率。国营企业调节税的纳税人为大中型国营企业，税率由财税部门商企业主管部门核定。

1985年4月，国务院发布了《中华人民共和国集体企业所得税暂行条例》，实行10%~55%的8级超额累进税率，原来对集体企业征收的工商税（所得税部分）同时停止执行。1988年6月，国务院发布了《中华人民共和国私营企业所得税暂行条例》，税率为35%。国营企业"利改税"和集体企业、私营企业所得税制度的出台，重新确定了国家与企业的分配关系，使我国的企业所得税制建设进入健康发展的新阶段。

1991年4月，第七届全国人民代表大会将《中华人民共和国中外合资经营企业所得税法》与《中华人民共和国外国企业所得税法》合并，制定了《中华人民共和国外商投资企业和外国企业所得税法》，并于同年7月1日起施行。

1993年12月13日，国务院将《中华人民共和国国营企业所得税条例（草案）》《国营企业调节税征收办法》《中华人民共和国集体企业所得税暂行条例》《中华人民共和国私营企业所得税暂行条例》进行整合，制定了《中华人民共和国企业所得税暂行条例》，自1994年1月1日起施行。上述改革标志着中国的所得税制度改革向着法制化、科学化和规范化的方向迈出了重要的步伐。

2007年3月16日，第十届全国人民代表大会第五次会议通过了《中华人民共和国企业所得税法》，并于2008年1月1日开始施行。内、外资企业从此实行统一的企业所得税法。2017年2月24日第十二届全国人民代表大会常务委员会第二十六次会议对《中华人民共和国企业所得税法》进行了第一次修正。2018年12月29日第十三届全国人民代表大会常务委员会第七次会议对《中华人民共和国企业所得税法》进行了第二次修正。对公益性捐赠的税前扣除规则进行了修改完善，主要包括对捐赠途径、公益性社会组织的认定以及税前扣除规则的修改。

6.2 企业所得税基本法规

6.2.1 企业所得税的纳税人

企业所得税的纳税人是在中华人民共和国境内的企业或其他取得收入的组织。按照《中华人民共和国企业所得税法》第一条规定，除个人独资企业、合伙企业不适用《中华人民共和国企业所得税法》外，凡在我国境内的企业和其他取得收入的组织均依照《中华人民共和国企业所得税法》的规定缴纳企业所得税。按照纳税义务的不同，企业所得税纳税人可分为居民企业和非居民企业。关于居民企业和非居民企业的划分，我国目前采取登记注册地标准和实际管理机构所在地标准。

1. 居民企业

居民企业是指依法在中国境内成立，或者依照外国（地区）法律成立但实际管理机构在中国境内的企业。这里的企业包括国有企业、集体企业、私营企业、联营企业、股份制企业、外商投资企业、外国企业，以及有生产、经营所得和其他所得的其他组织。其中，有生产、经营所得和其他所得的其他组织，是指经国家有关部门批准，依法注册、登记的事业单位、社会团体等组织。由于我国的一些社会团体组织、事业单位在完成国家事业计划的过程中，开展多种经营和有偿服务活动，取得除财政部门各项拨款、财政部和国家价格主管部门批准的各项规费收入以外的经营收入，具有了经营的特点，应当视同企业纳入征税范围。其中，实际管理机构是指对企业的生产经营、人员、账务、财产等实施实质性全面管理和控制的机构。

2. 非居民企业

非居民企业是指依照外国（地区）法律成立且实际管理机构不在中国境内，但在中国境内设立机构、场所的，或者在中国境内未设立机构、场所，但有来源于中国境内所得的企业。

上述所称机构、场所是指在中国境内从事生产经营活动的机构、场所，包括：
（1）管理机构、营业机构、办事机构；
（2）工厂、农场、开采自然资源的场所；
（3）提供劳务的场所；
（4）从事建筑、安装、装配、修理、勘探等工程作业的场所；
（5）其他从事生产经营活动的机构、场所。

非居民企业委托营业代理人在中国境内从事生产经营活动的，包括委托单位或者个人经常代其签订合同，或者储存、交付货物等，该营业代理人视为非居民企业在中国境内设立的机构、场所。

6.2.2 企业所得税的征税对象

企业所得税的征税对象是指企业取得的生产经营所得、其他所得和清算所得。

1. 居民企业的征税对象

居民企业应就来源于中国境内、境外的所得作为征税对象。所得，包括销售货物所得、提供劳务所得、转让财产所得、股息红利等权益性投资所得，利息所得、租金所得、特许权使用费所得、接受捐赠所得和其他所得。

2. 非居民企业的征税对象

非居民企业在中国境内设立机构、场所的，应当就其所设机构、场所取得的来源于中国境内的所得，以及发生在中国境外但与其所设机构、场所有实际联系的所得缴纳所得税，或者虽设立机构、场所但取得与其机构、场所没有实际联系的，应当就其来源于中国境内的所得缴纳企业所得税。

上述所称实际联系，是指非居民企业在中国境内设立的机构、场所拥有的据以取得的股权、债权，以及拥有、管理、控制据以取得所得的财产等。

3. 所得来源的确定

纳税人各种所得按下列原则确定其所得来源地。
（1）销售货物所得，按照交易活动发生地确定；
（2）提供劳务所得，按照劳务发生地确定；
（3）转让财产所得，不动产转让所得按照不动产所在地确定，动产转让所得按照转让动产的企业或者机构、场所所在地确定，权益性投资资产转让所得按照被投资企业所在地确定；
（4）股息、红利等权益性投资所得，按照分配所得的企业所在地确定；
（5）利息所得、租金所得、特许权使用费所得，按照负担、支付所得的企业或者机构、场所所在地确定，或者按照负担、支付所得的个人的住所地确定；
（6）其他所得，由国务院财政、税务主管部门确定。

6.2.3 企业所得税的税率

企业所得税税率是体现国家与企业分配关系的核心要素。税率的设计既要满足政府财政支出的需要，又要考虑到企业的实际情况和负担能力。企业所得税实行比例税率。比例税率简便易行，透明度高。

1. 25%税率

企业所得税的基本税率为25%，适用于居民企业和在中国境内设有机构、场所且所得与机构、场所有关联的非居民企业。

2. 20%税率

在中国境内未设立机构、场所的，或者虽设立机构、场所但取得的所得与其所设机构、场所没有实际联系的非居民企业适用税率20%。但对这类企业实际征收时适用10%的税率。

6.3 企业所得税应纳税所得额的计算

应纳税所得额是企业所得税的计税依据，按照《中华人民共和国企业所得税法》的规定，应纳税所得额为企业每一个纳税年度的收入总额，减除不征税收入、免税收入、各项扣除以及允许弥补的以前年度亏损后的余额。基本公式为：

应纳税所得额=收入总额−不征税收入−免税收入−各项扣除−允许弥补的以前年度亏损

企业应纳税所得额的计算，除特殊规定外，以权责发生制为原则：属于当期的收入和费用，不论款项是否收付，均作为当期的收入和费用；不属于当期的收入和费用，即使款项已经在当期收付，也不作为当期的收入和费用。应纳税所得额的正确计算直接关系到国家财政收入和企业的税收负担，并且同成本、费用核算关系密切。因此，《中华人民共和国企业所得税法》对应纳税所得额计算作了明确规定，主要内容包括收入总额、扣除范围和标准、资产的税务处理、亏损弥补等。

6.3.1 收入总额

企业的收入总额包括货币形式和非货币形式的各种来源收入，具体有：销售货物收入、提供劳务收入、转让财产收入、股息、红利等权益性投资收益，以及利息收入、租金收入、特许权使用费收入、接受捐赠收入、其他收入。

企业取得收入的货币形式，包括现金、存款、应收账款、应收票据、准备持有至到期的债券投资以及债务的豁免等；纳税人以非货币形式取得的收入，包括固定资产、生物资产、无形资产、股权投资、存货、不准备持有至到期的债券投资、劳务以及有关权益等，这些非货币资产应当按照公允价值确定收入额，公允价值是指按照市场价格确定的价值。

1. 一般收入的确认

一般收入项目及其确认规定如下。

（1）销售货物收入，是指企业销售商品、产品、原材料、包装物、低值易耗品以及其他存货取得的收入。

（2）劳务收入，是指企业从事建筑安装、修理修配、交通运输、仓储租赁、金融保险、邮电通信、咨询经纪、文化体育、科学研究、技术服务、教育培训、餐饮住宿、中介代理、卫生保健、社区服务、旅游、娱乐、加工以及其他劳务服务活动取得的收入。

（3）转让财产收入，是指企业转让固定资产、生物资产、无形资产、股权、债权等财产取得的收入。

（4）股息、红利等权益性投资收益，是指企业因权益性投资从被投资方取得的收入。股息、红利等权益性投资收益，除国务院财政、税务主管部门另有规定外，应以被投资企业股东会或股东大会作出利润分配或转股决定的日期，确认收入的实现。

被清算企业的股东分得的剩余资产的金额，其中相当于被清算企业累计未分配利润和累计盈余公积中按该股东所占股份比例计算的部分，应确认为股息所得；剩余资产减除股息所得后的余额，超过或低于股东投资成本的部分，应确认为股东的投资转让所得或损失。

被投资企业将股权（票）溢价所形成的资本公积转为股本的，不作为投资方企业的股息、红利收入，投资方企业也不得增加该项长期投资的计税基础。

（5）利息收入，是指企业将资金提供他人使用但不构成权益性投资，或者因他人占用本企业资金取得的收入，包括存款利息、贷款利息、债券利息、欠款利息等收入。利息收入，按照合同约定的债务人应付利息的日期确认收入的实现。

（6）租金收入，是指企业提供固定资产、包装物或者其他有形资产的使用权取得的收入。租金收入，按照合同约定的承租人应付租金的日期确认收入的实现。

（7）特许权使用费收入，是指企业提供专利权、非专利技术、商标权、著作权以及其他特许权的使用权取得的收入。特许权使用费收入,按照合同约定的特许权使用人应付特许权使用费的日期确认收入的实现。

(8) 捐赠收入,是指企业接受的来自其他企业、组织或者个人无偿给予的货币性资产、非货币性资产。接受捐赠收入,按照实际收到捐赠资产的日期确认收入的实现。

(9) 其他收入,是指企业取得的除以上收入外的其他收入,包括企业资产溢余收入、逾期未退包装物押金收入、确实无法偿付的应付款项、已作坏账损失处理后又收回的应收款项、债务重组收入、补贴收入、违约金收入、汇兑收益等。

2. 特殊收入的确认

特殊收入项目及其确认规定如下。

(1) 以分期收款方式销售货物的,按照合同约定的收款日期确认收入的实现。

(2) 企业受托加工制造大型机械设备、船舶、飞机,以及从事建筑、安装、装配工程业务或者提供其他劳务等,持续时间超过12个月的,按照纳税年度内完工进度或者完成的工作量确认收入的实现。

(3) 采取产品分成方式取得收入的,按照企业分得产品的日期确认收入的实现,其收入额按照产品的公允价值确定。

(4) 企业发生非货币性资产交换,以及将货物、财产、劳务用于捐赠、偿债、赞助、集资、广告、样品、职工福利或者利润分配等用途的,应当视同销售货物、转让财产或者提供劳务,但国务院财政、税务主管部门另有规定的除外。

3. 处置资产收入的确认

(1) 企业发生下列情形的处置资产,除将资产转移至境外以外,由于资产所有权属在形式和实质上均不发生改变,可作为内部处置资产,不视同销售确认收入,相关资产的计税基础延续计算。

①将资产用于生产、制造、加工另一产品。
②改变资产形状、结构或性能。
③改变资产用途(如自建商品房转为自用或经营)。
④将资产在总机构及其分支机构之间转移。
⑤上述两种或两种以上情形的混合。
⑥其他不改变资产所有权属的用途。

(2) 企业将资产移送他人的下列情形,因资产所有权属已发生改变而不属于内部处置资产,应按规定视同销售确定收入。

①用于市场推广或销售。
②用于交际应酬。
③用于职工奖励或福利。
④用于股息分配。
⑤用于对外捐赠。
⑥其他改变资产所有权属的用途。

企业发生上述视同销售情形的,除另有规定外,应按照被移送资产公允价值确定销售收入。

4. 不征税收入和免税收入

国家为了扶持和鼓励某些特殊的纳税人和特定的项目，或者避免因征税影响企业的正常经营，对企业取得的某些收入予以不征税或免税的特殊政策，以减轻企业的负担，促进经济的协调发展，或准予抵扣应纳税所得额，或者是对专项用途的资金作为非税收入处理，减轻企业的税负，增加企业可用资金。

1) 不征税收入

（1）财政拨款，是指各级人民政府对纳入预算管理的事业单位、社会团体等组织拨付的财政资金，但国务院和国务院财政、税务主管部门另有规定的除外。

（2）依法收取并纳入财政管理的行政事业性收费，政府性基金。行政事业性收费是指依照法律法规等有关规定，按照国务院规定程序批准，在实施社会公共管理，以及在向公民、法人或者其他组织提供特定公共服务过程中，向特定对象收取并纳入财政管理的费用。政府性基金，是指企业依照法律、行政法规等有关规定，代政府收取的具有专项用途的财政资金。

（3）国务院规定的其他不征税收入，是指企业取得的，由国务院财政、税务主管部门规定专项用途并经国务院批准的财政性资金。财政性资金，是指企业取得的来源于政府及其有关部门的财政补助、补贴、贷款贴息，以及其他各类财政专项资金，包括直接减免的增值税和即征即退、先征后退、先征后返的各种税收，但不包括企业按规定取得的出口退税款。

（4）对社保基金取得的直接股权投资收益、股权投资基金收益，作为企业所得税不征税收入。

（5）自2018年3月13日至2023年12月31日，对在中国境内未设立机构、场所的，或者虽设立机构、场所但取得的所得与其所设机构、场所没有实际联系的境外机构投资者（包括境外经纪机构），从事中国境内原油期货交易取得的所得（不含实物交割所得），暂不征收企业所得税。

对境外经纪机构在境外为境外投资者提供中国境内原油期货经纪业务取得的佣金所得，不属于来源于中国境内的劳务所得，不征收企业所得税。

2) 免税收入

（1）国债利息收入，为鼓励企业积极购买国债，支援国家建设，税法规定，企业因购买国债所得的利息收入，免征企业所得税。

（2）符合条件的居民企业之间的股息、红利等权益性收益，是指居民企业直接投资于其他居民企业取得的投资收益。

（3）在中国境内设立机构、场所的非居民企业从居民企业取得与该机构、场所有实际联系的股息、红利等权益性投资收益，该收益不包括连续持有居民企业公开发行并上市流通的股票不足12个月取得的投资收益。

（4）符合条件的非营利组织的收入。企业所得税法所称符合条件的非营利组织的收入，不包括非营利组织从事营利性活动取得的收入，但国务院财政、税务主管部门另有规定的除外。

（5）对企业取得的 2009 年及以后年度发行的地方政府债券利息所得，免征企业所得税。地方政府债券是指经国务院批准，以省、自治区、直辖市和计划单列市政府为发行和偿还主体的债券。

（6）自 2020 年 1 月 1 日起，跨境电子商务综合试验区内实行核定征收的跨境电商企业取得的收入属于《中华人民共和国企业所得税法》第二十六条规定的免税收入，可享受免税收入优惠政策。

（7）对企业投资者转让创新企业境内发行存托凭证（创新企业 CDR）取得的差价所得和持有创新企业 CDR 取得的股息红利所得，按转让股票差价所得和持有股票的股息红利所得政策规定征免企业所得税。

（8）对公募证券投资基金（封闭式证券投资基金、开放式证券投资基金）转让创新企业 CDR 取得的差价所得和持有创新企业 CDR 取得的股息红利所得，按公募证券投资基金税收政策规定暂不征收企业所得税。

（9）对合格境外机构投资者（QFI）、人民币合格境外机构投资者（RQ）转让创新企业 CDR 取得的差价所得和持有创新企业 CDR 取得的股息红利所得，视同转让或持有据以发行创新企业 CDR 的基础股票取得的权益性资产转让所得和股息红利所得征免企业所得税。

（10）自 2021 年 11 月 7 日起至 2025 年 12 月 31 日止，对境外机构投资境内债券市场取得的债券利息收入暂免征收企业所得税。

上述暂免征收企业所得税的范围不包括境外机构在境内设立的机构、场所取得的与该机构、场所有实际联系的债券利息。

6.3.2 扣除原则和范围

1. 税前扣除项目的原则

企业申报的扣除项目和金额要真实、合法。所谓真实是指能提供证明有关支出确属已经实际发生；合法是指符合国家税法的规定，若其他法规规定与税收法规规定不一致，应以税收法规的规定为标准。

除税收法规另有规定外，税前扣除一般应遵循以下原则。

（1）权责发生制原则，是指企业费用应在发生的所属期扣除，而不是在实际支付时确认扣除。

（2）配比原则，是指企业发生的费用应当与收入配比扣除。除特殊规定外，企业发生的费用不得提前或滞后申报扣除。

（3）相关性原则，企业可扣除的费用从性质和根源上必须与取得应税收入直接相关。

（4）确定性原则，即企业可扣除的费用不论何时支付，其金额必须是确定的。

（5）合理性原则，符合生产经营活动常规，应当计入当期损益或者有关资产成本的必要和正常的支出。

2. 扣除项目的范围

企业所得税法规定，企业实际发生的与取得收入有关的、合理的支出，包括成本、费用、税金、损失和其他支出，准予在计算应纳税所得额时扣除。

(1) 成本，是指企业在生产经营活动中发生的销售成本、销货成本、业务支出，以及其他耗费，即企业销售商品（产品、材料、下脚料、废料、废旧物资等）、提供劳务、转让固定资产、无形资产（包括技术转让）的成本。

(2) 费用，是指企业每一个纳税年度为生产、经营商品和提供劳务等所发生的销售（经营）费用、管理费用和财务费用。已经计入成本的有关费用除外。

销售费用是指应由企业负担的为销售商品而发生的费用，包括广告费、运输费、装卸费、包装费、展览费、保险费、销售佣金（能直接认定的进口佣金调整商品进价成本）、代销手续费、经营性租赁费及销售部门发生的差旅费、工资、福利费等费用。

管理费用是指企业的行政管理部门为管理组织经营活动提供各项支援性服务而发生的费用。

财务费用是指企业筹集经营性资金而发生的费用，包括利息净支出、汇总净损失、金融机构手续费以及其他非资本化支出。

(3) 税金，是指企业发生的除企业所得税和允许抵扣的增值税以外的企业缴纳的各项税金及其附加。即企业按规定缴纳的消费税、城市维护建设税、关税、资源税、土地增值税、房产税、车船税、土地使用税、印花税、教育费附加等产品销售税金及附加。这些已纳税金准予税前扣除。准许扣除的税金有两种方式：一是在发生当期扣除；二是在发生当期计入相关资产的成本，在以后各项分摊扣除。

(4) 损失，是指企业在生产经营活动中发生的固定资产和存货的盘亏、毁损、报废损失，转让财产损失，呆账损失，坏账损失，自然灾害等不可抗力因素造成的损失以及其他损失。

(5) 扣除的其他支出，是指除成本、费用、税金、损失外，企业在生产经营活动中发生的与生产经营活动有关的、合理的支出。

在实际中，计算应纳税所得额时还应注意三方面的内容：首先，企业发生的支出应当区分收益性支出和资本性支出，收益性支出在发生当期直接扣除，资本性支出应当分期扣除或者计入有关资产成本，不得在发生当期直接扣除；其次，企业的不征税收入用于支出所形成的费用或者财产，不得扣除或者计算对应的折旧、摊销扣除；最后，除企业所得税法和本条例另有规定外，企业实际发生的成本、费用、税金、损失和其他支出，不得重复扣除。

3. 扣除项目的标准

在计算应纳税所得额时，下列项目可按照实际发生额或规定的标准扣除。

1) 工资、薪金支出

企业发生的合理的工资薪金支出，准予扣除。工资、薪金支出是企业每一纳税年度支付给在本企业任职或者受雇的员工的所有现金形式或者非现金形式的劳动报酬，包括基本工资、奖金、津贴、补贴、年终加薪、加班工资，以及与员工任职或者受雇有关的其他支出。

2) 职工福利费、工会经费、职工教育费

企业发生的职工福利费、工会经费、职工教育费按标准扣除，未超过标准的按实际数扣除，超过标准的只能按标准扣除。

(1) 企业发生的职工福利费支出，不超过工资薪金总额14%的部分准予扣除。

（2）企业拨缴的工会经费，不超过工资薪金总额2%的部分准予扣除，凭工会组织开具的《工会经费专用收据》在企业所得税前扣除。

（3）除国务院财政、税务主管部门另有规定外，企业发生的职工教育经费支出，不超过工资薪金总额8%的部分准予扣除，超过部分准予结转以后纳税年度扣除。

企业因接收学生实习所实际发生的与取得收入有关的合理支出，以及企业发生的职工教育经费支出，依法在计算应纳税所得额时扣除。

集成电路设计企业和符合条件软件企业的职工培训费用，单独进行核算并按实际发生额在计算应纳税所得额时扣除；集成电路设计企业和符合条件软件生产企业应准确划分职工教育经费中的职工培训费支出，对于不能准确划分的，以及准确划分后职工教育经费中扣除职工培训费用的余额，一律按照职工教育经费的规定比例扣除。

上述计算职工福利费、工会经费、职工教育经费的"工资、薪金总额"，是指企业按照上述"1）工资、薪金支出"规定实际发放的工资、薪金总和，不包括企业的职工福利费、职工教育经费、工会经费以及养老保险费、医疗保险费、失业保险费、工伤保险费、生育保险费等社会保险费和住房公积金。

【例6-1】 某商贸公司2022年工资、薪金总额为2 000万元，职工福利费为300万元，工会经费为30万元，职工教育经费为150万元。要求计算该公司2022年可以税前扣除的三项经费金额。

解析：

准予税前扣除的职工福利费限额=2 000×14%=280（万元）<300（万元）

准予税前扣除的工会经费限额=2 000×2%=40（万元）>30（万元）

准予税前扣除的职工教育经费限额=2 000×8%=160（万元）>150（万元）

三项经费税前可扣除的金额=280+30+150=460（万元）

3）职工社会保险费及相关保险费

（1）企业依照国务院有关主管部门或者省级人民政府规定的范围和标准为职工缴纳的"五险一金"，即基本养老保险费、基本医疗保险费、失业保险费、工伤保险费、生育保险费等基本社会保险费和住房公积金，准予扣除。

（2）企业为投资者或者职工支付的补充养老保险费、补充医疗保险费，分别为不超过工资薪金总额5%的部分准予扣除。企业依照国家有关规定为特殊工种职工支付的人身安全保险费和符合国务院财政、税务主管部门规定可以扣除的商业保险费准予扣除。

（3）企业参加财产保险，按照规定缴纳的保险费，准予扣除。企业为投资者或者职工支付的商业保险费，不得扣除。国务院财政、税务主管部门另有规定的除外。

（4）企业依照国家有关规定为特殊工种职工支付的人身安全保险费和符合国务院财政、税务主管部门规定可以扣除的商业保险费准予扣除。

（5）自2016年开始，企业职工因公出差乘坐交通工具发生的人身意外保险费支出，准予企业在计算应纳税所得额时扣除。

（6）自2018年开始，企业参加雇主责任险、公众责任险等责任保险，按照规定缴纳的保险费，准予在企业所得税税前扣除。

4）利息费用

企业在生产经营活动中发生的利息费用，按下列规定扣除：

（1）非金融企业向金融企业借款的利息支出、金融企业的各项存款利息支出和同业拆借利息支出、企业经批准发行债券的利息支出，可据实扣除。

其中、金融企业，是指除中国人民银行以外的各类银行、保险公司及经中国人民银行批准从事金融业务的非银行金融企业。如国家专业银行、区域性银行、股份制银行、外资银行、中外合资银行以及其他综合性银行；还包括全国性保险企业、区域性保险企业，股份制保险企业、中外合资保险企业以及其他专业性保险企业；城市、农村信用社、各类财务公司以及其他从事信托投资、租赁等业务的专业和综合性非银行金融企业。非金融企业，是指除上述金融企业以外的所有企业、事业单位以及社会团体等企业或组织。

（2）非金融企业向非金融企业借款的利息支出，不超过按照金融企业同期同类贷款利率计算的数额部分可据实扣除，超过部分不许扣除。

（3）企业从其关联方接受的债权性投资与权益性投资的比例超过规定标准而发生的利息支出，不得在计算应纳税所得额时扣除。

（4）企业向自然人借款的利息支出在企业所得税税前扣除。

①企业向股东或其他与企业有关联关系的自然人借款的利息支出，应根据《中华人民共和国企业所得税法》第四十六条及《财政部　国家税务总局关于企业关联方利息支出税前扣除标准有关税收政策问题的通知》（财税〔2008〕121号）规定的条件，计算企业所得税扣除额。

②企业向除上述①规定以外的内部职工或其他人员借款的利息支出，其借款情况同时符合以下条件的，其利息支出不超过按照金融企业同期同类贷款利率计算的数额部分，准予扣除。企业与个人之间的借贷应是真实、合法、有效的，并且不具有非法集资目的或其他违反法律、法规的行为。

【例6-2】甲企业为一家居民企业，本年度"财务费用"科目中的利息，包括以年利率4.35%向银行借入的8个月的生产周转用资金300万元的借款利息；也包括4万元向非金融企业借入的8个月的生产周转用100万元资金的借款利息。

要求：计算甲企业本年度计算应纳税所得额时可扣除的利息费用。

解析：

可在计算应纳税所得额时扣除的银行利息费用=(300×4.35%/12)×8=8.7（万元）。

向非金融企业借入款项可扣除的利息费用限额=(100×4.35%/12)×8=2.9（万元），该企业支付的利息4万元超过同类同期银行贷款利息，只可按照限额2.9万元扣除。

该企业本年度计算应纳税所得额时可扣除的利息费用=8.7+2.9=11.6（万元）。

5）借款费用

（1）企业在生产、经营活动中发生的合理的不需要资本化的借款费用，准予扣除。

（2）企业为购置、建造固定资产、无形资产和经过12个月以上的建造才能达到预定可销售状态的存货发生借款的，在有关资产购置、建造期间发生的合理的借款费用，应予以资本化，作为资本性支出计入有关资产的成本；有关资产交付使用后发生的借款利息，可在发生当期扣除。

（3）企业通过发行债券、取得贷款、吸收保户储金等方式融资而发生的合理费用支出，符合资本化条件的，应计入相关资产成本；不符合资本化条件的，应作为财务费用，准予在企业所得税前据实扣除。

（4）企业以本企业为主体联合其他企业、单位、个人合作或合资开发房地产项目，且该项目未成立独立法人公司，凡开发合同或协议中约定分配项目利润的，企业应将该项目形成的营业利润额并入当期应纳税所得额统一申报缴纳企业所得税，不得在税前分配该项目的利润。同时不能因接受投资方投资额而在成本中摊销或在税前扣除相关利息支出。

6）汇兑损失

企业在货币交易中，以及纳税年度终了时将人民币以外的货币性资产、负债按照期末即期人民币汇率中间价折算为人民币时产生的汇兑损失，除已经计入有关资产成本以及与向所有者进行利润分配相关的部分外，准予扣除。

7）业务招待费

（1）企业发生的与生产经营活动有关的业务招待费支出，按照发生额的60%扣除，但最高不得超过当年销售（营业）收入的5‰。

（2）对从事股权投资业务的企业（包括集团公司总部、创业投资企业等），其从被投资企业所分配的股息、红利以及股权转让收入，可以按规定的比例计算业务招待费扣除限额。

（3）自2011年开始，企业在筹建期间发生的与筹办活动有关的业务招待费支出，可按实际发生额的60%计入企业筹办费，并按有关规定在税前扣除。

【例6-3】某集团公司子公司（非创业投资企业）2022年度取得主营业务收入30 000万元，其他业务收入2 000万元，投资收益400万元，营业外收入1 500万元，本年度该子公司在管理费用中共列支业务招待费700万元。在计算企业所得税时，该子公司可以税前扣除的业务招待费是多少？

解析：

投资收益和营业外收入不属于营业收入，不能作为计算业务招待费扣除限额的基数。

（30 000+2 000）×5‰=160（万元）<700×60%=420（万元）

可以税前扣除的业务招待费为160万元；超过限额标准的业务招待费540万元不得在税前扣除。

8）广告费和业务宣传费

企业每一纳税年度发生的符合条件的广告费和业务宣传费支出，除国务院财政、税务主管部门另有规定外，不超过当年销售（营业）收入15%的部分，准予扣除；超过部分，准予结转以后纳税年度扣除。

自2011年1月1日至2025年12月31日，对部分行业企业广告费和业务宣传费税前扣除的特殊规定：

（1）对化妆品制造与销售、医药制造和饮料制造（不含酒类制造）企业发生的广告费和业务宣传费支出,不超过当年销售(营业)收入30%的部分,准予扣除;超过部分,准予在以后纳税年度结转扣除。

(2)对签订广告费和业务宣传费分摊协议(以下简称分摊协议)的关联企业,其中一方发生的不超过当年销售(营业)收入税前扣除限额比例内的广告费和业务宣传费支出可以在本企业扣除,也可以将其中的部分或全部按照分摊协议归集至另一方扣除。另一方在计算本企业广告费和业务宣传费支出企业所得税税前扣除限额时,可将按照上述办法归集至本企业的广告费和业务宣传费不计算在内。

(3)烟草企业的烟草广告费和业务宣传费支出,一律不得在计算应纳税所得额时扣除。

自2011年开始,企业在筹建期间,发生的广告费和业务宣传费,可按实际发生额计入企业筹办费,并按有关规定在税前扣除。

【例6-4】甲企业为一家居民企业,本年实现商品销售收入1 500万元,接受捐赠收入50万元,转让无形资产所有权收入10万元。该企业当年实际发生广告费220万元,业务宣传费40万元。

要求:计算本年度甲企业可税前扣除的广告费和业务宣传费的金额。

解析:

广告费和业务宣传费不超过当年营业收入的15%的部分准予扣除,捐赠收入属于营业外收入不能计入营业收入。

可扣除广告费、业务宣传费 = 1 500×15% = 225(万元) < 220+40 = 260(万元)

因此可税前扣除的广告费和业务宣传费合计225万元。

9) 环境保护专项资金

企业依照法律、行政法规有关规定提取的用于环境保护、生态恢复等方面的专项资金,准予扣除。上述专项资金提取后改变用途的,不得扣除。

10) 租赁费

企业根据生产经营活动的需要租入固定资产支付的租赁费,按照以下方法扣除:

(1) 以经营租赁方式租入固定资产发生的租赁费支出,按照租赁期限均匀扣除。经营性租赁是指所有权不转移的租赁。

(2) 以融资租赁方式租入固定资产发生的租赁费支出,按照规定构成融资租入固定资产价值的部分应当提取折旧费用,分期扣除。融资租赁是指在实质上转移与一项资产所有权有关的全部风险和报酬的一种租赁。

11) 劳动保护支出

企业发生的合理的劳动保护支出,准予扣除。企业根据其工作性质和特点,由企业统一制作并要求员工工作时统一着装所发生的工作服饰费用,可以作为企业合理的支出给予税前扣除。

12) 公益性捐赠支出

公益性捐赠,是指企业通过公益性社会团体或者县级以上人民政府及其部门,用于《中华人民共和国公益事业捐赠法》规定的公益事业的捐赠。

企业发生的公益性捐赠支出，不超过年度利润总额12%的部分，准予扣除；超过年度利润总额12%的部分，准予以后3年内在计算应纳税所得额时结转扣除。

年度利润总额，是指企业依照国家统一会计制度的规定计算的年度会计利润。年度利润总额是指企业依照国家会计制度的规定计算的年度会计利润。企业在对公益性捐赠支出计算扣除时，应先扣除以前年度结转的捐赠扣除，再扣除当年发生的捐赠支出。

自2019年1月1日至2025年12月31日，企业通过公益性社会组织或者县级（含县级）以上人民政府及其组成部门和直属机构，用于目标脱贫地区的扶贫捐赠支出，准予在计算企业所得税应纳税所得额时据实扣除。在政策执行期限内，目标脱贫地区实现脱贫的，可继续适用上述政策。"目标脱贫地区"包括832个国家扶贫开发工作重点县、集中连片特困地区县（新疆阿克苏地区6县1市享受片区政策）和建档立卡贫困村。

13）总机构分摊的费用

非居民企业在中国境内设立的机构、场所，就其中国境外总机构发生的与该机构、场所生产经营有关的费用，能够提供总机构出具的费用汇集范围、定额、分配依据和方法等证明文件，并合理分摊的，准予扣除。

14）资产损失

企业当期发生的固定资产和流动资产盘亏、毁损净损失，由其提供清查盘存资料经主管税务机关审核后，准予扣除；企业因存货盘亏、毁损、报废等原因不得从销项税金中抵扣的进项税金，应视同企业财产损失，准予与存货损失一起在所得税前按规定扣除。

15）手续费及佣金支出

（1）企业发生的与生产经营有关的手续费及佣金支出，不超过以下规定计算限额以内的部分，准予扣除，超过部分，不得扣除。

①保险企业。自2019年1月1日起以当年全部保费收入扣除退保金等以后余额的18%（含本数）为限，超过限额的部分可以结转以后年度扣除。

②其他企业。按与具有合法经营资格中介服务机构或个人（不含交易双方及其雇员，代理人和代表人等）所签订服务协议或合同确认的收入金额的5%计算限额。

③电信企业在发展客户、拓展业务等过程中，需向经纪人、代办商支付手续费及佣金的，其实际发生的相关手续费及佣金支出，不超过企业当年收入总额5%的部分，准予在企业所得税税前据实扣除。

（2）企业应与具有合法经营资格中介服务企业或个人签订代办协议或合同，并按国家有关规定支付手续费及佣金。除委托个人代理外，企业以现金等非转账方式支付的手续费及佣金不得在税前扣除。企业为发行权益性证券支付给有关证券承销机构的手续费及佣金不得在税前扣除。

（3）企业不得将手续费及佣金支出计入回扣、业务提成、返利、进场费等费用。

（4）企业已计入固定资产、无形资产等相关资产的手续费及佣金支出，应当通过折旧、摊销等方式分期扣除，不得在发生当期直接扣除。

（5）企业支付的手续费及佣金不得直接冲减服务协议或合同金额，并如实入账。

（6）从事代理服务，主营业务收入为手续费、佣金的企业（如证券、期货、保险代理等企业），其为取得该类收入而实际发生的营业成本（包括手续费及佣金支出），准予在企业所得税税前据实扣除。

16）航空企业空勤训练费及核电厂操纵员培训费

航空企业实际发生的飞行员养成费、飞行训练费、乘务训练费、空中保卫员训练费等空勤训练费用，可以作为航空企业运输成本在税前扣除。

核力发电企业为培养核电厂操纵员发生的培养费用，可作为企业的发电成本在税前扣除。

17）依照有关法律、行政法规和国家有关税法规定准予扣除的其他项目

如会员费、合理的会议费、差旅费、违约金、诉讼费用等。

4. 不得扣除的项目

在计算应纳税所得额时，下列支出不得扣除：

（1）向投资者支付的股息、红利等权益性投资收益款项。

（2）企业所得税税款。

（3）税收滞纳金，是指纳税人违反税收法规，被税务机关处以的滞纳金。

（4）罚金、罚款和被没收财物的损失，是指纳税人违反国家有关法律、法规规定，被有关部门处以的罚款、罚金和被没收财物。

（5）企业发生的公益性捐赠支出以外的捐赠支出以及超过规定标准的捐赠支出。

（6）赞助支出，是指企业发生的与生产经营活动无关的各种非广告性质支出。

（7）未经核定的准备金支出，是指不符合国务院财政、税务主管部门规定的各项资产减值准备、风险准备等准备金支出。

（8）企业之间支付的管理费、企业内营业机构之间支付的租金和特许权使用费，以及非银行企业内营业机构之间支付的利息，不得扣除。

（9）与取得收入无关的其他支出。

6.3.3 亏损弥补

亏损是指企业依照企业所得税法和暂行条例的规定，将每一纳税年度的收入总额减除不征税收入、免税收入和各项扣除后小于零的数额。税法规定，企业某一纳税年度发生的亏损可以用下一年度的所得弥补，下一年度的所得不足以弥补的，可以逐年延续弥补，但最长不得超过5年。而且，企业在汇总计算缴纳企业所得税时，其境外营业机构的亏损不得抵减境内营业机构的盈利。

（1）自2018年1月1日起，当年具备高新技术企业或科技型中小企业资格的企业，其具备资格年度之前5个年度发生的尚未弥补完的亏损，准予结转以后年度弥补，最长结转年限由5年延长至10年。

（2）自2020年1月1日起，国家鼓励的线宽小于130纳米（含）的集成电路生产企业，属于国家鼓励的集成电路生产企业清单年度之前5个纳税年度发生的尚未弥补完的亏损，准予向以后年度结转，总结转年限最长不得超过10年。国家鼓励的集成电路生产企业或项目清单由国家发展改革委、工业和信息化部会同财政部、税务总局等相关部门制定。

（3）受疫情影响较大的困难行业企业2020年度发生的亏损，最长结转年限由5年延长

至8年。所称的困难行业企业,包括交通运输、餐饮、住宿、旅游(指旅行社及相关服务、游览景区管理两类)四大类,具体判断标准按照现行《国民经济行业分类》(GB/T 4754—2017)执行。困难行业企业2020年度主营业务收入须占收入总额(剔除不征税收入和投资收益)的50%以上。

受疫情影响较大的困难行业企业按照规定适用延长亏损结转年限政策的,应当在2020年度企业所得税汇算清缴时,通过电子税务局提交《适用延长亏损结转年限政策声明》。

(4)对电影业企业2020年度发生的亏损,最长结转年限由5年延长至8年。

电影行业企业限于电影制作、发行和放映等企业,不包括通过互联网、电信网、广播电视网等信息网络传播电影的企业。

(5)企业筹办期间不计算为亏损年度,企业自开始生产经营的年度为开始计算企业损益的年度。企业从事生产经营之前进行筹办活动期间发生的筹办费用支出,不得计算为当期的亏损,企业可以在开始经营的当年一次性扣除,也可以按照税法中有关长期待摊费用的处理规定处理,但一经选定,不得改变。

(6)税务机关对企业以前年度纳税情况进行检查时调增的应纳税所得额,凡企业以前年度发生亏损且该亏损属于《中华人民共和国企业所得税法》规定允许弥补的,应允许调增的应纳税所得额弥补该亏损。弥补该亏损后仍有余额的,按照《中华人民共和国企业所得税法》规定计算缴纳企业所得税。对检查调增的应纳税所得额应根据其情节,依照《中华人民共和国税收征收管理法》的有关规定进行处理或处罚。

【例6-5】甲企业为一家居民企业,一直执行5年亏损弥补规定,且2017年首次出现亏损。甲企业的资产规模不符合小型微利企业的条件。经税务机关审定的甲企业7年应纳税所得额(未弥补亏损)情况如表6-1所示。要求:计算甲企业2023年应缴纳的企业所得税。

表6-1 经税务机关审定的甲企业7年应纳税所得额(未弥补亏损)情况 单位:万元

年度	2017	2018	2019	2020	2021	2022	2023
应纳税所得额情况	-100	10	-20	30	20	30	150

解析:关于2017年的亏损,要用2018年至2022年的所得弥补,尽管其间2019年亏损,也要占用5年抵亏期的一个抵扣年度,且先亏先补,2019年的亏损需在2017年的亏损问题解决之后才能考虑。到了2022年,2017年的亏损未弥补完但5年抵亏期满,还有10万元亏损不得在所得税前弥补。2019年之后的2020年至2022年之间的所得,已被用于弥补2017年的亏损,2019年的亏损只能用2023年所得弥补。在弥补2019年亏损后,2023年还有的应纳税所得额150-20=130(万元),2023年应纳企业所得税税额=130×25%=32.5(万元)。

6.4 资产的税务处理

资产是由于资本投资而形成的财产,对于资本性支出以及无形资产受让、开办、开发费用,不允许作为成本、费用从纳税人的收入总额中做一次性扣除,只能采取分次计提折旧或分次摊销的方式予以扣除,即纳税人经营活动中使用的固定资产的折旧费用、无形资产和长期待摊费用的摊销费用可以扣除。税法规定,属于纳税人税务处理范围的资产形式主要有固定资产、生物资产、无形资产、长期待摊费用、存货、投资资产等,均以历史成本为计税基础。历史成本是指企业取得该项资产时实际发生的支出。企业持有各项资产期间资产增值或者减值,除国务院财政、税务主管部门规定可以确认损益外,不得调整该资产的计税基础。

6.4.1 固定资产的税务处理

固定资产是指企业为生产产品、提供劳务、出租或者经营管理而持有的、使用时间超过12个月的非货币性资产,包括房屋、建筑物、机器、机械、运输工具,以及其他与生产经营活动有关的设备、器具、工具等。

1. 固定资产的计税基础

企业按下列规定确定固定资产的计税基础。

(1) 外购的固定资产,以购买价款和支付的相关税费以及直接归属于使该资产达到预定用途发生的其他支出为计税基础;

(2) 自行建造的固定资产,以竣工结算前发生的支出为计税基础;

(3) 融资租入的固定资产,以租赁合同约定的付款总额和承租人在签订租赁合同过程中发生的相关费用为计税基础,租赁合同未约定付款总额的,以该资产的公允价值和承租人在签订租赁合同过程中发生的相关费用为计税基础;

(4) 融资性售后回租业务中,承租人出售资产的行为,不确认为销售收入,对融资性租赁的资产,仍按承租人出售前原账面价值作为计税基础计提折旧;

(5) 盘盈的固定资产,以同类固定资产的重置完全价值为计税基础;

(6) 通过捐赠、投资、非货币性资产交换、债务重组等方式取得的固定资产,以该资产的公允价值和支付的相关税费为计税基础;

(7) 改建的固定资产,除企业已足额提取折旧的固定资产和租入的固定资产以外的其他固定资产,以改建过程中发生的改建支出增加计税基础;

(8) 企业所得税核定征收改为查账征收后有关资产的税务处理。

①企业能够提供资产购置发票的,以发票载明金额为计税基础;不能提供资产购置发票的,可以凭购置资产的合同(协议)、资金支付证明、会计核算资料等记载金额,作为计税基础。

②企业核定征税期间投入使用的资产,改为查账征税后,按照税法规定的折旧、摊销年限,扣除该资产投入使用年限后,就剩余年限继续计提折旧、摊销额并在税前扣除。

2. 固定资产的折旧范围

在计算应纳税所得额时,企业按照规定计算的固定资产折旧,准予扣除。下列固定资产不得计算折旧扣除:

(1) 房屋、建筑物以外未投入使用的固定资产;
(2) 以经营租赁方式租入的固定资产;
(3) 以融资租赁方式租出的固定资产;
(4) 已足额提取折旧仍继续使用的固定资产;
(5) 与经营活动无关的固定资产;
(6) 单独估价作为固定资产入账的土地;
(7) 其他不得计算折旧扣除的固定资产。

3. 固定资产折旧的计提方法

企业按下列规定方法计提固定资产折旧。

(1) 企业应当自固定资产投入使用月份的次月起计算折旧;停止使用的固定资产,应当自停止使用月份的次月起停止计算折旧。

(2) 企业应当根据固定资产的性质和使用情况,合理确定固定资产的预计净残值。固定资产的预计净残值一经确定,不得变更。

(3) 固定资产按照直线法计算的折旧,准予扣除。

(4) 企业的固定资产由于技术进步等原因,确需加速折旧的,可以缩短折旧年限或者采取加速折旧的方法。

(5) 企业对房屋、建筑物固定资产在未足额提取折旧前进行改扩建的,如属于推倒重置,该资产原值减除提取折旧后的净值,应并入重置后的固定资产计税成本,并在该固定资产投入使用后的次月起,按照税法规定的折旧年限,一并计提折旧,如属于提升功能、增加面积的,该固定资产的改扩建支出,并入该固定资产计税基础,并从改扩建完工投入使用后的次月起,重新按税法规定的该固定资产折旧年限计提折旧,如该改扩建后的固定资产尚可使用的年限低于税法规定的最低年限,可以按尚可使用的年限计提折旧。

4. 固定资产折旧的计提年限

除国务院财政、税务主管部门另有规定外,固定资产计算折旧的最低年限如下:

(1) 房屋、建筑物,为 20 年;
(2) 飞机、火车、轮船、机器、机械和其他生产设备,为 10 年;
(3) 与生产经营活动有关的器具、工具、家具等,为 5 年;
(4) 飞机、火车、轮船以外的运输工具,为 4 年;
(5) 电子设备,为 3 年。

从事开采石油、天然气等矿产资源的企业,在开始商业性生产前发生的费用和有关固定资产的折耗、折旧方法,由国务院财政、税务主管部门另行规定。

5. 固定资产折旧的企业所得税处理

(1) 企业固定资产会计折旧年限如果短于税法规定的最低折旧年限,其按会计折旧年限计提的折旧高于按税法规定的最低折旧年限计提的折旧部分，应调增当期应纳税所得额；企业固定资产会计折旧年限已期满且会计折旧已提足，但税法规定的最低折旧年限尚未到期且税收折旧尚未足额扣除，其未足额扣除的部分准予在剩余的税收折旧年限继续按规定扣除。

（2）企业固定资产会计折旧年限如果长于税法规定的最低折旧年限，其折旧应按会计折旧年限计算扣除，税法另有规定的除外。

（3）企业按会计规定提取的固定资产减值准备，不得税前扣除，其折旧仍按税法确定的固定资产计税基础计算扣除。

（4）企业按税法规定实行加速折旧的，其按加速折旧办法计算的折旧额可全额在税前扣除。

（5）石油天然气开采企业在计提油气资产折耗（折旧）时，由于会计与税法规定计算方法不同导致的折耗（折旧）差异，应按税法规定进行纳税调整。

（6）企业购买的文物、艺术品用于收藏、展示、保值增值的，作为投资资产进行税务处理。文物、艺术品资产在持有期间，计提的折旧、摊销费用，不得税前扣除。

6.4.2 生物资产的税务处理

生物资产是指有生命的动物和植物。生物资产分为消耗性生物资产、生产性生物资产和公益性生物资产。消耗性生物资产是指为出售而持有的或在将来可作为农产品收获的生物资产，包括生长中的农田作物、蔬菜、用材林以及存栏待售的牲畜等。生产性生物资产是指为产出农产品、提供劳务或出租等目的而持有的生物资产，包括经济林、薪炭林、产畜和役畜等。公益性生物资产是指以防护、环境保护为主要目的的生物资产，包括防风固沙林、水土保持林和水源涵养林等。

1. 生物资产的计税基础

生产性生物资产按照以下方法确定计税基础：

（1）外购的生产性生物资产，以购买价款和支付的相关税费为计税基础。

（2）通过捐赠、投资、非货币性资产交换、债务重组等方式取得的生产性生物资产，以该资产的公允价值和支付的相关税费为计税基础。

2. 生物资产的折旧方法和折旧年限

生产性生物资产按照直线法计算的折旧，准予扣除。企业应当自生产性生物资产投入使用月份的次月起计算折旧；停止使用的生产性生物资产，应当自停止使用月份的次月起停止计算折旧。

企业应当根据生产性生物资产的性质和使用情况，合理确定生产性生物资产的预计净残值。生产性生物资产的预计净残值一经确定，不得变更。

生产性生物资产计算折旧的最低年限如下：

（1）林木类生产性生物资产为 10 年；

（2）畜类生产性生物资产为 3 年。

6.4.3 无形资产的税务处理

无形资产是指企业长期使用、但没有实物形态的资产，包括专利权、商标权、著作权、土地使用权、非专利技术、商誉等。

1. 无形资产的计税基础

无形资产按照以下方法确定计税基础：

(1) 外购的无形资产，以购买价款和支付的相关税费，以及直接归属于使该资产达到预定用途发生的其他支出为计税基础。

(2) 自行开发的无形资产，以开发过程中该资产符合资本化条件后至达到预定用途前发生的支出为计税基础。

(3) 通过捐赠、投资、非货币性资产交换、债务重组等方式取得的无形资产，以该资产的公允价值和支付的相关税费为计税基础。

2. 无形资产摊销的范围

在计算应纳税所得额时，企业按照规定计算的无形资产摊销费用，准予扣除。以下几种情形无形资产不得计算摊销费用扣除。

(1) 自行开发的支出已在计算应纳税所得额时扣除的无形资产；
(2) 自创商誉；
(3) 与经营活动无关的无形资产；
(4) 其他不得计算摊销费用扣除的无形资产。

3. 无形资产的摊销方法及年限

无形资产的摊销采取直线法计算。无形资产的摊销年限不得低于10年。作为投资或者受让的无形资产，有关法律规定或者合同约定了使用年限的，可以按照规定或者约定的使用年限分期摊销。外购商誉的支出，在企业整体转让或者清算时准予扣除。

企业外购的软件，凡符合固定资产或无形资产确认条件的，可以按照固定资产或无形资产进行核算，其折旧或摊销年限可以适当缩短，最短可为2年（含）。

6.4.4 长期待摊费用的税务处理

长期待摊费用，是指企业发生的应在一个年度以上或几个年度进行摊销的费用。在计算应纳税所得额时，企业发生的下列支出作为长期待摊费用，按照规定摊销的，准予扣除。

(1) 已足额提取折旧的固定资产的改建支出；
(2) 租入固定资产的改建支出；
(3) 固定资产的大修理支出；
(4) 其他应当作为长期待摊费用的支出。

企业的固定资产修理支出可在发生当期直接扣除。企业的固定资产改良支出，如果有关固定资产尚未提足折旧，可增加固定资产价值；如有关固定资产已提足折旧，可作为长期待摊费用，在规定的期间内平均摊销。

固定资产的改建支出，是指改变房屋或者建筑物结构、延长使用年限等发生的支出。已足额提取折旧的固定资产的改建支出，按照固定资产预计尚可使用年限分期摊销；租入固定资产的改建支出，按照合同约定的剩余租赁期限分期摊销；改建的固定资产延长使用年限的，除已足额提取折旧的固定资产、租入固定资产的改建支出外，其他的固定资产发生改建支出，应当适当延长折旧年限。

大修理支出，按照固定资产尚可使用年限分期摊销。这里的固定资产大修理支出，是指同时符合下列条件的支出：

（1）修理支出达到取得固定资产时的计税基础50%以上。

（2）修理后固定资产的使用年限延长2年以上。

其他应当作为长期待摊费用的支出，自支出发生月份的次月起，分期摊销，摊销年限不得低于3年。

6.4.5　存货的税务处理

存货，是指企业持有以备出售的产品或者商品、处在生产过程中的在产品、在生产或者提供劳务过程中耗用的材料和物料等。

1. 存货的计税基础

存货按照以下方法确定计税基础：

（1）通过支付现金方式取得的存货，以购买价款和支付的相关税费为成本；

（2）通过支付现金以外的方式取得的存货，以该存货的公允价值和支付的相关税费为成本；

（3）生产性生物资产收获的农产品，以产出或者采收过程中发生的材料费、人工费和分摊的间接费用等必要支出为成本。

2. 存货的成本计算方法

企业使用或者销售的存货的成本计算方法，可以在先进先出法、加权平均法、个别计价法中选用一种。计价方法一经选用，不得随意变更。

企业所得税法企业转让以上资产，在计算企业应纳税所得额时，资产的净值允许扣除。其中，资产的净值，是指有关资产、财产的计税基础减除已经按照规定扣除的折旧、折耗、摊销、准备金等后的余额。

除国务院财政、税务主管部门另有规定外，企业在重组过程中，应当在交易发生时确认有关资产的转让所得或者损失，相关资产应当按照交易价格重新确定计税基础。

6.4.6　投资资产的税务处理

投资资产是指企业对外进行权益性投资和债权性投资形成的资产。

1. 投资资产的成本

投资资产按照以下方法确定成本：

（1）通过支付现金方式取得的投资资产，以购买价款为成本；

（2）通过支付现金以外的方式取得的投资资产，以该资产的公允价值和支付的相关税费为成本。

2. 投资资产成本的扣除方法

企业对外投资期间，投资资产的成本在计算应纳税所得额时不得扣除，企业在转让或者处置投资资产时，投资资产的成本准予扣除。

3. 非货币性资产投资涉及的企业所得税处理规定

（1）居民企业（以下简称企业）以非货币性资产对外投资确认的非货币性资产转让所得，可在不超过5年期限内，分期均匀计入相应年度的应纳税所得额，按规定计算缴纳企业所得税。

（2）企业以非货币性资产对外投资，应对非货币性资产进行评估并按评估后的公允价值扣除计税基础后的余额，计算确认非货币性资产转让所得。

企业以非货币性资产对外投资，应于投资协议生效并办理股权登记手续时，确认非货币性资产转让收入的实现。

关联企业之间发生的非货币性资产投资行为，投资协议生效后12个月内尚未完成股权变更登记手续的，于投资协议生效时，确认非货币性资产转让收入的实现。

（3）企业以非货币性资产对外投资而取得被投资企业的股权，应以非货币性资产的原计税成本为计税基础，加上每年确认的非货币性资产转让所得，逐年进行调整。

被投资企业取得非货币性资产的计税基础，应按非货币性资产的公允价值确定。

（4）企业在对外投资5年内转让上述股权或投资收回的，应停止执行递延纳税政策，并就递延期内尚未确认的非货币性资产转让所得，在转让股权或投资收回当年的企业所得税年度汇算清缴时，一次性计算缴纳企业所得税；企业在计算股权转让所得时，可按上述第（3）项规定将股权的计税基础一次调整到位。

企业在对外投资5年内注销的，应停止执行递延纳税政策，并就递延期内尚未确认的非货币性资产转让所得，在注销当年的企业所得税年度汇算清缴时，一次性计算缴纳企业所得税。

（5）上述所称非货币性资产，是指现金、银行存款、应收账款、应收票据以及准备持有至到期的债券投资等货币性资产以外的资产。

上述所称非货币性资产投资，限于以非货币性资产出资设立新的居民企业，或将非货币性资产注入现存的居民企业。

（6）企业发生非货币性资产投资，符合《财政部 国家税务总局关于企业重组业务企业所得税处理若干问题的通知》（财税〔2009〕59号）等文件规定的特殊性税务处理条件的，也可选择按特殊性税务处理规定执行。

（7）上述第（1）至（6）项规定自2014年1月1日起执行。以前尚未处理的非货币性资产投资，符合上述规定的可按该规定执行。

6.5 企业所得税应纳税额的计算

6.5.1 居民企业应纳税额的计算

1. 查账征收应纳税额的计算

居民企业应纳税额等于应纳税所得额乘以适用税率，基本计算公式为

居民企业应纳税额＝应纳税所得额×适用税率－减免税额－抵免税额

根据计算公式可以看出，居民企业应纳税额的多少，取决于应纳税所得额和适用税率两个因素。在实际过程中，应纳税所得额的计算一般有两种方法。

1）直接计算法

在直接计算法下，居民企业每一纳税年度的收入总额减除不征税收入、免税收入、各项扣除以及允许弥补的以前年度亏损后的余额为应纳税所得额。计算公式为

应纳税所得额＝收入总额－不征税收入－免税收入－各项扣除金额－弥补亏损

2）间接计算法

在间接计算法下，是在会计利润总额的基础上加或减按照税法规定调整的项目金额后，即为应纳税所得额。现行企业所得税年度纳税申报表采取该方法。计算公式为

应纳税所得额＝会计利润总额±纳税调整项目金额

纳税调整项目金额包括两方面的内容：一是企业财务会计制度规定的项目范围与税收法规规定的项目范围不一致应予以调整的金额；二是企业财务会计制度规定的扣除标准与税法规定的扣除标准不一致的差异应予以调整的金额。

【例6-6】强盛科技有限公司为居民企业，2022年发生经营业务如下：
(1) 取得产品销售收入26 000 000元。
(2) 销售成本10 000 000元。
(3) 发生销售费用6 500 000元，其中含广告费4 500 000元；管理费用4 200 000元，其中含业务招待费150 000元；财务费用600 000元。
(4) 税金1 700 000元，其中含增值税1 300 000元。
(5) 营业外收入700 000元；营业外支出500 000元，其中含通过公益性社会组织向贫困山区捐款250 000元、支付税收滞纳金50 000元。
(6) 计入成本、费用中的实发工资总额1 500 000元，支出职工福利费230 000元、拨缴职工工会经费40 000元、职工教育经费50 000元。
要求：计算该企业2022年度实际应缴纳的企业所得税。
解析：
会计利润总额＝26 000 000＋700 000－10 000 000－6 500 000－4 200 000－600 000－400 000－500 000＝4 500 000(元)

广告费税前扣除限额=26 000 000×15%=3 900 000(元)
广告费调增所得额=4 500 000-3 900 000=600 000(元)
业务招待费税前扣除限额为下列两个计算结果较小者：
营业收入的5‰=26 000 000×5‰=130 000(元)
业务招待费实际发生额的60%=150 000×60%=90 000(元)
所以，业务招待费调增所得额=150 000-90 000=60 000(元)
公益性捐赠支出税前扣除限额=4 500 000×12%=540 000(元)
所以，公益性捐赠支出不需要调整，但税收滞纳金50 000元需调增。
与工资相关的三项费用税前扣除限额计算如下：
职工福利费税前扣除限额=1 500 000×14%=210 000(元)
职工工会经费税前扣除限额=1 500 000×2%=30 000(元)
职工教育经费税前扣除限额=1 500 000×8%=120 000(元)
所以"三费"应调增所得额=(230 000-210 000)+(40 000-30 000)=30 000(元)
应纳税所得额=4500 000+600 000+60 000+50 000+30 000=5 240 000(元)
2022年应缴企业所得税=5 240 000×25%=1 310 000(元)

2. 核定征收应纳税额的计算

为加强企业所得税的征收管理，对部分中小企业采取核定征收的办法计算其应纳税额。
（1）确定所得税核定征收的范围
居民企业纳税人具有下列情形之一的，核定征收企业所得税：
①依照法律、行政法规的规定可以不设置账簿的；
②依照法律、行政法规的规定应当设置但未设置账簿的；
③擅自销毁账簿或者拒不提供纳税资料的；
④虽设置账簿，但账目混乱或者成本资料、收入凭证、费用凭证残缺不全，难以查账的；
⑤发生纳税义务，未按照规定的期限办理纳税申报，经税务机关责令限期申报，逾期仍不申报的；
⑥申报的计税依据明显偏低，又无正当理由的。
特殊行业、特殊类型的纳税人和一定规模以上的纳税人不属于所得税核定征收的范围。
（2）核定征收办法的有关规定
①纳税人具有下列情形之一的，核定其应税所得率。
·能正确核算（查实）收入总额，但不能正确核算（查实）成本费用总额的；
·能正确核算（查实）成本费用总额，但不能正确核算（查实）收入总额的；
·通过合理方法，能计算和推定纳税人收入总额或成本费用总额的。
②纳税人不属于以上情形的，核定其应纳所得税税额。
③税务机关采用下列方法核定征收企业所得税。
·参照当地同类行业或者类似行业中经营规模和收入水平相近的纳税人的税负水平核定；
·按照应税收入额或成本费用支出额定率核定；
·按照耗用的原材料、燃料、动力等推算或测算核定；

・按照其他合理方法核定。

采用一种方法不足以正确核定应纳税所得额或应纳税额的，可以同时采用两种以上方法核定。采用两种以上方法测算的应纳税额不一致时，可按测算的应纳税额从高核定。

④采用应税所得率方式核定征收企业所得税的，应纳所得税税额计算公式如下：

$$应纳所得税税额 = 应纳税所得额 \times 适用税率$$
$$应纳税所得额 = 应税收入额 \times 应税所得率$$
$$= 成本（费用）支出额/(1-应税所得率) \times 应税所得率$$

其中，应税收入额 = 收入总额 - 不征税收入 - 免税收入

或：应纳税所得额 = 成本（费用）支出额/(1-应税所得率) × 应税所得率

应税所得率的范围如表6-2所示。

表6-2 应税所得率

行业	应税所得率/%
农、林、牧、渔业	3~10
制造业	5~15
批发和零售贸易业	4~15
交通运输业	7~15
建筑业	8~20
饮食业	8~25
娱乐业	15~30
其他行业	10~30

6.5.2 境外所得抵扣税额的计算

企业取得的下列所得已在境外缴纳的所得税税额，可以从其当期应纳税额中抵免，抵免限额为该项所得依照《中华人民共和国企业所得税法》规定计算的应纳税额；超过抵免限额的部分，可以在以后5个年度内，用每年度抵免限额抵免当年应抵税额后的余额进行抵补。

（1）居民企业来源于中国境外的应税所得。

（2）非居民企业在中国境内设立机构、场所，取得发生在中国境外但与该机构、场所有实际联系的应税所得。

（3）居民企业从其直接或者间接控制的外国企业分得的来源于中国境外的股息、红利等权益性投资收益，外国企业在境外实际缴纳的所得税税额中属于该项所得负担的部分，可以作为该居民企业的可抵免境外所得税税额，在税法规定的抵免限额内抵免。

上述所称直接控制，是指居民企业直接持有外国企业20%以上股份。

上述所称间接控制，是指居民企业以间接持股方式持有外国企业20%以上股份，具体认定办法由国务院财政、税务主管部门另行制定。

已在境外缴纳的所得税税额,是指企业来源于中国境外的所得依照中国境外税收法律以及相关规定应当缴纳并已经实际缴纳的企业所得税性质的税款。企业依照税法的规定抵免企业所得税税额时,应当提供中国境外税务机关出具的税款所属年度的有关纳税凭证。

抵免限额,是指企业来源于中国境外的所得,依照《中华人民共和国企业所得税法》及其实施条例的规定计算的应纳税额。除国务院财政、税务主管部门另有规定外,该抵免限额应当分国(地区)不分项计算,计算公式为

抵免限额=中国境内、境外所得依照企业所得税法和条例规定计算的应纳税总额×来源于某国(地区)的应纳税所得额÷中国境内、境外应纳税所得总额

前述5个年度,是指从企业取得的来源于中国境外的所得,已经在中国境外缴纳的企业所得税性质的税额超过抵免限额的次年起连续5个纳税年度。

自2017年1月1日起,企业可以选择按国(地区)别分别计算〔分国(地区)不分项〕,或者不按国(地区)别汇总计算〔不分国(地区)不分项〕其来源于境外的应纳税所得额,分别计算其可抵免境外所得税税额和抵免限额。上述方式一经选择,5年内不得改变。

企业在境外取得的股息所得,在按规定计算该企业境外股息所得的可抵免所得税税额和抵免限额时,由该企业直接或者间接持有20%以上股份的外国企业,限于按照《关于企业境外所得税抵免有关问题的通知》(财税〔2009〕125号)第六条规定的持股方式确定的五层外国企业。

【例6-7】 比利汽车制造股份有限公司2022年度境内应纳税所得额为10 000 000元,适用25%的企业所得税税率。另外,该公司分别在A、B两国设有分支机构,我国与A、B两国已经缔结避免双重征税协定,在A国分支机构的应纳税所得额为5 000 000元,A国企业所得税税率为20%;在B国分支机构的应纳税所得额为3 000 000元,B国企业所得税税率为30%。假设该公司在A、B两国所得按我国税法计算的应纳税所得额和按A、B两国税法计算的应纳税所得额一致,两个分支机构在A、B两国分别缴纳了1 000 000元和900 000元的企业所得税。

要求: 计算该公司汇总纳税时在我国应缴纳的企业所得税税额。

解析:

该企业按我国税法计算的境内、境外所得的应纳税额。

应纳税额=(10 000 000+5 000 000+3 000 000)×25%=4 500 000(元)

A、B两国的扣除限额

A国扣除限额=4 500 000×[5 000 000÷(10 000 000+5 000 000+3 000 000)]
=1 250 000(元)

B国扣除限额=4 500 000×[3 000 000÷(10 000 000+5 000 000+30 000 000)]
=750 000(元)

(1) 在A国缴纳的所得税为1 000 000元,低于扣除限额1 250 000元,可全额扣除。

(2) 在B国缴纳的所得税为900 000元,高于扣除限额750 000元,其超过扣除限额的部分150 000元当年不能扣除。

(3) 汇总时在我国应缴纳的所得税=4 500 000-1 000 000-750 000=2 750 000(元)

6.5.3 非居民企业应纳税额的计算

1. 查账征收应纳税额的计算

对于在中国境内设立机构、场所且取得的所得与该机构、场所有实际联系的非居民企业，计算企业所得税应纳税额的方法与居民企业查账征收计算方法相同。

对于在中国境内未设立机构的、场所，或虽设立机构、场所但取得的所得与其所设机构场所没有实际联系的非居民企业，按以下公式计税：

$$应纳税额 = 应纳税所得额 \times 适用税率$$

按照下列方法计算应纳税所得额：

（1）股息、红利等权益性投资收益和利息、租金、特许权使用费所得，以收入全额为应纳税所得额。

（2）转让财产所得，以收入全额减除财产净值后的余额为应纳税所得额。财产净值是指财产的计税基础减除已经按照规定扣除的折旧、折耗、摊销、准备金等后的余额。

（3）其他所得，参照前两项规定的方法计算应纳税所得额。

2. 核定征收应纳税额的计算

非居民企业采用核定征收方式征收企业所得税应纳税额的计算公式为

$$应纳税额 = 核定的应纳税所得额 \times 适用税率$$

非居民企业因会计账簿不健全，资料残缺难以查账，或者其他原因不能准确计算并据实申报其应纳税所得额的，税务机关有权采取以下方法核定其应纳税所得额。

（1）按收入总额核定应纳税所得额：适用于能够正确核算收入或通过合理方法推定收入总额，但不能正确核算成本费用的非居民企业。

$$应纳税所得额 = 收入总额 \times 经税务机关核定的利润率$$

税务机关可按照以下标准确定非居民企业的利润率：

①从事承包工程作业、设计和咨询劳务的，利润率为15%~30%；

②从事管理服务的，利润率为30%~50%；

③从事其他劳务或劳务以外经营活动的，利润率不低于15%。

税务机关有根据认为非居民企业的实际利润率明显高于上述标准的，可以按照比上述标准更高的利润率核定其应纳税所得额。

（2）按成本费用核定应纳税所得额：适用于能够正确核算成本费用，但不能正确核算收入总额的非居民企业。

$$应纳税所得额 = [成本费用总额 / (1 - 经税务机关核定的利润率)] \times 经税务机关核定的利润率$$

（3）按经费支出换算收入核定应纳税所得额：适用于能够正确核算经费支出总额，但不能正确核算收入总额和成本费用的非居民企业。

$$应纳税所得额＝[本期经费支出额/(1-核定利润率)]×核定利润率$$

6.6 企业所得税税收优惠

税收优惠，是指国家运用税收政策在税收法律、行政法规中规定对某一部分特定企业和课税对象给予减轻或免除税收负担的一种措施。税法规定的企业所得税的税收优惠方式包括免税、减税、加计扣除、加速折旧、减计收入、税额抵免等。

6.6.1 免征与减征优惠

企业从事下列所得，可以免征、减征企业所得税。企业从事国家限制和禁止的发展的项目，不得享受企业所得税优惠。

1. 从事农、林、牧、渔业项目的所得

企业从事农、林、牧、渔业项目的所得，包括免征、减征两部分。
（1）企业从事下列项目的所得，免征企业所得税：
①蔬菜、谷物、薯类、油料、豆类、棉花、麻类、糖料、水果、坚果的种植；
②农作物新品种的选育；
③中药材的种植；
④林木的培育和种植；
⑤牲畜、家禽的饲养；
⑥林产品的采集；
⑦灌溉、农产品初加工、兽医、农技推广、农机作业和维修等农、林、牧、渔服务业项目；
⑧远洋捕捞。
（2）企业从事下列项目的所得，减半征收企业所得税：
①花卉、茶以及其他饮料作物和香料作物的种植；
②海水养殖、内陆养殖。

2. 从事国家重点扶持的公共基础设施项目投资经营的所得

企业所得税法所称国家重点扶持的公共基础设施项目，是指《公共基础设施项目企业所得税优惠目录（2008年版）》（财税〔2008〕116号）规定的港口码头、机场、铁路、公路、电力、水利等项目。

企业从事国家重点扶持的公共基础设施项目的投资经营的所得，自项目取得第一笔生产经营收入所属纳税年度起，第1年至第3年免征企业所得税，第4年至第6年减半征收企业所得税。

企业承包经营、承包建设和内部自建自用上述规定的项目，不得享受上述规定的企业所得税优惠。

3. 从事符合条件的环境保护、节能节水项目的所得

环境保护、节能节水项目的所得，自项目取得第一笔生产经营收入所属纳税年度起，第1年至第3年免征企业所得税，第4年至第6年减半征收企业所得税。符合条件的环境保护、节能节水项目，包括公共污水处理、公共垃圾处理、沼气综合开发利用、节能减排技术改造、海水淡化等。

对饮水工程运营管理单位从事《公共基础设施项目企业所得税优惠目录》（财税〔2008〕116号）规定的饮水工程新建项目投资经营的所得，自项目取得第一笔生产经营收入所属纳税年度起，第1年至第3年免征企业所得税，第4年至第6年减半征收企业所得税。

以上规定享受减免税优惠的项目，在减免税期限内转让的，受让方自受让之日起，可以在剩余期限内享受规定的减免税优惠；减免税期限届满后转让的，受让方不得就该项目重复享受减免税优惠。

4. 符合条件的技术转让所得

企业所得税法所称符合条件的技术转让所得免征、减征企业所得税，是指一个纳税年度内，居民企业转让技术所有权所得不超过500万元的部分，免征企业所得税；超过500万元的部分，减半征收企业所得税。

（1）享受减免企业所得税优惠的技术转让应符合以下条件：
①享受优惠的技术转让主体是企业所得税法规定的居民企业；
②技术转让属于财政部、国家税务总局规定的范围；
③境内技术转让经省级以上科技部门认定；
④向境外转让技术经省级以上商务部门认定；
⑤国务院税务主管部门规定的其他条件。

（2）技术转让的范围，包括居民企业转让专利技术、计算机软件著作权、集成电路布图设计权、植物新品种、生物医药新品种，以及财政部和国家税务总局确定的其他技术。其中，专利技术，是指法律授予独占权的发明、实用新型和非简单改变产品图案的外观设计。

（3）技术转让，是指居民企业转让其拥有符合技术转让范围规定技术的所有权或5年以上（含5年）全球独占许可使用权的行为。

（4）符合条件的技术转让所得应按以下方法计算：

$$技术转让所得 = 技术转让收入 - 技术转让成本 - 相关税费$$

（5）享受技术转让所得减免企业所得税优惠的企业，应单独计算技术转让所得，并合理分摊企业的期间费用；没有单独计算的，不得享受技术转让所得企业所得税优惠。

居民企业从直接或间接持有股权之和达到100%的关联方取得的技术转让所得，不享受技术转让减免企业所得税优惠政策。

（6）技术转让应签订技术转让合同。

（7）根据国家税务总局《关于许可使用权技术转让所得企业所得税有关问题的公告》（国家税务总局公告2015年第82号）规定，自2015年10月1日起，全国范围内的居民企业转让5年（含，下同）以上非独占许可使用权取得的技术转让所得，纳入享受企业所得

税优惠的技术转让所得范围。

6.6.2 特定企业税收优惠

1. 高新技术企业优惠

（1）国家需要重点扶持的高新技术企业减按15%的税率征收企业所得税。

认定为高新技术企业须同时满足以下条件：

①企业申请认定时须注册成立1年以上；

②企业通过自主研发、受让、受赠、并购等方式，获得对其主要产品（服务）在技术上发挥核心支持作用的知识产权的所有权；

③对企业主要产品（服务）发挥核心支持作用的技术属于《国家重点支持的高新技术领域》规定的范围；

④企业从事研发和相关技术创新活动的科技人员占企业当年职工总数的比例不低于10%；

⑤企业近三个会计年度（实际经营期不满三年的按实际经营时间计算，下同）的研究开发费用总额占同期销售收入总额的比例符合如下要求：

a）最近一年销售收入小于5 000万元（含）的企业，比例不低于5%。

b）最近一年销售收入在5 000万元至2亿元（含）的企业，比例不低于4%。

c）最近一年销售收入在2亿元以上的企业，比例不低于3%。

其中，企业在中国境内发生的研究开发费用总额占全部研究开发费用总额的比例不低于60%。

d）近一年高新技术产品（服务）收入占企业同期总收入的比例不低于60%。

e）企业创新能力评价应达到相应要求。

f）企业申请认定前一年内未发生重大安全、重大质量事故或严重环境违法行为。

（2）对经认定的技术先进型服务企业，减按15%的税率征收企业所得税。

【思政案例】

企业界人大代表：税惠添力，高新技术企业创新发展有活力

1. 全国人大代表李寅：税费支持助企深耕技术研发

近日，国家税务总局黑龙江省税务局党委书记、局长王跃伟专程走访全国人大代表、九洲电气股份有限公司董事长李寅，主动问需问计问策，认真倾听意见建议。

成立于1997年的哈尔滨九洲电气股份有限公司作为科技部认定的国家重点高新技术企业，2015年积极实施可再生能源发展战略，进入可再生能源电站投资及开发运营领域。

"新的组合式税费支持政策极大地缓解了我们的资金链压力，2022年集团享受了研发费用加计扣除、企业所得税优惠、社保费缓缴和六税两费减免等多项优惠政策。在本次大规模增值税留抵退税中，我们集团及子公司收到了1.79亿元的政策红利。"李寅说。

在谈及"便民办税春风行动"时，李寅表示："公司发展壮大离不开自主技术创新，也离不开税收优惠政策的大力支持，税费红利极大地减轻了企业前行的压力，为企业注入资金'活水'。让我们有更多的资金和精力投入自主创新应用中，不断深耕技术研发，攻克科技难题。"

2. 全国人大代表石羽：好政策为企业输入创新能量

"税务部门及时有效落实税费优惠政策，让公司创新发展、绿色发展的劲头更足了。"近日，见到前来走访的国家税务总局上饶市税务局干部，全国人大代表、江西和泽生物科技有限公司生产部车间主任石羽表示。

石羽就职的和泽生物科技有限公司是一家专业从事饲料添加剂、植物提取物研发、生产和销售的高新技术企业，2016年他带头组建了"石羽劳模创新工作室"，研制出"液态防霉剂""和酸宝"等新型环保饲料添加剂，拥有5项发明专利和5项实用新型专利，获得"国家级高新技术企业"等多项荣誉。

"2022年公司享受企业研发费用加计扣除191万元。税收的好政策源源不断地为我们工作室输入创新能量。"石羽说，税收政策的激励引导让研发团队的创新氛围更加浓厚，节省下来的资金公司将继续投入技术研发和生产，今年销售收入预计比2022年增长80%。

交谈中，石羽还特别提到了上饶市税务局成立高新技术企业志愿服务队，"一对一"服务让企业很安心。"我们只需要专心搞研发，服务队的队员们主动上门辅导政策，帮助公司精准享受税费优惠政策。"

（资料来源：国家税务总局. 企业界人大代表：税惠添力 高新技术企业创新发展有活力［EB/OL］.（2023-03-10）. http://www.chinatax.gov.cn/chinatax/n810219/n810780/c5192967/content.html.）

2. 小型微利企业优惠

自2023年1月1日至2027年12月31日，对小型微利企业减按25%计入应纳税所得额，按20%的税率缴纳企业所得税。享受此项优惠的小型微利企业，是指从事国家非限制和禁止行业，且同时符合年度应纳税所得额不超过300万元、从业人数不超过300人、资产总额不超过5 000万元3个条件的企业。

3. 创投企业优惠

创投企业优惠，是指创业投资企业采取股权投资方式投资于未上市的中小高新技术企业2年以上的，可以按照其投资额的70%在股权持有满2年的当年抵扣该创业投资企业的应纳税所得额；当年不足抵扣的，可以在以后纳税年度结转抵扣。

4. 非居民企业优惠

非居民企业减按10%的所得税税率征收企业所得税。这里的非居民企业，是指在中国境内未设立机构、场所的，或者虽设立机构、场所但取得的所得与其所设机构、场所没有实际联系的企业。该类非居民企业取得下列所得免征企业所得税。

(1) 外国政府向中国政府提供贷款取得的利息所得。
(2) 国际金融组织向中国政府和居民企业提供优惠贷款取得的利息所得。
(3) 经国务院批准的其他所得。

6.6.3 加计扣除及加速折旧优惠

1. 加计扣除优惠

加计扣除优惠包括研发费用与企业安置残疾人员所支付的工资两项内容：

研究开发费用包括人员人工费用，直接投入费用，折旧费用，无形资产摊销，新产品设计费、新工艺规程制定费、新药研制的临床试验费、勘探开发技术的现场试验费以及其他相关费用。未形成无形资产计入当期损益的，在按规定据实扣除的基础上，自2023年1月1日起，再按照实际发生额的100%在税前加计扣除；形成无形资产的，自2023年1月1日起，按照无形资产成本的200%在税前摊销。

企业安置残疾人员所支付的工资，是指企业安置残疾人员的，在按照支付给残疾职工工资据实扣除的基础上，按照支付给残疾职工工资的100%加计扣除。残疾人员的范围适用《中华人民共和国残疾人保障法》的有关规定。

2. 加速折旧优惠

企业的固定资产由于技术进步等原因，确需加速折旧的，可以采取缩短折旧年限或者采取加速折旧的方法的固定资产，可以加速折旧的固定资产包括：

(1) 由于技术进步，产品更新换代较快的固定资产；
(2) 常年处于强震动、高腐蚀状态的固定资产。

采取缩短折旧年限方法的，最低折旧年限不得低于规定折旧年限的60%；采取加速折旧方法的，可以采取双倍余额递减法或者年数总和法。

企业在2018年1月1日至2023年12月31日新购进的设备、器具，单位价值不超过500万元的，允许一次性计入当期成本费用在计算应纳税所得额时扣除，不再分年度计算折旧。

6.6.4 减计收入优惠

1. 资源综合利用

企业以《资源综合利用企业所得税优惠目录》（财政部 税务总局 发展改革委 生态环境部公告2021年第36号）规定的资源作为主要原材料，生产国家非限制和禁止并符合国家和行业相关标准的产品取得的收入，减按90%计入收入总额。

2. 社区服务

自2019年6月1日至2025年12月31日，社区提供养老、托育、家政等服务的机构，提供社区养老、托育、家政服务取得的收入，在计算应纳税所得额时，减按90%计入收入总额。社区包括城市社区和农村社区。

3. 利息收入

自 2017 年 1 月 1 日至 2023 年 12 月 31 日，对金融机构农户小额贷款的利息收入，在计算应纳税所得额时，按 90% 计入收入总额；对经省级金融管理部门（金融办、局等）批准成立的小额贷款公司取得的农户小额贷款利息收入，在计算应纳税所得额时，按 90% 计入收入总额。

4. 保费收入

自 2017 年 1 月 1 日至 2023 年 12 月 31 日，对保险公司为种植业、养殖业提供保险业务取得的保费收入，在计算应纳税所得额时，按 90% 计入收入总额。

6.6.5 税额抵免优惠

税额抵免，是指企业购置并实际使用《环境保护、节能节水项目企业所得税优惠目录（2021 年版）》（财政部 税务总局 发展改革委 生态环境部公告 2021 年第 36 号）和《安全生产专用设备企业所得税优惠目录（2018 年版）》（财税〔2018〕84 号）规定的环境保护、节能节水、安全生产等专用设备的，该专用设备投资额的 10% 可以从企业当年的应纳税额中抵免；当年不足抵免的，可以在以后 5 个纳税年度结转抵免。

享受前款规定的企业所得税优惠的企业，应当实际购置并自身实际投入使用前款规定的专用设备；企业购置上述专用设备在 5 年内转让、出租的，应当停止享受企业所得税优惠，并补缴已经抵免的企业所得税税款。转让的受让方可以按照该专用设备投资额的 10% 抵免当年企业所得税应纳税额；当年应纳税额不足抵免的，可以在以后 5 个纳税年度结转抵免。

6.6.6 区域性税收优惠

1. 民族自治地方的优惠

民族自治地方的自治机关对本民族自治地方的企业应缴纳的企业所得税中属于地方分享的部分，可以决定减征或者免征。自治州、自治县决定减征或者免征的，须报省、自治区、直辖市人民政府批准。

企业所得税法所称民族自治地方，是指依照《中华人民共和国民族区域自治法》的规定，实行民族区域自治的自治区、自治州、自治县。对民族自治地方内国家限制和禁止行业的企业，不得减征或者免征企业所得税。

2. 西部大开发的税收优惠

自 2021 年 1 月 1 日至 2030 年 12 月 31 日，对设在西部地区的鼓励类产业企业减按 15% 的税率征收企业所得税。鼓励类企业是指以《西部地区鼓励类产业目录》（中华人民共和国国家发展和改革委员会令第 15 号）中规定的产业项目为主营业务，且其主营业务收入占企业收入总额 60% 以上的企业。

3. 海南自由贸易港的优惠

为支持海南自由贸易港建设,自 2020 年 1 月 1 日至 2024 年 12 月 31 日有关企业所得税优惠政策规定如下:

(1) 对注册在海南自由贸易港并实质性运营的鼓励类产业企业,减按 15% 的税率征收企业所得税。

(2) 对在海南自由贸易港设立的旅游业、现代服务业、高新技术产业企业新增境外直接投资取得的所得,免征企业所得税。

【想一想】

毕业后,你应聘到 A 科技服务公司做财务工作,发现 A 公司同时符合研发费用加计扣除和小型微利企业两个优惠政策的条件,在缴纳企业所得税时两种优惠是否可以同时享受?2023 年 A 公司发生了 1 000 万元研发费用计入当期损益,可在税前扣除的金额是多少?

6.7 企业所得税征收管理

6.7.1 企业所得税纳税地点

除税收法律、行政法规另有规定外,居民企业以企业登记注册地为纳税地点;但登记注册地在境外的,以实际管理机构所在地为纳税地点。企业注册登记地,是指企业依照国家有关规定登记注册的住所地。

居民企业在中国境内设立不具有法人资格的营业机构的,应当汇总计算并缴纳企业所得税。企业汇总计算并缴纳企业所得税时,应当统一核算应纳税所得额,具体办法由国务院财政、税务主管部门另行制定。

非居民企业在中国境内设立机构、场所的,应当就其所设机构、场所取得的来源于中国境内的所得,以及发生在中国境外但与其所设机构、场所有实际联系的所得,以机构、场所所在地为纳税地点。非居民企业在中国境内设立两个或者两个以上机构、场所的,经税务机关审核批准,可以选择由其主要机构、场所汇总缴纳企业所得税。非居民企业在中国境内未设立机构、场所的,或者虽设立机构、场所但取得的所得与其所设机构、场所没有实际联系的,以扣缴义务人所在地为纳税地点。

除国务院另有规定外,企业之间不得合并缴纳企业所得税。

6.7.2 企业所得税纳税期限

企业所得税按年计征,分月或者分季预缴,年终汇算清缴,多退少补。

企业所得税的纳税年度,自公历 1 月 1 日起至 12 月 31 日止。企业在一个纳税年度的中间开业,或者由于合并、关闭等原因终止经营活动,使该纳税年度的实际经营期不足 12 个月的,应当以其实际经营期为一个纳税年度。企业清算时,应当以清算期间作为一个纳税年度。

按月或按季预缴的,应当自月份或者季度终了之日起 15 日内,向税务机关报送预缴企业所得税纳税申报表,预缴税款。自年度终了之日起 5 个月内,向税务机关报送年度企业所得税纳税申报表,并汇算清缴,结清应缴应退税款。

企业在年度中间终止经营活动的,应当自实际经营终止之日起 60 日内,向税务机关办理当期企业所得税汇算清缴。

6.7.3 企业所得税纳税申报

1. 按月(季)预缴

实行查账征收的居民纳税人在预缴时应填报《中华人民共和国企业所得税月(季)度预缴纳税申报表(A 类)》及其附表《不征税收入和税基类减免应纳税所得额明细表》《固定资产加速折旧(扣除)明细表》《减免所得税额明细表》;实行核定征收的纳税人在预缴时应填报《中华人民共和国企业所得税月(季)度和年度纳税申报表(B 类)》。

2. 汇算清缴

实行查账征收的居民纳税人在年度汇算清缴时应当填报《中华人民共和国企业所得税年度纳税申报表(A 类)》以及年度纳税申报表附表。

企业在报送企业所得税纳税申报表时,应当按照规定附送财务会计报告和其他有关资料。

企业应当在办理注销登记前,就其清算所得向税务机关申报并依法缴纳企业所得税。

依照企业所得税法缴纳的企业所得税,以人民币计算。所得以人民币以外的货币计算的,应当折合成人民币计算并缴纳税款。

【想一想】

企业当年年度实际发生的相关成本、费用,由于各种原因未能及时取得该成本、费用等有效凭证的,在企业所得税季度预缴和汇算清缴时,应分别如何处理?单位逾期缴纳社保而产生的滞纳金,在企业所得税汇算清缴时是否可以税前扣除?

思考与练习

1. 企业所得税准予税前扣除的项目有哪些?
2. 小型微利企业的认定条件?
3. 计算题。

强盛制造有限公司是一家居民企业,为增值税一般纳税人,2022 年该公司发生的业务数据资料如下:

(1) 取得产品销售收入 1 650 万元、其他业务收入 120 万元,销售成本为 600 万元,其他业务成本为 60 万元。

(2) 管理费用账户列支 60 万元,其中业务招待费 18 万元、新产品技术开发费 24 万元、支付给母公司的管理费 6 万元。

(3) 销售费用账户列支 300 万元,其中广告费 180 万元、业务宣传费 96 万元。

(4) 财务费用账户列支 24 万元,其中 2022 年 8 月 1 日向非金融企业借入资金 120 万元用于生产经营,当年支付利息 7.2 万元(同期银行贷款年利率为 6%)。

(5) 营业外收入账户反映受赠价值 60 万元的货物一批,取得的增值税专用发票上注明的增值税税额是 7.8 万元。

(6) 营业外支出账户列支 30 万元,其中对外捐赠 18 万元(通过县级政府向贫困地区捐赠 12 万元,直接向地震灾区捐赠 6 万元)。

(7) 计入成本费用实际支付的工资 180 万元(其中残疾人员工资 30 万元),职工福利费 27 万元、职工工会经费 3.6 万元、职工教育经费 4.2 万元。

假设本题不考虑城市维护建设税和教育费附加。

要求:计算强盛制造有限公司本年应缴纳的企业所得税税额。

▶ 自测习题及参考答案

第7章 其他税类

学习目标

【知识目标】

通过本章的学习，熟悉资源税、土地增值税、房产税、车船税等税种纳税人、征收对象、税率等基本规定；掌握土地增值税、房产税、契税等税种应纳税额的计算方法；熟悉资源税、印花税、环境保护税等税种的税收优惠及征收管理。

【能力目标】

能准确判定企业目前的经营业务应缴纳什么税，能正确计算各类资源税、财产与行为税、特定目的税的应纳税额，具备计算能力。

【价值目标】

引导学生树立正确的财富观，根据自己的经济能力合理消费，不盲目攀比，抑制房产投资投机行为，抑制纳税人污染环境的不良行为，推进生态文明建设和可持续发展。

思维导图

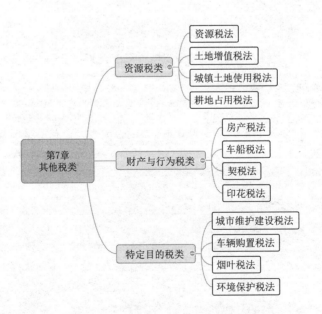

导入案例

A公司于2022年6月1日在某处购买一栋厂房，价值1 000万元，厂房面积635平方米，已签订买卖合同，未过户，该厂房上次过户交易价款为380万元，另支付相关装修费用 28 万元，该交易涉及房产税、契税、印花税等税收吗？如何计算缴纳？

（资料来源：正保会计网校. 税务师学员分享——购买单位房产涉税案例分析［EB/OL］. （2019-07-03）. https：//www.chinaacc.com/zhuceshuiwushi/fxzd/wa20190703110557. shtml. ）

7.1 资源税类

7.1.1 资源税法

1. 资源税概述

资源税是以应税资源为课税对象，对在中华人民共和国领域和中华人民共和国管辖的其他海域开发应税资源的单位和个人，就其应税资源销售额或销售数量为计税依据而征收的一种税，属于对自然资源占用课税的范畴。资源税的征收能够调节资源级差收入并体现国有资源的有偿使用，是调整国家与资源纳税人之间征纳关系的法律规范。

现行的《中华人民共和国资源税法》（中华人民共和国主席令第三十三号）是在 2019 年 8 月 26 日召开的第十三届全国人民代表大会常务委员会第十二次会议上表决通过的，自 2020 年 9 月 1 日起施行。

2. 资源税基本法规

1）资源税的纳税人

在中华人民共和国领域及管辖海域开发应税资源的单位和个人，为资源税的纳税人。单位是指国有企业、集体企业、私营企业、股份制企业、其他企业和行政单位、事业单位、军事单位、社会团体及其他单位；个人是指个体经营者和其他个人。其他单位和其他个人包括外商投资企业、外国企业及外籍人员。

需要特别指出的是，中外合作开采陆上、海上石油资源的企业是资源税的纳税义务人。2011 年 11 月 1 日前，已依法订立中外合作开采陆上、海上石油资源合同的，在该合同有效期内，继续依照国家有关规定缴纳矿区使用费，不是资源税的纳税义务人；合同期满后，是资源税的纳税义务人。独立矿山、联合企业和其他收购未税矿产品的单位，为资源税的扣缴义务人。

此外，国务院根据国民经济和社会发展需要，依照《中华人民共和国资源税法》的原则，对取用地表水或者地下水的单位和个人试点征收水资源税。

2）资源税的税目

资源税的税目反映了征收资源税的具体范围，主要是根据应税产品和纳税人开采资源的行业特点设置的。具体包括五大类，各类别下面又设有若干个子目。

（1）能源矿产。包括原油；天然气、页岩气、天然气水合物；煤；煤成（层）气；铀、钍；油页岩、油砂、天然沥青、石煤；地热。

（2）金属矿产。包括黑色金属和有色金属。

（3）非金属矿产。包括：矿物类、岩石类和宝玉石类。
（4）水气矿产。包括二氧化碳气、硫化氢气、氦气、氡气、矿泉水。
（5）盐。包括钠盐、钾盐、镁盐、锂盐；天然卤水；海盐。

上述各税目征税时有的对原矿征税，有的对选矿征税，具体适用的征税对象按照《税目税率表》的规定执行，主要包括以下3类：①按原矿征税；②按选矿征税；③按原矿或者选矿征税。水资源税的征税对象为地表水和地下水。

3）资源税的税率

资源税法规定，对大部分资源税应税产品实行从价计征，部分应税产品从量计征，因此，税率形式有比例税率和定额税率两种。

资源税的税率标准，依照《资源税税目税率表》执行，具体如表7-1所示。

表 7-1 资源税税目税率表

税　目			征税对象	税　率
能源矿产	原油		原矿	6%
	天然气、页岩气、天然气水合物		原矿	6%
	煤		原矿或者选矿	2%~10%
	煤成（层）气		原矿	1%~2%
	铀、钍		原矿	4%
	油页岩、油砂、天然沥青、石煤		原矿或者选矿	1%~4%
	地热		原矿	1%~20%或者每立方米1~30元
金属矿产	黑色金属	铁、锰、铬、钒、钛	原矿或者选矿	1%~9%
	有色金属	铜、铅、锌、锡、镍、锑、镁、钴、铋、汞	原矿或者选矿	2%~10%
		铝土矿	原矿或者选矿	2%~9%
		钨	选矿	6.5%
		钼	选矿	8%
		金、银	原矿或者选矿	2%~6%
		铂、钯、钌、锇、铱、铑	原矿或者选矿	5%~10%
		轻稀土	选矿	7%~12%
		中重稀土	选矿	20%
		铍、锂、锆、锶、铷、铯、铌、钽、锗、镓、铟、铊、铪、铼、镉、硒、碲	原矿或者选矿	2%~10%
非金属矿	矿物类	高岭土	原矿或者选矿	1%~6%

第 7 章 其他税类

续表

税 目			征税对象	税 率
非金属矿		石灰岩	原矿或者选矿	1%~6%或者每吨（或者每立方米）1~10元
		磷	原矿或者选矿	3%~8%
		石墨	原矿或者选矿	3%~12%
		萤石、硫铁矿、自然硫	原矿或者选矿	1%~8%
	矿物类	天然石英砂、脉石英、粉石英、水晶、工业用金刚石、冰洲石、蓝晶石、硅线石（矽线石）、长石、滑石、刚玉、菱镁矿、颜料矿物、天然碱、芒硝、钠硝石、明矾石、砷、硼、碘、溴、膨润土、硅藻土、陶瓷土、耐火黏土、铁矾土、凹凸棒石黏土、海泡石黏土、伊利石黏土、累托石黏土	原矿或者选矿	1%~12%
		叶蜡石、硅灰石、透辉石、珍珠岩、云母、沸石、重晶石、毒重石、方解石、蛭石、透闪石、工业用电气石、白垩、石棉、蓝石棉、红柱石、石榴子石、石膏	原矿或者选矿	2%~12%
		其他黏土（铸型用黏土、砖瓦用黏土、陶粒用黏土、水泥配料用黏土、水泥配料用红土、水泥配料用黄土、水泥配料用泥岩、保温材料用黏土）	原矿或者选矿	1%~5%或者每吨（或者每立方米）0.1~5元
	岩石类	大理岩、花岗岩、白云岩、石英岩、砂岩、辉绿岩、安山岩、闪长岩、板岩、玄武岩、片麻岩、角闪岩、页岩、浮石、凝灰岩、黑曜岩、霞石正长岩、蛇纹岩、麦饭石、泥灰岩、含钾岩石、含钾砂页岩、天然油石、橄榄岩、松脂岩、粗面岩、辉长岩、辉石岩、正长岩、火山灰、火山渣、泥炭	原矿或者选矿	1%~10%
		砂石	原矿或者选矿	1%~5%或者每吨（或者每立方米）0.1~5元
	宝石类	宝石、玉石、宝石级金刚石、玛瑙、黄玉、碧玺	原矿或者选矿	4%~20%

续表

税 目		征税对象	税 率
水气矿产	二氧化碳气、硫化氢气、氦气、氡气	原矿	2%~5%
	矿泉水	原矿	1%~20%或者每立方米1~30元
盐	钠盐、钾盐、镁盐、锂盐	选矿	3%~15%
	天然卤水	原矿	3%~15%或者每吨（或者每立方米）1~10元
	海盐		2%~5%

《资源税税目税率表》中规定实行幅度税率的，其具体适用税率由省、自治区、直辖市人民政府统筹考虑该应税资源的品位、开采条件以及对生态环境的影响等情况，在《资源税税目税率表》规定的税率幅度内提出，报同级人民代表大会常务委员会决定，并报全国人民代表大会常务委员会和国务院备案。

《资源税税目税率表》中规定征税对象为原矿或者选矿的，应当分别确定具体适用税率。

纳税人开采或者生产不同税目应税产品的，应当分别核算不同税目应税产品的销售额或者销售数量；未分别核算或者不能准确提供不同税目应税产品的销售额或者销售数量的，从高适用税率。纳税人开采或者生产同一税目下适用不同税率应税产品的，应当分别核算不同税率应税产品的销售额或者销售数量，未分别核算或者不能准确提供不同税率应税产品的销售额或者销售数量的，从高适用税率。

除中央直属和跨省（区、市）水力发电取用水（税额0.005元/千瓦时）外，水资源税由试点省份省级人民政府在最低平均税额基础上，分类确定具体适用税额。

3. 资源税应纳税额的计算

资源税的应纳税额，按照从价定率或者从量定额的办法，分别以应税产品的销售额乘以纳税人具体适用的比例税率或者以应税产品的销售数量乘以纳税人具体适用的定额税率计算。

1）从价计征

$$应纳税额 = 应税产品的销售额 \times 适用税率$$

（1）销售额的确定。①资源税应税产品的销售额，按照纳税人销售应税产品向购买方收取的全部价款确定，不包括增值税税款。②计入销售额中的相关运杂费用，凡取得增值税发票或者其他合法有效凭据的，准予从销售额中扣除。相关运杂费用，是指应税产品从坑口或者洗选（加工）地到车站、码头或者购买方指定地点的运输费用、建设基金以及随运销产生的装卸、仓储、港杂费用。

（2）纳税人申报的应税产品销售额明显偏低并且无正当理由的、有自用应税产品行为而无销售额的，主管税务机关可以按下列方法和顺序确定其应税产品销售额：

①按纳税人最近时期同类产品的平均销售价格确定；

②按其他纳税人最近时期同类产品的平均销售价格确定；
③按后续加工非应税产品销售价格，减去后续加工环节的成本利润后确定；
④按产品组成计税价格确定。组成计税价格为

$$组成计税价格＝成本×(1+成本利润率)/(1-资源税税率)$$

公式中的成本利润率由省、自治区、直辖市税务机关确定。
⑤按其他合理方法确定。

2）从量计征

$$应纳税额＝应税产品的销售数量×适用税率(单位税额)$$

应税产品的销售数量，包括纳税人开采或者生产应税产品的实际销售数量和视同销售的自用数量。纳税人不能准确提供应税产品销售数量或移送使用数量的，以应税产品的产量或主管税务机关确定的折算比换算成的数量为计征资源税的销售数量。

水资源税实行从量计征，除水力发电和火力发电贯流式（不含循环式）冷却使用水以外，按照实际取用水量作为计税依据计算纳税。

3）准予扣减外购应税产品的购进金额或购进数量的规定

（1）纳税人以外购原矿与自采原矿混合为原矿销售，或者以外购选矿产品与自产选矿产品混合为选矿产品销售的，在计算应税产品销售额或者销售数量时，直接扣减外购原矿或者外购选矿产品的购进金额或者购进数量。

（2）纳税人以外购原矿与自采原矿混合洗选加工为选矿产品销售的，在计算应税产品销售额或者销售数量时，按照下列方法进行扣减：

$$准予扣减的外购应税产品购进金额（数量）＝外购原矿购进金额（数量）×$$
$$(本地区原矿适用税率/本地区选矿产品适用税率)$$

不能按照上述方法计算扣减的，按照主管税务机关确定的其他合理方法进行扣减。

【例7-1】 2023年4月，甲矿业公司购进铁原矿，取得增值税专用发票，注明金额200万元。甲公司将其与自采铁原矿混合洗选加工为铁选矿进行销售，本月取得不含增值税销售额600万元。已知当地铁原矿资源税税率为4%、铁选矿资源税税率为2%。计算甲公司应纳资源税税额。

解析：
应纳资源税税额＝(600-200×4%/2%)×2%＝4(万元)

4. 资源税税收优惠

1）免征规定

（1）开采原油和在油田范围以内运输原油过程中用于加热的原油、天然气；
（2）煤炭开采企业由于安全生产需要抽采的煤成（层）气。

2) 减征规定

（1）从低丰度油气田开采的原油、天然气，减征20%。

（2）高含硫天然气、三次采油和从深水油气田开采的原油、天然气，从衰竭期矿山开采的矿产品，减征30%。

（3）稠油、高凝油，减征40%。

（4）自2014年12月1日至2023年8月31日，充填开采置换出来的煤炭，减征50%。

（5）自2022年1月1日至2024年12月31日，由省、自治区、直辖市人民政府根据本地区实际情况，以及宏观调控需要确定，对增值税小规模纳税人、小型微利企业和个体工商户可以在50%的税额幅度内减征资源税（不含水资源税）。

5. 资源税征收管理

1）纳税义务发生时间

（1）纳税人销售应税产品，其纳税义务发生时间为收讫销售款或者取得索取销售款凭据的当日。

（2）纳税人自产自用应税产品的纳税义务发生时间为移送使用应税产品的当日。

2）纳税期限

资源税按月或者按季申报缴纳；不能按固定期限计算缴纳的，可以按次申报缴纳。

纳税人按月或者按季申报缴纳的，应当自月度或者季度终了之日起15日内，向税务机关办理纳税申报并缴纳税款；按次申报缴纳的，应当自纳税义务发生之日起15日内，向税务机关办理纳税申报并缴纳税款。

3）纳税地点

（1）纳税人应当在矿产品的开采地或者海盐的生产地的税务机关申报缴纳资源税。

（2）海上开采的原油和天然气资源税由海洋石油税务管理机构征收管理。

7.1.2 土地增值税法

1. 土地增值税概述

土地增值税是以纳税人转让国有土地使用权、地上的建筑物及其附着物（房地产）所取得的增值额为征税对象，依照规定税率征收的一种税。征收土地增值税增强了政府对房地产开发和交易市场的调控，有利于抑制土地投机获取暴利的行为，能够进一步完善税制，增加国家的财政收入。

现行《中华人民共和国土地增值税暂行条例》是国务院于1993年12月13日发布的，自1994年1月1日起在全国范围内开始施行。2019年7月，财政部会同国家税务总局发布了《中华人民共和国土地增值税法（征求意见稿）》，向全社会公开征求相关意见，广泛凝聚社会共识，推进土地增值税立法工作。

2. 土地增值税基本法规

1) 土地增值税的纳税人

土地增值税的纳税义务人为转让国有土地使用权、地上的建筑物及其附着物（房地产）并取得收入的单位和个人。其范围比较广：不论是企业单位、事业单位、国家机关、社会团体等法人单位，还是个体工商户或者自然人，不论是内资企业还是外资企业，不论其经济性质如何，只要有偿转让房地产并取得收入，就是土地增值税的纳税义务人。

2) 土地增值税的征税范围

土地增值税是对转让国有土地使用权、地上的建筑物及其附着物（房地产）并取得收入的行为征税。国有土地是指按国家法律规定属于国家所有的土地；地上的建筑物是指建于土地上的一切建筑物及地上地下的各种附属设施；附着物是指附着于土地上的不能移动或一经移动即遭受损坏的物品。此外，通过继承、赠与方式转让房地产的，虽然发生了转让行为，但未取得收入，不属于土地增值税的征税范围。

3) 土地增值税的税率

土地增值税采用四级超率累进税率，具体如表 7-2 所示。

表 7-2 土地增值税四级超率累进税率

级数	增值额与扣除项目金额的比率	税率/%	速算扣除系数/%
1	不超过 50% 的部分	30	0
2	超过 50% 未超过 100% 的部分	40	5
3	超过 100% 未超过 200% 的部分	50	15
4	超过 200% 的部分	60	35

3. 土地增值税应纳税额的计算

土地增值税按照纳税人转让房地产所取得的增值额和规定的税率计算其应纳税额。纳税人转让房地产所取得的增值额，即纳税人转让房地产取得的收入减除规定扣除项目金额后的余额。

1) 应税收入的确定

应税收入是指纳税人转让房地产所取得的全部价款及有关的经济利益，包括货币收入、实物收入以及其他收入。营改增后，纳税人转让房地产的土地增值税应税收入为不含增值税的收入。

2) 扣除项目的确定

准予纳税人从转让房地产收入中扣除的项目主要包括以下六项。

(1) 取得土地使用权所支付的金额。取得土地使用权所支付的金额包括：纳税人为取得土地使用权所支付的地价款和国家统一规定缴纳的有关费用。

(2) 房地产开发成本。房地产开发成本是指纳税人开发房地产项目实际发生的成本，主要包括：土地征用及拆迁补偿费；前期工程费；建筑安装工程费；基础设施费；公共配套设施费；开发间接费用。

(3) 房地产开发费用。房地产开发费用是指与房地产开发项目有关的销售费用、管理费用和财务费用。根据现行财务会计制度的规定，这3项费用作为房地产开发有关的期间费用，直接计入当期损益，不完全按房地产项目进行归集或分摊。

对于财务费用中的利息支出，凡能够按转让房地产项目计算分摊并提供金融机构证明的，允许据实扣除，但最高不能超过按商业银行同类同期贷款利率计算的金额。其他房地产开发费用，按取得土地使用权所支付的金额和房地产开发成本计算的金额之和的5%以内计算扣除。

凡不能按转让房地产项目计算分摊利息支出或不能提供金融机构证明的，房地产开发费用按取得土地使用权所支付的金额和房地产开发成本计算的金额之和的10%以内计算扣除。

上述规定的具体公式表述如下：

①纳税人能够按转让房地产项目计算分摊利息并能提供金融机构证明的，其允许扣除的房地产开发费用为

房地产开发费用=利息+(取得土地使用权所支付的金额+房地产开发成本)×5%以内
(注：利息最高不能超过按商业银行同类同期贷款利率计算的金额。)

②纳税人不能按转让房地产项目计算分摊利息支出或不能提供金融机构证明的，其允许扣除的房地产开发费用为

房地产开发费用=(取得土地使用权所支付的金额+房地产开发成本)×10%以内

上述计算扣除的具体比例，由各省、自治区、直辖市人民政府规定。

房地产开发企业既向金融机构借款，又有其他借款的，其房地产开发费用计算扣除时不能同时适用上述①、②两种办法。土地增值税清算时，已经计入房地产开发成本的利息支出应调整至财务费用中计算扣除。

(4) 旧房及建筑物的评估价格。旧房及建筑物的评估价格是指在转让已使用的房屋及建筑物时，由政府批准设立的房地产评估机构评定的重置成本价乘以成新度折扣率后的价格。评估价格须经当地税务机关确认。

(5) 与转让房地产有关的税金。与转让房地产有关的税金，是指在转让房地产时缴纳的印花税、城市维护建设税，教育费附加也可视同税金扣除。

企业经营活动发生的印花税等相关税费，记在"税金及附加"科目核算，因此，包括房地产开发企业在内的纳税人在转让房地产环节缴纳的印花税，可以计入扣除项目。营改增后，房地产开发企业实际缴纳的城市维护建设税、教育费附加，凡能够按清算项目准确计算的，允许据实扣除。凡不能按清算项目准确计算的，则按该清算项目预缴增值税时实际缴纳的城市维护建设税、教育费附加扣除。

土地增值税扣除项目涉及的增值税进项税额，允许在销项税额中计算抵扣的，不计入扣除项目；不允许在销项税额中计算抵扣的，可以计入扣除项目。

对于个人购入房地产再转让的，其在购入环节缴纳的契税，由于已经包含在旧房及建筑物的评估价格之中，因此，计征土地增值税时，不另作为"与转让房地产有关的税金"予以扣除。

(6) 财政部规定的其他扣除项目。对从事房地产开发的纳税人，可按土地使用权所支

付的金额和房地产开发成本之和,加计20%进行扣除。

3) 计算方法

土地增值税的计算公式:

$$应纳税额 = \sum(每级距的增值额 \times 适用税率)$$
$$= 增值额 \times 适用税率 - 扣除项目金额 \times 速算扣除系数$$

【例7-2】 2023年2月好易房地产开发有限公司转让一块已开发的土地使用权,取得转让收入21 000 000元,为取得土地使用权所支付金额800 000元,开发土地成本4 975 000元,可在税前扣除土地开发费用587 500元,应纳有关税费1 145 000元。计算该公司应纳土地增值税税额。

解析:

允许扣除项目金额 = 800 000 + 4 975 000 + 587 500 + 1 145 000 +
(800 000 + 4 975 000) × 20%
= 8 662 500(元)

增值额 = 21 000 000 - 8 662 500 = 12 337 500(元)

增值额占允许扣除项目金额的比率 = 12 337 500/8 662 500 = 142.42%

应纳土地增值税税额 = 12 337 500 × 50% - 8 662 500 × 15%
= 6 168 750 - 1 299 375
= 4 869 375(元)

4. 土地增值税税收优惠

(1) 纳税人建造普通标准住宅出售,增值额未超过扣除项目金额之和20%(含20%)的,免征土地增值税。

(2) 因国家建设需要依法征收、收回的房地产,免征土地增值税。因城市实施规划、国家建设需要而搬迁,由纳税人自行转让原房地产的,免征土地增值税。

(3) 对企事业单位、社会团体以及其他组织转让旧房作为改造安置住房房源或公租房房源,且增值额未超过扣除项目金额20%的,免征土地增值税。

(4) 自2008年11月1日起,对个人销售住房暂免征收土地增值税。

(5) 自2021年1月1日至2023年12月31日,国家为支持企业改制重组,优化市场环境,对以下项目暂不征收土地增值税。

①企业按照《中华人民共和国公司法》有关规定整体改制,包括非公司制企业改制为有限责任公司或股份有限公司,有限责任公司变更为股份有限公司,股份有限公司变更为有限责任公司,对改制前的企业将国有土地使用权、地上的建筑物及其附着物(房地产)转移、变更到改制后的企业,暂不征收土地增值税。

②按照法律规定或者合同约定,两个或两个以上企业合并为一个企业,且原企业投资主体存续的,对原企业将房地产转移、变更到合并后的企业,暂不征收土地增值税。

③按照法律规定或者合同约定,企业分设为两个或两个以上与原企业投资主体相同的企

业，对原企业将房地产转移、变更到分立后的企业，暂不征收土地增值税。

④单位、个人在改制重组时以房地产作价入股进行投资，对其将房地产转移、变更到被投资的企业，暂不征收土地增值税。

5. 土地增值税征收管理

1）纳税义务发生时间及纳税期限

根据《中华人民共和国土地增值税暂行条例》规定，纳税人应自转让房地产合同签订之日起 7 日内，向房地产所在地的主管税务机关办理纳税申报，并在税务机关核定的期限内缴纳土地增值税。

纳税人因经常发生房地产转让而难以在每次转让后申报的，可以定期进行纳税申报，具体期限由税务机关根据情况确定。纳税人选择定期申报方式的，应向纳税所在地的税务机关备案。定期申报方式确定后，一年之内不得变更。

根据《中华人民共和国土地增值税暂行条例实施细则》（财法字〔1995〕6 号）的规定，对纳税人在项目全部竣工结算前转让房地产取得的收入可以预征土地增值税。具体办法由各省、自治区、直辖市税务局根据当地情况制定。因此，对纳税人预售房地产所取得的收入，当地税务机关规定预征土地增值税的，纳税人应当到主管税务机关办理纳税申报，并按规定比例预交，待办理决算后，多退少补；当地税务机关规定不预征土地增值税的，也应在取得收入时先到税务机关登记或备案。

对实行预征办法的地区，除保障性住房外，东部地区省份预征率不得低于 2%，中部和东北地区省份不得低于 1.5%，西部地区省份不得低于 1%，各地要根据不同类型房地产确定适当的预征率。

2）纳税地点

土地增值税的纳税人应向房地产所在地主管税务机关办理纳税申报，并在税务机关核定的期限内缴纳土地增值税。房地产所在地，是指房地产的坐落地。纳税人转让房地产坐落在两个或两个以上地区的，应按房地产所在地分别申报纳税。

7.1.3 城镇土地使用税法

1. 城镇土地使用税概述

城镇土地使用税是以开证范围内土地为征税对象，以实际占用的土地面积为计税依据，按规定税额对拥有土地使用权的单位和个人征收的一种税。城镇土地使用税的征收，一方面是为了促使纳税人合理利用城镇土地，另一方面也是为了调节不同地区、不同地段之间的土地级差收入，提高土地使用效益，以加强有关部门对土地的管理。

2006 年 12 月 31 日，国务院颁布了《中华人民共和国城镇土地使用税暂行条例》，自 2007 年 1 月 1 日起施行。此后，2011 年、2013 年、2019 年又先后对该暂行条例进行了第二次、第三次、第四次修订。

2. 城镇土地使用税基本法规

1) 城镇土地使用税的纳税人

凡是在城市、县城、建制镇、工矿区范围内使用土地的单位和个人，均为城镇土地使用税的纳税义务人。这里所称的单位，包括国有企业、集体企业、私营企业、股份制企业、外商投资企业、外国企业，以及其他企业和事业单位、社会团体、国家机关、军队及其他单位；所称的个人，包括个体工商户及其他个人。

具体包括：

(1) 拥有土地使用权的单位和个人。

(2) 拥有土地使用权的单位和个人不在土地所在地的，其土地的实际使用人和代管人为纳税人。

(3) 土地使用权未确定或权属纠纷未解决的，其实际使用人为纳税人。

(4) 土地使用权共有的，共有各方都是纳税人，由共有各方分别纳税。

2) 城镇土地使用税的征税范围

我国城镇土地归国家所有，单位和个人占用或拥有土地使用权，必须依法纳税。目前城镇土地使用税的征税范围为城市（包括市区和郊区）、县城、建制镇、工矿区。

3) 城镇土地使用税的税率

城镇土地使用税采用地区差别幅度定额税率，按大、中、小城市和县城、建制镇、工矿区分别规定每平方米土地年应纳税额，具体每平方米应税土地的年税额如下：

(1) 大城市 1.5~30 元；

(2) 中等城市 1.2~24 元；

(3) 小城市 0.9~18 元；

(4) 县城、建制镇、工矿区 0.6~12 元。

大、中、小城市以公安部门登记在册的非农业正式户口人数为依据。市区及郊区非农业人口总计在 50 万以上的，为大城市；市区及郊区非农业人口总计在 20 万~50 万的，为中等城市；市区及郊区非农业人口总计在 20 万以下的，为小城市。

各省、自治区、直辖市人民政府，可以在规定的税额幅度内，根据市政建设状况、经济繁荣程度等条件，确定所辖地区的适用税额幅度。经济落后地区可以适当降低税额，但降低额不得超过上述规定最低税额的 30%。经济发达地区土地使用税的适用税额标准可以适当提高，但须报经财政部批准。

3. 城镇土地使用税应纳税额的计算

城镇土地使用税的应纳税额依据纳税人实际占用的土地面积和适用单位税额计算。

1) 计税依据

城镇土地使用税以纳税人实际占用的土地面积（每平方米）为计税依据。纳税人实际占用的土地面积按下列办法确定：

(1) 凡有由省、自治区、直辖市人民政府确定的单位组织测定土地面积的，以测定的面积为准。

（2）尚未组织测量，但纳税人持有政府部门核发的土地使用证书的，以证书确认的土地面积为准。

（3）尚未核发土地使用证书的，应由纳税人申报土地面积，据以纳税，待核发土地使用证书以后再作调整。

（4）对在城镇土地使用税征税范围内单独建造的地下建筑用地，按规定征收城镇土地使用税。其中，已取得地下土地使用权证的，按土地使用权证确认的土地面积计算应征税款；未取得地下土地使用权证或地下土地使用权证上未标明土地面积的，按地下建筑垂直投影面积计算应征税款。

2）计算方法

城镇土地使用税按纳税人实际占用的土地面积，依照规定税额按年计算，其计算公式为

$$年应纳税额 = 实际占用的应税土地面积 \times 适用单位税额$$

【例7-3】远大公司实际占用的土地面积为11 000平方米，当地政府规定的城镇土地使用税每平方米年税额14元。请计算该公司全年应纳城镇土地使用税税额。

解析：

年应纳城镇土地使用税税额 = 11 000×14 = 154 000（元）

4. 城镇土地使用税税收优惠

1）基本免征规定

下列土地免征城镇土地使用税：

（1）国家机关、人民团体、军队自用的土地；

（2）由国家财政部门拨付事业经费的单位自用的土地；

（3）宗教寺庙、公园、名胜古迹自用的土地；

（4）市政街道、广场、绿化地带等公共用地；

（5）直接用于农、林、牧、渔业的生产用地；

（6）经批准开山填海整治的土地和改造的废弃土地，从使用的月份起免缴城镇土地使用税5~10年；

（7）免税单位无偿使用纳税单位的土地（如公安、海关等单位使用铁路、民航等单位的土地），免征城镇土地使用税。

2）特殊减免规定

（1）自2019年1月1日至2023年12月31日，对城市公交站场、道路客运站场、城市轨道交通系统运营用地，免征城镇土地使用税。

（2）自2019年1月1日至2023年12月31日，对国家级、省级科技企业孵化器、大学科技园和国家备案众创空间自用以及无偿或通过出租等方式提供给在孵对象使用的房产、土地，免征城镇土地使用税。

（3）自2019年1月1日至2023年12月31日，对农产品批发市场、农贸市场（包括自有和承租）专门用于经营农产品的土地，暂免征城镇土地使用税。对同时经营其他产品的

农产品批发市场和农贸市场使用的土地,按其他产品与农产品交易场地面积的比例确定征免城镇土地使用税。

(4) 自 2019 年 1 月 1 日至 2023 年 12 月 31 日,对公租房建设期间用地及公租房建成后占地,免征城镇土地使用税。在其他住房项目中配套建设公租房,按公租房建筑面积占总建筑面积的比例免征建设、管理公租房涉及的城镇土地使用税。

(5) 自 2019 年 6 月 1 日至 2025 年 12 月 31 日,为社区提供养老、托育、家政等服务的机构自有或其通过承租、无偿使用等方式取得并用于提供社区养老、托育、家政服务的土地,免征城镇土地使用税。

(6) 自 2022 年 1 月 1 日至 2024 年 12 月 31 日,由省、自治区、直辖市人民政府根据本地区实际情况,以及宏观调控需要确定,对增值税小规模纳税人、小型微利企业和个体工商户可以在 50% 的税额幅度内减征城镇土地使用税。

(7) 自 2023 年 1 月 1 日至 2027 年 12 月 31 日,对物流企业自有(包括自用和出租)或承租的大宗商品仓储设施用地,减按所属土地等级适用税额标准的 50% 计征城镇土地使用税。

5. 城镇土地使用税征收管理

1) 纳税义务发生时间

(1) 纳税人购置新建商品房,自房屋交付使用之次月起计征城镇土地使用税。

(2) 纳税人购置存量房,自办理房产权属转移、变更登记手续,房地产权属登记机关签发房屋权属证书之次月起计征城镇土地使用税。

(3) 纳税人出租、出借房产,自交付出租、出借房产之次月起计征城镇土地使用税。

(4) 以出让或转让方式有偿取得土地使用权的,应由受让方从合同约定交付土地时间的次月起缴纳城镇土地使用税;合同未约定交付土地时间的,由受让方从合同签订的次月起缴纳城镇土地使用税。

(5) 为避免对一块土地同时征收耕地占用税和城镇土地使用税,税法规定,凡是缴纳了耕地占用税的,自批准征收之日起满 1 年时缴纳城镇土地使用税。

(6) 纳税人新征用的非耕地,自批准征用次月起缴纳城镇土地使用税。

(7) 通过招标、拍卖、挂牌方式取得的建设用地,不属于新征用的耕地,纳税人应按照《财政部 国家税务总局关于房产税城镇土地使用税有关政策的通知》(财税〔2006〕186 号)第二条规定,从合同约定交付土地时间的次月起缴纳城镇土地使用税;合同未约定交付土地时间的,从合同签订的次月起缴纳城镇土地使用税。

2) 纳税期限

城镇土地使用税按年计算,分期缴纳。缴纳期限由省、自治区、直辖市人民政府确定。各省、自治区、直辖市税务机关结合当地情况,一般分别确定按月、季、半年或 1 年等不同的期限缴纳。

3) 纳税地点

城镇土地使用税在土地所在地缴纳,由土地所在的税务机关征收。

纳税人的土地不属于同一省、自治区、直辖市管辖的,由纳税人分别向土地所在地的税务机关缴纳土地使用税；在同一省、自治区、直辖市管辖范围内的，纳税人跨地区使用的土地，其纳税地点由各省、自治区、直辖市地方税务局确定。

> 【想一想】
>
> 物流企业大宗商品仓储设施用地如何缴纳土地使用税？

7.1.4 耕地占用税法

1. 耕地占用税概述

耕地占用税是对中华人民共和国境内占用耕地建设建筑物、构筑物或者从事非农业建设的单位和个人，就其实际占用的耕地面积为计税依据而征收的一种税。征收耕地占用税，对于保护国土资源，促进农业可持续发展，强化耕地管理，保护农民的切身利益，具有十分重要的意义。

1987年4月1日，国务院发布了《中华人民共和国耕地占用税暂行条例》，2007年12月1日，对该暂行条例进行了重新修订。2018年12月29日，第十三届全国人民代表大会常务委员会第七次会议通过了《中华人民共和国耕地占用税法》，耕地占用税的立法是我国税收法定进程中一项重要的成果。

2. 耕地占用税基本法规

1）耕地占用税的纳税人

在中华人民共和国境内占用耕地建设建筑物、构筑物或者从事非农业建设的单位和个人，为耕地占用税的纳税人。

经申请批准占用耕地的，纳税人为农用地转用审批文件中标明的建设用地人；农用地转用审批文件中未标明建设用地人的，纳税人为用地申请人；未经批准占用耕地的，纳税人为实际用地人。

2）耕地占用税的征税范围

耕地占用税的征税范围为中华人民共和国境内被占用的耕地。耕地，是指用于种植农作物的土地。具体而言，下列占地行为应缴纳耕地占用税：

（1）纳税人因建设项目施工或者地质勘查临时占用耕地的。临时占用耕地，是指经自然资源主管部门批准，在一般不超过2年内临时使用耕地并且没有修建永久性建筑物的行为。

（2）占用园地、林地、草地、农田水利用地、养殖水面、渔业水域滩涂以及其他农用地建设建筑物、构筑物或者从事非农业建设的。

需要注意的是，下列占地行为不征收耕地占用税：

（1）建设农田水利设施占用耕地的。

（2）建设直接为农业生产服务的生产设施所占用园地、林地、草地、农田水利用地、养殖水面、渔业水域滩涂以及其他农用地。

3) 耕地占用税的税率

耕地占用税采用定额税率，实行有幅度的地区差别税额。具体税额幅度如下：

（1）人均耕地不超过1亩的地区（以县、自治县、不设区的市、市辖区为单位，下同），每平方米为10~50元；

（2）人均耕地超过1亩但不超过2亩的地区，每平方米为8~40元；

（3）人均耕地超过2亩但不超过3亩的地区，每平方米为6~30元；

（4）人均耕地超过3亩的地区，每平方米为5~25元。

各省、自治区、直辖市耕地占用税适用税额的平均水平，不得低于本法所附《各省、自治区、直辖市耕地占用税平均税额表》（财政部 国家税务总局令第49号）规定的平均税额。在人均耕地低于0.5亩的地区，省、自治区、直辖市可以根据当地经济发展情况，适当提高耕地占用税的适用税额，但提高的部分不得超过上述确定的适用税额的50%。具体适用税额按照上述规定的程序确定。占用基本农田的，应当按照上述确定的当地适用税额，加按150%征收。

3. 耕地占用税应纳税额的计算

耕地占用税以纳税人实际占用耕地的面积为计税依据，以每平方米为计税单位，按适用的定额税率计税，应纳税额为纳税人实际占用的耕地面积乘以适用税额。

其计算公式为

$$应纳税额 = 实际占用耕地面积(平方米) \times 适用单位税额$$

【例7-4】某市一家企业新占用2 000平方米耕地用于厂房建设，所占用耕地适用的定额税率为每平方米10元。问该企业应纳耕地占用税的税额。

解析：

应纳耕地占用税税额 = 2 000×10 = 20 000（元）

4. 耕地占用税税收优惠

（1）军事设施、学校、幼儿园、社会福利机构、医疗机构占用耕地，免征耕地占用税。

（2）农村居民在规定用地标准以内占用耕地新建自用住宅，按照当地适用税额减半征收耕地占用税；其中农村居民经批准搬迁，新建自用住宅占用耕地不超过原宅基地面积的部分，免征耕地占用税。

（3）农村烈士遗属、因公牺牲军人遗属、残疾军人以及符合农村最低生活保障条件的农村居民，在规定用地标准以内新建自用住宅，免征耕地占用税。

（4）铁路线路、公路线路、飞机场跑道、停机坪、港口、航道、水利工程占用耕地，减按每平方米2元的税额征收耕地占用税。

（5）自2022年1月1日至2024年12月31日，由省、自治区、直辖市人民政府根据本地区实际情况，以及宏观调控需要确定，对增值税小规模纳税人、小型微利企业和个体工商户可以在50%的税额幅度内减征耕地占用税。

5. 耕地占用税征收管理

1) 纳税义务发生时间

耕地占用税的纳税义务发生时间为纳税人收到自然资源主管部门办理占用耕地手续的书面通知的当日。未经批准占用耕地的，耕地占用税纳税义务发生时间为自然资源主管部门认定的纳税人实际占用耕地的当日。

2) 纳税期限

纳税人应当自纳税义务发生之日起 30 日内申报缴纳耕地占用税。自然资源主管部门凭耕地占用税完税凭证或者免税凭证和其他有关文件发放建设用地批准书。纳税人改变原占地用途，不再属于免征或减征情形的，应自改变用途之日起 30 日内申报补缴税款，补缴税款按改变用途的实际占用耕地面积和改变用途时当地适用税额计算。

3) 纳税地点

纳税人占用耕地或其他农用地，应当在耕地或其他农用地所在地申报纳税。

7.2 财产与行为税类

7.2.1 房产税法

1. 房产税概述

房产税是以房屋为征税对象，以房屋的计税余值或租金收入为计税依据，向房屋产权所有人征收的一种财产税。征收房产税有利于筹集地方财政收入，加强房产管理，提高房屋的使用效益，配合和推动城市住房制度改革。

1986 年 9 月 15 日，国务院颁布了《中华人民共和国房产税暂行条例》，各省、自治区、直辖市政府根据条例规定，先后制定了实施细则。2011 年 1 月 8 日，国务院令第 588 号对房产税暂行条例进行了修改。

2. 房产税基本法规

1) 房产税的纳税人

房产税的纳税人是指在我国城市、县城、建制镇和工矿区（不包括农村）内拥有房屋产权的单位和个人，具体包括产权所有人、承典人、房产代管人或者使用人。具体规定如下：

（1）产权属于国家所有的，其经营管理的单位为纳税义务人；产权属于集体和个人所有的，集体单位和个人为纳税义务人。

（2）产权出典的，承典人为纳税义务人。

（3）产权所有人、承典人不在房产所在地的，或者产权未确定以及租典纠纷尚未解决的，房产代管人或者使用人为纳税人。

2) 房产税的征税范围

房产税的征税范围为城市、县城、建制镇和工矿区的房屋，不包括农村。具体规定如下：

（1）城市是指经国务院批准设立的市，征税范围为市区和郊区。

（2）县城是指未设立建制镇的县人民政府所在地。

（3）建制镇是指经省、自治区、直辖市人民政府批准设立的建制镇，征税范围为镇人民政府所在地，不包括所辖的行政村。

（4）工矿区是指工商业比较发达、人口比较集中、符合国务院规定的建制镇标准但尚未设立建制镇的大中型工矿企业所在地。开征房产税的工矿区须经省人民政府批准。

3) 房产税的税率

房产税采用比例税率。分为从价计征和从租计征两种税率。

（1）以房产计税余值为依据从价计征的，税率为 1.2%。

（2）以房产租金为依据从租计征的，税率为 12%。

自 2008 年 3 月 1 日起，对个人出租住房，不区分用途，按 4% 的税率征收房产税。对企事业单位、社会团体以及其他组织按市场价格向个人出租用于居住的住房，减按 4% 的税率征收房产税。

3. 房产税应纳税额的计算

房产税应纳税额的计算分为两种，从价计征的计算和从租计征的计算。

1) 从价计征

计算公式为

$$应纳税额 = 房产原值 \times (1 - 扣除比例) \times 1.2\%$$

对于纳税人经营自用的房屋从价计征，以房产原值一次减除 10%～30% 后的余值为计税依据。各地扣除比例由当地省、自治区、直辖市人民政府确定。

房产原值是指纳税人按照企业会计制度的规定，在企业账簿"固定资产"科目中记载的房屋原价。房产原值应包括与房屋不可分割的各种附属设备或一般不单独计算价值的配套设施。纳税人对原有房屋进行改建、扩建的，要相应增加房屋的原值。如果没有房产原值作为计价依据的，由房产所在地税务机关参考同类房产核定。

【想一想】

房屋附属设备和配套设施是否计入房产原值计征房产税？暖气、卫生、通风、照明、煤气、电梯等设备是否包含在内？

2) 从租计征

计算公式为

$$应纳税额 = 租金收入 \times 12\%$$

对于纳税人出租的房屋从租计征，以房产的租金收入为计税依据。租金收入包括货币收入和实物收入，不含增值税。

【例7-5】强盛贸易公司2022年自有3栋住房，其中1栋用于生产经营，房产原值为20 000 000元，按照当地政府规定允许减除25%后的余值计征房产税。另外2栋用于出租，年租金收入为1 600 000元，请计算该企业2022年应纳房产税税额。

解析：
经营自用房产应纳税额=20 000 000×(1-25%)×1.2%=180 000(元)
租金收入应纳税额=1 600 000×12%=192 000(元)
2022年应纳房产税税额=180 000+192 000=372 000(元)

4. 房产税税收优惠

(1) 国家机关、人民团体、军队自用的房产。
(2) 由国家财政部门拨付事业经费的单位自用的房产。
(3) 宗教寺庙、公园、名胜古迹自用的房产。
(4) 个人拥有非营业用的房产。
(5) 自2019年1月1日至2023年12月31日，对农产品批发市场、农贸市场（包括自有和承租）专门用于经营农产品的房产、土地，暂免征收房产税。对同时经营其他产品的，按其他产品与农产品交易场地面积的比例确定征免房产税。
(6) 自2019年1月1日至2023年12月31日，对为高校学生提供住宿服务，按照国家规定的收费标准收取住宿费的高校学生公寓免征房产税。
(7) 自2022年1月1日至2024年12月31日，由省、自治区、直辖市人民政府根据本地区实际情况，以及宏观调控需要确定，对增值税小规模纳税人、小型微利企业和个体工商户可以在50%的税额幅度内减征房产税。

5. 房产税征收管理

1) 纳税义务发生时间

(1) 纳税人将原有房产用于生产经营的，从生产经营之月起，计征房产税。
(2) 纳税人将自建房屋用于生产经营的，从建成之日次月起，计征房产税。
(3) 纳税人委托施工企业建设房屋的，从办理验收手续之日次月起，计征房产税。
(4) 纳税人购置新建商品房的，自房屋交付使用之日次月起，计征房产税。
(5) 纳税人购置存量房的，自办理房产权属转移、变更登记手续，房地产权属登记机关签发房屋权属证书之日次月起，计征房产税。
(6) 纳税人出租、出借房产，自交付出租、出借房产之日次月起，计征房产税。
(7) 房地产开发企业自用、出租、出借本企业建造的商品房，自房屋使用或交付之日次月起，计征房产税。

2) 纳税期限

房产税实行按年征收、分期缴纳，具体纳税期限由省、自治区、直辖市人民政府确定。各地一般按季或半年征收。

3) 纳税地点

房产税在房产所在地缴纳。房产不在同一地方的纳税人,应按房产的坐落地点分别向房产所在地的税务机关缴纳。

【思政案例】

开征房地产税是土地财政缩水之后的大势所趋

近日,财政部原部长楼继伟发表了题为《新时代中国财政体系改革和未来展望》的文章,其中指出,房地产税是最适合作为地方税的税种,在经济转为正常增长后应尽快开展试点。

清华大学五道口金融学院不动产金融研究中心研究专员郭翔宇、余健在2023年2月的一份研究报告中指出,受到地产行业下行等的影响,在地方财政中占有重要地位的土地出让金收入,在2022年前10个月同比下降25.9%。伴随着房地产行业底层逻辑的转变,地方土地财政机制将难以持续,亟须寻求转型之路。在探索更加可持续、长效的"开源"途径方面,推进房地产税改革是一个重要转型方向。

"相较于土地出让而言,房地产税属于税收性财政来源,对于地方政府更为健康与可持续。"上述报告指出,在地方土地财政效用逐渐弱化的情况下,房地产税的展开一方面可有效补充地方政府财政,另一方面是其对于房地产行业平稳健康发展、促进社会共同富裕等具有更大意义。

国泰君安证券地产行业分析师谢皓宇也认为,一方面,土地财政后继乏力,未来依靠土地出让金收入增长有一定困难;另一方面,用需求端改革来对行业发展进行市场化的调控,有利于行业走向合理竞争,获得有效需求才是行业的长期成长之路。

中指研究院市场研究总监陈文静向第一财经记者表示,房地产税立法和改革是一项中长期任务,在一定程度上有利于抑制房产投机属性,中长期有利于稳定房地产市场发展。

但事实上,房地产税的开征亦并非易事,立法进程面临着许多难点和痛点。

陈文静指出,从推行条件来看,当前全国统一住房评估标准和系统尚未建立,税务部门亦缺乏对个人和家庭直接税的征税经验和基础,现行税收征收管理法需要适当调整修改,配套的税收制度改革亦需要同步推进。房地产税制设计也存在征收范围、免征条件、税率水平、税收优惠等难点。

楼继伟在上述文章中重点提及了房地产的估值问题,并认为这是立法过程中的最大难点。他指出,房地产估值一般来说应以完全产权、交易不受限的住宅为估值基准。而现实中大量的住房产权不完整、交易受限。解决的办法是以基准估值为基础做适当的打折,但问题十分复杂。还有其他诸多难点,导致该税法探索了多年仍未正式成法。2021年10月全国人大常委会授权国务院在部分地区开展房地产税改革试点,可以说是带着问题探索。

(资料来源:郑娜. 时隔一年房地产税又被提及,房地产业内热议再起 [EB/OL]. (2023-03-28). https://www.yicai.com/news/101714482.html.)

7.2.2 车船税法

1. 车船税概述

车船税是对在中华人民共和国境内属于《中华人民共和国车船税法》中《车船税税目税额表》所规定的车辆、船舶的所有人或者管理人征收的一种税。征收车船税，有利于配合有关部门加强对车辆、船舶的管理，保证交通安全和促进交通运输的发展，对增加地方财政收入具有重要的意义。

2011年2月25日，全国人大通过了《中华人民共和国车船税法》，同年12月国务院公布了《中华人民共和国车船税法实施条例》，两者均自2012年1月1日起施行。2019年，我国对《中华人民共和国车船税法》和《中华人民共和国车船税法实施条例》进行了修正。

2. 车船税基本法规

1) 车船税的纳税人

在中华人民共和国境内属于本法所附《车船税税目税额表》规定的车辆、船舶的所有人或者管理人，为车船税的纳税人，应当依照本法缴纳车船税。其中，所有人是指在我国境内拥有车船的单位和个人；管理人是指对车船具有管理使用权，但不具有所有权的单位。

2) 车船税的税目

车船税实行定额税率。国务院财政、税务主管部门可以根据实际情况，在《车船税税目税额表》规定的科目范围和税额幅度内，划分子税目，并明确车辆的子税目税额幅度和船舶的具体适用税额。车辆的具体适用税额由省、自治区、直辖市人民政府在规定的子税目税额幅度内确定。

车船税采用定额税率，即对征税的车船规定单位固定税额。车船税的税额也有所不同，见表7-3。

表7-3 车船税税目税额

税 目		计税单位	年基准税额	备 注
乘用车[按发动机汽缸容量（排气量）分档]	1.0升（含）以下的	每辆	60元至360元	核定载客人数9人（含）以下
	1.0升以上至1.6升（含）的		300元至540元	
	1.6升以上至2.0升（含）的		360元至660元	
	2.0升以上至2.5升（含）的		660元至1 200元	
	2.5升以上至3.0升（含）的		1 200元至2 400元	
	3.0升以上至4.0升（含）的		2 400元至3 600元	
	4.0升以上的		3 600元至5 400元	

续表

税	目	计税单位	年基准税额	备 注
商用车	客　车	每辆	480 元至 1 440 元	核定载客人数 9 人以上，包括电车
商用车	货　车	整备质量每吨	16 元至 120 元	包括半挂牵引车、三轮汽车和低速载货汽车等
挂车		整备质量每吨	按照货车税额的 50% 计算	
其他车辆	专用作业车	整备质量每吨	16 元至 120 元	不包括拖拉机
其他车辆	轮式专用机械车	整备质量每吨	16 元至 120 元	不包括拖拉机
摩托车		每辆	36 元至 180 元	
船舶	机动船舶	净吨位每吨	3 元至 6 元	拖船、非机动驳船分别按照机动船舶税额的 50% 计算
船舶	游　艇	艇身长度每米	600 元至 2 000 元	

（1）机动船舶，具体适用税额为：
①净吨位不超过 200 吨的，每吨 3 元；
②净吨位超过 200 吨但不超过 2 000 吨的，每吨 4 元；
③净吨位超过 2 000 吨但不超过 10 000 吨的，每吨 5 元；
④净吨位超过 10 000 吨的，每吨 6 元。
拖船按照发动机率每 1 千瓦折合净吨位 0.67 吨计算征收车船税。
（2）游艇，具体适用税额为：
①艇身长度不超过 10 米的游艇，每米 600 元；
②艇身长度超过 10 米但不超过 18 米的游艇，每米 900 元；
③艇身长度超过 18 米但不超量 30 米的游艇，每米 1 300 元；
④艇身长度超过 30 米的游艇，每米 2 000 元；
⑤辅助动力帆艇，每米 600 元；
游艇艇身长度是指游艇的总长。

3. 车船税应纳税额的计算

1）计税依据

车船税的计税依据按车船的种类和性能，分别确定为辆、净吨位、整备质量和艇身长度 4 种。
（1）乘人汽车、电车、摩托车，以"辆"为计税依据。
（2）载货汽车、专用作业车、三轮汽车、低速载货汽车按整备质量（吨）。
（3）船舶按净吨位（吨）。
（4）游艇按艇身长度（米）。

前文所涉及的排气量、整备质量、核定载客人数、净吨位、千瓦、艇身长度，以车船登记管理部门核发的车船登记证书或者行驶证所载数据为准。纳税人未按规定到车船管理部门办理登记手续的，上述计税标准以车船出厂合格证明或者进口凭证相应项目所载数额为准；不能提供车船出厂合格证明或者进口凭证的，由地方主管税务机关根据车船自身状况并参照同类车船核定。

车辆自重尾数在0.5吨以下（含0.5吨）的，按照0.5吨计算；超过0.5吨的，按照1吨计算。车辆自重是指机动车的整备质量。船舶净吨位尾数在0.5吨以下（含0.5吨）的不予计算，超过0.5吨的按照1吨计算。1吨以下的小型车船，一律按照1吨计算。

2）计算方法

（1）车船税各税目应纳税额的计算公式为

$$应纳税额 = 计税单位 \times 适用年基准税额$$

（2）购置的新车船，购置当年的应纳税额自纳税义务发生的当月起按月计算。其计算公式为

$$应纳税额 = （年应纳税额/12） \times 应纳税月份数$$

已缴纳车船税的车、船在同一纳税年度内办理转让过户的，不另纳税，也不退税。

【例7-6】威马物流公司2022年年初拥有载货汽车40辆，每辆自重4吨，载客汽车21辆，其中：大型6辆、中型5辆、小型10辆。2022年2月10日新购入小型载客汽车4辆。该企业所在省规定载货汽车年纳税额自重每吨50元，载客汽车年纳税额：大型每辆500元、中型每辆450元、小型每辆420元。请计算该公司2022年全年应交纳的车船税税额。

解析：

应纳车船税税额 = 40×4×50+6×500+5×450+10×420+4×420×11/12

= 8 000+3 000+2 250+4 200+1 540

= 18 990(元)

4. 车船税税收优惠

1）基本减免

（1）捕捞、养殖渔船免征车船税。

（2）军队、武装警察部队专用的车船免征车船税。

（3）警用车船免征车船税。

（4）依照法律规定应当予以免税的外国驻华使领馆、国际组织驻华代表机构及其有关人员的车船免征车船税。

（5）悬挂应急救援专用号牌的国家综合性消防救援车辆和国家综合性消防救援船舶免征车船税。

（6）对节约能源、使用新能源的车船可以减征或者免征车船税；对受严重自然灾害影

响纳税困难以及有其他特殊原因确需减税、免税的，可以减征或者免征车船税。

（7）为了支持公共交通事业的发展，由省级人民政府根据当地实际情况可以对公共交通车船，农村居民拥有并主要在农村地区使用的摩托车、三轮汽车和低速载货汽车定期减征或者免征车船税。

2）特殊减免

（1）临时入境的外国车船和香港特别行政区、澳门特别行政区、台湾地区的车船，不征收车船税。

（2）按照规定缴纳船舶吨税的机动船舶，自车船税法实施之日起5年内免征车船税。

（3）依法不需要在车船登记管理部门登记的机场、港口、铁路站场内部行驶或者作业的车船，自车船税法实施之日起5年内免征车船税。

5. 车船税征收管理

1）纳税义务发生时间

车船税的纳税义务发生时间为取得车船所有权或者管理权的当月。纳税人未按照规定到车船管理部门办理应税车船登记手续的，以车船购置发票所载开具时间的当月作为车船税的纳税义务发生时间。对未办理车船登记手续且无法提供车船购置发票的，由地方主管税务机关核定纳税义务发生时间。

已向交通、航运管理机关报废的车船，当年不发生车船税的纳税义务。在一个纳税年度内，已完税的车船被盗抢、报废、灭失的，纳税人可以凭有关管理机关出具的证明和完税证明，向纳税所在地的地方主管税务机关申请退还自被盗抢、报废、灭失月份起至该纳税年度终了期间的税款。已办理退税的被盗抢车船，失而复得的，纳税人应当从公安机关出具相关证明的当月起计算缴纳车船税。

2）纳税期限

车船税按年申报，分月计算，一次性缴纳。纳税年度为公历1月1日至12月31日，具体纳税期限由省、自治区、直辖市人民政府确定。车船税的纳税期限授权给省、自治区、直辖市人民政府确定，主要是基于以下两点考虑：第一，纳税人拥有并且使用的车船种类不一、数量各异，其应纳税额也相差较大。所以，对那些使用车船数过多、应纳税额大、一次性缴纳有困难的纳税人，应允许其按季度或者按半年缴纳。第二，各地情况不同，授权地方自行确定，有利于税收征管。

3）纳税地点

车船税的纳税地点为车船的登记地或车船税扣缴义务人的所在地。依法不需要办理登记的车船，车船税的纳税地点为车船的所有人或者管理人的所在地。车船的所有人或管理人未缴纳车船税的，使用人应当代为缴纳车船税。

从事机动车交通事故责任强制保险业务的保险机构为机动车车船税的扣缴义务人，应依法代收代缴车船税。机动车车船税的扣缴义务人在依法代收代缴车船税时，纳税人不得拒绝。

7.2.3 契税法

1. 契税概述

契税是以所有权发生转移的不动产为征税对象,向产权承受人征收的一种财产税。开征契税能够增加地方财政收入,为地方经济建设积累资金,调控房地产市场,规范市场交易行为,保障产权人的合法权益,减少产权纠纷。

我国现行的《中华人民共和国契税法》是2020年8月11日由第十三届全国人民代表大会常务委员会第二十一次会议通过,自2021年9月1日起施行。

2. 契税基本法规

1) 契税的纳税人

契税的纳税人是在我国境内转移土地、房屋权属时承受权属的单位和个人。这里所称"单位",是企业单位、事业单位、国家机关、军事单位和社会团体以及其他组织,包括外国企业。所称"个人",是个体经营者及其他个人,包括中国公民和外籍人员。

2) 契税的征税对象

契税的征税对象是在中华人民共和国境内发生使用权转移的土地、发生所有权转移的房屋,具体包括以下几项内容:

(1) 国有土地使用权出让。国有土地使用权出让是指土地使用者向国家交付土地使用权出让费用,国家将国有土地使用权在一定年限内转让给土地使用者的行为。

(2) 土地使用权的转让。土地使用权的转让是指土地使用者以出售、赠予、交换或者其他方式将土地使用权转移给其他单位和个人的行为。土地使用权的转让不包括农村集体土地承包经营权和土地经营权的转移。

(3) 房屋买卖。房屋买卖是指房屋所有者将其房屋出售,由承受者交付货币、实物、无形资产或者其他经济利益的行为。以下3种情况被视为房屋买卖:

①以房屋抵债或者以实物交换房屋。
②以房产作投资或作股权转让。
③买房拆料或翻建新房,应照章征收契税。

(4) 房屋赠予。房屋赠予是指房屋所有者将其房屋无偿转让给受赠者的行为。

(5) 房屋交换。房屋交换是指房屋所有者之间相互交换房屋的行为。

3) 契税的税率

契税的税率为3%~5%,在这个范围内,具体的适用税率,由省、自治区、直辖市人民政府在规定的幅度内按照本地区的实际情况确定,并报财政部和国家税务总局备案。

3. 契税应纳税额的计算

1) 计税依据

(1) 国有土地使用权出让、土地使用权出售、房屋买卖,以成交价格为计税依据。成交价格是指土地、房屋权属转移合同确定的价格,包括承受者应交付的货币、实物、无形资产或者其他经济利益对应的价款。

（2）土地使用权赠予、房屋赠予的计税依据，由征收机关参照当地土地使用权出售、房屋买卖的市场价格核定。

（3）土地使用权交换、房屋交换的计税依据为所交换的土地使用权、房屋的价格差额。也就是说，在交换价格相等时，免征契税；在交换价格不相等时，由多交付的一方缴纳契税。

（4）以划拨方式取得土地使用权，经批准转让房地产的计税依据为补交的土地使用权出让费用或者土地收益，由房地产转让者补缴契税。

2）计算方法

契税应纳税额计算公式：

$$应纳税额 = 计税依据 \times 适用税率$$

【例7-7】 甲公司2022年7月购买一幢办公楼，成交价格为108万元（不含增值税）。当地规定的契税税率为3%。计算甲公司购买办公楼应纳的契税。

解析：

应纳契税税额 = 108×3% = 3.24（万元）

4. 契税税收优惠

1）基本免征规定

（1）国家机关、事业单位、社会团体、军事单位承受土地、房屋权属用于办公、教学、医疗、科研和军事设施的，免征契税。

（2）非营利性的学校、医疗机构、社会福利机构承受土地、房屋权属用于办公、教学、医疗、科研、养老、救助，免征契税。

（3）承受荒山、荒沟、荒滩土地使用权，并用于农、林、牧、渔业生产，免征契税。

（4）婚姻关系存续期间夫妻之间变更土地、房屋权属，免征契税。

（5）法定继承人通过继承承受土地、房屋权属，免征契税。

（6）依照法律规定应当予以免税的外国驻华使馆、领事馆和国际组织驻华代表机构承受的土地、房屋权属，免征契税。

2）特殊减免规定

（1）省、自治区、直辖市人民政府可以决定对下列情形免征或者减征契税，报同级人民代表大会常务委员会备案。

①因土地、房屋被县级以上人民政府征收、征用，重新承受土地、房屋权属。

②因不可抗力灭失住房，重新承受住房权属。

（2）城镇职工按规定第一次购买公有住房，免征契税。对个人购买普通住房，且该住房属于家庭（成员范围包括购房人、配偶以及未成年子女，下同）唯一住房的，减半征收契税。对个人购买90平方米及以下普通住房，且该住房属于家庭唯一住房的，减按1%的税率征收契税。

（3）对公租房经营管理单位购买住房作为公租房，免征契税。

(4) 个人首次购买 90 平方米以下改造安置住房，按 1% 的税率计征契税；购买超过 90 平方米，但符合普通住房标准的改造安置住房，按法定税率减半计征契税。对个人购买家庭第二套改善性住房，面积为 90 平方米及以下的，减按 1% 的税率征收契税；面积为 90 平方米以上的，减按 2% 的税率征收契税。

(5) 2021 年 1 月 1 日至 2023 年 12 月 31 日企事业单位改制重组的契税政策。

①企业改制。企业按照《中华人民共和国公司法》有关规定整体改制，包括非公司制企业改制为有限责任公司或股份有限公司，有限责任公司变更为股份有限公司，股份有限公司变更为有限责任公司，原企业投资主体存续并在改制（变更）后的公司中所持股权（股份）比例超过 75%，且改制（变更）后公司承继原企业权利、义务的，对改制（变更）后公司承受原企业土地、房屋权属，免征契税。

②事业单位改制。事业单位按照国家有关规定改制为企业，原投资主体存续并在改制后企业中出资（股权、股份）比例超过 50% 的，对改制后企业承受原事业单位土地、房屋权属，免征契税。

③公司合并。两个或两个以上的公司，依照法律规定、合同约定，合并为一个公司，且原投资主体存续的，对合并后公司承受原合并各方土地、房屋权属，免征契税。

④公司分立。公司依照法律规定、合同约定分立为两个或两个以上与原公司投资主体相同的公司，对分立后公司承受原公司土地、房屋权属，免征契税。

⑤企业破产。企业依照有关法律法规规定实施破产，债权人（包括破产企业职工）承受破产企业抵偿债务的土地、房屋权属，免征契税；对非债权人承受破产企业土地、房屋权属，凡按照《中华人民共和国劳动法》等国家有关法律法规政策妥善安置原企业全部职工规定，与原企业全部职工签订服务年限不少于三年的劳动用工合同的，对其承受所购企业土地、房屋权属，免征契税；与原企业超过 30% 的职工签订服务年限不少于三年的劳动用工合同的，减半征收契税。

⑥资产划转。对承受县级以上人民政府或国有资产管理部门按规定进行行政性调整、划转国有土地、房屋权属的单位，免征契税。同一投资主体内部所属企业之间土地、房屋权属的划转，包括母公司与其全资子公司之间，同一公司所属全资子公司之间，同一自然人与其设立的个人独资企业、一人有限公司之间土地、房屋权属的划转，免征契税。母公司以土地、房屋权属向其全资子公司增资，视同划转，免征契税。

⑦债权转股权。经国务院批准实施债权转股权的企业，对债权转股权后新设立的公司承受原企业的土地、房屋权属，免征契税。

⑧划拨用地出让或作价出资。以出让方式或国家作价出资（入股）方式承受原改制重组企业、事业单位划拨用地的，不属上述规定的免税范围，对承受方应按规定征收契税。

⑨公司股权（股份）转让。在股权（股份）转让中，单位、个人承受公司股权（股份），公司土地、房屋权属不发生转移，不征收契税。

5. 契税征收管理

1) 纳税义务发生时间

契税的纳税义务发生时间是纳税人签订土地、房屋权属转移合同的当天，或者纳税人取得其他具有土地、房屋权属转移合同性质凭证的当天。

纳税义务发生时间的具体情形包括：

(1) 因人民法院、仲裁委员会的生效法律文书或者监察机关出具的监察文书等发生土地、房屋权属转移的，纳税义务发生时间为法律文书等生效的当日。

(2) 因改变土地、房屋用途等情形应当缴纳已经减征、免征契税的，纳税义务发生时间为改变有关土地、房屋用途等情形的当日。

(3) 因改变土地性质、容积率等土地使用条件需补缴土地出让价款，应当缴纳契税的，纳税义务发生时间为改变土地使用条件的当日。

发生上述情形，按规定不再需要办理土地、房屋权属登记的，纳税人应自纳税义务发生之日起90日内申报缴纳契税。

2）纳税期限

纳税人应当在依法办理土地、房屋权属登记手续前申报缴纳契税。纳税人办理纳税事宜后，税务机关应当开具契税完税凭证。纳税人办理土地、房屋权属登记，不动产登记机构应当查验契税完税、减免税凭证或者有关信息。未按照规定缴纳契税的，不动产登记机构不予办理土地、房屋权属登记。

3）纳税地点

契税在土地、房屋所在地的征收机关缴纳。

【想一想】

个人购买家庭唯一住房或家庭第二套改善型住房，如何征收契税？法院判决转让不动产产权无效的，是否应退还已征契税？

7.2.4 印花税法

1. 印花税概述

印花税是对经济活动和经济交往中书立、使用的应税经济凭证所征收的一种税。因其采用在应税凭证上粘贴印花税票的方法缴纳税款而得名。征收印花税，便于及时了解纳税人开展各项经济活动的真实情况，有利于配合其他经济管理部门贯彻实施各项经济法规。

现行印花税的基本法律规范是2021年6月10日由第十三届全国人民代表大会常务委员会第二十九次会议通过的《中华人民共和国印花税法》，自2022年7月1日起施行。

2. 印花税基本法规

1）印花税的纳税人

印花税的纳税义务人，是在中国境内书立应税凭证、进行证券交易，以及在中华人民共和国境外书立在境内使用的应税凭证的单位和个人。具体包括：立合同人、立账簿人、立据人、证券交易人、使用人。

所称应税凭证，是指《中华人民共和国印花税法》所附《印花税税目税率表》列明的合同、产权转移书据和营业账簿；所称证券交易，是指转让在依法设立的证券交易所、国务院批准的其他全国性证券交易场所交易的股票和以股票为基础的存托凭证。

2）印花税的征税范围

（1）书面合同。主要包含以下11大类合同：借款合同、融资租赁合同、买卖合同、承揽合同、建设工程合同、运输合同、技术合同、租赁合同、保管合同、仓储合同以及财产保险合同。

（2）产权转移书据。主要包括：土地使用权出让书据、股权转让书据、土地使用权、房屋等建筑物和构筑物所有权转让书据，以及商标专用权、著作权、专利权、专有技术使用权转让书据。

（3）营业账簿。印花税税目中的营业账簿归属于财务会计账簿，是按照财务会计制度的要求设置的反映生产经营活动的账册。按照营业账簿反映的内容不同，在税目中分为记载资金的账簿和其他营业账簿两类。按照《中华人民共和国印花税法》规定，目前只对资金账簿反映生产经营单位"实收资本"和"资本公积"的金额征收印花税，对其他营业账簿不征收印花税。

（4）证券交易。证券交易，是指证券持有人依照交易规则，将证券转让给其他投资者的行为。证券交易除应遵循《中华人民共和国证券法》规定的证券交易规则，还应同时遵守《中华人民共和国民法典》规则。证券交易一般分为两种形式：一种形式是上市交易，是指证券在证券交易所集中交易挂牌买卖；另一种形式是上柜交易，是指公开发行但未达上市标准的证券在证券柜台交易。

3）印花税的税率

现行的印花税税率采用比例税率，分为5个档次，即0.05‰、0.25‰、0.3‰、0.5‰和1‰。具体见表7-4。

表7-4 印花税税目税率

税目		税率	备注
合同（指书面合同）	借款合同	借款金额的万分之零点五	指银行业金融机构、经国务院银行业监督管理机构批准设立的其他金融机构与借款人的借款（不包括同业拆借）合同
	融资租赁合同	租金的万分之零点五	
	买卖合同	价款的万分之三	指动产买卖合同（不包括个人书立的动产买卖合同）
	承揽合同	报酬的万分之三	
	建设工程合同	价款的万分之三	
	运输合同	运输费用的万分之三	指货运合同和多式联运合同（不包括管道运输合同）
	技术合同	价款、报酬或者使用费的万分之三	不包括专利权、专有技术使用权转让书据
	租赁合同	租金的千分之一	
	保管合同	保管费的千分之一	
	仓储合同	仓储费的千分之一	
	财产保险合同	保险费的千分之一	不包括再保险合同

续表

税目		税率	备注
产权转移书据	土地使用权出让书据	价款的万分之五	转让包括买卖（出售）、继承、赠予、互换、分割
	土地使用权、房屋等建筑物和构筑物所有权转让书据（不包括土地承包经营权和土地经营权转移）	价款的万分之五	
	股权转让书据（不包括应缴纳证券交易印花税的）	价款的万分之五	
	商标专用权、著作权、专利权、专有技术使用权转让书据	价款的万分之三	
营业账簿		实收资本（股本）与资本公积金合计金额的万分之二点五	
证券交易		成交金额的千分之一	

3. 印花税应纳税额的计算

1）计税依据

印花税的计税依据为各种应税凭证上所记载的金额。具体规定如下。

（1）应税合同的计税依据，为合同所列的金额，不包括列明的增值税税款。

（2）应税产权转移书据的计税依据，为产权转移书据所列的金额，不包括列明的增值税税款。

（3）应税营业账簿的计税依据，为账簿记载的实收资本（股本）、资本公积合计金额。

（4）证券交易的税依据，为成交金额。

2）计算方法

印花税的应纳税额按照计税依据乘以适用税率计算，计算公式为

$$应纳税额 = 应税凭证和证券交易计税金额 \times 适用税率$$

【例7-8】2022年8月，鼎鑫服饰有限责任公司开业，与甲衬衫厂签订了承揽合同，双方协商加工费68万元；该企业2022年度记载资金的账簿记载实收资本2 000万元、资本公积200万元，计算该企业应缴纳的印花税税额。

解析：

企业订立承揽合同：应纳印花税税额 = 680 000×0.3‰ = 204（元）

企业记载资金的账簿：应纳印花税税额 = (20 000 000+2 000 000)×0.25‰ = 5 500（元）

4. 印花税税收优惠

1) 基本免征规定

下列凭证免征印花税：

(1) 应税凭证的副本或者抄本。

(2) 依照法律规定应当予以免税的外国驻华使馆、领事馆和国际组织驻华代表机构为获得馆舍书立的应税凭证。

(3) 中国人民解放军、中国人民武装警察部队书立的应税凭证。

(4) 农民、家庭农场、农民专业合作社、农村集体经济组织、村民委员会购买农业生产资料或者销售农产品书立的买卖合同和农业保险合同。

(5) 无息或者贴息借款合同、国际金融组织向中国提供优惠贷款书立的借款合同。

(6) 财产所有权人将财产赠与政府、学校、社会福利机构、慈善组织书立的产权转移书据。

(7) 非营利性医疗卫生机构采购药品或者卫生材料书立的买卖合同。

(8) 个人与电子商务经营者订立的电子订单。

2) 特殊减免规定

(1) 对经国务院和省级人民政府决定或批准进行的国有（含国有控股）企业改组改制而发生的上市公司国有股权无偿转让行为，暂不征收证券（股票）交易印花税。

(2) 对经县级以上人民政府及企业主管部门批准改制的企业因改制签订的产权转移书据免征印花税。

(3) 对投资者（包括个人和机构）买卖封闭式证券投资基金免征印花税。

(4) 对国家石油储备基地第一期项目建设过程中涉及的印花税予以免征。

(5) 自2019年1月1日至2023年12月31日，对与高校学生签订的高校学生公寓租赁合同免征印花税。

(6) 对改造安置住房经营管理单位、开发商与改造安置住房有关的印花税以及购买安置住房的个人涉及的印花税予以免征。在商品住房等开发项目中配套建造安置住房的，依据政府部门出具的相关材料、房屋征收（拆迁）补偿协议或棚户区改造合同（协议），按改造安置住房建筑面积占总建筑面积的比例免征印花税。

(7) 自2018年1月1日起至2023年12月31日，对金融机构与小型、微型企业签订的借款合同免征印花税。

(8) 自2022年1月1日至2024年12月31日，由省、自治区、直辖市人民政府根据本地区实际情况，依据"六税两费"优惠政策相关规定，对增值税小规模纳税人、小型微利企业和个体工商户可以在50%的税额幅度内减征印花税（不含证券交易印花税）。

【政策提示】

根据2023年第39号《财政部 税务总局关于减半征收证券交易印花税的公告》，为活跃资本市场、提振投资者信心，自2023年8月28日起，证券交易印花税实施减半征收。

5. 印花税征收管理

1) 纳税义务发生时间

印花税的纳税义务发生时间为纳税人书立应税凭证或者完成证券交易的当日。证券交易印花税的扣缴义务发生时间为证券交易完成的当日。

2) 纳税期限

印花税按季、按年或者按次计征。实行按季、按年计征的,纳税人应当自季度、年度终了之日起15日内申报缴纳税款。实行按次计征的,纳税人应当自纳税义务发生之日起15日内申报缴纳税款。证券交易印花税按周解缴。证券交易印花税的扣缴义务人应当自每周终了之日起5日内申报解缴税款以及银行结算的利息。

3) 纳税地点

(1) 纳税人为单位的、应当向其机构所在地的主管税务机关申报缴纳印花税;

(2) 纳税人为个人的,应当向应税凭证书立地或者纳税人居住地的主管税务机关申报缴纳印花税;

(3) 不动产产权发生转移的,纳税人应当向不动产所在地的主管税务机关申报缴纳印花税;

(4) 纳税人为境外单位或者个人,在境内有代理人的,以其境内代理人为扣缴义务人在境内没有代理人的,由纳税人自行申报缴纳印花税,具体办法由国务院税务主管部门规定;

(5) 证券登记结算机构为证券交易印花税的扣缴义务人,应当向其机构所在地的主管税务机关申报解缴税款以及银行结算的利息。

4) 缴纳方法

印花税可以采用粘贴印花税票或者由税务机关依法开具其他完税凭证的方式缴纳。印花税票粘贴在应税凭证上的,由纳税人在每枚税票的骑缝处盖戳注销或者画销。印花税票由国务院税务主管部门监制。

【想一想】

未履行的合同能否退印花税?企业与自然人今年7月签订了借款合同,要交印花税吗?多个当事人共同签订应税合同,如何计算应纳税额?

7.3 特定目的税类

7.3.1 城市维护建设税法

1. 城市维护建设税概述

城市维护建设税是对缴纳增值税、消费税的单位和个人,按其实际缴纳的增值税和消费税税额为计税依据而征收的一种税。城市维护建设税是一种具有附加税性质的税种,按

"二税"税额附加征收,其本身没有特定的、独立的课税对象。开征城市维护建设税的目的主要是筹集城市公用事业和公共设施的维护、建设资金,加快城市开发建设步伐。

2020年8月11日,第十三届全国人民代表大会常务委员会第二十一次会议通过《中华人民共和国城市维护建设税法》,该法自2021年9月1日起施行。1985年2月8日国务院发布的《中华人民共和国城市维护建设税暂行条例》同时废止。

2. 城市维护建设税基本法规

1) 城市维护建设税的纳税人

城市维护建设税的纳税人,是指缴纳增值税、消费税的单位与个人,包括国有企业、集体企业、私营企业、股份制企业、行政事业单位、军事单位、社会团体、个体工商户及其他个人,自2010年12月1日起外商投资企业、外国企业和外籍人员开始征收城市维护建设税。城市维护建设税的扣缴义务人为负有增值税、消费税扣缴义务的单位和个人,在扣缴增值税、消费税的同时扣缴城市维护建设税。

2) 城市维护建设税的征税范围

城市维护建设税的征税范围包括城市市区、县城、建制镇,以及税法规定征收增值税、消费税的其他地区。城市、县城、建制镇的范围,应以行政区划为标准,不能随意扩大或缩小各自行政区域的管辖范围。对进口货物或者境外单位和个人向境内销售劳务、服务、无形资产缴纳的增值税、消费税税额,不征收城市维护建设税。

3) 城市维护建设税的税率

城市维护建设税实行地区差别比例税率,根据纳税人所在地的不同,设置了三档地区差别税率:

(1) 纳税人所在地在市区的,税率为7%;
(2) 纳税人所在地在县城、镇的,税率为5%;
(3) 纳税人所在地不在市区、县城或者镇的,税率为1%。

城市维护建设税的适用税率应当按纳税人所在地的规定税率执行。但是,对以下两种情况,可按缴纳增值税和消费税所在地的规定税率就地缴纳城市维护建设税:

由受托方代扣代缴、代收代缴增值税和消费税的单位及个人,其代扣代缴、代收代缴的城市维护建设税按受托方所在地适用税率执行。

流动经营等无固定纳税地点的单位和个人,在经营地缴纳增值税和消费税的,其城市维护建设税的缴纳按经营地适用税率执行。

3. 城市维护建设税应纳税额的计算

1) 计税依据

城市维护建设税的计税依据是纳税人实际缴纳的增值税、消费税税额之和。

依法实际缴纳的"两税"税额,是指纳税人依照增值税、消费税相关法律法规和税收政策规定计算的应当缴纳的"两税"税额(不含因进口货物或境外单位和个人向境内销售劳务、服务、无形资产缴纳的"两税"税额),加上增值税免抵税额,扣除直接减免的"两税"税额和期末留抵退税退还的增值税税额后的金额。直接减免的"两税"税额,是指依照增值税、消费税相关法律法规和税收政策规定，直接减征或免征的"两税"税额，不包括实行先征后返、先征后退、即征即退办法退还的"两税"税额。另外，城市维护建设税计税依据不包括加收的滞纳金和罚款。

对于增值税小规模纳税人更正、查补此前按照一般计税方法确定的城市维护建设税计税依据，允许扣除尚未扣除完的留抵退税额。

2）计算方法

城市维护建设税的应纳税额计算公式如下：

应纳税额=（实际缴纳的增值税税额+实际缴纳的消费税税额）×适用税率

【例7-9】某县城东方公司2023年4月缴纳增值税320 000元，消费税300 000元，计算该公司2023年4月应缴纳的城市维护建设税。

解析：

应纳城市维护建设税税额=（320 000+300 000）×5%=31 000（元）

4. 城市维护建设税税收优惠

（1）城市维护建设税随增值税、消费税的减免而减免。对出口产品退还增值税、消费税的，不退还已缴纳的城市维护建设税。对增值税，消费税"两税"实行先征后返、先征后退、即征即退办法的，除另有规定外，对随"两税"附征的城市维护建设税、一律不予退（返）还。

（2）对国家重大水利工程建设基金免征城市维护建设税。

（3）自2019年1月1日至2023年12月31日，实施扶持自主就业退役士兵创业就业城市维护建设税减免。

（4）自2019年1月1日至2025年12月31日，实施支持和促进重点群体创业就业城市维护建设税减免。

（5）自2022年1月1日至2024年12月31日，对增值税小规模纳税人、小型微利企业和个体工商户可以在50%的税额幅度内减征城市维护建设税。

5. 城市维护建设税征收管理

1）纳税义务发生时间

城市维护建设税纳税义务发生时间为缴纳增值税、消费税的当日。

城市维护建设税扣缴义务发生时间为扣缴增值税、消费税的当日。

2）纳税期限

城市维护建设税按月或者按季计征。不能按固定期限计征的，可以按次计征。实行按月或者按季计征的，纳税人应当于月度或者季度终了之日起15日内申报并缴纳税款。实行按次计征的，纳税人应当于纳税义务发生之日起15日内申报并缴纳税款。

3）纳税地点

城市维护建设税纳税地点为实际缴纳增值税、消费税的地点。

扣缴义务人应当向其机构所在地或者居住地的主管税务机关申报缴纳其扣缴的税款。

7.3.2 车辆购置税法

1. 车辆购置税概述

车辆购置税是以在中国境内购置的汽车、有轨电车、汽车挂车、排气量超过150毫升的摩托车为课税对象，在特定的环节向车辆购置者征收的一种税。车辆购置税是在交通部门收取的原车辆购置附加费基础上，通过"费改税"方式演变而来。征收车辆购置税有利于合理筹集交通基础设施建设基金，能在一定程度上缩小纳税主体的收入差距。

2018年12月29日，第十三届全国人民代表大会常务委员会第七次会议通过《中华人民共和国车辆购置税法》，并于2019年7月1日起施行，《中华人民共和国车辆购置税暂行条例》《车辆购置税征收管理办法》同时废止。

2. 车辆购置税基本法规

1）车辆购置税的纳税人

车辆购置税的纳税人，是在中华人民共和国境内购置汽车、有轨电车、汽车挂车、排气量超过150毫升摩托车的单位和个人。

单位，是指企业、行政单位、事业单位、军事单位、社会团体和其他单位；个人，是指个体工商户和自然人。

2）车辆购置税的征税范围

车辆购置税的征税范围，是指在中华人民共和国境内购置应税车辆的行为。具体包括以下几种情况。

(1) 购买自用，包括购买自用国产应税车辆和购买自用进口应税车辆。

(2) 进口自用，指直接进口或者委托代理进口自用应税车辆的行为，不包括境内购买的进口车辆。

(3) 受赠使用，受赠是指接受他人馈赠。对馈赠人而言，在缴纳车辆购置税前发生财产所有权转移后，应税行为一同转移，其不再是纳税人；而作为受赠人在接受自用后，就发生了应税行为，就要承担纳税义务。

(4) 自产自用，是指纳税人将自己生产的应税车辆作为最终消费品自己消费使用。

(5) 获奖自用，包括从各种奖励形式中取得并自用应税车辆的行为。

(6) 其他自用，指除上述以外其他方式取得并自用应税车辆的行为，如拍卖、抵债、走私、罚没等方式取得并自用的应税车辆。

车辆购置税的应税车辆包括汽车、有轨电车、汽车挂车、排气量超过150毫升的摩托车。地铁、轻轨等城市轨道交通车辆，装载机、平地机、挖掘机、推土机等轮式专用机械车，以及起重机（吊车）、叉车、电动摩托车，不属于应税车辆。

3）车辆购置税的税率

车辆购置税实行统一比例税率，税率为10%。

3. 车辆购置税应纳税额的计算

1) 计税依据

(1) 购买自用应税车辆计税依据的确定。纳税人购买自用应税车辆的计税价格,为纳税人实际支付给销售者的全部价款,不包括增值税税款。

$$计税价格=全部价款/(1+增值税税率或征收率)$$

(2) 进口自用应税车辆计税依据的确定。纳税人进口自用应税车辆的计税依据为组成计税价格。组成计税价格的计算公式为

$$组成计税价格=关税完税价格+关税+消费税$$
$$组成计税价格=(关税完税价格+关税)/(1-消费税税率)$$

公式中,关税完税价格是指海关核定的此类车型关税计税价格;关税是指由海关课征的进口车辆的关税。计算公式为

$$应纳关税=关税完税价格×关税税率$$

公式中,消费税是指进口车辆应由海关代征的消费税。计算公式为

$$应纳消费税=组成计税价格×消费税税率$$

(3) 自产、受赠、获奖或者以其他方式取得并自用应税车辆计税依据的确定。

①纳税人自产自用应税车辆的计税价格。纳税人自产自用应税车辆的计税价格,按照纳税人生产的同类应税车辆(车辆配置序列号相同的车辆)的销售价格确定,不包括增值税款;没有同类应税车辆销售价格的,按照组成计税价格确定。组成计税价格计算公式如下:

$$组成计税价格=成本×(1+成本利润率)$$

属于应征消费税的应税车辆,其组成计税价格中应加计消费税税额。上述公式中的成本利润率,由国家税务总局各省、自治区、直辖市和计划单列市税务局确定。

②纳税人以受赠、获奖或者其他方式取得自用应税车辆的计税价格。纳税人以受赠、获奖或者其他方式取得自用应税车辆的计税价格,按照购置应税车辆时相关凭证载明的价格确定,不包括增值税税款。其中,购置应税车辆时取得的相关凭证是指原车辆所有人购置或者以其他方式取得应税车辆时载明价格的凭证。无法提供相关车辆购置税凭证的,参照同类应税车辆市场平均交易价格确定其计税价格。原车辆所有人为车辆生产或者销售企业,未开具机动车销售统一发票的,按照车辆生产或者销售同类应税车辆的销售价格确定应税车辆的计税价格。无同类应税车辆销售价格的,按照组成计税价格确定应税车辆的计税价格。

根据《中华人民共和国车辆购置税法》第七条规定,纳税人申报的应税车辆计税价格明显偏低,又无正当理由的,由税务机关依照《中华人民共和国税收征收管理法》的规定核定其应纳税额。

2) 计算方法

车辆购置税实行从价定率的办法计算应纳税额。应纳税额的计算公式为

$$应纳税额 = 计税价格 \times 税率$$

> **【例 7-10】** 增值税一般纳税人谢某于 2022 年 12 月 28 日从 4S 店购买一辆轿车供自己使用,取得《机动车销售统一发票》,注明含增值税车价款 113 000 元,另支付车辆装饰费 300 元,取得增值税普通发票。请计算车辆购置税应纳税额。
>
> 解析:
>
> 应纳车辆购置税税额 = [113 000/(1+13%)] × 10% = 10 000(元)

4. 车辆购置税税收优惠

(1) 依照法律规定应当予以免税的外国驻华使馆、领事馆和国际组织驻华机构及其有关人员自用车辆免税。

(2) 中国人民解放军和中国人民武装警察部队列入装备订货计划的车辆免税。

(3) 悬挂应急救援专用号牌的国家综合性消防救援车辆免税。

(4) 设有固定装置的非运输专用作业车辆免税。

(5) 城市公交企业购置的公共汽电车辆免税。

(6) 农用三轮车免税。

(7) 中国妇女发展基金会"母亲健康快车"项目的流动医疗车免税。

(8) 自 2018 年 7 月 1 日至 2023 年 12 月 31 日,对购置挂车减半征收车辆购置税。

(9) 对购置日期在 2023 年 1 月 1 日至 2023 年 12 月 31 日内的新能源汽车,免征车辆购置税。对购置日期在 2024 年 1 月 1 日至 2025 年 12 月 31 日的新能源汽车免征车辆购置税,其中,每辆新能源乘用车免税额不超过 3 万元;对购置日期在 2026 年 1 月 1 日至 2027 年 12 月 31 日的新能源汽车减半征收车辆购置税,其中,每辆新能源乘用车减税额不超过 1.5 万元。

5. 车辆购置税征收管理

1) 纳税义务发生时间及纳税期限

车辆购置税的纳税义务发生时间为纳税人购置应税车辆的当日。购买自用应税车辆的为购买之日,即车辆相关价格凭证的开具日期。进口自用应税车辆的为进口之日,即《海关进口增值税专用缴款书》或者其他有效凭证的开具日期。自产、受赠、获奖或者以其他方式取得并自用应税车辆的为取得之日,即合同、法律文书或者其他有效凭证的生效或者开具日期。

纳税人应当自纳税义务发生之日起 60 日内申报缴纳车辆购置税。

2) 纳税地点

(1) 需要办理车辆登记的,向车辆登记地的主管税务机关申报纳税。

(2) 不需要办理车辆登记的,单位纳税人向其机构所在地的主管税务机关申报纳税,个人纳税人向其户籍所在地或者经常居住地的主管税务机关申报纳税。

3) 纳税申报

车辆购置税实行一车一申报制度。纳税人在办理纳税申报时应如实填写《车辆购置税纳税申报表》，同时提供车主身份证明、车辆价格证明、车辆合格证明及税务机关要求提供的其他资料的原件和复印件。主管税务机关应对纳税申报资料进行审核，确定计税依据，征收税款，核发完税证明。征税车辆在完税证明征税栏加盖车辆购置税征税专用章，免税车辆在完税证明免税栏加盖车辆购置税征税专用章。完税后，由税务机关保存有关复印件，并对已经办理纳税申报的车辆建立车辆购置税征收管理档案。

【政策提示】

上海市、江苏省、浙江省、宁波市四个地区自2020年2月1日起、其他地区自2020年6月1日起，纳税人购置应税车辆办理车辆购置税纳税申报时，以发票电子信息中的不含税价作为申报计税价格。纳税人依据相关规定提供其他有效价格凭证的情形除外。

7.3.3 烟叶税法

1. 烟叶税概述

烟叶税是以纳税人收购烟叶的收购金额为计税依据征收的一种税。征收烟叶税有利于地方筹集财政资金，通过税收手段对烟叶种植和收购，以及烟草行业的生产和经营实施必要的宏观调控。

现行烟叶税的法律规范是2017年12月27日第十二届全国人民代表大会常务委员会第三十一次会议通过的《中华人民共和国烟叶税法》，自2018年7月1日起施行。

2. 烟叶税基本法规

1）烟叶税的纳税人

在中华人民共和国境内收购烟叶的单位为烟叶税的纳税人，烟叶生产销售方不是烟叶税的纳税人，烟叶的收购方是烟叶税的纳税人。

2）烟叶税的征税对象

烟叶税的征税对象是烟叶。烟叶包括晾晒烟叶、烤烟叶。

3）烟叶税的税率

烟叶税实行比例税率，税率为20%。

3. 烟叶税应纳税额的计算

1）计税依据

烟叶税的计税依据是收购烟叶实际支付的价款总额。实际支付的价款总额，包括纳税人支付给烟叶生产销售单位和个人的烟叶收购价款和价外补贴。其中，价外补贴统一按烟叶收购价款的10%计算。

计税依据的计算公式如下：

$$实际支付的价款总额 = 收购价款 \times (1 + 10\%)$$

2）计算方法

烟叶税应纳税额按照纳税人收购烟叶的收购金额和规定的税率计算，其计算公式为

$$应纳税额 = 实际支付的价款总额 \times 税率$$

【例7-11】2023年5月，某烟草公司向烟农收购一批烟叶，收购价款为300万元（不含价外补贴），另外支付的价外补贴为烟叶收购价款的10%，烟叶税税率为20%，请计算该烟草公司应缴纳的烟叶税。

解析：

应纳烟叶税税额 = 300×(1+10%)×20% = 66(万元)

4. 烟叶税征收管理

1）纳税义务发生时间

烟叶税的纳税义务发生时间为纳税人收购烟叶的当天。

2）纳税期限

烟叶税按月计征，纳税人应当于纳税义务发生月终了之日起15日内申报并缴纳税款。

3）纳税地点

纳税人收购烟叶，应当向烟叶收购地的主管税务机关申报纳税。

7.3.4 环境保护税法

1. 环境保护税概述

环境保护税是以在中华人民共和国领域和中华人民共和国管辖的其他海域，直接向环境排放应税污染物的企业、事业单位和其他生产经营者为纳税人征收的一种税。是为了保护和改善环境，减少污染物排放，推进生态文明建设而征收的种税。

2016年12月25日，《中华人民共和国环境保护法》在第十二届全国人大常委会第二十次会议上获表决通过，并于2018年1月1日起实施。2018年10月26日，第十三届全国人民代表大会常务委员会第六次会议对环境保护税法进行了修正。

2. 环境保护税基本法规

1）环境保护税的纳税人

环境保护税的纳税人是在中华人民共和国领域和中华人民共和国管辖的其他海域，直接向环境排放应税污染物的企业、事业单位和其他生产经营者。

2）环境保护税的征税对象

环境保护税的征税对象为纳税人直接向环境排放的应税污染物。包括大气污染物、水污染物、固体废物和噪声4类污染物。

有下列情形之一的，不属于直接向环境排放污染物，不缴纳相应污染物的环境保护税：

(1) 企业事业单位和其他生产经营者向依法设立的污水集中处理、生活垃圾集中处理场所排放应税污染物的。

(2) 企业事业单位和其他生产经营者在符合国家和地方环境保护标准的设施、场所储存或者处置固体废物的。

(3) 禽畜养殖场依法对畜禽养殖废弃物进行综合利用和无害化处理的。

3) 环境保护税的税率

环境保护税实行从量征收,其税目税额具体见表7-5。

表7-5 环境保护税税目税额

税目		计税单位	税额	备注
大气污染物		每污染当量	1.2~12元	
水污染物		每污染当量	1.4~14元	
固体废物	煤矸石	每吨	5元	
	尾矿	每吨	15元	
	危险废物	每吨	1 000元	
	冶炼渣、粉煤灰、炉渣、其他固体废物（含半固体、液体废物）	每吨	25元	
噪声	工业噪声	超标1~3分贝	每月350元	1. 一个单位边界上有多处噪声超标,根据最高一处超标声级计算应纳税额;当沿边界长度超过100米有两个以上超标,按照两个单位计算应纳税额。 2. 一个单位有不同地点作业场所,应当分别计算应纳税额,合并计征。 3. 昼、夜均超标的环境噪声,昼、夜分别计算应纳税额,累计计征。 4. 声源一个月内超标不足15天的,减半计算应纳税额。 5. 夜间频繁突发和夜间偶然突发厂界噪声超标,按等效声级和峰值两种指标中超标分贝值高的一项计算应纳税额
		超标4~6分贝	每月700元	
		超标7~9分贝	每月1 400元	
		超标10~12分贝	每月2 800元	
		超标13~15分贝	每月5 600元	
		超标16分贝以上	每月11 200元	

3. 环境保护税应纳税额的计算

1) 计税依据

环境保护税的计税依据,按照下列方法确定:

(1) 应税大气污染物按照污染物排放量折合的污染当量数确定;

(2) 应税水污染物按照污染物排放量折合的污染当量数确定;

(3) 应税固体废物按照固体废物的排放量确定;

(4) 应税噪声按照超过国家规定标准的分贝数确定。

应税大气污染物、水污染物、固体废物的排放量和噪声的分贝数，按照下列方法和顺序计算：

纳税人安装使用符合国家规定和监测规范的污染物自动监测设备的，按照污染物自动监测数据计算；

纳税人未安装使用污染物自动监测设备的，按照监测机构出具的符合国家有关规定和监测规范的监测数据计算；

因排放污染物种类多等原因不具备监测条件的排污单位，按照国务院环境保护主管部门规定的排污系数、物料衡算方法计算；

不能按上述3项规定的方法计算的，按照省、自治区、直辖市人民政府生态环境主管部门规定的抽样测算的方法核定计算。

2）计算方法

环境保护税实行从量定额的办法计算应纳税额。应纳税额的计算公式如下：

(1) 应税大气污染物的应纳税额＝污染当量数×具体适用税额；
(2) 应税水污染物的应纳税额＝污染当量数×具体适用税额；
(3) 应税固体废物的应纳税额＝固体废物排放量×具体适用税额；
(4) 应税噪声的应纳税额为超过国家规定标准的分贝数对应的具体适用税额。

【例7-12】某企业2022年10月向大气直接排放二氧化硫160吨、氮氧化物228吨、烟尘45吨、一氧化碳20吨，该企业所在地区大气污染物的税额标准为1.2元/污染当量，该企业只有一个排放口。已知二氧化硫、氮氧化物的污染当量值均为0.95，烟尘污染当量值为2.18，一氧化碳污染当量值为16.7。请计算该企业10月大气污染物应缴纳的环境保护税（结果保留两位小数）。

解析：

第一步，计算各污染物的污染当量数。

二氧化硫：$160 \times 1\,000 / 0.95 = 168\,421.05$

氮氧化物：$228 \times 1\,000 / 0.95 = 240\,000$

烟尘：$45 \times 1\,000 / 2.18 = 20\,642.20$

一氧化碳：$20 \times 1\,000 / 16.7 = 1\,197.60$

第二步，按污染物的污染当量数排序：

氮氧化物（240 000）＞二氧化硫（168 421.05）＞烟尘（20 642.20）＞一氧化碳（1 197.60）

第三步，选取前三项污染物计算应纳税额：

氮氧化物：$240\,000 \times 1.2 = 288\,000$（元）

二氧化硫：$168\,421.05 \times 1.2 = 202\,105.26$（元）

烟尘：$20\,642.20 \times 1.2 = 24\,770.64$（元）

该企业10月应纳环境保护税税额＝288 000＋202 105.26＋24 770.64＝514 875.90（元）

4. 环境保护税税收优惠

1）免征规定

下列情况，暂予免征环境保护税：

（1）农业生产（不包括规模化养殖）排放应税污染物的；

（2）机动车、铁路机车、非道路移动机械、船舶和航空器等流动污染源排放应税污染物的；

（3）依法设立的城乡污水集中处理、生活垃圾集中处理场所排放相应应税污染物，不超过国家和地方规定的排放标准的；

（4）纳税人综合利用的固体废物，符合国家和地方环境保护标准的；

（5）国务院批准免税的其他情形。

2）减征规定

下列情况，暂予减征环境保护税：

（1）纳税人排放应税大气污染物或者水污染物的浓度值低于国家和地方规定的污染物排放标准30%的，减按75%征收环境保护税；

（2）纳税人排放应税大气污染物或者水污染物的浓度值低于国家和地方规定的污染物排放标准50%的，减按50%征收环境保护税。

5. 环境保护税征收管理

1）纳税义务发生时间

环境保护税纳税义务发生时间为纳税人排放应税污染物的当日。

2）纳税期限

环境保护税按月计算，按季申报缴纳。不能按固定期限计算缴纳的，可以按次申报缴纳。纳税人申报缴纳时，应当向税务机关报送所排放应税污染物的种类、数量，大气污染物、水污染物的浓度值，以及税务机关根据实际需要要求纳税人报送的其他纳税资料。

纳税人按季申报缴纳的，应当自季度终了之日起15日内，向税务机关办理纳税申报并缴纳税款。纳税人按次申报缴纳的，应当自纳税义务发生之日起15日内，向税务机关办理纳税申报并缴纳税款。

3）纳税地点

纳税人应当向应税污染物排放地的税务机关申报缴纳环境保护税，应税污染物排放地是指：

（1）应税大气污染物、水污染物排放口所在地；

（2）应税固体废物产生地；

（3）应税噪声产生地。

纳税人跨区域排放应税污染物，税务机关对税收征收管辖有争议的，由争议各方按照有利于征收管理的原则协商解决；不能协商一致的，报请共同的上级税务机关决定。

思考与练习

1. 谈一谈征收房产税的意义及改革方向。
2. 简述契税的征税对象,分析它与房产税的异同。
3. 请对土地增值税和城镇土地使用税进行比较分析。
4. 计算题。

1) 某煤矿企业当年外购原煤一批,取得增值税专用发票,注明不含税价款 200 万元。将外购原煤和自采原煤混合后销售,开具增值税专用发票,注明不含增值税价款 190 万元;当地省人民政府规定,原煤资源税税率为 3%。

要求:请计算该企业当月应缴纳的资源税。

2) 甲公司为位于市区的增值税一般纳税人,当年转让一栋自建的办公楼("营改增之前自建"),取得含税收入 9 000 万元,已按规定缴纳转让环节的有关税金。该办公楼造价为 800 万元,其中包含为取得土地使用权支付的地价款 300 万元、契税 9 万元以及按国家统一规定缴纳的其他有关费用 1 万元。经房地产评估机构评定,该办公楼重置成本价为 5 000 万元,成新度折扣率为五成,支付房地产评估费用 10 万元。甲公司转让办公楼选择"简易征收"方式。

要求:根据以上资料,回答下列问题:
(1) 计算该公司转让办公楼应纳增值税。
(2) 计算土地增值税时,可扣除转让环节税金。
(3) 计算土地增值税时,可扣除项目金额合计。
(4) 计算甲公司应纳土地增值税。

3) 某国有企业一幢房产原值为 600 000 元,已知房产税税率为 1.2%,当地规定的房产税扣除比例为 30%。该企业年度应缴纳的房产税税额为多少元?该企业对房产税如何进行会计处理。

▶自测习题及参考答案

第8章 税收征收管理法

学习目标

【知识目标】

通过本章的学习，了解税收征收管理法的内涵，熟悉税务登记、纳税申报及账簿、凭证管理的基本内容，掌握发票管理的具体要求；了解税款征收方式，明确税收保全、税收强制执行等征收措施；熟悉税务检查的基本程序与主要方法，了解违反税务管理的法律责任。

【能力目标】

能为企业办理税务登记，能进行增值税专用发票管理，具备辨别税收征纳是非对错的能力。

【价值目标】

引导学生作为征税主体应按程序依法依规征税，以人民为中心，为人民做好纳税服务；引导学生作为纳税主体应提高纳税意识，提高税收遵从度，做遵纪守法的纳税人。

思维导图

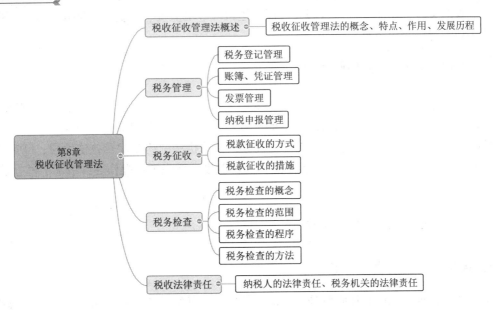

导入案例

2020年12月，江苏警税协同配合，成功破获某软件科技公司虚开发票案，抓获犯罪嫌疑人2人。经查,2019年7月以来,该公司控制人利用国家对软件产品增值税实际税负超3%部分即征即退的优惠政策,虚高软件产品价格向当地37家实体企业开具增值税专用发票3 518万元,同时与受票单位勾结,共同制作虚假材料骗取当地工信部门鼓励企业技术升级的财政补贴。截至案发,已有21家受票单位向政府申报政策补贴100余万元。请问:哪些情形应被认定为虚开发票?虚开发票应承担什么法律责任?

(资料来源:国家税务总局. 国家税务总局曝光8起虚开发票违法典型案例[EB/OL]. (2021-05-12) [2023-05-30]. http://www.chinatax.gov.cn/chinatax/n810219/n810780/c5164288/content.html.)

8.1 税收征收管理法概述

8.1.1 税收征收管理法的概念

税收征收管理是国家税务机关依照税收政策、法令、制度对税收分配全过程所进行的计划、组织、协调和监督控制的一种管理活动。税收征收管理法是指调整税收征收管理过程中所发生的社会关系的法律规范的总称。它包括国家权力机关制定的税收征收管理法律、国家权力机关授权行政机关制定的税收征收管理行政法规和有关税收征收管理的规章制度。税收征收管理法属于税收程序法,它是以规定税收实体法中所确定的权利义务的履行程序为主要内容的法律规范,是税法的有机组成部分。税收征收管理法不仅是纳税人全面履行纳税义务必须遵守的法律准则,也是税务机关履行征税职责的法律依据。

依据税收征收管理法的规定,依法由税务机关征收的各种税收的征收管理均适用该法。例如,增值税、消费税、企业所得税、个人所得税、土地增值税、房产税、车船税等。由海关负责征收的关税、船舶吨税以及海关代征的进口环节增值税、消费税的征收管理,依照法律行政法规的有关规定执行。

8.1.2 税收征收管理法的特点

税收征收管理法具有以下突出特点:①统一了对内税收和涉外税收的征收管理制度,实现了一切纳税人在适用税收征收管理法上的平等;②强化了税务机关的行政执法权,增强了税法的刚性,强化了税源管理;③完善了对税务机关的执法制约制度及执法手段;④完善了对纳税人合法权益的保护制度;⑤完善了法律责任制度,增强了可操作性,堵塞了税收漏洞;⑥确立了税务代理制度。

8.1.3 税收征收管理法的作用

1. 有利于加强税收征收管理

税收征收管理法是税收征收管理工作的法律依据,使征管工作有法可依,有利于税收职能的发挥。

2. 有利于规范税收征收和缴纳行为

税收征收管理法既为税务机关、税务人员依法行政提供标准和规范，税务机关、税务人员必须依照该法的规定进行税收征收，其一切行为都要依法进行，违者要承担法律责任，又为纳税人缴纳税款提供标准和规范，纳税人只有按照法律规定的程序和办法缴纳税款，才能更好地保障自身的权益。

3. 保障国家税收收入

税收征收管理法是税收征收管理的标准和规范。依据其从事税收征管，可以保证税收收入及时、足额入库。

4. 保护纳税人的合法权益

税收征收管理法要求征纳双方都依法行事，一方面可以维护国家的利益，另一方面可以保护纳税人的合法权益不受侵犯。纳税人只需按照国家税收法律、行政法规的规定缴纳税款，除此之外的任何其他款项都不需缴纳，保护了纳税人的合法权益。

5. 促进经济发展和社会进步

税收征收管理法要求税收政策、征管措施等以促进经济发展和社会进步为目标，方便纳税人，保护纳税人，有利于促进经济和社会发展。

8.1.4 税收征收管理法的发展历程

我国的税收征收管理法是指1992年9月4日第七届全国人民代表大会常务委员会第二十七次会议通过的、1993年1月1日起施行的《中华人民共和国税收征收管理法》。颁布之后，该法先后经过1995年2月28日第八届全国人民代表大会常务委员会第十二次会议、2001年4月28日第九届全国人民代表大会常务委员会第二十一次会议、2013年6月29日第十二届全国人民代表大会常务委员会第三次会议、2015年4月24日第十二届全国人民代表大会常务委员会第十四次会议多次修正。该法共6章94条，加上与之配套的国务院2016年2月6日修正实施的《中华人民共和国税收征收管理法实施细则》以及各种实体税法中的征收征管条款，构成了我国税收征收管理法律体系。

8.2 税务管理

8.2.1 税务登记管理

1. 设立税务登记

设立税务登记，是指企业、单位和个人经国家市场监督管理部门或有关部门批准设立后所需办理的税务登记。

1)"一照一码"登记制度适用范围

新设立企业、农民专业合作社领取由市场监督管理部门核发的加载法人和其他组织统一社会信用代码的营业执照后,无须再次进行税务登记,不再领取税务登记证。登记机关将企业基本登记信息及变更、注销等信息及时传输至信息共享平台;暂不具备联网共享条件的,由登记机关限时提供上述信息。企业办理涉税事宜时,凭加载统一社会信用代码的营业执照可代替税务登记证使用。

目前"一照一码"登记制度适用于公司、非公司企业法人、个人独资企业、合伙企业、农民专业合作社等企业类市场主体,个体工商户暂不纳入。

2)"一照一码"税务注册流程

第一,自2016年10月1日起企业在市场监督管理部门通过"一窗受理、一表申报"办理新设登记,市场监督管理部门核发赋有统一社会信用代码的营业执照,同时发放税务机关《关于"五证合一、一照一码"涉税事项告知书》。

第二,企业需携带企业公章及《关于"五证合一、一照一码"涉税事项告知书》中要求的相关材料,配合主管税务机关补充采集如下信息:从业人数;适用会计制度;投资总额;投资方证件种类、号码、国籍或地址、经济性质。

第三,企业完成补充信息采集后,即可凭加载社会信用统一代码的营业执照办理相关涉税事项。

2. 变更税务登记

变更登记,是指纳税人在办理税务登记后,因登记内容发生了变化,需要对原登记内容进行更改,而向税务机关申报办理的税务登记。适用情形主要包括:改变名称;改变法人代表;改变经济性质;增设或撤销分支机构;改变住所或经营地点;改变生产、经营范围或经营方式;增减注册资本;改变隶属关系;改变生产经营期限;改变开户银行和账号;改变生产经营权属以及改变其他税务登记内容。

(1)"一照一码"企业办理变更登记,除生产经营地、财务负责人、核算方式变更由企业向税务机关提出变更申请外,其他变更信息由企业登记机关统一采集。

纳税人办理股东股权变更登记手续时,请向企业登记机关提供所得税完税凭证或者不征税证明;对不能提供的,企业登记机关暂缓办理变更登记,并将情况通报同级主管税务机关。已领取营业执照但未办理税务登记的,税务机关按新设企业处理。

(2)企业生产经营地址、财务负责人、核算方式发生变化的,由企业直接向主管税务机关申报变更。

企业向税务机关提出变更所需资料:

其一,《变更税务登记表》一式两份(加盖单位公章)。

其二,纳税人信息变更的有关证明文件原件及复印件。

(3)2015年9月30日前设立,并已取得税务登记证的企业在市场监督管理部门办理变更时需提交原税务登记证。原税务登记证遗失的,企业需提交刊登遗失公告的报刊报样。

3. 注销税务登记

注销登记,是指纳税人发生纳税义务终止或作为纳税主体资格消亡,或因其住所、经营地点变更而涉及改变税务机关情形时,依法向原税务登记机关申报办理的税务登记。

(1)企业应先到税务部门办理税务清税手续,填写《清税申报表》,结清税款、缴销结存发票、注销各种税控设备及办结全部涉税事项。

(2) 主管税务机关向纳税人开具清税证明。清税后一方税务机关及时将本部门的清税结果信息反馈给受理税务机关，由受理税务机关根据国税、地税清税结果向纳税人统一出具《清税证明》，并将信息共享到交换平台。

(3) 企业凭税务部门出具的清税证明前往市场监督管理部门办理企业注销。

税务机关应当分类处理纳税人清税申报，扩大即时办结范围。根据企业经营规模、税款征收方式、纳税信用等级指标进行风险分析，对风险等级低的当场办结清税手续；对于存在疑点情况的，企业也可以提供税务中介服务机构出具的鉴证报告。税务机关在核查、检查过程中发现涉嫌偷、逃、骗、抗税或虚开发票的，或者需要进行纳税调整等情形的，办理时限自然中止。在清税后，经举报等线索发现少报、少缴税款的，税务机关将相关信息传至登记机关，纳入"黑名单"管理。

【例 8-1】（单选题）"一照一码"中的"照"是指（　　）。
A. 税务登记证
B. 税务检查证
C. 营业执照
D. 施工执照
答案：C

【想一想】

宏达电脑咨询公司为集体企业，注册资本 20 万元，2022 年 2 月成立，主要从事技术咨询服务及对电脑操作人员的培训业务，兼营销售电脑软件。2022 年 8 月 1 日该公司决定改名为中天电脑软件公司，增加注册资本 50 万元。业务改为以生产、销售电脑软件为主，兼做技术咨询服务。该公司在税务登记方面应做什么处理，具体涉及哪些项目？

8.2.2 账簿、凭证管理

1. 设置账簿

根据《中华人民共和国税收征收管理法》及实施细则的规定，纳税人、扣缴义务人应当按照有关法律、行政法规和国务院财政、税务主管部门的规定设置账簿，根据合法、有效凭证记账，进行核算。

(1) 发生纳税义务之日起 15 日内，按照国家有关规定设置账簿。

(2) 生产、经营规模小，确无建账能力的纳税人，可以聘请经批准从事会计代理记账业务的专业机构或者经税务机关认可的财会人员代为建账和办理账务。

(3) 扣缴义务人应当自税收法律、行政法规规定的扣缴义务发生之日起 10 日内，按照所代扣、代收的税种，分别设置代扣代缴、代收代缴税款账簿。

(4) 纳税人、扣缴义务人会计制度健全，能够通过计算机正确、完整地计算其收入和所得或者代扣代缴、代收代缴税款情况的，其计算机输出的完整的书面会计记录，可视同会计账簿。

(5) 纳税人、扣缴义务人会计制度不健全，不能通过计算机正确、完整地计算其收入和所得或者代扣代缴税款情况的，应当建立总账及与纳税或者代扣代缴、代收代缴税款有关的其他账簿。

2. 保管账簿、凭证

从事生产、经营的纳税人、扣缴义务人必须按照国务院财政、税务主管部门规定的保管期限保管账簿、记账凭证、完税凭证及其他有关资料。除法律、行政法规另有规定外，账簿、会计凭证、报表、完税凭证及其他有关纳税资料应当保存10年。纳税人、扣缴义务人不得伪造、变造或者擅自销毁账簿、记账凭证、完税凭证及其他有关资料。

【例8-2】（单选题）《中华人民共和国税收征收管理法》规定，账簿、记账凭证、报表、完税凭证以及其他有关涉税资料应当保存（　　）。
A. 10年
B. 15年
C. 5年
D. 8年
答案：A

8.2.3 发票管理

增值税专用发票是为加强增值税的征收管理，根据增值税的特点而设计，专供一般纳税人使用的一种特殊发票。增值税专用发票既是纳税人经营活动的商事凭证，又是一般纳税人从销项税额中抵扣进项税额的扣税凭证，也是税务稽查的重要依据。

1. 增值税专用发票联次

增值税专用发票基本联次为三联：发票联、抵扣联和记账联。发票联，作为购买方核算采购成本和增值税进项税额的记账凭证；抵扣联，作为购买方报送主管税务机关认证和留存备查的凭证；记账联，作为销售方核算销售收入和增值税销项税额的记账凭证。

2. 办理初始发行

初始发行，是指主管税务机关将纳税人的下列信息载入专用设备的行为：企业名称；税务登记代码；开票限额；购票限量；购票人员姓名、密码；开票机数量；国家税务总局规定的其他信息。纳税人税务登记代码发生变化，应向主管税务机关申请注销发行；上列其他项信息变化时，应向主管税务机关申请变更发行。

增值税专用发票（增值税税控系统）实行最高开票限额管理。最高开票限额，是指单份专用发票或货运专票开具的销售额合计数不得达到的上限额度。

根据《国家税务总局关于进一步深化税务系统"放管服"改革优化税收环境的若干意

见》（税总发〔2017〕101号）的规定，应结合纳税人信用积分确定增值税专用发票最高开票限额和用票数量，完善最高开票限额管理，推动取消最高开票限额审批，便利纳税人生产经营。此外，为推动完善发票管理制度，取消了发票领购簿等规定。

3. 领购增值税专用发票

一般纳税人凭"发票领用簿"、金税盘、经办人身份证明以及营业执照副本等领购增值税专用发票。

一般纳税人有下列情形之一的，不得领购开具增值税专用发票：

（1）会计核算不健全，不能向税务机关准确提供增值税销项税额、进项税额、应纳税额数据及其他有关增值税税务资料的；

（2）有《中华人民共和国税收征收管理法》规定的税收违法行为，拒不接受税务机关处理的；

（3）有下列行为之一，经税务机关责令限期改正而仍未改正的：虚开增值税专用发票；私自印制增值税专用发票；向税务机关以外的单位和个人买取增值税专用发票；借用他人专用发票；未按规定开具增值税专用发票；未按规定保管增值税专用发票和专用设备；未按规定申请办理防伪税控系统变更发行；未按规定接受税务机关检查。

有上述情形的，如已领购增值税专用发票，主管税务机关应暂扣其结存的增值发票。

4. 增值税专用发票的开具

1) 增值税专用发票开具情形

增值税一般纳税人销售货物或者提供加工、修理修配劳务，销售服务、无形资产、不动产以及进口货物，应当征收增值税时，必须向购买方开具增值税专用发票。但是，下列情形不得开具增值税专用发票：应税销售行为的购买方为消费者个人的；发生的应税销售行为适用免税规定的。商业企业一般纳税人零售的烟、酒、食品、服装、鞋帽（不包括劳保专用部分）、化妆品等消费品不得开具增值税专用发票。

小规模纳税人（其他个人除外）发生增值税应税行为、需要开具增值税专用发票的，可以自愿使用增值税发票管理系统自行开具。

2) 增值税专用发票的开具时限

（1）采用预收货款、托收承付、委托银行收款结算方式的，为货物发出的当天；

（2）采用交款提货结算方式的，为收到货款的当天；采用赊销、分期付款结算方式的，为合同约定的收款日期的当天；

（3）将货物交付他人代销，为收到委托人送交的代销清单的当天；

（4）设有两个以上机构并实行统一核算的纳税人，将货物从一个机构移送其他机构用于销售时，按规定应当征收增值税的，为货物移送的当天。

一般纳税人必须按规定时限开具增值税专用发票，不得提前或滞后。对已开具专用发票的销售货物，要及时足额计入当期销售额计税。

3) 增值税专用发票的开具要求

增值税专用发票应按下列要求开具：

（1）项目齐全，与实际交易相符；
（2）字迹清楚，不得压线、错格；
（3）发票联和抵扣联加盖发票专用章；
（4）按照增值税纳税义务的发生时间开具。

不符合上述要求的增值税专用发票，购买方有权拒收。

一般纳税人销售货物、提供加工、修理修配劳务和发生应税行为的，可汇总开具增值税专用发票。汇总开具增值税专用发票的，同时使用增值税发票管理新系统开具"销售货物或者提供应税劳务清单"，并加盖发票专用章。

4）增值税专用发票的作废或开具红字发票

（1）作废。纳税人在开具增值税专用发票当月，发生销货退回、开票有误等情形的，收到退回的发票联、抵扣联符合作废条件的，按作废处理；开具时发现有误的，可即时作废。

作废条件是指同时具有下列情形：

①收到退回的发票联、抵扣联，且时间未超过销售方开票当月；

②销售方未报税且未记账；

③购买方未认证，或者认证结果为"纳税人识别号认证不符""增值税专用发票代码、号码认证不符"。

作废增值税专用发票须在增值税发票管理新系统中将相应的数据电文按"作废"处理，在纸质增值税专用发票（含未打印的增值税专用发票）各联次上注明"作废"字样，全联次留存。

（2）开具红字发票。纳税人开具增值税专用发票后，发生销货退回、开票有误、应税服务中止等情形但不符合发票作废条件，或者因销货部分退回及发生销售折让，需要开具红字增值税专用发票的，按以下方法处理：

①购买方取得增值税专用发票已用于申报抵扣的，购买方可在增值税发票管理新系统中填开并上传《开具红字增值税专用发票信息表》（以下简称《信息表》），在填开《信息表》时不填写相对应的蓝字增值税专用发票信息，应暂依《信息表》所列增值税税额从当期进项税额中转出，待取得销售方开具的红字增值税专用发票后，与《信息表》一并作为记账凭证。

购买方取得增值税专用发票未用于申报抵扣，但发票联或抵扣联无法退回的，购买方填开《信息表》时应填写相对应的蓝字增值税专用发票信息。

销售方开具增值税专用发票尚未交付购买方，以及购买方未用于申报抵扣并将发票联及抵扣联退回的，销售方可在增值税发票管理新系统中填开并上传《信息表》。销售方填开《信息表》时应填写相对应的蓝字增值税专用发票信息。

②主管税务机关通过网络接收纳税人上传的《信息表》，系统自动校验通过后，生成带有"红字发票信息表编号"的《信息表》，并将信息同步至纳税人端系统中。

③销售方凭税务机关系统校验通过的《信息表》开具红字增值税专用发票，在增值税发票管理新系统中以销项负数开具。红字增值税专用发票应与《信息表》一一对应。

④纳税人也可凭《信息表》电子信息或纸质资料到税务机关对《信息表》内容进行系统校验。

5) 虚开增值税专用发票的情形

具有下列行为之一的,属于"虚开增值税专用发票":

(1) 没有发生应税销售行为而为他人、为自己、让他人为自己、介绍他人开具增值税专用发票;

(2) 发生了应税销售行为但为他人、为自己、让他人为自己、介绍他人开具数量或者金额不实的增值税专用发票;

(3) 进行了实际经营活动,但让他人为自己代开增值税专用发票。

5. 增值税专用发票丢失的处理

纳税人同时丢失已开具增值税专用发票或机动车销售统一发票的发票联和抵扣联,可凭加盖销售方发票专用章的相应发票记账联复印件,作为增值税进项税额的抵扣凭证、退税凭证或记账凭证。

纳税人丢失已开具增值税专用发票或机动车销售统一发票的抵扣联,可凭相应发票的发票联复印件,作为增值税进项税额的抵扣凭证或退税凭证;纳税人丢失已开具增值税专用发票或机动车销售统一发票的发票联,可凭相应发票的抵扣联复印件,作为记账凭证。受票方如丢失或损毁已开具的增值税电子专用发票,可以根据发票代码、发票号码、开票日期、开具金额(不含税)等信息,在全国增值税发票查验平台查验通过后,下载增值税电子专用发票。如不掌握相关信息,也可以向开票方重新索取原增值税电子专用发票。

【例8-3】(单选题)作为购买方报送主管税务机关认证和留存备查的凭证,是增值税专用发票的(   )联次。

A. 记账联
B. 抵扣联
C. 存根联
D. 发票联

答案:B

【例8-4】(多选题)增值税专用发票不符合(   )要求的,购买方有权拒收。

A. 项目齐全,与实际交易相符
B. 字迹清楚,不得压线、错格
C. 发票联与抵扣联加盖发票专用章
D. 按照增值税纳税义务的发生时间开具

答案:ABCD

【想一想】

王会计所在的甲公司将开给客户A的增值税专用发票通过某快递公司邮寄给客户,不料快递站在此次台风袭击中被冲毁,专用发票的发票联和抵扣联双双遗失,客户要求王会计作废重开,王会计一筹莫展,不知如何是好,你如何为她解惑?

8.2.4 纳税申报管理

纳税申报是指纳税人按照税法规定，定期或按次就计算缴纳税款的有关事项向税务机关提出的书面报告，是税收征收管理的一项重要制度。

1. 纳税申报资料

纳税人必须依照法律、行政法规规定或者税务机关依照法律、行政法规的规定确定的申报期限、申报内容如实办理纳税申报，报送纳税申报表、财务会计报表以及税务机关根据实际需要要求纳税人报送的其他纳税资料。应根据不同情况相应报送下列资料：

（1）财务会计报表及其说明材料；
（2）与纳税有关的合同、协议书及凭证；
（3）税控装置的电子报税资料；
（4）《跨区域涉税事项报告表》和异地完税凭证；
（5）境内或者境外公证机构出具的有关证明文件；
（6）税务机关规定应当报送的其他有关证件、资料。

扣缴义务人必须依照法律、行政法规的规定或者税务机关依照法律、行政法规的规定确定的申报期限、申报内容如实报送代扣代缴、代收代缴税款报告表以及税务机关根据实际需要要求扣缴义务人报送的其他有关资料。具体包括：税种、税目，应纳税项目或者应代扣代缴、代收代缴税款项目，计税依据，扣除项目及标准，适用税率或者单位税额，应退税项目及税额，应减免税项目及税额，应纳税额或者应代扣代缴、代收代缴税额，税款所属期限、延期缴纳税款、欠税、滞纳金等。

2. 纳税申报的方式

经税务机关批准，纳税人、扣缴义务人可以直接到税务机关办理纳税申报或者报送代扣代缴、代收代缴税款报告表，也可以按照规定采取邮寄、数据电文方式办理上述申报、报送事项。

1) 自行申报

纳税人、扣缴义务人按照规定的期限自行到主管税务机关办理纳税申报手续。

2) 邮寄申报

纳税人、扣缴义务人可以采取邮寄申报的方式，将纳税申报表及有关的纳税资料通过邮局寄送主管税务机关。

3) 数据电文

数据电文方式，是指税务机关确定的电话语音、电子数据交换和网络传输等电子方式。纳税人采取电子方式办理纳税申报的，应当按照税务机关规定的期限和要求保存有关资料，并定期书面报送主管税务机关。

4) 代理申报

纳税人、扣缴义务人委托税务师代为办理纳税申报。

3. 纳税申报的具体要求

（1）纳税人、扣缴义务人，不论当期是否发生纳税义务，除经税务机关批准外，均应按规定办理纳税申报或者报送代扣代缴、代收代缴税款报告表。

（2）实行定期定额方式缴纳税款的纳税人，可以实行简易申报，简并征期等申报纳税方式。

（3）纳税人享受减税、免税待遇的，在减税、免税期间应当按照规定办理纳税申报。

（4）纳税人、扣缴义务人按照规定的期限办理纳税申报或者报送代扣代缴、代收代缴税款报告表确有困难，需要延期的，应当在规定的期限内向税务机关提出书面延期申请，经税务机关核准，在核准的期限内办理。纳税人、扣缴义务人因不可抗力，不能按期办理纳税申报或者报送代扣代缴、代收代缴税款报告表的，可以延期办理；但是，应当在不可抗力情形消除后立即向税务机关报告。税务机关应当查明事实，予以核准。

经核准延期办理前款规定的申报、报送事项的，应当在纳税期内按照上期实际缴纳的税额或者税务机关核定的税额预缴税款，并在核准的延期内办理税款结算。

8.3 税款征收

8.3.1 税款征收的方式

税款征收是指税务机关依照法律、行政法规的规定将纳税人应纳的税款组织入库的系列活动的总称，是税收征收管理工作中的中心环节。

1. 查账征收

查账征收是指税务机关对账务健全的纳税人，依据其报送的纳税申报表、财务会计报表和其他有关纳税资料，计算应纳税款，填写缴款书或完税证明，由纳税人到银行划解税款的征收方式。

2. 核定征收

核定征收是指对账务不全，但能控制其材料、产量或进销货物的纳税单位或个人，由税务机关依据正常条件下的生产能力对其生产的应税产品查定产量、销售额并据以征收税款的征收方式。

3. 查验征收

查验征收是指税务机关对纳税人的应税商品、产品，通过查验数量，按市场一般销售单价计算其销售收入，并据以计算应纳税款的一种征收方式。

4. 定期定额征收

定期定额征收是指对小型个体工商户采取定期确定营业额、利润额并据以核定应纳税额的一种征收方式。

5. 代扣代缴

代扣代缴是指按照税法规定，负有扣缴税款义务的单位和个人，负责对纳税人应纳税款进行代扣代缴的一种方式。即由支付人在向纳税人支付款项时，从所支付的款项中依法直接扣收税款并代为缴纳。

6. 代收代缴

代收代缴是指按照税法规定，负有收缴税款义务的单位和个人，负责对纳税人应纳的税款进行代收代缴的一种方式。即由与纳税人有经济业务往来的单位和个人在向纳税人收取款项时依法收取税款。

7. 委托代征

税务机关根据《中华人民共和国税收征收管理法实施细则》有利于税收控管和方便纳税的要求，按照双方自愿、简便征收，强化管理、依法委托的原则和国家有关规定，委托有关单位和人员代征零星、分散和异地缴纳的税收的行为。委托代征范围由税务机关根据《中华人民共和国税收征收管理法实施细则》关于加强税收控管、方便纳税的规定，结合当地税源管理的实际情况确定。

【例8-5】（单选题）支付人在向纳税人支付款项时，从所支付的款项中依照税法的规定直接扣收税款的征收方式叫作（ ）。
A. 代收代缴
B. 代扣代缴
C. 委托代征
D. 查账征收
答案：B

8.3.2 税款征收的措施

1. 核定应纳税额

（1）纳税人有下列情形之一的，税务机关有权核定其应纳税额：
①依照法律、行政法规的规定可以不设置账簿的；
②依照法律、行政法规的规定应当设置但未设置账簿的；
③擅自销毁账簿或者拒不提供纳税资料的；
④虽设置账簿，但账目混乱或者成本资料、收入凭证、费用凭证残缺不全，难以查账的；
⑤发生纳税义务，未按照规定的期限办理纳税申报，经税务机关责令限期申报，逾期仍不申报的；
⑥纳税人申报的计税依据明显偏低，又无正当理由的。

（2）对未按照规定办理税务登记的从事生产、经营的纳税人以及临时从事经营的纳税人，由税务机关核定其应纳税额，责令缴纳；不缴纳的，税务机关可以扣押其价值相当于应纳税款的商品、货物。扣押后缴纳应纳税款的，税务机关必须立即解除扣押，并归还所扣押的商品、货物；扣押后仍不缴纳应纳税款的，经县以上税务局（分局）局长批准，依法拍卖或者变卖所扣押的商品、货物，以拍卖或者变卖所得抵缴税款。

2. 关联企业纳税调整

纳税人与关联企业业务往来时，应当按照独立企业之间的业务往来收取或者支付价款、费用；不按照独立企业之间的业务往来收取或者支付价款、费用，而减少其应纳税款的收入或者所得额的，税务机关有权进行合理调整。

3. 税收保全

税务机关有根据认为从事生产、经营的纳税人有逃避纳税义务行为的，可以在规定的纳税期前责令纳税人限期缴纳应纳税额，在限期内发现纳税人有明显的转移、隐匿其应纳税的商品、货物以及其他财产或者应纳税的收入迹象的，税务机关可责成纳税人提供纳税担保。

（1）税务机关责令纳税人提供纳税担保而纳税人拒绝提供纳税担保或无力提供纳税担保的，经县以上税务局（分局）局长批准，税务机关可以采取下列税收保全措施：
①书面通知纳税人开户银行或者其他金融机构冻结纳税人的金额相当于应纳税款的存款；
②扣押、查封纳税人的价值相当于应纳税款的商品、货物或者其他财产。

（2）纳税人在规定的限期内缴纳税款的，税务机关必须立即解除税收保全措施；限期期满仍未缴纳税款的，经县以上税务局（分局）局长批准，税务机关可以书面通知纳税人开户银行或者其他金融机构从其冻结的存款中扣缴税款，或者依法拍卖或者变卖所扣押、查封的商品、货物或者其他财产，以拍卖或者变卖所得抵缴税款。

（3）个人及其所扶养家属维持生活必需的住房和用品，不在税收保全措施范围之内。个人所扶养家属是指与纳税人共同居住生活的配偶、直系亲属以及无生活来源并由纳税人扶养的其他亲属。个人及其所扶养家属维持生活必需的住房和用品不包括机动车辆、金银饰品、古玩字画、豪华住宅或者一处以外的住房。税务机关对单价 5 000 元以下的其他生活用品，不采取税收保全措施和强制执行措施。

4. 强制执行

（1）欠缴税款的纳税人或者其法定代表人在出境前未按照规定结清应纳税款、滞纳金或者提供纳税担保的，税务机关可以通知出入境管理机关阻止其出境。阻止出境包括布控、撤控。

（2）从事生产、经营的纳税人、扣缴义务人未按照规定的期限缴纳或者解缴税款，纳税担保人未按照规定的期限缴纳所担保的税款，由税务机关责令限期缴纳，逾期仍未缴纳的，经县以上税务局（分局）局长批准，税务机关可以采取下列强制执行措施：
①书面通知其开户银行或者其他金融机构从其存款中扣缴税款；
②扣押、查封、依法拍卖或者变卖其价值相当于应纳税款的商品、货物或者其他财产，以拍卖或者变卖所得抵缴税款。

税务机关采取强制执行措施时，对前款所列的纳税人、扣缴义务人、纳税担保人未缴纳的滞纳金同时强制执行。个人及其所扶养家属维持生活必需的住房和用品，不在强制执行措施的范围之内。用人单位未足额缴纳社会保险费且未提供担保的，社会保险费征收机构可以申请人民法院扣押、查封、拍卖其价值相当于应当缴纳社会保险费的财产，以拍卖所得抵缴社会保险费。

5. 税款优先

税务机关征收税款，税收优先于无担保债权，法律另有规定的除外；纳税人欠缴的税款发生在纳税人以其财产设定抵押、质押或者纳税人的财产被留置之前的，税收应当先于抵押权、质权、留置权执行。

纳税人欠缴税款，同时又被行政机关决定处以罚款，没收违法所得的，税收优先于罚款、没收违法所得。税务机关应当对纳税人欠缴税款的情况定期予以公告。

纳税人有欠税情形而以其财产设定抵押、质押的，应当向抵押权人、质权人说明其欠税情况。抵押权人、质权人可以请求税务机关提供有关的欠税情况。

6. 信息报告

税务机关扣押商品、货物或者其他财产时，必须开付收据；查封商品、货物或者其他财产时，必须开付清单。

纳税人有合并、分立情形的，应当向税务机关报告，并依法缴清税款。纳税人合并时未缴清税款的，应当由合并后的纳税人继续履行未履行的纳税义务；纳税人分立时未缴清税款的，分立后的纳税人对未履行的纳税义务应当承担连带责任。

欠缴税款数额较大的纳税人在处分其不动产或者大额资产之前，应当向税务机关报告。

7. 代位权和撤销权

欠缴税款的纳税人怠于行使到期债权，对国家税收造成损害的，税务机关依法申请人民法院行使代位权。欠缴税款的纳税人放弃到期债权，无偿转让财产，或者以明显不合理的低价转让财产而受让人知道该情形，对国家税收造成损害的，税务机关依法申请人民法院行使撤销权。

【例8-6】（单选题）下列各项财产不在税收保全措施范围之内的有（　　）。
A. 个人的豪华住房
B. 个人抚养的与之共同居住生活的配偶的金银首饰
C. 个人的机动车辆
D. 个人维持生活必需的价值为2 000元人民币的电器
答案：D

8.4 税务检查

8.4.1 税务检查的概念

广义的税务检查是指检查主体依法对纳税人、扣缴义务人履行纳税义务、扣缴义务的情况所进行的税务检查活动和处理工作的总称。按照检查主体的不同,税务检查至少可分为纳税人自查、税务机关专业检查和社会中介机构检查 3 种形式。狭义的税务检查是指税务稽查。

8.4.2 税务检查的范围

税务检查范围包括:

(1) 检查纳税人的账簿、记账凭证、报表和有关资料,检查扣缴义务人代扣代缴、代收代缴税款账簿、记账凭证和有关资料;

(2) 到纳税人的生产、经营场所和货物存放地检查纳税人应纳税的商品、货物或者其他财产,检查扣缴义务人与代扣代缴、代收代缴税款有关的经营情况;

(3) 责成纳税人、扣缴义务人提供与纳税或者代扣代缴、代收代缴税款有关的文件、证明材料和有关资料;

(4) 询问纳税人、扣缴义务人与纳税或者代扣代缴、代收代缴税款有关的问题和情况;

(5) 到车站、码头、机场、邮政企业及其分支机构检查纳税人托运、邮寄应纳税商品、货物或者其他财产的有关单据、凭证和有关资料;

(6) 经县以上税务局(分局)局长批准,凭全国统一格式的检查存款账户许可证明,查询从事生产或经营的纳税人、扣缴义务人在银行或者其他金融机构的存款账户。

8.4.3 税务检查的程序

目前我国对税务检查的程序规定主要体现在税务稽查上。《税务稽查案件办理程序规定》(国家税务总局令第 52 号)对税务稽查的程序做了规定,具体包括选案、检查、审理和执行 4 个步骤。

1. 选案

选案,是指通过一定的途径,按照一定的标准选择检查对象,确定检查目标。稽查局应当加强稽查案源管理,全面收集整理案源信息,合理、准确地选择待查对象。案源管理依照国家税务总局有关规定执行。待查对象确定后,经稽查局局长批准实施立案检查。必要时,依照法律法规的规定,稽查局可以在立案前进行检查。稽查局应当统筹安排检查工作,严格控制对纳税人、扣缴义务人的检查次数。

2. 检查

检查前,稽查局应当告知被查对象检查时间,需要准备的资料等,但预先通知有碍检查的除外。检查应当由两名以上具有执法资格的检查人员共同实施,并向被查对象出示税务检查证件、出示或者送达税务检查通知书,告知其权利和义务。

检查应当依照法定权限和程序,采取实地检查,调取账簿资料、询问、查询存款账户或者储蓄存款、异地协查等方法,并收集证据材料。收集的证据必须经查证属实,并与证明事项相关联。不得以下列方式收集、获取证据材料:

(1) 严重违反法定程序收集;

（2）以违反法律强制性规定的手段获取且侵害他人合法权益；

（3）以利诱、欺诈、胁迫、暴力等手段获取。税务机关有根据认为从事生产、经营的纳税人有逃避纳税义务行为的，可以在规定的纳税期之前，责令限期缴纳应纳税款；在限期内发现纳税人有明显的转移、隐匿其应纳税的商品、货物以及其他财产或者应纳税收入迹象的，可以责成纳税人提供纳税担保。如果纳税人不能提供纳税担保，经县以上税务局局长批准，可以依法采取税收强制措施。检查从事生产、经营的纳税人以前纳税期的纳税情况时，发现纳税人有逃避纳税义务行为，并有明显的转移、隐匿其应纳税的商品、货物以及其他财产或者应纳税收入迹象的，经县以上税务局局长批准，可以依法采取税收强制措施。

检查结束前，检查人员可以将发现的税收违法事实和依据告知被查对象。被查对象对违法事实和依据有异议的，应当在限期内提供说明及证据材料。被查对象口头说明的，检查人员应当制作笔录，由当事人签章。

3. 审理

检查结束后，稽查局应当对案件进行审理。符合重大税务案件标准的，稽查局审理后提请税务局重大税务案件审理委员会审理。重大税务案件审理依照国家税务总局有关规定执行。案件审理应当着重审核以下内容：

（1）执法主体是否正确；

（2）被查对象是否准确；

（3）税收违法事实是否清楚，证据是否充分，数据是否准确，资料是否齐全；

（4）适用法律、行政法规、规章及其他规范性文件是否适当，定性是否正确；

（5）是否符合法定程序；

（6）是否超越或者滥用职权；

（7）税务处理、处罚建议是否适当。

经审理，区分下列情形分别作出处理：

（1）有税收违法行为，应当作出税务处理决定的，制作税务处理决定书；

（2）有税收违法行为，应当作出税务行政处罚决定的，制作税务行政处罚决定书；

（3）税收违法行为轻微，依法可以不予税务行政处罚的，制作不予税务行政处罚决定书；

（4）没有税收违法行为的，制作税务稽查结论。

税收违法行为涉嫌犯罪的，填制涉嫌犯罪案件移送书，经税务局局长批准后，依法移送公安机关。

4. 执行

稽查局应当依法及时送达税务处理决定书、税务行政处罚决定书、不予税务行政处罚决定书、税务稽查结论等税务文书。

具有下列情形之一的，经县以上税务局局长批准，稽查局可以依法强制执行，或者依法申请人民法院强制执行：

（1）纳税人、扣缴义务人未按照规定的期限缴纳或者解缴税款、滞纳金，责令限期缴纳逾期仍未缴纳的；

(2) 经稽查局确认的纳税担保人未按照规定的期限缴纳所担保的税款、滞纳金,责令限期缴纳逾期仍未缴纳的;

(3) 当事人对处罚决定逾期不申请行政复议也不向人民法院起诉,又不履行的;

(4) 其他可以依法强制执行的。

当事人确有经济困难,需要延期或者分期缴纳罚款的,可向稽查局提出申请,经税务局局长批准后,可以暂缓或者分期缴纳。

执行过程中发现有下列情形之一的,经稽查局局长批准后,中止执行:

(1) 当事人死亡或者被依法宣告死亡,尚未确定可执行财产的;

(2) 当事人进入破产清算程序尚未终结的;

(3) 可执行财产被司法机关或者其他国家机关依法查封、扣押、冻结,致使执行暂时无法进行的;

(4) 可供执行的标的物需要人民法院或者仲裁机构确定权属的;

(5) 法律、行政法规和国家税务总局规定其他可以中止执行的。中止执行情形消失后,经稽查局局长批准,恢复执行。

当事人确无财产可供抵缴税款、滞纳金、罚款或者依照破产清算程序确实无法清缴税款、滞纳金、罚款,或者有其他法定终结执行情形的,经税务局局长批准后,终结执行。

8.4.4 税务检查的方法

1. 全查法和抽查法

1) 全查法

全查法又称详查法或详细审查法,是指对被查对象在检查期内的所有经济活动、经济业务和经济信息资料,包括存货、固定资产等,采取严密的审查程序,进行周详的审核检查。全查法的优点是能够查深、查透;缺点是耗时耗力、效率低。详查法适用于规模较小、经济业务较少、会计核算简单、核算对象比较单一的企业,或者为了揭露重大问题而进行的专案检查,以及在整个检查过程中对某些(某类)特定项目、事项所进行的检查。详查法也适用于对歇业、停业清算企业的检查。

2) 抽查法

抽查法亦称抽样检查法,是详查法的对称,是指从被查总体中抽取一部分资料进行审查,再依据抽查结果推断总体的一种方法。抽查法具体又分为两种:一是重点抽查法,即根据检查目的、要求或事先掌握的纳税人的有关纳税情况,有目的地选择一部分会计资料或存货进行重点检查;二是随机抽查法,即以随机方法,选择纳税人某一特定时期或某一特定范围的会计资料或存货进行检查。抽查法的优点是运用得当可以大大提高检查效率;缺点是运用不当很难检查出问题,检查的风险较大。抽查法一般适用于规模较大、经济业务较多、会计核算复杂、核算对象多样化的企业,也适用于对财务制度健全的企业进行的常规性检查。

2. 顺查法和逆查法

1) 顺查法

顺查法,是指按照会计核算程序的顺序依次进行检查的方法,即先检查会计凭证,再检查会计账簿，最后检查会计报表的检查方法。顺查法的优点是根据会计核算的逻辑关系逐步缜密地发现问题，检查效果较好；缺点是这种检查方法耗时耗力，检查成本较高。顺查法适用于业务规模不大或业务量较少的稽查对象，以及经营管理和财务管理混乱、存在严重问题的稽查对象和一些特别重要项目的检查。

2）逆查法

逆查法亦称倒查法，是指按照会计记账程序的相反方向，即从会计报表、会计账簿到会计凭证的一种检查方法。逆查法的优点是利用会计报表数据之间的钩稽关系，在较短的时间内发现问题，当然对检查人员的检查能力和检查水平要求也相对较高。逆查法主要适用于大型企业以及内部控制制度健全、内部控制管理严格的企业，但不适用于特别重要和危险项目的检查。

3. 审阅法和实地盘存法

1）审阅法

审阅法，是指对被查对象有关书面资料的内容和数据进行详细审查和研究，以发现疑点和线索，取得税务检查证据的一种检查方法。审阅法的审查内容主要包括两个方面：一是与会计核算组织有关的会计资料；二是除了会计资料以外的其他经济信息资料以及相关资料，如一定时期的内外部审计资料、购销和加工承揽合同、车间和运输管理等方面的信息资料。审阅法的优点是检查成本较低；缺点是对财产实物收、发、存的真实情况关注不够，对账实不符的问题难以发觉。审阅法适用于所有企业经济业务的检查，尤其适合对有数据逻辑关系和核对依据内容的检查。审阅法主要适用于对大型企业以及内部控制制度健全、内部控制管理严格的企业或项目的检查。

2）实地盘存法

实地盘存法，是指通过对货币资金、存货和其他物资资产的盘点清查，对照账面余额，来推算、检查企业反映的生产经营成本及推算生产经营收入是否正确的一种查账方法。实地盘存法可以结合企业期末财产清查时进行，也可选用任何一天进行。采用不规则的时间进行盘存检查时，应将当日抽查的实际盘存数调整到上期末的库存数，以便与企业会计结账报告时间的账面库存数比较，查出实盘数与账面结存数的差额。实地盘存法的优点是结果比较客观真实；缺点是费时费力，且要通过推算或调整，存在一定的争议。因此，在实际工作中实地盘存法较少采用。

4. 联系查法和侧面查法

1）联系查法

联系查法，是指对有关资料存在联系的双方，如账证之间、账账之间、账表之间进行相互对照检查的一种方法。这里的联系，既包括账内联系，也包括账外联系。

（1）账内联系，是指企业内部的会计资料之间相互制约、控制的关系，重点是通过相关资料的分析来追溯其原始业务的发生情况，进而判断其账面核算资料的正确性。例如，在检查"在建工程"明细账及其现场资料时，发现账面核算的工程成本小，而现场根据工程进行测算的实际费用大，这就有可能发生工程费用挤占生产成本的可能。

（2）账外联系，是指企业内部的账务记录与外部有关单位的账务之间的相互关系，重点是分析购销协作、加工联营和结算往来关系，从中捕捉问题。

2）侧面查法

侧面查法，是指税务机关在检查中通过对纳税人的财务资料以外的相关情况和资料进行检查分析，并与有关账簿等记录进行比较分析和判断的一种检查方法。如根据平时征管掌握的资料、信访资料和职工群众反映的情况对被查对象有关账簿记录进行比较分析，可以判断被查对象有无重大问题。

5. 比较分析法和控制计算法

1）比较分析法

比较分析法，是指将企业会计资料中的有关项目和数据，在相关的时期之间、指标之间、企业之间及地区或行业之间进行静态或动态对比分析，从中发现问题，获取检查线索的一种分析方法。比较分析法的种类较多，常用的有绝对数比较分析法、相关比率比较分析法、构成比率比较分析法。

（1）绝对数比较分析法。绝对数比较分析法，是指通过经济指标绝对数的直接比较分析来衡量企业经济活动的成果和差异的方法。通过这种对比，可以揭示被查事项的增减变动是否正常，是否符合经营和核算常规，从而发现存在的问题。

（2）相关比率比较分析法。相关比率比较分析法又称相对数比较分析法，是指利用会计资料中两个内容不同但又相关的经济指标求出新的指标比率，再与这种指标的计划比率或上期比率进行比较分析，以观察其性质和大小，从而发现异常情况的方法。

（3）构成比率比较分析法。构成比率比较分析法，是指通过计算某项经济指标的各个组成部分占总体的比重，分析其构成内容的变化，从中发现异常变化和升降情况的方法。

2）控制计算法

控制计算法又称数学计算法或平衡分析法，是指运用可靠的或科学测定的数据，利用数学等式原理来推测、证实账面资料是否正确，从而发现问题的一种检查方法。常用的控制计算法有以产定耗、以耗计产、以存核销等。

（1）以产定耗。以产定耗，是指根据企业测定的单位产品的原材料消耗定额，按实际产品数量测算出原材料应消耗的数量，用于验证原材料实际消耗的真实性。

（2）以耗计产。以耗计产，是指根据企业主要原材料的消耗，用计划定额消耗量计算出的应生产的产品数量来验证产品数量和销售数量是否正确。

（3）以存核销。以存核销，是指根据企业本期产品的生产数量，加期初库存数量，减期末库存数量，来验证销售数量的真实性。

【例8-7】（多选题）税务检查工作的业务流程包括（　　）。
A. 选案
B. 检查
C. 审理
D. 执行
答案：ABCD

8.5 税收法律责任

8.5.1 纳税人的法律责任

1. 违反税务管理制度的行为及其法律责任

其一，纳税人未按照规定的期限申报办理税务登记、变更或者注销登记，未按照规定设置、保管账簿或者保管记账凭证和有关资料，未按照规定将财务、会计制度或者财务、会计处理办法和会计核算软件报送税务机关备查，未按照规定将其全部银行账号向税务机关报告，未按照规定安装、使用税控装置，或者损毁或者擅自改动税控装置等，只要具备上述任何一种行为，可由税务机关责令限期改正，可以处2 000元以下的罚款，情节严重的，处2 000元以上1万元以下的罚款。

其二，纳税人不办理税务登记的，由税务机关责令限期改正；逾期不改正的，经税务机关提请，由工商行政管理机关吊销其营业执照。

其三，纳税人未按照规定使用税务登记证件，或者转借、涂改、损毁、买卖、伪造税务登记证件的，处2 000元以上1万元以下的罚款，情节严重的，处1万元以上5万元以下的罚款。

其四，纳税人未按照规定办理税务登记证件验证或者换证手续的，由税务机关责令限期改正，可以处2 000元以下的罚款，情节严重的，处2 000元以上1万元以下的罚款。

其五，纳税人虚开发票的，由税务机关没收违法所得；虚开金额在1万元以下的，可以并处5万元以下罚款；虚开金额超过1万元的，并处5万元以上50万元以下的罚款；构成犯罪的，依法追究刑事责任。

其六，纳税人未按照规定的期限办理纳税申报和报送纳税资料的，由税务机关限期改正，可以处2 000元以下的罚款，情节严重的，可以处2 000元以上1万元以下的罚款。

2. 逃税行为及其法律责任

逃税又称逃避追缴欠税，是指纳税人欠缴应纳税款，采取转移或者隐匿财产的手段，妨碍税务机关追缴欠缴税款的行为。逃税行为的成立必须具备下列要件：一是纳税人欠缴应纳税款；二是纳税人实施了转移或者隐匿财产的行为；三是妨碍了税务机关追缴纳税人欠缴的税款。纳税人实施一般逃税行为，由税务机关追缴欠缴的税款、滞纳金，并处欠缴税款50%以上5倍以下的罚款；构成犯罪的，依法追究刑事责任。

3. 骗税行为及其法律责任

骗税又称骗取出口退税，是指以假报出口或者其他欺骗手段，骗取国家出口退税款的行为。纳税人实施骗税行为的，由税务机关追缴其骗取的退税款，并处骗取税款1倍以上5倍以下的罚款；构成犯罪的，依法追究刑事责任。另外，税务机关可以在规定期间内停止为其办理出口退税。

4. 抗税行为及其法律责任

抗税，是指以暴力、威胁的方法拒不缴纳税款的行为。抗税是一种公然对抗税务执法的违法行为,是对国家税法的粗暴践踏,应给予严厉打击。除由税务机关追缴其拒缴的税款、滞纳金外,还应依法追究刑事责任。对情节轻微、尚未构成犯罪的一般抗税行为,由税务机关追缴其拒缴的税款、滞纳金,并处拒缴税款1倍以上5倍以下的罚款。

5. 欠税行为及其法律责任

欠税,是指纳税人在纳税期限届满后,仍未缴或者少缴应纳税款的行为。纳税人在规定期限内不缴或者少缴应纳税款的,由税务机关责令其限期缴纳。在限期内缴纳税款的,不给予处罚,但应加收滞纳金。逾期仍未缴纳的,税务机关除可以依法采取强制执行措施追缴其不缴或者少缴的税款外,还可以处不缴或者少缴税款50%以上5倍以下的罚款。因此,对需要处以罚款的欠税行为,必须是经过税务机关责令限期缴纳而逾期仍不缴纳的欠税行为。

6. 纳税人的其他法律责任

其一,纳税人编造虚假计税依据的,由税务机关责令限期改正,并处5万元以下的罚款。

其二,纳税人不进行纳税申报,不缴或者少缴应纳税款的,由税务机关追缴其不缴或者少缴的税款、滞纳金,并处不缴或者少缴税款50%以上5倍以下的罚款。

其三,纳税人逃避、拒绝或者以其他方式阻挠税务机关检查的,由税务机关责令改正,可以处1万元以下的罚款;情节严重的,处1万元以上5万元以下的罚款。所谓"逃避、拒绝或者以其他方式阻挠税务机关检查的",是指下列任何一种情形:纳税人提供虚假资料、不如实反映情况,或者拒绝提供有关资料;拒绝或者阻止税务机关记录、录音、录像、照相和复制与案件有关的情况和资料;在检查期间,纳税人转移、隐匿、销毁有关资料;有不依法接受税务检查的其他情形。

另外,从事生产、经营的纳税人(包括扣缴义务人)实施税收违法行为,拒不接受税务机关处理的,税务机关可以收缴其发票或者停止向其发售发票。

8.5.2 税务机关的法律责任

(1)税务人员与纳税人、扣缴义务人勾结,唆使或者协助纳税人、扣缴义务人犯罪的,依照《刑法》关于共同犯罪的规定处罚;未构成犯罪的,给予行政处分。

(2)税务人员利用职务上的便利,收受或者索取纳税人、扣缴义务人财物,构成犯罪的,依照《刑法》受贿罪追究刑事责任;未构成犯罪的,给予行政处分。

(3)税务人员玩忽职守,不征或者少征应征税款,致使国家税收遭受重大损失的,依照《刑法》渎职罪追究刑事责任;未构成犯罪的,给予行政处分。

(4)税务人员滥用职权,故意刁难纳税人、扣缴义务人的,给予行政处分;构成犯罪的依照《刑法》渎职罪追究刑事责任。

(5)税务人员违反法律、行政法规的规定,擅自决定税收的开征、停征或者减税、免税、退税、补税的,除按《中华人民共和国税收征收管理法》的规定撤销其擅自作出的决定外,补征应征未征税款,退还不应征而征收的税款,并追究直接责任人员的行政责任。

(6)税务人员私分扣押、查封的商品、货物或者其他财产,情节严重、构成犯罪的,依法追究刑事责任;尚不构成犯罪的,依法给予行政处分。

【思政案例】

案例1：黑龙江省鹤岗市税务局第一稽查局查处企业骗取留抵退税案件

2022年，黑龙江省鹤岗市税务局第一稽查局根据税收大数据分析线索，依法查处了黑龙江省宝泉岭农垦佳晟粮贸有限公司骗取增值税留抵退税案件。

经查，该公司通过隐匿销售收入、减少销项税额、进行虚假申报等手段，骗取留抵退税145.97万元。黑龙江省鹤岗市税务局第一稽查局依法追缴该公司骗取的留抵退税款，并依据《中华人民共和国行政处罚法》《中华人民共和国税收征收管理法》的相关规定，处1倍罚款。

（资料来源：国家税务总局．黑龙江省鹤岗市税务局第一稽查局依法查处一起批发企业骗取留抵退税案件［EB/OL］.(2022-11-15)［2023-05-28］. http://www.chinatax.gov.cn/chinatax/n810219/c102025/c5182846/content.html.）

案例2：虚构涉税信息偷税得不偿失

近日，深圳税务稽查部门通过"被任职"冒用申诉风险线索查获一例冒用个人身份信息偷税案。据悉，深圳某公司在2017年至2018年，通过"黑中介"购买了一批在校大学生个人信息，冒用后在未签订劳务合同、未实际发放工资的情况下，虚列人员开支，偷税10多万元。目前，深圳税务稽查部门正对此事依法处理。

2020年，我国首次开启个人所得税年度汇算清缴。这是体现量能负担、税收公平、深入推进减税降费的有力举措。在汇算清缴期间，各类媒体对其广泛宣传，可是仍有一些营销平台兜售所谓"退税攻略"，还有个别人借汇算清缴自主申报时填报虚假涉税信息骗取退税，结果被税务部门大数据监控到。

偷税漏税显然属于违法行为。捏造虚假信息，以达到少缴税的目的，这种做法只为图一时小利，失去的却是长远利益，还可能会对他人合法权益造成侵犯。"车无辖，不可行驰于路；人无信，不可行走世间"。身为纳税人不履行纳税义务，铤而走险偷税，必定会受到法律的处罚，最终小利益的"芝麻"没捡到，还会丢了诚信的"大西瓜"，在个人信用上留下难以去除的污点，对自己就业、升学、贷款等都会带来不利影响。

诚信联合褒奖，失信联合惩戒。当前，我国正在加快推进社会信用体系建设，以增强社会成员诚信意识，营造优良的信用环境。尤其是在守信激励和失信约束机制上，我们一方面在将"看不见""摸不着"的个人信用逐步"变现"，化为个人、企业的一种财富；另一方面，"一处失信、处处受限"的联合惩戒机制正在建立健全，对违法失信行为的惩治力度也必将不断加大。

（资料来源：国家税务总局．虚构涉税信息偷税得不偿失［EB/OL］.(2020-06-29)［2023-06-10］. http://xiamen.chinatax.gov.cn/xmswcms/content/S19059.html.）

思考与练习

1. 什么情况下可以作废增值税专用发票？

2. 税款征收方式有哪些?

3. 简述税收保全与税收强制执行措施的不同点。

4. 欠税、逃税、骗税的区别有哪些?

5. 案例分析题。

某税务所2022年第二季度在对本辖区纳税户的经营情况进行彻底摸底后,决定对某行业的定额从7月起至12月适当调整,并于6月底下发了调整定额通知。某纳税户的定额由原来的40 000元调整为50 000元。该纳税户不服,在同行业中散布谣言,说其至7月底后搬离此地经营,并且准备7月的税款也不缴纳了,并把公司的库存货物运送到其他市区。税务所得知这一消息后,出面责令该纳税户必须于7月25日前缴纳该月税款并提供纳税担保。7月20日,税务所发现该纳税户不能提供纳税担保,随即税务机关书面通知该纳税户开户银行从其存款中扣缴税款2 000元入库。

要求:

(1) 你认为税务机关的行政行为是否恰当?

(2) 请你提出处理意见,并作简要评价。

▶自测习题及参考答案

第9章 税务行政法制

学习目标

【知识目标】

通过本章的学习,掌握税务行政处罚的设定和种类;掌握税务行政处罚的主体与管辖;掌握税务行政处罚听证程序的适用条件;掌握税务行政复议范围;掌握税务行政复议管辖;熟悉税务行政诉讼的管辖;熟悉税务行政赔偿的构成要件。

【能力目标】

在实务工作中,树立远离税务行政处罚警戒线的目标;认识税务行政法律救济的种类;了解寻求税务行政法律救济的途径。

【价值目标】

通过学习税务行政处罚,引导学生主动代入纳税人(办税人)角色,树立依法纳税、遵守法律的法制观念;通过学习税务行政法律救济的相关内容,帮助学生了解如何维护纳税人的合法权益,感受法治社会的温度。

思维导图

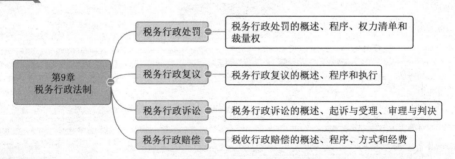

导入案例

2021年年初税务稽查局在稽查过程中,对某公司取得的异常扣税凭证认定为虚开的增值税专用发票,其已抵扣的进项税额造成少缴增值税30万元。稽查局按照规定程序,于2021年2月15日分别下达了税务处理决定书和税务行政处罚决定书,决定补缴税款30万元,按规定加收滞纳金,并处少缴税款1倍的罚款。该公司不服,认为是善意取得增值税发票,并于2月16日就补缴税款和滞纳金的税务处理决定向该稽查局的上级税务机关市税务局申请行政复议,市税务局于收到复议申请后的第二日以未缴税款及滞纳金为由决定不予受理。

思考:该公司是否可以直接向人民法院起诉?市税务局作出不予受理的决定是否正确?

(资料来源：中华会计网校. 全国税务师职业资格考试涉税服务实务必刷550题. 上海：上海交通大学出版社，2022.)

9.1 税务行政处罚

9.1.1 税务行政处罚的概述

1. 税务行政处罚的概念

税务行政处罚，是指公民、法人或者其他组织有违反税收征收管理秩序的违法行为，尚未构成犯罪，依法应当承担行政责任，由税务机关给予其行政处罚。

2. 税务行政处罚的原则

1）法定原则

法定原则包括4个方面的内容：对公民和组织实施税务行政处罚必须有法定依据，无明文规定不得处罚；税务行政处罚必须由法定的国家机关在其职权范围内设定；税务行政处罚必须由法定的税务机关在其职权范围内实施；税务行政处罚必须由税务机关按照法定程序实施。

2）公正、公开原则

公正就是要防止偏听偏信，要使当事人了解其违法行为的性质，并给其申辩的机会。公开，一是指税务行政处罚的规定要公开，凡是需要公开的法律规范都要事先公布；二是指处罚程序要公开，如依法举行听证会等。

3）以事实为依据原则

任何法律规范的适用必然基于一定的法律行为和事件，法律事实不清或者脱离了法律事实，法律的适用就不可能准确，法律对各种社会关系的调整功能就不可能有效发挥。因此，税务行政处罚必须以事实为依据，以法律为准绳。

4）过罚相当原则

过罚相当，是指在税务行政处罚的设定和实施方面，都要根据税务违法行为的性质、情节、社会危害性的大小而定，防止畸轻畸重或者"一刀切"的行政处罚现象。

5）处罚与教育相结合原则

税务行政处罚的目的是纠正违法行为，教育公民自觉守法，处罚只是手段。因此，税务机关在实施行政处罚时，要责令当事人改正或者限期改正违法行为，对情节轻微的违法行为也不一定都实施处罚。

6）监督、制约原则

对税务机关实施行政处罚实行两方面的监督制约。一是内部的，如对违法行为的调查与处罚决定的分开，决定罚款的机关与收缴的机构分离，当场作出的处罚决定向所属行政机关备案等；二是外部的，包括税务系统上下级之间的监督制约和司法监督，具体体现主要是税务行政复议和诉讼。

> 【例 9-1】（多选题）以下关于税务行政处罚的表述正确的有（　　）。
> A. 税务行政处罚是行政处罚的重要组成部分
> B. 从当事人主观方面讲，并非主观故意的过失行为不必接受税务行政处罚
> C. 税收违法指的就是税收犯罪，应受到刑事处罚
> D. 给予税务行政处罚的主体是税务机关
> 解析：选项 B，从当事人主观方面讲，并不区分当事人是否具有主观故意或者过失，只要有税务违法行为存在，并且有法可依，就要承担行政责任，依法给予税务行政处罚。选项 C，税务行政处罚的当事人行为一般是尚未构成犯罪，依法应当给予行政处罚的行为。这里要区分两种情况：一是要区分税收违法与税收犯罪的界限；二是要区分税收违法行为是不是轻微。
> 答案：AD

3. 税务行政处罚的设定

现行我国税收立法权主要集中在中央，税收法制的原则是税权集中、税法统一。

(1) 全国人民代表大会及其常务委员会可以通过法律的形式设定各种税务行政处罚。

(2) 国务院可以通过行政法规的形式设定除限制人身自由以外的税务行政处罚。

(3) 尚未制定法律、行政法规的，国家税务总局可通过规章的形式设定警告、通告批评或一定数额的行政处罚。尚未制定法律、行政法规，因行政管理迫切需要依法先以部门规章设定罚款的，设定的罚款数额最高不得超过 10 万元，且不得超过法律、行政法规对相似违法行为的罚款数额，涉及公民生命健康安全、金融安全且有危害后果的，设定的罚款数额最高不得超过 20 万元；超过上述限额的，要报国务院批准。

(4) 税务局及其以下各级税务机关制定的税收法律、法规、规章以外的规范性文件，在税收法律、法规、规章规定给予行政处罚的行为、种类和幅度的范围内作出具体规定，是一种执行税收法律、法规、规章的行为，不是对税务行政处罚的设定。因此，这类规范性文件与行政处罚法规定的处罚设定原则并不矛盾，是有效的，是可以执行的。

4. 税务行政处罚的种类

现行税务行政处罚的种类主要有：
(1) 罚款。
(2) 没收财物和违法所得。
(3) 停止出口退税权。
(4) 法律、法规和规章规定的其他行政处罚。

> 【例 9-2】（多选题）税务机关实施的下列具体行政行为中，属于税务行政处罚的有（　　）。
> A. 罚款

B. 加收滞纳金
C. 没收违法所得
D. 停止出口退税权

解析：本题考查税务行政处罚形式的判定。

现行税务行政处罚主要有：①罚款（选项A当选）；②没收财物和违法所得（选项C当选）；③停止出口退税权（选项D当选）；④法律、法规和规章规定的其他行政处罚。

选项B不当选，加收滞纳金属于征税行为，不属于行政处罚。

答案：ACD

5. 税务行政处罚的主体

（1）税务行政处罚的实施主体主要是县级以上的税务机关。

（2）各级税务机关的内设机构、派出机构不具处罚主体资格，不能以自己的名义实施税务行政处罚。

（3）根据《中华人民共和国税收征收管理法》的规定，税务所可以实施罚款额在2 000元以下的税务行政处罚。

6. 税务行政处罚的管辖

根据《中华人民共和国行政处罚法》和《中华人民共和国税收征收管理法》的规定，税务行政处罚由当事人税收违法行为发生地的县（市、旗）级以上税务机关管辖。

9.1.2 税务行政处罚的程序

1. 税务行政处罚的简易程序

1）基本特征

税务行政处罚的简易程序，是指税务机关及其执法人员对于公民、法人或者其他组织违反税收征收管理秩序的行为，当场作出税务行政处罚决定的行政处罚程序。虽然简易程序的特点是当场作出处罚决定，但不一定当场收缴罚款。

2）适用条件

简易程序的适用条件：

（1）案情简单、事实清楚、违法后果比较轻微且有法定依据应当给予处罚的违法行为。

（2）给予的处罚较轻，仅适用于对公民处以200元以下和对法人或者其他组织处以3 000元以下罚款的违法案件。

【例9-3】（单选题）根据规定，税务行政处罚的简易程序仅适用于（　　）。
A. 对公民处以500元以下罚款的违法案件
B. 对公民处以1 000元以下罚款的违法案件
C. 对法人或者其他组织处以3 000元以下罚款的违法案件

> D. 对法人或者其他组织处以 1 500 元以下罚款的违法案件
>
> **解析**：简易程序的适用条件：案情简单、事实清楚、违法后果比较轻微且有法定依据应当给予处罚的违法行为；给予的处罚较轻，仅适用于对公民处以 200 元以下和对法人或者其他组织处以 3 000 元以下罚款的违法案件。
>
> **答案**：C

3) 行政执法人员当场作出行政处罚决定的，应遵守以下程序

（1）出示执法证件，表明执法人员身份；

（2）告知作出行政处罚决定的事实、理由和根据；

（3）听取当事人的陈述和申辩；

（4）填写预定格式、编有号码的当场处罚决定书；

（5）将行政处罚决定书当场交付当事人。

2. 税务行政处罚的一般程序

除了适用简易程序的税务违法案件外，对于其他税务违法案件，税务机关在作出处罚决定之前都要经过立案、调查取证（有的案件还要举行听证）、审查、决定、执行程序。适用一般程序的案件一般是情节比较复杂、处罚比较重的案件。

1) 立案

对税务违法案件进行立案登记。

税务行政处罚根据《中华人民共和国税收征收管理法》的规定，对于在 5 年以内未发现的一般行政违法行为，不予立案追究。

2) 调查

（1）在立案登记之后，对税务违法案件的调查取证由税务机关内部设立的调查机构（如管理、检查机构）负责。对需要调查的税务违法案件，应有 2 名以上税务行政执法人员进行调查、收集有关证据；必要时，可以依照《中华人民共和国税收征收管理法》第三十二条至第三十六条的规定进行检查。调查、检查的情况应制作笔录。

（2）税务行政执法人员进行调查或者检查时，应向当事人出示"税务检查证"。调查人员在调查取证过程中应当充分听取当事人的意见，并制作"陈述申辩笔录"。

（3）税务机关在证据可能灭失或者以后难以取得的情况下，经税务机关负责人批准，可以先行登记保存，并在 7 日内及时作出处理决定。

（4）办案人员全面查明事实，核实证据后，作出处罚建议；进行了调查的，制作《税务违法案件调查报告》，将案卷材料及《税务违法案件调查报告》移送审理环节。

3) 告知

对案件作出税务行政处罚建议时，填发《税务行政处罚事项告知书》，告知当事人已经查明的违法事实、处罚的法律依据、种类、范围、幅度，及其享有的陈述权、申辩权；同时，对公民处以 2 000 元以上、对法人或其他组织处以 1 万元以上罚款的行政处罚，还应告知当事人有要求听证的权利。

税务机关在依法作出行政处罚决定之前，应当事先告知当事人作出行政处罚决定的事实、理由及法律依据，并告知当事人依法享有的权利（包括有权申请执法人员回避，有权为自己辩解、陈述事实并提出证据，有权依法要求举行听证等）。

《税务行政处罚事项告知书》应当包括以下内容：①认定的税收违法事实和性质；②适用的法律、行政法规、规章及其他规范性文件；③拟作出的税务行政处罚；④当事人依法享有的权利；⑤告知书的文号、制作日期、税务机关名称及印章；⑥其他相关事项。

4）当事人陈述申辩和税务机关复核

当事人有权在处罚决定作出之前进行陈述和申辩，有权提出相反证据证明自己并未违反行政法规或不应受行政处罚。税务机关及其执法人员在作出行政处罚决定之前，如拒绝听取当事人的陈述与申辩意见，该行政处罚决定不成立，当事人放弃陈述或申辩权利的除外。

5）听证

听证，是指税务机关在对当事人某些违法行为作出处罚决定之前，按照一定形式听取调查人员和当事人意见的程序。税务机关对公民作出2 000元以上（含本数）罚款，或者对法人或者其他组织作出1万元以上（含本数）罚款的，符合听证条件且当事人要求听证的，税务机关应该组织听证。

听证程序的主持人应由税务机关内设的非本案调查机构的人员担任。

6）审理和作出决定

基层分局（税务所）有权直接作出处罚的，由其自行审查；超出法定权限无权处罚的，移送所属县级局审查；县级以上税务机关自行立案调查的，由本级税务机关审查。对税务违法案件的审查由税务机关内部设立的比较超脱的机构（如法制机构）负责。审查机构收到调查机构移交的案卷后，应对案卷材料进行登记，填写《税务案件审查登记簿》。审查机构应对案件下列事项进行审查：

（1）调查机构认定的事实、证据和处罚建议适用的处罚种类、依据是否正确。

（2）调查取证是否符合法定程序。

（3）陈述申辩的事实、证据是否成立。

（4）听证人、当事人听证申辩的事实、证据是否成立。

审查机构应在自收到调查机构移交案卷之日起10日内审查终结，制作审查报告，并连同案卷材料报送税务机关负责人审批。

7）送达行政处罚决定书

以税务机关查处逃税案件为例，通常涉及三份文书，依次为：

（1）《税务处理决定书》，要求违法行为人依法补缴应缴税款并加收滞纳金；

（2）《税务行政处罚事项告知书》，告知违法行为人已经查实的违法事实、处罚理由和依据、拟作出的处罚决定，并告知其有陈述、申辩或要求听证的权利；

（3）《税务行政处罚决定书》，载明认定的违法事实、处罚决定及当事人的救济权利。

特别提示：当事人对《税务处理决定书》上载明的纳税事项不服的，应当先提起行政复议，对复议决定不服方可向人民法院提起行政诉讼；由于《税务行政处罚事项告知书》的内容并不直接影响当事人的实体权利义务，当事人不能直接针对该告知书申请复议或提起诉讼，但可依法陈述、申辩或要求听证；对《税务行政处罚决定书》不服的，可以依法申请行政复议或提起行政诉讼。

以下是《税务行政处罚决定书》的内容：

（1）税务机关名称。

（2）编码。

（3）当事人姓名（名称）、住址等。

（4）税务违法行为事实、依据。

（5）税务行政处罚种类、罚款数额。

（6）作出税务行政处罚决定的时间、地点。

（7）罚款代收机构名称、地址。

（8）缴纳罚款期限。

（9）当事人逾期缴纳罚款是否加处罚款。

（10）当事人不服税务行政处罚的复议权和起诉权。

（11）税务行政执法人员签字或者盖章。

税务行政执法人员当场制作的税务行政处罚决定书，应当报所属税务机关备案。

8）执行

行政处罚的执行应当遵守下列原则：

（1）当事人自觉履行原则；

（2）行政复议和行政诉讼期间，行政处罚决定不停止执行原则；

（3）作出罚款决定的行政机关应当与收缴罚款的机构分离，但是，依照行政处罚法的规定可以当场收缴罚款的除外。

当事人逾期不履行行政处罚决定的，税务局可以采取加处罚款、拍卖查封或扣押的财物、划拨冻结的存款、申请人民法院执行等措施。

【想一想】

2023年，四川省凉山州税务局联合公安部门依法查处一起再生资源企业虚开增值税专用发票案件。经查，以张某为首的犯罪团伙利用他人身份信息设立7家空壳企业，通过电子税务局大量申请领用增值税专用发票，虚开废旧物资品名的增值税专用发票价税合计2.39亿元。目前，4名被告人已分别被依法判处有期徒刑5年至15年不等，没收违法所得并处罚金。

凉山州税务局稽查局有关负责人表示，下一步将继续发挥多部门联合打击机制作用，聚焦团伙式、跨区域、虚开发票违法犯罪行为，始终保持高压态势，积极营造更加规范公平的税收环境。

请思考：税务部门需重点关注企业的哪些方面，从而保证税收环境的规范与公平？

3. 税务行政处罚的听证程序

为了规范税务行政处罚听证程序的实施，保护公民、法人或者其他组织的合法权益，根据《中华人民共和国行政处罚法》，国家税务总局制定了税务行政处罚听证程序实施办法。

1) 听证的原则

税务行政处罚的听证，遵循合法、公正、公开、及时和便民的原则。

2) 申请听证的条件

税务机关对公民作出 2 000 元以上（含本数）罚款或者对法人或者其他组织作出 1 万元以上（含本数）罚款的行政处罚之前，应当向当事人送达《税务行政处罚事项告知书》，告知当事人已经查明的违法事实、证据、行政处罚的法律依据和拟将给予的行政处罚，并告知有要求举行听证的权利。当事人要求听证的，税务机关应当组织听证。

【例9-4】（多选题）下列税务行政处罚情形中，当事人可以在税务机关作出税务行政处罚决定之前要求听证的是（　　）。
A. 某公司被处以 30 000 元罚款
B. 某中国公民被处以 3 500 元罚款
C. 某合伙企业被处以 1 500 元罚款
D. 某非营利组织被处以 15 000 元罚款

解析：当事人为公民时，税务机关对当事人作出 2 000 元以上（含本数）罚款的，当事人可以在税务机关作出税务行政处罚决定之前要求听证；当事人为法人或者其他组织时，税务机关对当事人作出 1 万元以上（含本数）罚款的，当事人可以在税务机关作出税务行政处罚决定之前要求听证。

答案：ABD

3) 听证的申请时限

要求听证的当事人，应当在《税务行政处罚事项告知书》送达后 3 日内向税务机关书面提出听证；逾期不提出的，视为放弃听证权利。当事人由于不可抗力或者其他特殊情况而耽误提出听证期限的，在障碍消除后 5 日以内，可以申请延长期限。申请是否准许，由组织听证的税务机关决定。

4) 听证的举行

税务机关应当在收到当事人听证要求后 15 日内举行听证，并在举行听证的 7 日前将《税务行政处罚听证通知书》送达当事人，通知当事人举行听证的时间、地点、听证主持人的姓名及有关事项。听证应当公开进行，但是涉及国家秘密、商业秘密或者个人隐私的，听证不公开进行。对不公开听证的案件，应当宣布不公开听证的理由。

当事人认为听证主持人与本案有直接利害关系的，有权申请回避。回避申请，应当在举行听证的 3 日前向税务机关提出，并说明理由。听证主持人的回避，由组织听证的税务机关负责人决定。对驳回申请回避的决定，当事人可以申请复核一次。公开进行的听证，应当允许群众旁听；经听证主持人许可，旁听群众可以发表意见。当事人或者其代理人应当按照税务机关的通知参加听证，无正当理由不参加的，视为放弃听证权利，听证应当予以终止。

5) 听证的费用

听证费用由组织听证的税务机关支付，不得由要求听证的当事人承担或者变相承担。

6) 听证的其他规定

（1）当事人可以亲自参加听证，也可以委托 1 至 2 人代理。当事人委托代理人参加听证的，应当向其代理人出具代理委托书。代理委托书应当注明有关事项，并经税务机关或者听证主持人审核确认。

（2）对应当进行听证的案件，税务机关如不组织听证，行政处罚决定不能成立；但是，当事人放弃听证权利或者被正当取消听证权利的除外。

（3）听证主持人认为证据有疑问无法听证辨明，可能影响税务行政处罚的准确公正的，可以宣布中止听证，由本案调查人员对证据进行调查核实后再行听证。

4. 税务行政处罚的执行

1) 税务机关作出行政处罚决定后的履行

税务机关作出行政处罚决定后，应当依法送达当事人执行。

税务行政处罚的执行，是指履行税务机关依法作出的行政处罚决定的活动。税务机关依法作出行政处罚决定后，当事人应当在行政处罚决定规定的期限内，予以履行。当事人在法定期限内不申请复议又不起诉，并且在规定期限内又不履行的，税务机关可以依法强制执行或者申请法院强制执行。

2) 罚款缴纳期限及逾期处理规定

税务机关对当事人作出罚款行政处罚决定的，当事人应当在收到行政处罚决定书之日起 15 日内缴纳罚款，到期不缴纳的，税务机关可以对当事人每日按罚款数额的 3% 加处罚款。

【例 9-5】（计算题）某企业因有违反《中华人民共和国税收征收管理法》的行为，被税务机关处以 8 000 元的罚款。假定该企业收到《税务行政处罚决定书》的时间为 2023 年 3 月 1 日。计算该企业 4 月 5 日缴纳罚款时的总金额。

该企业在 2023 年 4 月 5 日缴纳罚款时的总金额
=（16+5）×8 000×3%+8 000 = 13 040（元）

解析：该企业 3 月 1 日收到《税务行政处罚决定书》，按照规定，最晚应于 3 月 15 日缴纳罚款。已知该企业于 4 月 5 日缴纳罚款，依据规定，税务机关应对该企业加收 21（31-15+5=21）天且每日按罚款数额的 3% 的加处罚款。

3) 当场收缴罚款的特殊规定

以下两种情况可当场收缴罚款：

（1）依法给予 100 元以下罚款的。

（2）不当场收缴罚款事后难以执行的。

税务机关行政执法人员当场收缴罚款的，必须向当事人出具合法罚款收据，并应当自收缴罚款之日起 2 日内将罚款交至税务机关。税务机关应当在 2 日内将罚款交付指定的银行或者其他金融机构。

4) 罚款决定与罚款收缴分离

除了依法可以当场收缴罚款的情形以外，应当按照国务院制定的《罚款决定与罚款收缴分离实施办法》的规定，由税务机关作出罚款处罚决定，由代收机构代收罚款。同时，代收机构代收罚款时，应当向当事人出具财政部规定的罚款收据。

【例 9-6】（单选题）税务机关作出罚款处罚决定，代收机构代收罚款的，代收机构应当向当事人出具（　　）。
A.《税务行政处罚决定书》
B.《税务处理决定书》
C. 盖有税务监制章的收款发票
D. 财政部规定的罚款收据
解析：代收机构代收罚款时，应当向当事人出具财政部规定的罚款收据。
答案：D

9.1.3　税务行政处罚的权力清单

1. 账簿、凭证管理类

账簿、凭证管理类的税务行政处罚权力清单见表 9-1。

表 9-1　账簿、凭证管理类的税务行政处罚权力清单

情形	处罚
未按规定设置、保管账簿资料，报送财务、会计制度办法核算软件、安装使用税控装置	责令其限期改正，可以处 2 000 元以下的罚款；情节严重的，处 2 000 元以上 1 万元以下的罚款
扣缴义务人未按照规定设置、保管代扣代缴、代收代缴税款账簿或者保管代扣代缴、代收代缴税款记账凭证及有关资料	责令其限期改正，可以处 2 000 元以下的罚款；情节严重的，处 2 000 元以上 5 000 元以下的罚款
非法印制、转借、倒卖、变造或者伪造完税凭证	责令其改正，处 2 000 元以上 1 万元以下的罚款；情节严重的，处 1 万元以上 5 万元以下的罚款；构成犯罪的，依法追究刑事责任

2. 纳税申报类

纳税申报类的税务行政处罚权力清单见表 9-2。

表 9-2　纳税申报类的税务行政处罚权力清单

情形	处罚
未按规定期限办理纳税申报和报送纳税资料	责令其限期改正，可以处 2 000 元以下的罚款；情节严重的，处 2 000 元以上 1 万元以下的罚款
纳税人、扣缴义务人编造虚假计税依据	责令其限期改正，并处 5 万元以下的罚款

3. 税务检查类

税务检查类的税务行政处罚权力清单见表9-3。

表9-3 税务检查类的税务行政处罚权力清单

情形	处罚
纳税人、扣缴义务人逃避、拒绝或者以其他方式阻挠税务机关检查	责令其改正，可以处1万元以下的罚款；情节严重的，处1万元以上5万元以下的罚款
纳税人、扣缴义务人的开户银行或者其他金融机构拒绝接受税务机关依法检查纳税人、扣缴义务人存款账户，或者拒绝执行税务机关作出的冻结存款或者扣缴税款的决定，或者在接到税务机关的书面通知后帮助纳税人、扣缴义务人转移存款，造成税款流失	处10万元以上50万元以下的罚款，对直接负责的主管人员和其他直接责任人员处1 000元以上1万元以下的罚款
到车站、码头、机场、邮政企业及其分支机构检查纳税人有关情况时，有关单位拒绝	责令其改正，可以处1万元以下的罚款；情节严重的，处1万元以上5万元以下的罚款

9.1.4 税务行政处罚的裁量权

1. 税务行政处罚裁量权的概念

税务行政处罚裁量权，是指税务机关根据法律、法规和规章的规定，综合考虑税收违法行为的事实、性质、情节及社会危害程度，选择处罚种类和幅度并作出处罚决定的权力。

2. 行使税务行政处罚裁量权应当遵循的原则

（1）合法原则。在法律、法规、规章规定的种类和幅度内，依照法定权限，遵守法定程序，保障当事人合法权益。

（2）合理原则。符合立法目的，考虑相关事实因素和法律因素，作出的行政处罚决定与违法行为的事实、性质、情节、社会危害程度相当，与本地的经济社会发展水平相适应。

（3）公平公正原则。对事实、性质、情节及社会危害程度等因素基本相同的税收违法行为，所适用的行政处罚种类和幅度应当基本相同。

（4）公开原则。按规定公开行政处罚依据和行政处罚信息。

（5）程序正当原则。依法保障当事人的知情权、参与权和救济权等各项法定权利。

（6）信赖保护原则。非因法定事由并经法定程序，不得随意改变已经生效的行政行为。

（7）处罚与教育相结合原则。预防和纠正涉税违法行为，引导当事人自觉守法。

3. 税务行政处罚裁量基准制定

税务行政处罚裁量基准，是税务机关为规范行使行政处罚裁量权而制定的细化量化标准。税务行政处罚裁量基准，应当包括违法行为、处罚依据、裁量阶次、适用条件和具体标准等内容。

1) 税务行政处罚裁量基准应当在法定范围内制定，并符合以下要求

（1）法律、法规、规章规定可予以行政处罚的，应当明确是否予以行政处罚的适用条件和具体标准。

（2）法律、法规、规章规定可以选择行政处罚种类的，应当明确不同种类行政处罚的适用条件和具体标准。

（3）法律、法规、规章规定行政处罚幅度的，应当根据违法事实、性质、情节、社会危害程度等因素确定适用条件和具体标准。

（4）法律、法规、规章规定可以单处也可以并处行政处罚的，应当明确单处或者并处行政处罚的适用条件和具体标准。

2) 制定税务行政处罚裁量基准，参照下列程序进行

（1）确认行政处罚裁量依据。

（2）整理、分析行政处罚典型案例，为细化量化税务行政处罚裁量权提供参考。

（3）细化量化税务行政处罚裁量权，拟订税务行政处罚裁量基准。

税务行政处罚裁量基准应当以规范性文件形式发布，并结合税收行政执法实际及时修订。

4. 行政处罚裁量规则适用

（1）法律、法规、规章规定可以给予行政处罚，当事人首次违反且情节轻微，并在税务机关发现前主动改正的或者在税务机关责令限期改正的期限内改正的，不予行政处罚。

（2）税务机关应当责令当事人改正或者限期改正违法行为的，除法律、法规、规章另有规定外，责令限期改正的期限一般不超过30日。

（3）对当事人的同一个税收违法行为不得给予两次以上罚款的行政处罚。当事人同一个税收违法行为违反不同行政处罚规定且均应处以罚款的，应当选择适用处罚较重的条款。

（4）当事人有下列情形之一的，不予行政处罚：

①违法行为轻微并及时纠正，没有造成危害后果的。

②不满14周岁有违法行为的。

③精神病人在不能辨认或者不能控制自己行为时有违法行为的。

④其他法律规定不予行政处罚的。

（5）当事人有下列情形之一的，应当依法从轻或者减轻行政处罚：

①主动消除或者减轻违法行为危害后果的。

②受他人胁迫有违法行为的。

③配合税务机关查处违法行为有立功表现的。

④其他依法应当从轻或者减轻行政处罚的。

（6）违反税收法律、行政法规应当给予行政处罚的行为在5年内未被发现的，不再给予行政处罚。

（7）行使税务行政处罚裁量权应当依法履行告知义务。在作出行政处罚决定前，应当告知当事人作出行政处罚决定的事实、理由、依据及拟处理结果，并告知当事人依法享有的权利。

（8）税务机关行使税务行政处罚裁量权涉及法定回避情形的，应当依法告知当事人享有申请回避的权利。税务人员存在法定回避情形的，应当自行回避或者由税务机关决定回避。

（9）当事人有权进行陈述和申辩。税务机关应当充分听取当事人的意见，对其提出的事实、理由或者证据进行复核，陈述申辩事由成立的，税务机关应当采纳；不采纳的，应予说明理由。税务机关不得因当事人的申辩而加重处罚。

（10）税务机关对公民作出2 000元以上罚款或者对法人或者其他组织作出1万元以上罚款的行政处罚决定之前，应当告知当事人有要求举行听证的权利；当事人要求听证的，税务机关应当组织听证。

（11）对情节复杂、争议较大、处罚较重、影响较广或者拟减轻处罚等税务行政处罚案件，应当经过集体审议决定。

（12）税务机关按照一般程序实施行政处罚，应当在执法文书中对事实认定、法律适用、基准适用等说明理由。省税务机关应当积极探索建立案例指导制度，通过案例指导规范税务行政处罚裁量权。

5. 首违不罚事项的清单

对于首次发生下列清单中所列事项且危害后果轻微，在税务机关发现前主动改正或者在税务机关责令限期改正的期限内改正的，不予行政处罚。税务违法行为造成不可挽回的税费损失或者较大社会影响的，不能认定为危害后果轻微。

（1）纳税人未按照《中华人民共和国税收征收管理法》及其实施细则等有关规定将其全部银行账号向税务机关报送。

（2）纳税人未按照《中华人民共和国税收征收管理法》及其实施细则等有关规定设置、保管账簿或者保管记账凭证和有关资料。

（3）纳税人未按照《中华人民共和国税收征收管理法》及其实施细则等有关规定的期限办理纳税申报和报送纳税资料。

（4）纳税人使用税控装置开具发票，未按照《中华人民共和国税收征收管理法》及其实施细则、《中华人民共和国发票管理办法》等有关规定的期限向主管税务机关报送开具发票的数据且没有违法所得。

（5）纳税人未按照《中华人民共和国税收征收管理法》及其实施细则、《中华人民共和国发票管理办法》等有关规定取得发票，以其他凭证代替发票使用且没有违法所得。

（6）纳税人未按照《中华人民共和国税收征收管理法》及其实施细则、《中华人民共和国发票管理办法》等有关规定缴销发票且没有违法所得。

（7）扣缴义务人未按照《中华人民共和国税收征收管理法》及其实施细则等有关规定设置、保管代扣代缴、代收代缴税款账簿或者保管代扣代缴、代收代缴税款记账凭证及有关资料。

（8）扣缴义务人未按照《中华人民共和国税收征收管理法》及其实施细则等有关规定的期限报送代扣代缴、代收代缴税款有关资料。

（9）扣缴义务人未按照《税收票证管理办法》（国家税务总局令第28号公布、国家税务总局令第48号修改）的规定开具税收票证。

(10) 境内机构或个人向非居民发包工程作业或劳务项目,未按照《非居民承包工程作业和提供劳务税收管理暂行办法》(国家税务总局令第 19 号)的规定向主管税务机关报告有关事项。

(11) 纳税人使用非税控电子器具开具发票,未按照《中华人民共和国税收征收管理法》及其实施细则、《中华人民共和国发票管理办法》等有关规定将非税控电子器具使用的软件程序说明资料报主管税务机关备案且没有违法所得。

(12) 纳税人未按照《中华人民共和国税收征收管理法》及其实施细则、《中华人民共和国税务登记管理办法》等有关规定办理税务登记证件验证或者换证手续。

(13) 纳税人未按照《中华人民共和国税收征收管理法》及其实施细则、《中华人民共和国发票管理办法》等有关规定加盖发票专用章且没有违法所得。

(14) 纳税人未按照《中华人民共和国税收征收管理法》及其实施细则等有关规定将财务、会计制度或者财务、会计处理办法和会计核算软件报送税务机关备查。

【思政案例】

某酒业有限公司的税务行政处罚案件

2022 年某市税务局稽查局根据税收大数据分析线索,依法查处了某酒业有限公司骗取增值税留抵退税案件。经查,该公司通过个人收取销售款隐匿公司销售收入、减少销项税额、进行虚假申报等手段,骗取留抵退税 7.27 万元。该市税务局稽查局依法追缴该公司骗取的留抵退税款,并根据《中华人民共和国行政处罚法》《中华人民共和国税收征收管理法》的相关规定,拟处 1 倍罚款。

该市税务局稽查局有关负责人表示,将充分发挥税收大数据作用,严厉打击骗取留抵退税的违法行为。对非主观故意违规取得留抵退税的企业,约谈提醒,促其整改;对恶意造假骗取留抵退税的企业,依法从严查办,按规定将其纳税信用直接降为 D 级,采取限制发票领用、提高检查频次等措施,同时依法对其近 3 年各项税收缴纳情况进行全面检查,并延伸检查其上下游企业,涉嫌犯罪的,移交司法机关追究刑事责任。

(资料来源:黑龙江省税务局. 黑龙江省绥化市税务部门依法查处一起骗取留抵退税案件[EB/OL]. (2022-05-12) [2023-05-27]. http://heilongjiang.chinatax.gov.cn/art/2022/5/12/art_ 8397_ 422665. html.)

9.2 税务行政复议

9.2.1 税务行政复议的概述

1. 税务行政复议的概念

税务行政复议,是指当事人(纳税人、扣缴义务人、纳税担保人及其他税务当事人)不服税务机关及其工作人员作出的税务具体行政行为,依法向上一级税务机关(复议机关)提出申请,复议机关经审理对原税务机关具体行政行为依法作出维持、变更、撤销等决定的活动。

2. 税务行政复议的特点

（1）税务行政复议以当事人不服税务机关及其工作人员作出的税务具体行政行为为前提。

（2）税务行政复议因当事人的申请而产生。

（3）税务行政复议案件一般由原处理税务机关的上一级税务机关进行审理。

（4）税务行政复议与行政诉讼相衔接。因征税问题引起的争议，税务行政复议是税务行政诉讼的必经前置程序，未经复议不能向法院起诉，经复议仍不服的，才能起诉。

3. 税务行政复议的机构与人员

（1）各级行政复议机关负责法制工作的机构（以下简称行政复议机构）依法办理行政复议事项。

（2）各级行政复议机关可以成立行政复议委员会，研究重大、疑难案件，提出处理建议。行政复议委员会可以邀请本机关以外的具有相关专业知识的人员参加。

（3）行政复议工作人员应当具备与履行行政复议职责相适应的品行、专业知识和业务能力，并取得《中华人民共和国行政复议法实施条例》（国务院令第 499 号）规定的资格。税务机关中初次从事行政复议的人员，应当通过国家统一法律职业资格考试取得法律职业资格。

4. 税务行政复议的范围

1）具体行政行为

（1）征税行为：①确认纳税主体、征税对象、征税范围、减税、免税、退税、抵扣税款、适用税率、计税依据、纳税环节、纳税期限、纳税地点和税款征收方式等具体行政行为；②征收税款、加收滞纳金；③扣缴义务人、受税务机关委托的单位和个人作出的代扣代缴、代收代缴、代征行为等。

（2）行政许可、行政审批行为。

（3）发票管理行为，包括发售、收缴、代开发票等。

（4）税收保全措施、强制执行措施。

税收保全措施：①书面通知银行或者其他金融机构冻结纳税人的金额相当于应纳税款的存款；②扣押、查封价值相当于应纳税款的商品、货物或者其他财产。

税收强制执行措施：①书面通知银行或者其他金融机构从当事人存款中扣缴税款；②依法拍卖或变卖所扣押、查封价值相当于应纳税款的商品、货物或者其他财产以抵缴税款。

（5）行政处罚行为：①罚款；②没收财物和违法所得；③停止出口退税权。

（6）不依法履行下列职责的行为：①颁发税务登记；②开具、出具完税凭证、外出经营活动税收管理证明；③行政赔偿；④行政奖励；⑤其他不依法履行职责的行为。

（7）资格认定行为。

（8）不依法确认纳税担保行为。

（9）政府信息公开工作中的具体行政行为。

（10）纳税信用等级评定行为。

(11) 通知出入境管理机关阻止出境行为。
(12) 其他具体行政行为。

【例9-7】（多选题）纳税人对税务机关的下列行政行为不服，应当向行政复议机关申请复议后，才能向人民法院提出诉讼的有（　　）。
A. 确定计税金额
B. 确认征税对象
C. 加收滞纳金
D. 停止进口退税权
解析：征税行为属于必经复议，具体包括：确认纳税主体、征税对象、征税范围、减税、免税、退税、抵扣税款、适用税率、计税依据、纳税环节、纳税期限、纳税地点和税款征收方式等具体行政行为，征收税款、加收滞纳金，扣缴义务人、受税务机关委托的单位和个人作出的代扣代缴、代收代缴、代征行为等。选项D，停止进口退税权属于税务行政处罚行为，税务行政处罚不属于必经复议，税务行政处罚属于选择复议。
答案：ABC

2）实施具体行政行为的依据

申请人认为税务机关的具体行政行为所依据的下列规定不合法，对具体行政行为申请行政复议时，可以一并向行政复议机关提出对有关规定的审查申请：
（1）国家税务总局和国务院其他部门的规定。
（2）其他各级税务机关的规定。
（3）地方各级人民政府的规定。
（4）地方人民政府工作部门的规定。
上述规定不包括规章。

申请人对具体行政行为提出行政复议申请时不知道该具体行政行为所依据的规定的，可以在行政复议机关作出行政复议决定以前提出对该规定的审查申请。

5. 税务行政复议的管辖

1）一般规定

（1）对各级税务局的具体行政行为不服的，向其上一级税务局申请行政复议。
（2）对计划单列市税务局的具体行政行为不服的，向国家税务总局申请行政复议。
（3）对税务所（分局）、各级税务局的稽查局的具体行政行为不服的，向其所属税务局申请行政复议。
（4）对国家税务总局的具体行政行为不服的，向国家税务总局申请行政复议。对行政复议决定不服的，申请人可以向人民法院提起行政诉讼，也可以向国务院申请裁决。国务院的裁决为最终裁决。
（5）对下列税务机关的具体行政行为不服的，按照下列规定申请行政复议：
①对两个以上税务机关以共同的名义作出的具体行政行为不服的，向共同上一级税务机

关申请行政复议。

②对税务机关与其他行政机关以共同的名义作出的具体行政行为不服的,向其共同上一级行政机关申请行政复议。

③对被撤销的税务机关在撤销以前所作出的具体行政行为不服的,向继续行使其职权的税务机关的上一级税务机关申请行政复议。

④对税务机关作出逾期不缴纳罚款加处罚款的决定不服的,向作出行政处罚决定的税务机关申请行政复议。

⑤对已处罚款和加处罚款都不服的,一并向作出行政处罚决定的税务机关的上一级税务机关申请行政复议。

【例9-8】（多选题）下列申请行政复议的表述中,符合税务行政复议管辖规定的有（　　）。

A. 对各级税务局的具体行政行为不服的,向其上一级税务局申请行政复议

B. 对计划单列市税务局的具体行政行为不服的,向国家税务总局申请行政复议

C. 对国家税务总局的具体行政行为不服的,向国家税务总局申请行政复议

D. 对税务机关作出逾期不缴纳罚款加处罚款的决定不服的,向作出行政处罚决定的税务机关的上一级税务机关申请行政复议

解析： 本题考查税务行政复议管辖机关的判定。选项D不当选,对作出逾期不缴纳罚款加处罚款的决定不服的,向作出行政处罚决定的税务机关申请复议（同级复议）。

答案： ABC

{加强理解} 如例9-5所示,该企业在2023年4月5日缴纳罚款时的总金额=(16+5)×8 000×3%+8 000=13 040(元)。

当申请人(该企业)对加处罚款[(16+5)×8 000×3%=5 040(元)]不服时,向作出行政处罚决定的税务机关申请复议（同级复议）。

当申请人（该企业）对罚款（8 000元）与加处罚款（5 040元）均不服时,向作出行政处罚决定的税务机关的上一级税务机关申请行政复议（上级复议）。

2）特别规定

有下列情况之一的,申请人向具体行政行为发生地的县级地方人民政府提交行政复议申请的,由接受申请的县级地方人民政府依照下列规则予以转送：

（1）对县级以上地方人民政府依法设立的派出机关的具体行政行为不服的,向设立该派出机关的人民政府申请行政复议。

（2）对政府工作部门依法设立的派出机构依法以自己的名义作出的具体行政行为不服的,向设立该派出机构的部门或者该部门的本级地方人民政府申请行政复议。

（3）对法律、法规授权的组织的具体行政行为不服的,分别向直接管理该组织的地方人民政府、地方人民政府工作部门或者国务院部门申请行政复议。

（4）对两个或者两个以上行政机关以共同的名义作出的具体行政行为不服的,向其共同上一级行政机关申请行政复议。

（5）对被撤销的行政机关在撤销前所作出的具体行政行为不服的,向继续行使其职权

的行政机关的上一级行政机关申请行政复议。

6. 税务行政复议的参加人

1）税务行政复议的申请人

（1）合伙企业申请行政复议的，应当以核准登记的企业为申请人，由执行合伙事务的合伙人代表该企业参加行政复议；其他合伙组织申请行政复议的，由合伙人共同申请行政复议。

上述规定以外的不具备法人资格的其他组织申请行政复议的，由该组织的主要负责人代表该组织参加行政复议；没有主要负责人的，由共同推选的其他成员代表该组织参加行政复议。

（2）股份制企业的股东大会、股东代表大会、董事会认为税务具体行政行为侵犯企业合法权益的，可以以企业的名义申请行政复议。

（3）有权申请行政复议的公民死亡的，其近亲属可以申请行政复议；有权申请行政复议的公民为无行为能力人或者限制行为能力人，其法定代理人可以代理申请行政复议；有权申请行政复议的法人或者其他组织发生合并、分立或终止的，承受其权利义务的法人或者其他组织可以申请行政复议。

（4）非具体行政行为的行政管理相对人，但其权利直接被该具体行政行为所剥夺、限制或者被赋予义务的公民、法人或其他组织，在行政管理相对人没有申请行政复议时，可以单独申请行政复议。

【例9-9】（单选题）下列可以作为税务行政复议申请人的是（　　）。
A. 有权申请行政复议的公民下落不明的，其近亲属
B. 有权申请行政复议的公民为限制行为能力人，其法定代理人
C. 有权申请行政复议的股份制企业，其股东代表大会
D. 有权申请行政复议的法人发生终止的，其法定代表人
解析： 选项B，有权申请行政复议的公民为无行为能力人或者限制行为能力人，其法定代理人可以代理申请行政复议。选项D，有权申请行政复议的法人或者其他组织发生合并、分立或终止的，承受其权利义务的法人或者其他组织可以申请行政复议。
答案： B

2）税务行政复议的被申请人

（1）申请人对具体行政行为不服申请行政复议的，作出该具体行政行为的税务机关为被申请人。

（2）申请人对扣缴义务人的扣缴税款行为不服的，主管该扣缴义务人的税务机关为被申请人。

（3）对税务机关委托的单位和个人的代征行为不服的，委托税务机关为被申请人。

（4）税务机关与法律、法规授权的组织以共同的名义作出具体行政行为的，税务机关和法律、法规授权的组织为共同被申请人。

（5）税务机关与其他组织以共同名义作出具体行政行为的，税务机关为被申请人。

（6）税务机关依法，经上级税务机关批准作出具体行政行为的，批准机关为被申请人。

（7）申请人对经重大税务案件审理程序作出的决定不服的，审理委员会所在税务机关为被申请人。

（8）税务机关设立的派出机构、内设机构或者其他组织，未经法律、法规授权，以自己名义对外作出具体行政行为的，税务机关为被申请人。

【例9-10】（多选题）申请人对下列行政行为不服的，可以提起税务行政复议，关于行政复议被申请人的相关表述中，符合规定的有（　　）。

A. 对税务机关与其他组织以共同名义作出的具体行政行为不服的，被申请人为税务机关与其他组织

B. 税务机关按规定，经上级税务机关批准作出具体行政行为的，被申请人为批准机关

C. 对经重大税务案件审理程序作出决定的行政行为不服的，被申请人为审理委员会所在税务机关

D. 对税务机关设立的派出机构未经授权，以自己名义对外作出具体行政行为不服的，被申请人为作出该具体行政行为的派出机构

解析： 本题考查行政复议中被申请人的确定。选项A不当选，对税务机关与其他组织以共同名义作出的具体行政行为不服的，被申请人为税务机关，不包括其他组织。选项D不当选，对税务机关设立的派出机构未经授权，以自己名义对外作出具体行政行为不服的，被申请人为税务机关。

答案： BC

3）税务行政复议的第三人

行政复议中的第三人，是指因与被申请复议的具体行政行为有利害关系而参与到行政复议中的行政相对人。在行政复议中第三人具有独立的法律地位，不依附于申请人或被申请人，享有与申请人基本相同的复议权利。

行政复议期间，行政复议机关认为申请人以外的公民、法人或者其他组织与被审查的具体行政行为有利害关系的，可以通知其作为第三人参加行政复议。申请人以外的公民、法人或者其他组织与被审查的税务具体行政行为有利害关系的，可以向行政复议机关申请作为第三人参加行政复议。第三人不参加行政复议，不影响行政复议案件的审理。

4）税务行政复议的代理人

行政复议代理人，是指接受当事人（申请人或者第三人）委托，以当事人的名义，代理当事人参加行政复议的人。在行政复议期间，复议代理人只能以当事人的名义参与到行政复议当中，而不能直接以自己的名义进行行政复议活动。

在行政复议中，申请人、第三人可以委托1至2名代理人参加行政复议。申请人、第三人委托代理人的，应当向行政复议机构提交授权委托书。授权委托书应当载明委托事项、权限和期限。公民在特殊情况下无法书面委托的，可以口头委托。口头委托的，行政复议机构

应当核实并记录在卷。申请人、第三人解除或者变更委托的,应当书面告知行政复议机构。但是,被申请人不得委托本机关以外人员参加行政复议。

9.2.2 税务行政复议的程序

1. 税务行政复议的申请

1) 申请的期限

申请人可以在知道税务机关作出具体行政行为之日起 60 日内提出行政复议申请。因不可抗力或者被申请人设置障碍等原因耽误法定申请期限的,申请期限的计算应当扣除被耽误时间。申请期限计算的具体情形:

(1) 当场作出具体行政行为的,自具体行政行为作出之日起计算。

(2) 载明具体行政行为的法律文书直接送达的,自受送达人签收之日起计算。

(3) 载明具体行政行为的法律文书邮寄送达的,自受送达人在邮件签收单上签收之日起计算;没有邮件签收单的,自受送达人在送达回执上签名之日起计算。

(4) 具体行政行为依法通过公告形式告知受送达人的,自公告规定的期限届满之日起计算。

(5) 被申请人能够证明申请人知道具体行政行为的,自证据材料证明其知道具体行政行为之日起计算。

(6) 税务机关作出具体行政行为时未告知申请人,事后补充告知的,自该申请人收到税务机关补充告知的通知之日起计算。

(7) 税务机关作出具体行政行为,依法应当向申请人送达法律文书而未送达的,视为该申请人不知道该具体行政行为。

(8) 申请人依法申请税务机关履行法定职责,税务机关未履行的,行政复议申请期限的计算为:①有履行期限规定的,自履行期限届满之日起计算;②没有履行期限规定的,自税务机关收到申请满 60 日起计算。

2) 税务行政复议的申请方式

(1) 书面申请。申请人书面申请税务行政复议的,可以采取当面递交、邮寄或者传真等方式提出行政复议申请,有条件的行政复议机关可以接受以电子邮件形式提出的行政复议申请。

(2) 口头申请。申请人口头申请税务行政复议的,行政复议机构应当场制作行政复议申请笔录,交申请人核对或者向申请人宣读,并由申请人确认。

3) 税务行政复议申请的其他规定

(1) 税务机关作出的具体行政行为对申请人的权利、义务可能产生不利影响的,应当告知其申请行政复议的权利、行政复议机关和行政复议申请期限。

(2) 申请人提出行政复议申请时错列被申请人的,行政复议机关应当告知申请人变更被申请人。

(3) 申请人向行政复议机关申请行政复议,行政复议机关已经受理的,在法定行政复议期限内申请人不得向人民法院提起行政诉讼;申请人向人民法院提起行政诉讼,人民法院已经依法受理的，不得申请行政复议。

2. 税务行政复议的受理

1) 受理的条件

行政复议申请符合下列规定的，行政复议机关应当受理：

（1）税务行政复议的范围属于规定的范围内。

（2）在法定申请期限内提出。

（3）有明确的申请人和符合规定的被申请人。

（4）申请人与具体行政行为有利害关系。

（5）有具体的行政复议请求和理由。

（6）申请人申请行政复议的，必须先依法缴纳或解缴税款和滞纳金，或提供相应的担保，申请人对税务机关作出逾期不缴纳罚款加处罚款的决定不服的，应当先缴纳罚款和加处罚款，再申请行政复议。

（7）属于收到行政复议申请的行政复议机关的职责范围。

（8）其他行政复议机关尚未受理同一行政复议申请，人民法院尚未受理同一主体就同一事实提起的行政诉讼。

2) 受理的期限

行政复议机关收到行政复议申请以后，应当在5日内审查，决定是否受理。行政复议机关收到行政复议申请以后未按照规定期限审查并作出不予受理决定的，视为受理。

行政复议申请材料不齐全、表述不清楚的，行政复议机构可以自收到该行政复议申请之日起5日内书面通知申请人补正。补正通知应当载明需要补正的事项和合理的补正期限。无正当理由逾期不补正的，视为申请人放弃行政复议申请。补正申请材料所用时间不计入行政复议审理期限。

行政复议期间有关5日、7日的规定指工作日，不包括法定节假日。

3) 申请受理的决定

对符合规定的行政复议申请，自行政复议机构收到之日起即为受理；受理行政复议申请，应当书面告知申请人。对于不属于本机关受理的行政复议申请，应当告知申请人向有关行政复议机关提出。

上级税务机关认为行政复议机关不予受理行政复议申请的理由不成立的，可以督促其受理；经督促仍不受理的，责令其限期受理。上级税务机关认为行政复议申请不符合法定受理条件的，应当告知申请人。上级税务机关认为有必要的，可以直接受理或者提审由下级税务机关管辖的行政复议案件。

4) 申请的驳回

有下列情形之一的，行政复议机关应当决定驳回行政复议申请：

（1）申请人认为税务机关不履行法定职责申请行政复议，行政复议机关受理以后发现该税务机关没有相应法定职责或者在受理以前已经履行法定职责的。

（2）受理行政复议申请后，发现该行政复议申请不符合《行政复议法》及其实施条例和《国家税务总局关于修改〈税务行政复议规则〉的决定》（国家税务总局令第39号）规定的受理条件的。

上级税务机关认为行政复议机关驳回行政复议申请的理由不成立的,应当责令限期恢复受理。行政复议机关审理行政复议申请期限的计算应当扣除因驳回耽误的时间。

【例9-11】(多选题) 以下关于税务行政复议受理规定的说法中,正确的有( )。
A. 行政复议机关收到行政复议申请以后,应当在7日内审查,决定是否受理
B. 行政复议机关收到行政复议申请以后未按照规定期限审查并作出不予受理决定的,视为受理
C. 对符合规定的行政复议申请,自行政复议机构收到之日起即为受理
D. 受理行政复议申请,可书面或电话告知申请人
解析:选项A,行政复议机关收到行政复议申请以后,应当在5日内审查,决定是否受理;选项D,受理行政复议申请,应当书面告知申请人。
答案:BC

5) 具体行政行为停止执行的情形

行政复议期间具体行政行为不停止执行;但是有下列情形之一的,可以停止执行:
(1) 被申请人认为需要停止执行的。
(2) 行政复议机关认为需要停止执行的。
(3) 申请人申请停止执行,行政复议机关认为其要求合理,决定停止执行的。
(4) 法律规定停止执行的。

【例9-12】(多选题) 在税务行政复议期间,可以停止执行税务具体行政行为的情形有( )。
A. 申请人认为需要停止执行的
B. 被申请人认为需要停止执行的
C. 被申请人确实难以执行的
D. 行政复议机关认为需要停止执行的
解析:按照税务行政复议相关规定,明确在税务行政复议期间,可以停止执行税务具体行政行为的情形有四种,包括选项B和选项D。
答案:BD

3. 税务行政复议的证据

1) 证据的类型

行政复议证据类型包括书证、物证、视听资料、电子数据、证人证言、当事人陈述、鉴定意见、勘验笔录、现场笔录。

行政复议机关应当根据案件的具体情况,审查证据的合法性、真实性、关联性。

2) 对行政复议被申请人的规定

(1) 在行政复议中,被申请人对其作出的具体行政行为负有举证责任。

(2) 在行政复议中，被申请人不得自行向申请人和其他有关组织或者个人收集证据。

3) 不得作为定案依据的材料

(1) 违反法定程序收集的证据材料。

(2) 以偷拍、偷录和窃听等手段获取侵害他人合法权益的证据材料。

(3) 以利诱、欺诈、胁迫和暴力等不正当手段获取的证据材料。

(4) 无正当事由超出举证期限提供的证据材料。

(5) 无正当理由拒不提供原件、原物，又无其他证据印证，且对方不予认可的证据的复制件、复制品。

(6) 无法辨明真伪的证据材料。

(7) 不能正确表达意志的证人提供的证言。

(8) 不具备合法性、真实性的其他证据材料。

4) 行政复议证据的其他内容

(1) 行政复议机构认为必要时，可以调查取证。调查取证时，行政复议工作人员不得少于2人，并应当向当事人和有关人员出示证件。被调查单位和人员应当配合行政复议工作人员的工作，不得拒绝、不得阻挠。

(2) 申请人和第三人可以查阅被申请人提出的书面答复、作出具体行政行为的证据、依据和其他有关材料，除涉及国家秘密、商业秘密或者个人隐私外，行政复议机关不得拒绝。

【例9-13】（单选题）下列关于税务行政复议取证的表述中，正确的是（　　）。
A. 调查取证时行政复议人员不得少于2人
B. 需要现场勘验的，勘验时间应计入行政复议审理期限
C. 行政复议过程中，被申请人可以自行向申请人收集证据
D. 有正当理由超出举证期限提供的证据材料不得作为定案依据
解析：选项B，需要现场勘验的，现场勘验所用时间不计入行政复议审理期限。选项C，在行政复议过程中，被申请人不得自行向申请人和其他有关组织或者个人搜集证据。选项D，无正当事由、而非有正当理由超出举证期限提供的证据材料不得作为定案依据。
答案：A

4. 税务行政复议的审查

1) 审查的办法

行政复议原则上采用书面审查的办法，但是申请人提出要求或者行政复议机构认为有必要时，应当听取申请人、被申请人和第三人的意见，并可以向有关组织和人员调查了解情况。

2) 审查的期限

行政复议机构应当自受理行政复议申请之日起7日内，将行政复议申请书副本或者行政复议申请笔录复印件发送被申请人。被申请人应当自收到申请书副本或者申请笔录复印件之

日起10日内提出书面答复,并提交当初作出具体行政行为的证据、依据和其他有关材料。

申请人在申请行政复议时,依据规定一并提出对有关规定的审查申请的,行政复议机关对该规定有权处理的,应当在30日内依法处理;无权处理的,应当在7日内按照法定程序逐级转送有权处理的行政机关依法处理,有权处理的行政机关应当在60日内依法处理。处理期间,中止对具体行政行为的审查。

3) 审查的要求

行政复议机构审理行政复议案件,应当由2名以上行政复议工作人员参加。申请人在行政复议决定作出以前撤回行政复议申请的,经行政复议机构同意,可以撤回。申请人撤回行政复议申请的,不得再以同一事实和理由提出行政复议申请;但是,申请人能够证明撤回行政复议申请违背其真实意思表示的除外。行政复议期间被申请人改变原具体行政行为的,不影响行政复议案件的审理;但是,申请人依法撤回行政复议申请的除外。

对国家税务总局的具体行政行为不服申请行政复议的案件,由原承办具体行政行为的相关机构向行政复议机构提出书面答复,并提交当初作出具体行政行为的证据、依据和其他有关材料。

5. 税务行政复议的听证

对重大、复杂的案件,申请人提出要求或者行政复议机构认为必要时,可以采取听证的方式审理。行政复议机构决定举行听证的,应当将举行听证的时间、地点和具体要求等事项通知申请人、被申请人和第三人。第三人不参加听证的,不影响听证的举行。听证应当公开举行,但是涉及国家秘密、商业秘密或者个人隐私的除外。行政复议听证人员不得少于2人,听证主持人由行政复议机构指定。听证应当制作笔录。申请人、被申请人和第三人应当确认听证笔录内容。行政复议听证笔录应当附卷,作为行政复议机构审理案件的依据之一。

6. 税务行政复议的决定

(1) 行政复议机构应当对被申请人的具体行政行为提出审查意见,经行政复议机关负责人批准,按照下列规定作出行政复议决定:

①维持决定。具体行政行为认定事实清楚,证据确凿,适用依据正确,程序合法,内容适当的,决定维持。

②履行决定。被申请人不履行法定职责的,决定其在一定期限内履行。

③具体行政行为有下列情形之一的,决定撤销、变更或者确认该具体行政行为违法;决定撤销或者确认该具体行政行为违法的,可以责令被申请人在一定期限内重新作出具体行政行为:

a) 主要事实不清、证据不足的。
b) 适用依据错误的。
c) 违反法定程序的。
d) 超越职权或者滥用职权的。
e) 具体行政行为明显不当的。

(2) 有下列情形之一的,行政复议机关可以决定变更:

①认定事实清楚,证据确凿,程序合法,但是内容明显不当或者适用依据错误的。
②认定事实不清,证据不足,但是经行政复议机关审理查明事实清楚,证据确凿的。

7. 税务行政复议中止的情形

行政复议期间，有下列情形之一的，行政复议中止：

(1) 作为申请人的公民死亡，其近亲属尚未确定是否参加行政复议的。
(2) 作为申请人的公民丧失参加行政复议的能力，尚未确定法定代理人参加行政复议的。
(3) 作为申请人的法人或者其他组织终止，尚未确定权利义务承受人的。
(4) 作为申请人的公民下落不明或者被宣告失踪的。
(5) 申请人、被申请人因不可抗力，不能参加行政复议的。
(6) 行政复议机关因不可抗力原因暂时不能履行工作职责的。
(7) 案件涉及法律适用问题，需要有权机关作出解释或者确认的。
(8) 案件审理需要以其他案件的审理结果为依据，而其他案件尚未审结的。
(9) 其他需要中止行政复议的情形。

行政复议中止的原因消除以后，应当及时恢复行政复议案件的审理。依照上述第（1）条、第（2）条、第（3）条规定中止行政复议，满60日行政复议中止的原因未消除的，行政复议终止。

行政复议机构中止和恢复行政复议案件的审理，应当告知申请人、被申请人、第三人。

【例9-14】（多选题）税务行政复议期间出现下列情形时，行政复议中止的有（　　）。
A. 作为申请人的公民下落不明或者被宣告失踪的
B. 申请人要求撤回行政复议申请，复议机构准予撤回的
C. 申请人、被申请人因不可抗力，不能参加行政复议的
D. 案件涉及法律适用问题，需要有权机关作出解释或确认的
解析：选项B属于行政复议终止的情形；选项ACD属于行政复议中止的情形。
答案：ACD

8. 税务行政复议终止的情形

行政复议期间，有下列情形之一的，行政复议终止：

(1) 申请人要求撤回行政复议申请，行政复议机构准予撤回的。
(2) 作为申请人的公民死亡，没有近亲属，或者其近亲属放弃行政复议权利的。
(3) 作为申请人的法人或者其他组织终止，其权利义务的承受人放弃行政复议权利的。
(4) 申请人与被申请人依照规定，经行政复议机构准许达成和解的。
(5) 行政复议申请受理以后，发现其他行政复议机关已经先于本机关受理，或者人民法院已经受理的。

9. 税务行政复议决定的期限

行政复议机关应当自受理申请之日起60日内作出行政复议决定。情况复杂，不能在规

定期限内作出行政复议决定的,经行政复议机关负责人批准,可以适当延期,并告知申请人和被申请人;但是延期不得超过30日。

行政复议机关作出行政复议决定,应当制作行政复议决定书,并加盖行政复议机关印章。

行政复议决定书一经送达,即发生法律效力。

10. 税务行政复议的和解与调解

1) 可以调解与和解的事项

对下列行政复议事项,按照自愿、合法的原则,申请人和被申请人在行政复议机关作出行政复议决定以前可以达成和解,行政复议机关也可以调解:

(1) 行使自由裁量权作出的具体行政行为,如行政处罚、核定税额、确定应税所得率等。

(2) 行政赔偿。

(3) 行政奖励。

(4) 存在其他合理性问题的具体行政行为。行政复议审理期限在和解、调解期间中止计算。

2) 调解的要求

(1) 尊重申请人和被申请人的意愿。

(2) 在查明案件事实的基础上进行。

(3) 遵循客观、公正和合理原则。

(4) 不得损害社会公共利益和他人合法权益。

3) 调节的程序

(1) 征得申请人和被申请人同意。

(2) 听取申请人和被申请人的意见。

(3) 提出调解方案。

(4) 达成调解协议。

(5) 制作行政复议调解书。

4) 调解与和解的相关要求

(1) 行政复议调解书经双方当事人签字,即具有法律效力。

(2) 申请人和被申请人达成和解的,应当向行政复议机构提交书面和解协议。和解内容不损害社会公共利益和他人合法权益的,行政复议机构应当准许。

(3) 经行政复议机构准许和解终止行政复议的,申请人不得以同一事实和理由再次申请行政复议。

(4) 行政复议调解书应当载明行政复议请求、事实、理由和调解结果,并加盖行政复议机关印章。行政复议调解书经双方当事人签字,即具有法律效力。调解未达成协议,或者行政复议调解书不生效的,行政复议机关应当及时作出行政复议决定。

(5) 申请人不履行行政复议调解书的,由被申请人依法强制执行,或者申请人民法院强制执行。

9.2.3 税务行政复议的执行

1. 被申请人对行政复议决定的履行

被申请人应当履行行政复议决定。被申请人不履行、无正当理由拖延履行行政复议决定的，行政复议机关或者有关上级税务机关应当责令其限期履行。

行政复议机关责令被申请人重新作出具体行政行为的，被申请人应按以下规定进行处理：

（1）被申请人应当在60日内重新作出具体行政行为；情况复杂，不能在规定期限内重新作出具体行政行为的，经行政复议机关批准，可以适当延期，但是延期不得超过30日。

（2）被申请人不得以同一事实和理由作出与原具体行政行为相同或者基本相同的具体行政行为；但是行政复议机关以原具体行政行为违反法定程序决定撤销的，被申请人重新作出具体行政行为的除外。

（3）被申请人不得作出对申请人更为不利的决定；但是行政复议机关以原具体行政行为主要事实不清、证据不足或适用依据错误决定撤销的，被申请人重新作出具体行政行为的除外。

2. 相对人对行政复议决定的履行

申请人、第三人逾期不起诉又不履行行政复议决定的，或者不履行最终裁决的行政复议决定的，按照下列规定分别处理：

（1）维持具体行政行为的行政复议决定，由作出具体行政行为的税务机关依法强制执行，或者申请人民法院强制执行。

（2）变更具体行政行为的行政复议决定，由行政复议机关依法强制执行，或者申请人民法院强制执行。

【例9-15】（单选题）关于行政复议决定的执行，下列说法正确的是（　　）。
A. 维持具体行政行为的行政复议决定，可以由作出具体行政行为的行政机关依法强制执行
B. 维持具体行政行为的行政复议决定，由复议机关依法强制执行
C. 变更具体行政行为的行政复议决定，不可由复议机关强制执行
D. 变更具体行政行为的行政复议决定，由原作出具体行政行为的行政机关依法强制执行

解析：对于维持具体行政行为的行政复议决定，由作出具体行政行为的行政机关依法强制执行或是申请人民法院强制执行；对于变更具体行政行为的行政复议决定，由复议机关依法强制执行，或者申请人民法院强制执行。
答案：A

3. 税务行政复议的指导与监督

行政复议期间，行政复议机关发现被申请人和其他下级税务机关的相关行政行为违法或

者需要做好善后工作的,可以制作行政复议意见书。有关机关应当自收到行政复议意见书之日起 60 日内将纠正相关行政违法行为或者做好善后工作的情况报告行政复议机关。

行政复议期间行政复议机构发现法律、法规和规章实施中带有普遍性的问题,可以制作行政复议建议书,向有关机关提出完善制度和改进行政执法的建议。

【思政案例】

根据《陈某伟、某省地方税务局税务行政管理(税务) 再审审查与审判监督行政裁定书》〔(2018) 最高法行申 209 号〕

XL 公司于 2013 年 3 月 20 日与陈某伟、案外人林某钦签订总价为 5 500 万元的商品房买卖合同,约定了 XL 公司逾期交房的违约责任,并到房管部门登记备案。合同差一天即满一年时,XL 公司以商品房买卖合同无法履行为由,向某仲裁委员会申请仲裁。次日,经仲裁调解,双方解除商品房买卖合同,XL 公司要返还林某钦、陈某伟已付购房款 1 000 万元。XL 公司实际各返还林某钦、陈某伟 2 600 万元,两人除收回签订合同时支付的 5 500 万元(林某钦先前已抽回 300 万元)外,还以违约金名义收取了 3 328 万元,其中陈某伟收取违约金 2 140.5 万元。

2014 年 6 月,某市纪委和检察院接到举报,对陈某伟、林某钦与 XL 公司的资金往来进行调查。陈某伟、林某钦在谈话笔录中均承认:两人共借款 5 500 万元给 XL 公司,月利率 5%,XL 公司以商品房做抵押,双方签订商品房买卖合同。一年内两人共收取利息 3 328 万元,解除合同时两人收回本金 5 200 万元,借给 XL 公司的本金是向他人以不同利率转借的。XL 公司出具说明,表明其与陈某伟、林某钦之间是以房产抵押的融资借款关系。纪委部门将问题函告了税务部门。

2015 年 3 月 26 日,某市地税局稽查局对陈某伟、林某钦和 XL 公司立案调查。陈某伟承认了有关交易,但称因林某钦的丈夫是公务员,担心买商铺未申报违反规定而把违约金说成利息了,XL 公司因违约每月按购房款总额的 5% 支付违约金。经查并经重大案件审理委员会审理,某市地税局稽查局作出税务处理决定,认定陈某伟、林某钦与 XL 公司的交易名为房屋买卖,实为借贷,要求陈某伟就借贷利息收入 2 140.5 万元缴纳营业税、个人所得税、滞纳金等税费合计 563 万余元。

复议:陈某伟不服,以"有关交易是商品房买卖关系,每月收取的 275 万元是依据商品房买卖合同补充条款约定的 5% 违约金,不是利息,无须缴纳滞纳金"等为由,向某省地税局提出行政复议,未得到支持,继而提起诉讼。

一审:一审法院认为,仲裁调解书违约内容只是 XL 公司的陈述,未得到确认,有关款项也与实际不符,且由违约方申请仲裁有违常理;有关补充条款对陈某伟很有利,其却在复议程序将结束时才拿出该条款的复印件,在备案材料中找不到该条款,且该条款与合同签订时间只差一天,在未经仲裁的情况下大幅加重了 XL 公司的违约责任,不符合商品房买卖交易习惯,加上纪检调查材料的印证,不认可该补充条款的真实性;陈某伟等支付 5 500 万元后就按月收取交易金额的 5%,与利息的收取习惯相吻合,可以推定陈某伟实际是将其资金借予 XL 公司使用的借贷行为。一审法院判决驳回陈某伟的诉求。

二审：陈某伟上诉，二审法院维持一审主要判决。

终审：陈某伟仍不服，向最高人民法院申请再审。最高人民法院再审裁定，税务机关可以根据实质课税原则独立认定案涉民事法律关系，对案涉民间借贷利息收入应按照规定征收营业税、个人所得税等税费，支持了税务部门的处理决定，同时提出考虑利息所得额时应确定是否属于实际所得，以避免重复计征，并限制了税务机关对陈某伟等人加收滞纳金。

（资料来源：中国裁判文书网．陈建伟、福建省地方税务局税务行政管理（税务）再审审查与审判监督行政裁定书［EB/OL］．（2019-04-19）［2023-05-19］．https：//wenshu. court. gov. cn/website/wenshu/181107ANFZ0BXSK4/index. html？docId=aLS1qTqi-UO1Xr48-v0gKLkRAblZrFcd2IKWH2QymoqewSS0yU9jilxvUKq3u+IEo421J2BWIU3bdb5Ehjt-p9N4rPs-9llBaiGc7QRcn8pJXxQBLv2DPekHtjXUbZDjAn0V.）

9.3 税务行政诉讼

9.3.1 税务行政诉讼的概述

1. 税务行政诉讼

1）税务行政诉讼的概念

税务行政诉讼，是指公民、法人或者其他组织认为税务机关及其工作人员的具体税务行政行为违法或者不当，侵犯了其合法权益，依法向人民法院提起行政诉讼，由人民法院对具体税务行政行为的合法性和适当性进行审理并作出裁决的司法活动。

2）税务行政诉讼的特殊性

税务行政诉讼以解决税务行政争议为前提，这是税务行政诉讼与其他行政诉讼活动的根本区别，具体体现为：

（1）被告必须是税务机关，或经法律、法规授权的行使税务行政管理权的组织，而不是其他行政机关或组织。

（2）税务行政诉讼解决的争议发生在税务行政管理过程中。

（3）因税款征纳问题发生的争议，当事人在向人民法院提起行政诉讼前，必须先经过税务行政复议程序，即必经复议。

【例 9-16】（多选题）纳税人对税务机关作出的下列行政行为不服时，应当先向行政复议机关申请复议后，才可向人民法院提起行政诉讼的有（　　）。

A. 确定计税依据

B. 加收滞纳金

C. 确认征税对象

D. 停止出口退税权

解析：选项 ABC 属于征税行为，纳税人对税务机关作出的征税行为不服的，应当先向行政复议机关申请行政复议（必经复议）。选项 D 属于税务行政处罚行为，纳税人对税务机关作出的征税行为以外的其他具体行政行为不服的，可以申请行政复议，也可以直接向人民法院提起行政诉讼（选择复议）。

答案：ABC

2. 税务行政诉讼的原则

除共有原则外（如人民法院独立行使审判权，实行合议、回避、公开、辩论、两审、终审等），税务行政诉讼还必须遵循以下几个特有原则：
（1）人民法院特定主管原则。
（2）合法性审查原则。
（3）不适用调解原则。
（4）起诉不停止执行原则。
（5）税务机关负举证责任原则。
（6）由税务机关负责赔偿的原则。

3. 税务行政诉讼管辖的概念

税务行政诉讼管辖，是指人民法院受理第一审税务案件的职权分工。《中华人民共和国行政诉讼法》第十四条至第二十四条具体地规定了行政诉讼管辖的种类和内容。这对税务行政诉讼当然也是适用的。

4. 税务行政诉讼管辖的分类

具体来讲，税务行政诉讼的管辖分为级别管辖、地域管辖和裁定管辖。

1）级别管辖

级别管辖，是指上下级人民法院之间受理第一审税务案件的分工和权限。具体划分如下：

（1）基层人民法院管辖除上级法院管辖的第一审税务行政案件以外的所有第一审税务行政案件，即一般的税务行政案件。

（2）中级人民法院管辖：①对国务院部门或者县级以上地方人民政府所作的行政行为提起诉讼的案件；②海关处理的案件；③本辖区内重大、复杂的案件；④其他法律规定由中级人民法院管辖的案件。

（3）高级人民法院管辖本辖区内重大、复杂的第一审税务行政案件。

（4）最高人民法院管辖全国范围内重大、复杂的第一审税务行政案件。

2）地域管辖

地域管辖，是指同级人民法院之间受理第一审行政案件的分工和权限。具体划分如下。

（1）一般地域管辖，是指按照最初作出具体行政行为的行政机关所在地来确定管辖法院。凡是未经复议直接向人民法院提起诉讼的，或者经过复议，复议裁决维持原具体行政行为，当事人不服向人民法院提起诉讼的，均由最初作出具体行政行为的税务机关所在地人民法院管辖。

(2)特殊地域管辖,是指根据特殊行政法律关系或特殊行政法律关系所指的对象来确定管辖法院。税务行政案件的特殊地域管辖主要是指经过复议的案件,复议机关改变原具体行政行为的,由原告选择最初作出具体行政行为的税务机关所在地的人民法院,或者复议机关所在地人民法院管辖。原告可以向任何一个有管辖权的人民法院起诉,最先收到起诉状的人民法院为第一审法院。

经复议的案件,也可以由复议机关所在地人民法院管辖。经最高人民法院批准,高级人民法院可以根据审判工作的实际情况,确定若干人民法院跨行政区域管辖行政案件。

3)裁定管辖

裁定管辖,是指人民法院依法自行裁定的管辖。具体内容如下。

(1)移送管辖,是指人民法院将已经受理的案件,移送给有管辖权的人民法院审理。受移送的人民法院应当受理。受移送的人民法院认为受移送的案件按照规定不属于本院管辖的,应当报请上级人民法院指定管辖,不得再自行移送。

移送管辖必须具备三个条件:①移送人民法院已经受理了该案件;②移送人民法院发现自己对该案件没有管辖权;③接受移送的人民法院必须对该案件确有管辖权。

(2)指定管辖,是指上级人民法院以裁定的方式,指定某下一级人民法院管辖某一案件。有管辖权的人民法院因特殊原因不能行使对行政诉讼的管辖权的,由其上级人民法院指定管辖;人民法院对管辖权发生争议且协商不成的,由它们共同的上级人民法院指定管辖。

(3)管辖权的转移,是指上级人民法院有权审理下级人民法院管辖的第一审税务行政案件,也可以将自己管辖的第一审行政案件移交下级人民法院审判。下级人民法院对其管辖的第一审税务行政案件,认为需要由上级人民法院审判的,可以报请上级人民法院决定。

5. 税务行政诉讼受案范围的概念

税务行政诉讼的受案范围,是指人民法院对税务机关的哪些行为拥有司法审查权。换句话说,公民、法人或者其他组织对税务机关的哪些行为不服可以向人民法院提起税务行政诉讼。

6. 税务行政诉讼受案范围的具体内容

(1)征税行为:征收税款、加收滞纳金;扣缴义务人、受税务机关委托的单位作出代扣代缴、代收代缴行为及代征行为。

(2)责令纳税人提交纳税保证金或者纳税担保行为。

(3)行政处罚行为:①罚款;②没收违法所得;③停止出口退税权;④收缴发票和暂停供应发票。

(4)通知出境管理机关阻止出境行为。

(5)税收保全措施:①书面通知银行或者其他金融机构冻结纳税人的金额相当于应纳税款的存款;②扣押、查封价值相当于应纳税款的商品、货物或者其他财产。

(6)税收强制执行措施:①书面通知银行或者其他金融机构从当事人存款中扣缴税款;②依法拍卖或变卖所扣押、查封价值相当于应纳税款的商品、货物或者其他财产以抵缴税款。

(7)认为符合法定条件申请税务机关颁发税务登记证和发售发票,税务机关拒绝颁发、发售或者不予答复的行为。

(8) 税务机关的复议行为：复议机关改变了原具体行政行为；期限届满，税务机关不予答复。

【例 9-17】（多选题）下列各项中，属于侵犯纳税人和其他税务当事人合法权益的情形并且纳税人和其他税务当事人可以提起税务行政诉讼的有（　　）。

A. 税务机关通知银行冻结其存款的行为
B. 税务机关逾期未对其复议申请做出答复的行为
C. 税务机关对其所缴纳的税款没有上缴国库的行为
D. 税务机关制定的规范性文件损害其合法权益的行为

解析：选项 A，是税收保全措施，属于税务行政诉讼受案范围。选项 B，是税务机关的复议行为，属于税务行政诉讼受案范围。选项 C，并没有侵犯纳税人和其他税务当事人的权益。选项 D，不属于税务行政诉讼受案范围。

答案：AB

9.3.2 税务行政诉讼的起诉与受理

1. 税务行政诉讼起诉的概念

税务行政诉讼的起诉，是指公民、法人或者其他组织认为自己的合法权益受到税务机关行政行为的侵害，而向人民法院提出诉讼请求，要求人民法院行使审判权，依法予以保护的诉讼行为。

起诉权是单向性的权利，税务机关不享有起诉权，只有应诉权，即税务机关只能作为被告；与民事诉讼不同，作为被告的税务机关不能反诉。

【例 9-18】（单选题）在税务行政诉讼案件中，税务机关可享有的权利是（　　）。

A. 应诉权
B. 反诉权
C. 起诉权
D. 撤诉权

解析：在税务行政诉讼案件中，税务机关不享有起诉权，只有应诉权，即只能当作被告。

答案：A

2. 税务行政诉讼起诉的条件

纳税人、扣缴义务人等税务管理相对人在提起税务行政诉讼时，必须符合下列条件：
(1) 原告是认为具体行政行为侵犯其合法权益的公民、法人或者其他组织。
(2) 有明确的被告。

— 269 —

(3) 有具体的诉讼请求和事实、法律根据。
(4) 属于人民法院的受案范围和受诉人民法院管辖。

3. 税务行政诉讼起诉期限的计算

提起税务行政诉讼，还必须符合法定的期限和必经的程序。对税务机关的征税行为提起诉讼，必须先经过复议；对复议决定不服的，可以在接到复议决定书之日起 15 日内向人民法院起诉。对其他具体行政行为不服的，当事人可以在接到通知或者知道之日起 15 日内直接向人民法院起诉。

税务机关作出具体行政行为时，未告知公民、法人或者其他组织起诉期限的，起诉期限从公民、法人或者其他组织知道或者应该知道起诉期限之日起计算，但从知道或者应当知道税务机关作出具体行政行为之日起最长不得超过 1 年。

4. 税务行政诉讼的受理

原告起诉，经人民法院审查，认为符合起诉条件并立案审理的行为，称为受理。

对当事人的起诉，人民法院一般从以下几个方面进行审查并作出是否受理的决定：①审查是否属于法定的诉讼受案范围；②审查是否具备法定的起诉条件；③审查是否已经受理或者正在受理；④审查是否有管辖权；⑤审查是否符合法定的期限；⑥审查是否经过必经复议程序。

人民法院在接到起诉状时对符合规定的起诉条件的，应当登记立案。

对当场不能判定是否符合规定的起诉条件的，应当接收起诉状，出具注明收到日期的书面凭证，并在 7 日内决定是否立案。不符合起诉条件的，作出不予立案的裁定。裁定书应当载明不予立案的理由。原告对裁定不服的，可以提起上诉。

9.3.3 税务行政诉讼的审理与判决

1. 税务行政诉讼的审理

人民法院审理行政案件实行合议、回避、公开审判和两审终审的审判制度。审理的核心是审查被诉具体行政行为是否合法。

2014 年国家税务总局发布《重大税务案件审理办法》（以下简称《办法》），已于 2015 年 2 月 1 日起施行。《办法》的推出是落实《中共中央关于全面推进依法治国若干重大问题的决定》的税务行动之一，它的贯彻实施有助于推进税务机关科学民主决策、强化内部权力制约、保护纳税人合法权益。

重大税务案件的范围是：①重大税务行政处罚案件；②根据《重大税收违法案件督办管理暂行办法》（国税发〔2010〕103 号）督办的案件；③应司法、监察机关要求出具认定意见的案件；④拟移送公安机关处理的案件；⑤审理委员会成员单位认为案情重大、需要审理的案件；⑥其他需要审理委员会审理的案件。

2. 税务行政诉讼的判决

人民法院对受理的税务行政案件，经过调查、收集证据、开庭审理之后，分别作出如下判决。

（1）维持判决。适用于具体行政行为证据确凿，适用法律、法规正确，符合法定程序的案件。

（2）撤销判决。行政行为有下列情形之一的，人民法院判决撤销或者部分撤销，并可以判决被告重新作出行政行为：①主要证据不足的；②适用法律、法规错误的；③违反法定程序的；④超越职权的；⑤滥用职权的；⑥明显不当的。

（3）履行判决。人民法院经过审理，查明被告不履行法定职责的，判决被告在一定期限内履行。

（4）判决。税务行政处罚明显不当或显失公正的，可以判决变更。

对一审人民法院的判决不服，当事人可以上诉。对发生法律效力的判决，当事人必须执行，否则人民法院有权依对方当事人的申请予以强制执行。

【思政案例】

某面馆与某市税务所行政纠纷案

2011年，某面馆在不知情的情况下，在税收管理系统中被认定为非正常户注销状态。之后不久，主管税务所向该面馆发出《税务行政处罚决定书》，认定其未按照规定限期办理纳税申报。面馆表示其一直正常经营，并提交了证据。税务所撤销原处罚决定。但面馆在税务文书档案系统里查不到撤销决定，第三方网站仍显示该面馆因税收违法被处罚。面馆提起诉讼。法院审理认为，税务所有关认定属事实认定不清、主要证据不足、程序违法，依法应予撤销。被诉处罚决定被撤销后，税务所应当及时在系统中对相关处罚记录进行删除或标注已撤销，避免后续对原告产生其他影响。

纳税人通过提起税务行政诉讼，既可以依法维护自身的合法权益，又有助于通过司法审判监督税务机关依法行政，促进法治中国建设。本案在规范税务机关准确认定事实，严格履行法定程序等方面，具有警示意义。

（资料来源：新浪网.2022年的典型涉税司法案例分析之六：纳税人可通过税务行政诉讼，维护合法权益[EB/OL].（2023-01-13）[2023-05-13]. https://finance.sina.com.cn/jjxw/2023-01-13/doc-imxzzmtk2345301.shtml.）

9.4 税务行政赔偿

9.4.1 税务行政赔偿的概述

1. 税务行政赔偿的概念

税务行政赔偿，是指税务机关及其工作人员违法行使职权，侵犯公民、法人或其他组织的合法权益并造成损害的，由税务机关代表国家承担赔偿责任的制度。

2. 税务行政赔偿的构成要件

1) 赔偿责任的主体是税务机关

税务机关不仅要对自身的侵权行为负责,还要对税务机关的公务人员的侵权行为负责。

2) 引起的原因是税收具体行政行为

给公民、法人或者其他组织造成的损失必须是由税务机关及其公务人员作出的税收具体行政行为引起的。

3) 作出违法具体行政行为

税务机关及其公务人员作出的这种具体行政行为必须是违反税法和有关法律法规规定的。

4) 属于主观故意或过失造成

税务机关及其公务人员的侵权行为是由于主观上的故意或者过失造成的。

5) 具体行政行为与损害事实之间有因果关系

税务机关及其公务人员违法的具体行政行为与损害事实之间存在因果关系。如果税务机关及其公务人员的具体行政行为确有违法或者不当,但公民、法人或者其他组织未受到实际损害,仍然不能构成税务机关的行政赔偿。

3. 税务行政赔偿的请求人

税务行政赔偿的请求人主要是:
(1) 受害的纳税人和其他税务当事人。
(2) 受害公民的继承人,其他具有抚养关系的亲属。当受害公民死亡后,其权利由其继承人、亲属继承。
(3) 承受原法人或其他组织权利义务的法人或其他组织。

4. 税务行政赔偿的赔偿义务机关

(1) 一般情况下,哪个税务机关及其工作人员在行使职权过程中侵害了公民、法人和其他组织的合法权益,该税务机关就是履行赔偿义务的机关。如果两个以上税务机关或其工作人员共同违法行使职权,侵害了纳税人和其他税务管理当事人的合法权益,则共同行使职权的税务机关均为赔偿义务机关,赔偿请求人有权对其中任何一个提出赔偿要求。
(2) 经过上级税务机关行政复议的,最初造成侵权的税务机关是赔偿义务机关,但上级税务机关的复议决定加重损害的,则上级税务机关对加重损害部分履行赔偿义务。
(3) 应当履行赔偿义务的税务机关被撤销的,继续行使其职权的税务机关是赔偿义务机关;没有继续行使其职权的,撤销该赔偿义务机关的行政机关为赔偿义务机关。

5. 税务行政赔偿的免责情形

属于下列情形之一的,税务机关不承担赔偿责任:
(1) 税务机关工作人员与职权无关的个人行为造成损害的,受害人不能申请税务行政赔偿。

（2）因受害人自身行为导致损害发生的，受害人不能申请税务行政赔偿。

（3）法律规定的其他情形，如不可抗力、正当防卫、紧急避险情况下发生的损害，受害人不能申请税务行政赔偿。

9.4.2 税务行政赔偿的程序

1. 税务行政赔偿的非诉讼程序

税务行政赔偿非诉讼程序，即税务行政赔偿先行处理程序，是指不通过司法程序而由税务机关自行处理行政赔偿问题的程序。税务行政赔偿非诉讼程序包括提出请求、受理、审理决定与执行等几个步骤。

1）提出请求

税务赔偿请求人应根据《中华人民共和国国家赔偿法》的规定先向负有履行赔偿义务的税务机关提出赔偿要求。这是税务行政赔偿的必经程序。

2）受理

税务行政赔偿义务机关在收到《行政赔偿申请书》后，填写《赔偿申请审查表》，并在10日内作出处理。对符合赔偿条件的予以受理，并送达《受理通知书》；对不符合赔偿条件的，送达《不予受理决定书》；对于申请书中证据材料不足的，以书面形式通知赔偿申请人在规定的期限内补正。

3）审理决定与执行

税务行政赔偿请求人在法定期限内提出赔偿请求后，负有赔偿义务的税务机关应当自收到申请之日起2个月内依照法定的赔偿方式和计算标准给予赔偿，逾期不赔偿或赔偿请求人对赔偿数额有异议的，赔偿请求人可以在其间届满之日起3个月内向人民法院提起诉讼。

2. 税务行政赔偿的诉讼程序

当税务机关逾期不予赔偿或者税务行政赔偿请求人对赔偿数额有异议时，税务行政赔偿请求人可以向人民法院提起诉讼，这时就进入了税务行政赔偿诉讼程序。

税务行政赔偿诉讼程序与税务行政赔偿非诉讼程序中规定的可以在提起税务行政诉讼的同时，一并提起税务行政赔偿请求的具体做法有所不同。

（1）在提起税务行政诉讼时一并提出赔偿请求，无须经过先行处理，而税务行政赔偿诉讼的提起必须以税务机关的先行处理为条件。

（2）依据《中华人民共和国行政诉讼法》的规定，税务行政诉讼不适用调解，而税务行政赔偿诉讼可以进行调解。因为税务行政赔偿诉讼的核心是税务行政赔偿请求人的人身权、财产权受到的损害是否应当赔偿，应当赔偿多少，权利具有自由处分的性质，存在调解的基础。

（3）依据《中华人民共和国行政诉讼法》的规定，在税务行政诉讼中，被告即税务机关承担举证责任，而在税务行政赔偿诉讼中，损害事实部分的举证责任不可能由税务机关承担，也不应由税务机关承担。

9.4.3 税务行政赔偿的方式

1. 支付赔偿金

支付赔偿金是最主要的赔偿形式。支付赔偿金简便易行,适用范围广,它可以使受害人的赔偿要求迅速得到满足。

2. 返还财产

返还财产是对财产所有权造成损害后的赔偿方式。返还财产要求财产或者原物存在,只有这样才谈得上返还财产。返还财产所指的财产一般是特定物,但也可以是种类物,如罚款所收缴的货币。

3. 恢复原状

恢复原状是指对受到损害的财产进行修复,使之恢复到受损前的形状或者性能。使用这种赔偿方式必须是受损害的财产确能恢复原状且易行。

9.4.4 税务行政赔偿的经费

税务赔偿经费,是指因税务机关及其公务人员作出的具体行政行为违法或不当,给公民、法人或者其他组织的合法权益造成损害而由税务机关支付一定数量的金额。被税务机关赔偿损失后,应当责令有故意或者重大过失的行政机关工作人员承担部分或者全部赔偿费用。

按照《国家赔偿法》和国家赔偿费用管理办法的规定,税务行政赔偿费用列入各级财政预算,由各级财政按照财政管理体制分级负担。

思考与练习

1. 税务行政处罚应遵循的原则有哪些?
2. 税务行政处罚的实施主体是什么?处罚的种类有哪几种?
3. 税务行政处罚的简易程序适用于哪些案件?听证程序适用于哪些案件?
4. 税务行政复议的范围?
5. 税务行政诉讼管辖的概念与分类?
6. 税务行政赔偿的概念与构成要件?

▶ 自测习题及参考答案

第10章 国际税收法律

学习目标

【知识目标】

通过本章的学习,熟悉国际税收协定及其范本;熟悉税基侵蚀和利润转移项目;熟悉一般反避税规定;掌握国际税收征管合作。

【能力目标】

能够根据定义区分不同的税收管辖权;记住国际重复征税的主要形式;知道国际避税方法都有什么。

【价值目标】

通过学习国际税收法律,了解国际税收征管办法,强化依法纳税的法制观念。

思维导图

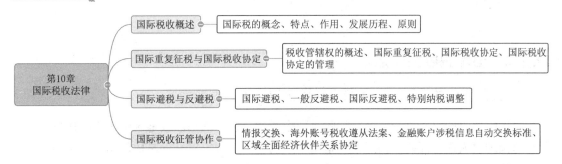

导入案例

某企业下设一家全资子公司,其注册资本为200万元。该公司接到美国某公司订单,为完成订单,该公司需要一次性采购800万元的原材料,为此该公司按金融机构同期同类贷款利率6%向母公司借款800万元,借款1年(2022年1月1日至12月31日),支付利息48万元。本年度该公司无其他关联方借款,假设该企业2022年度各月平均权益投资为350万元。

思考:年度汇算清缴时利息支出是否需要进行纳税调整?

(资料来源:奚卫华,中华会计网校.税法应试指南.汕头:汕头大学出版社,2023.)

10.1 国际税收概述

10.1.1 国际税收的概念

国际税收是指两个或两个以上的主权国家或地区,各自基于其课税主权,在对跨国纳税人进行分别征税而形成的征纳关系中,所发生的国家或地区之间的税收分配关系。

国际税收产生的基础是国家间对商品服务、所得、财产课税的制度差异。

国际税收的实质是国家之间的税收分配关系和税收协调关系。国家间的税收分配关系是对同一课税对象由谁征税、征多少税的税收权益划分问题。国家间税收分配是国际税收协调的结果。避免国际重复征税,防止恶性国际税收竞争和国际避税,都需要国家之间开展有效的税收合作与协调。

【例 10-1】(单选题)国际税收产生的基础是( )。
A. 两个和两个以上国家都对跨境交易征税的结果
B. 不同国家之间税收合作的需要
C. 国家间对商品服务、所得、财产课税的制度差异
D. 跨境贸易和投资等活动的出现
解析:国际税收产生的基础是国家间对商品服务、所得、财产课税的制度差异。
答案:C

10.1.2 国际税收的特点

1. 国际税收的课税主体是两个或两个以上的国家或地区

由国际税收的定义可知,国际税收是两个或两个以上的国家或地区的政府利用其政治权利对跨国纳税人进行征税。国际税收是两个或两个以上国家对某一具体的纳税人和课税对象共享征税权所形成的国家与国家之间的税收分配关系。

2. 国际税收涉及的纳税人具有跨国性

构成各国税收征纳关系纳税主体的纳税人,包括自然人和法人或视同法人对待的非法人经济实体。国际税收所涉及的纳税人也是如此。国际税收涉及的纳税人与国内税收所涉及纳税人的不同在于:国际税收所涉及的纳税人通常是指从事跨国经营活动,在两个或两个以上的国家同时负有纳税义务的经济组织或个人。因此,国际税收涉及的纳税人又称为"跨国纳税人"。依据上述国际税收的定义,跨国纳税人在两个或两个以上的国家同时负有纳税义务,必须是就同一课税对象而言。如果一个企业或个人同时在两个或两个以上的国家从事经济活动,就其经营活动所涉及的不同应税行为分别在两个或两个以上的国家负有纳税义务,并不构成跨国纳税人。因为在这种情况下,在两个或两个以上的国家发生的应税行为是不同的课税对象,该经济组织或个人与多个国家发生的税收征纳关系并不发生交叉,这时所反映

的是一国税收管辖权与其管辖下的纳税人之间的国家税收关系。只有当该经济组织或个人就其一项所得或存在的一般财产同时在两个或两个以上的国家或地区负有纳税义务,才构成国际税收涉及的纳税人。

在国际税收的实践中往往出现以下两种情况。①在一个国家对某一从事经济活动的纳税人某项所得或财产课税的情况下,另一个国家或是由于该国税法的规定而单方面免除国际重复课税的措施,或是根据国际税收协定而放弃对该项所得或财产的课税权,这时纳税人的纳税义务可以说是单一的。②一个纳税人只有来源于一个国家的收入,却在两个或两个以上的国家同时负有纳税义务。如美国政府规定,凡属美国公民,不论居住在哪一个国家,都必须就其来源于世界各地的收入向美国政府纳税。按照这一规定,一个居住在英国的美国公民,即使他只有来自英国的收入,而并没有来自美国的收入,这个美国公民除了要向英国政府履行纳税义务,还要同时向美国政府履行纳税义务。以上两种情况应看成国际税收关系的特例。

3. 国际税收涉及的课税对象具有跨国性

国际税收涉及的课税对象是从事国际经济活动的纳税人的跨国所得或跨国财产价值。所谓跨国所得和跨国财产价值,是指所得和财产的来源地与所有者的居住国或国籍不属于同一国家,也就是说,跨国所得或跨国财产包括三种情形:①一国的居民或公民拥有来源于该国境外的所得或财产;②一国的非居民或非公民拥有来源于该国境外的所得或财产;③一国的非居民或非公民来源于或位于该国境内的所得或财产。

4. 国际税收的实质具有双重性

由于国际税收涉及的纳税人和课税对象具有跨国性质,国际税收所反映的分配关系具有两重性。国际税收除了体现各国政府同其管辖范围内从事经济活动的经济组织和个人之间的税收征纳关系外,更主要的是体现国家与国家之间的税收权益分配关系。这一性质正是国际税收与国内税收的根本区别。

5. 国际税收的调整依据具有双重性

由于国际税收分配关系具有双重性,所以调整这种分配关系的国际税收法律制度也不可能是单一的。国际税收分配关系的调整除了有赖于各国的涉外税收制度,还有赖于具有国际公法性质的国际税收协定或公约。各国的涉外税收法律制度是以国内立法为基础的,它以调整国家同纳税人之间的国际税收征纳关系为主要对象。这里需要指出的是:尽管各国涉外税收制度也包含了协调国际税收关系的实体规范和冲突规范,但由于各国政治制度不同,经济发展水平不一致,社会及法律传统不同,不但在国际税收权益方面的立场、观点存在分歧,在具体的法律规定以及有关法律规范的使用条件方面都有相当大的差异。不论是哪一个国家的涉外税收制度,它都难以为不同的国家所完全接受。国际税收分配关系最终还需要通过国家与国家之间的谈判和通过签订国际税收协定或公约加以规范。

10.1.3 国际税收的作用

(1) 弥补国内税法单边解决国际重复征税问题存在的缺陷;

（2）兼顾居住国和来源国的税收利益；
（3）在防止国际避税和国际偷逃税问题上加强国际合作。

10.1.4 国际税收的发展历程

国际税收是国际经济活动发展到一定历史阶段的产物。

在古代不可能产生国际税收。自从原始社会末期出现国家并产生税收以后，以农业生产者的收获物为直接课征对象的税收，就普遍地成为各奴隶制和封建制国家的一个最基本的税类。然而依附于土地的农业课税以及自给自足性质的封闭式经济，把这种直接税严格地限制在某个国家的领土疆域之内，没有也不可能形成跨国的纳税人和跨国的征税对象，所以还不具备产生国际税收分配关系的前提，也不可能产生国际税收。

在间接税制阶段，国际税收关系也不占有重要地位。间接税是以资本主义商品经济为客观经济基础的，当资本主义私有制下的商品经济彻底摧毁了封建土地私有制下的农业自然经济之时，以商品流转额为征税对象的间接税便取代了以农业生产者的收获物为征税对象的税收，成为自由竞争时期各新兴资本主义国家的主要税类。众所周知，一个商品从投入流通到最后进入消费的整个过程中，往往要经过多次的转手交易行为，而每一次交易行为都是以卖者为起点，以买者为终点，从而完成一次商品流转。每发生一次商品流转，就可以对商品流转额进行一次课税。然而，随着商品流通范围从国内市场逐渐延伸到国外市场，以及跨国交易的日益扩大和频繁，在由卖者所在国与买者所在国于起点和终点分别行使征税权力这一点上，很快为各国所确认，成为一个国际惯例。这样，以商品流转额为征税对象的间接税，同古代税收一样，也具有明显的地域性。发生在两国之间交易行为中的起点和终点，卖者和买者，分别处于两个不同主权国家的管辖范围以内，两个主权国家的纳税人和征税对象都各有所属，不存在对发生在两个国家之间的商品流转额跨国征税的问题。因此，在间接税阶段，虽然跨国交易等国际经济活动可能引起以协调各自国家的关税等税收制度为主要内容的国家之间的税务联系，但是，由此而引起的国家之间的财权利益矛盾以及国际税收分配关系，并不十分突出和明显。

经济生活的国际化和税收活动的国际化，是形成国际税收关系、产生国际税收的两大客观条件。以资本输出为主要特征的垄断资本主义阶段，经济生活向高度国际化发展。借贷资本通过购买外国股票、债券和向外国贷款等间接投资方式不断流出国门，并从国外取得股息、利息或其他利得；生产资本通过在国外开办工厂或收买企业等直接投资方式大量涌向国外，并取得从事国际性生产和经营活动的跨国所得。这种生产和资本的日益国际化及其带来的纳税人所得和一般财产价值的国际化，为国际税收的形成创造了条件。经济生活的国际化，又带来了税收国际化。因为企业或个人一旦参与国际经济活动，就面临着被两个或两个以上国家征税的问题。两个或两个以上国家政府，各自基于其征税主权对同一跨国纳税人的同一课税对象分别进行征税时，就不再仅仅表现为一国政府同其管辖下的纳税人之间所形成的税收征纳关系了，而是涉及至少两个国家的税收管辖权与这个跨国纳税人的关系，从而涉及国家与国家之间的税收权益的分配，引起税收在国际间的一系列矛盾、冲突以及协调活动。特别是进入19世纪末20世纪初以后，以纳税人的所得和一般财产价值为征税对象的近代直接税在世界大多数国家中得到普遍推行，并在一些主要资本主义国家中代替间接税而成为主要税类以后，对跨国所得和一般财产价值发生国际重复征税的现象已不可避免。因此，在近代直接税阶段，以处理国家之间税收管辖权交叉重叠为内容的国际税收得以最终形成。

随着国际经济活动的不断发展以及由此引起的国际税收问题的日益增多和复杂，世界各国在处理国际税收问题的实践中逐步形成一系列准则和惯例。国际税收在这一过程中发展成为一个重要的税收范畴，并在内容和形式上不断丰富与完善。

10.1.5 国际税收的原则

国际税收规则需要解决对跨境交易的收入按照什么标准进行征税，如何在跨境交易活动的相关国家之间分配征税权这两个问题。国际税收的基本原则是：单一课税原则、受益原则和国际税收中性原则。

1. 单一课税原则

单一课税原则，是指跨境交易产生的收入只应该被课征一道税和至少应该被课征一道税。只应该被课征一道税，要求国际税收规则应避免对跨境交易形成重复征税；至少应该被课征一道税，就是避免对跨境交易出现不课税或者课税不足。

2. 受益原则

受益原则，是指纳税人以从政府公共支出中获得的利益大小为税收负担分配的标准。受益多者多纳税，受益少者少纳税，受益相同者负担相同的税收，受益不同者负担不同的税收。国际税收规则将跨境交易中的积极所得（主要通过生产经营活动取得的收入）的征税权主要给予来源国，将消极所得（主要通过投资活动取得的收入）的征税权主要给予居住国，能较好地平衡来源国和居住国的税收利益。

3. 国际税收中性原则

国际税收中性原则，是指国际税收规则不应对涉外纳税人跨国经济活动的区位选择以及企业的组织形式等产生影响。

国际税收中性原则可以从来源国和居住国两个角度进行衡量。从来源国的角度看，就是资本输入中性；从居住国的角度看，就是资本输出中性。资本输出中性要求税法既不鼓励也不阻碍资本的输出，使国内投资者和海外投资者的相同税前所得适用相同的税率；资本输入中性要求位于同一国家内的本国投资者和外国投资者在相同税前所得情况下适用相同的税率。

> 【例10-2】（多选题）下列各项中，属于国际税收基本原则的是（　　）。
> A. 单一课税原则
> B. 受益原则
> C. 国际税收中性原则
> D. 独占征税原则
> **解析**：国际税收的基本原则是：单一课税原则、受益原则和国际税收中性原则。选项D，属于国际税法原则。
> **答案**：ABC

10.2 国际重复征税与国际税收协定

10.2.1 税收管辖权的概述

1. 税收管辖权的概念

税收管辖权,是主权国家根据其法律所拥有和行使的征税权力,它表现在国家有权决定对哪些人征税、征何种税、征多少税以及如何征税等方面。

2. 税收管辖权的划分原则

税收管辖权属于国家主权在税收领域中的体现,是一个主权国家在征税方面的主权范围。通常按照国际公认的顺序,税收管辖权划分原则有属地原则和属人原则两种。

（1）属地原则,是以纳税人的收入来源地或经济活动所在地为标准。
（2）属人原则,是以纳税人的国籍和住所为标准。

3. 税收管辖权的分类

根据行使征税权力的原则和税收管辖范围、内容的不同,目前世界上的税收管辖权分为三类：地域管辖权、居民管辖权和公民管辖权。

1）地域管辖权

地域管辖权,又称收入来源地管辖权,是指一个国家对发生于其领土范围内的一切应税活动和来源于或被认为是来源于其境内的全部所得行使的征税权力。这种管辖权是按照属地原则确立的。

2）居民管辖权

居民管辖权,是指一个国家对凡是属于本国的居民取得的来自世界范围的全部所得行使的征税权力。这种管辖权是按照属人原则确立的。

3）公民管辖权

公民管辖权,是指一个国家依据纳税人的国籍行使税收管辖权,对凡是属于本国的公民取得的来自世界范围内的全部所得行使的征税权力。这种管辖权是按照属人原则确立的。公民,是指取得一国法律资格,具有一国国籍的人,不仅包括个人,还包括团体、企业或公司。

10.2.2 国际重复征税

1. 国际重复征税的概念

国际重复征税,是指两个或两个以上国家（或税收管辖区）,在同一时期内,对同一跨国纳税人的同一征税对象分别进行征税所形成的交叉重叠征税,又称为国际双重征税。

2. 国际重复征税的类型

国际重复征税一般包括三个类型：法律性国际重复征税、经济性国际重复征税和税制性国际重复征税。

1) 法律性国际重复征税

法律性国际重复征税,是指不同的征税主体(不同国家)对同一纳税人的同一税源进行的重复征税,它是由于不同国家在法律上对同一纳税人采取不同征税原则,因而产生了税收管辖权的重叠,从而造成了重复征税。

2) 经济性国际重复征税

经济性国际重复征税,是指不同的征税主体(不同国家)对不同纳税人的同一税源进行的重复征税。

3) 税制性国际重复征税

税制性国际重复征税,是由于各国在税制上普遍实行复合税制度所导致的。

3. 国际重复征税的产生

(1) 前提条件:纳税人所得(收益)的国际化和各国所得税制的普遍化是产生国际重复征税的前提条件。

(2) 根本原因:各国行使的税收管辖权的重叠是国际重复征税的根本原因。

(3) 主要形式:

①居民(公民)管辖权与地域管辖权的重叠。

②居民(公民)管辖权与居民(公民)管辖权的重叠。

③地域管辖权与地域管辖权的重叠。

从现实情况来看,作为国际重复征税的根本原因,各国行使的税收管辖权的重叠的各种情况中,最主要的是有关国家对同一跨国纳税人的同一项所得同时行使地域管辖权和居民管辖权造成的税收管辖权的重叠。

【例10-3】(单选题)下列各项中,属于产生国际重复征税前提条件的是( )。

A. 各国行使的税收管辖权的重叠

B. 纳税人所得或收益的国际化和各国所得税制的普遍化

C. 地域管辖权与地域管辖权的重叠

D. 复合税制度的普遍化

解析:产生国际重复征税的前提条件:纳税人所得或收益的国际化以及各国所得税制的普遍化。国际重复征税的根本原因:各国行使税收管辖权的重叠。

答案:B

10.2.3 国际税收协定

1. 国际税收协定的概念

国际税收协定,是指两个或两个以上的主权国家为了协调相互间在处理跨国纳税人征税事务和其他有关方面的税收关系,按照对等原则,经由政府谈判所签订的一种书面协议或条约，也称为国际税收条约。

税收协定主要是通过降低所得来源国税率或提高征税门槛，来限制其按照国内税收法律征税的权利，同时规定居民国对境外已纳税所得给予税收抵免。

2. 国际税收协定的范本

《经济合作与发展组织关于避免所得和财产双重征税的协定范本》（或称《OECD范本》，以下简称《经合组织范本》）和《联合国关于发达国家与发展中国家间避免双重征税的协定范本》（或称《UN范本》，以下简称《联合国范本》）是目前影响最大的两个国际税收协定范本，绝大多数国家对外谈签税收协定都以这两个范本为依据。

虽然两者在总体结构上基本一致，但它们之间存在重要的差异，主要表现在：

1）适用范围不同

《联合国范本》较为注重扩大收入来源国的税收管辖权，主要在于促进发达国家和发展中国家之间国际税收协定的签订，同时也促进发展中国家之间国际税收协定的签订。发展中国家多以此为依据。

《经合组织范本》虽在某些方面承认收入来源国的优先征税权，但其主导思想所强调的是居民税收管辖权。主要是为了促进经合组织成员国之间国际税收协定的签订。

2）侧重点不同

《联合国范本》强调，收入来源国对国际资本收入的征税应当考虑以下三点：①考虑为取得这些收入所应分担的费用，以保证对这种收入按其净值征税；②税率不宜过高，以免挫伤投资积极性；③考虑同提供资金的国家适当地分享税收收入，尤其是对在来源国产生的即将汇出境的股息、利息和特许权使用费所征收的预提所得税，以及对国际运输的船运利润所征收的税款，应体现税收分享原则。

《经合组织范本》虽然在某些特殊方面承认收入来源国的优先征税权，但其主导思想所强调的是居民税收管辖权。

3. 国际税收协定与国内税法的关系

国际税收协定是以国内税法为基础的。

国际税收协定与其他国内税法在地位上的关系有两种模式：①国际税收协定优于国内税法；②国际税收协定与国内税法具有同等的法律效力，当出现冲突时按照新法优于旧法、特别法优于普通法等处理法律冲突的一般性原则来协调。

4. 国际税收协定的目标

（1）妥善处理国家之间的重复征税问题。这也是国际税收协定的基本任务，各类协定的主要条款内容，都是围绕解决这一问题而订立的，即通过采取一定的措施（如免税法、抵免法等）来有效地处理对跨国所得和一般财产价值的重复征税问题。

（2）实行平等负担的原则，取消税收差别待遇。

（3）互相交换税收情报，防止或减少国际避税和国际偷逃税。

5. 国际税收协定的主要内容

(1) 国际税收协定的适用范围。
(2) 基本用语的定义。
(3) 对所得和财产的课税。
(4) 避免重复征税的办法。
(5) 税收无差别待遇。
(6) 防止国际偷税、漏税和国际避税。

> **【例 10-4】**（多选题）下列各项中，属于国际税收协定内容的有（　　）。
> A. 对所得和财产的课税
> B. 避免重复征税的办法
> C. 税收无差别待遇
> D. 防止国际偷税、漏税和国际避税
> **解析：** 国际税收协定的主要内容：①国际税收协定的适用范围。②基本用语的定义。③对所得和财产的课税。④避免重复征税的办法。⑤税收无差别待遇。⑥防止国际偷税、漏税和国际避税。
> **答案：** ABCD

6. 我国对外缔结税收协定的概况

1983年，我国同日本签订避免双重征税的协定，这是我国对外签订的第一个全面性的避免双重征税的协定。

截至2022年12月底，我国已正式签署109个避免双重征税协定，其中103个协定已生效；并与港澳台签订了相应的征税安排或协议。

7. 国际税收协定的典型条款——以《中新协定》为例

按有关文件规定，我国对外所签协定中有关条款规定与《中华人民共和国政府和新加坡共和国政府关于对所得避免双重征税和防止偷漏税的协定》（以下简称《中新协定》）中条款规定内容一致的，《中新协定》中的条文解释规定同样适用于其他协定中相同条款的解释及执行。

1) 税收居民

(1) 居民身份的判定。缔约国一方居民，是指按照该缔约国法律，由于住所、居所、管理机构所在地、总机构所在地、注册地或任何其他类似标准，在该缔约国负有纳税义务的人，也包括该缔约国、地方当局或法定机构。

判定居民身份的必要条件：居民应是在一国负有全面纳税义务的人。值得注意到的是，这里所指的纳税义务并不等同于事实上的征税。

(2) 双重居民身份下最终居民身份的判定。同一人有可能同时为缔约国双方居民。为了解决这种情况下个人最终居民身份的归属，规定了以下确定标准，这些标准的使用是有先后顺序的，只有当使用前一标准无法解决问题时，才使用后一标准。

①永久性住所。永久性住所包括任何形式的住所。

②重要利益中心。

③习惯性居处。在出现以下两种情况之一时，应采用习惯性居处的标准来判定个人居民身份的归属：一是个人在缔约国双方均有永久性住所且无法确定重要经济利益中心所在国；二是个人的永久性住所不在缔约国任何一方。

④国籍。如果该个人在缔约国双方都有或都没有习惯性居处，应以该个人的国籍作为判定居民身份的标准。

当采用上述标准依次判断仍然无法确定其身份时，可由缔约国双方主管当局按照协定规定的相互协商程序协商解决。

【例10-5】（单选题）下列关于双重居民身份下判定最终居民身份需遵循的标准，其先后顺序正确的是（ ）。

A. 重要利益中心、国籍、永久性住所、习惯性居住
B. 永久性住所、重要利益中心、习惯性居住、国籍
C. 习惯性居住、国籍、永久性住所、重要利益中心
D. 国籍、永久性住所、重要利益中心、习惯性居住

解析：双重居民身份下最终居民身份的判定按照以下顺序判定：①永久性住所；②重要利益中心；③习惯性居处；④国籍。

答案：B

（3）公司和其他团体最终居民身份的判定。除个人以外（公司和其他团体），同时为缔约国双方居民的人，应认定其是实际管理机构所在国的居民。如果缔约国双方因判定实际管理机构的标准不同而不能达成一致意见的，应由缔约国双方主管当局按照协定规定的相互协商程序，通过相互协商解决。

2）常设机构

常设机构主要用于确定缔约国一方对缔约国另一方企业利润的征税权。处理此条与其他相关条款关系时，通常应遵循常设机构条款优先的原则。

（1）常设机构的概念和特点。常设机构，是指企业进行全部或部分营业的固定营业场所。通常情况下，具备以下特点：

①该营业场所是实质存在的。这类场所没有规模或范围上的限制；也不管房屋、场地、设施或设备是否有一部分被用于其他活动。

②该营业场所是相对固定的，并且在时间上具有一定的持久性。

③全部或部分的营业活动是通过该营业场所进行的。

（2）常设机构通常包括：①管理场所。管理场所，是指代表企业负有部分管理职责的办事处或事务所等场所。不同于总机构，也不同于作为判定居民公司标准的实际管理机构。②分支机构。③办事处。④工厂。⑤作业场所。⑥矿场、油井或气井、采石场或者其他开采自然资源的场所。

(3) 承包工程和提供劳务两种情况下常设机构的判定标准：

①建筑工地，建筑、装配或安装工程，或者与其有关的监督管理活动，但仅以该工地、工程或活动连续 6 个月以上为限。

②企业通过雇员或雇用的其他人员在缔约国一方提供的劳务活动，包括咨询劳务活动，但仅以该性质的活动（为同一项目或相关联的项目）在任何 12 个月中连续或累计超过 183 天以上为限。

【例 10-6】（单选题）新加坡企业派遣两名员工来华为某项目提供劳务，甲员工的停留时间为 3 月 1 日至 3 月 5 日，乙员工的停留时间为 3 月 3 日至 3 月 7 日，在判断该外国企业是否构成境内常设机构时，两名员工应计入的境内工作时间是（　　）。

A. 5 天
B. 6 天
C. 7 天
D. 10 天

解析：在把握劳务活动在任何 12 个月中连续或累计超过 183 天的规定时要注意：若某新加坡企业为中国境内某项目提供劳务（包括咨询劳务），以该企业派其雇员为实施服务项目第一次抵达中国之日起至完成并交付服务项目的日期止作为计算期间，计算相关人员在中国境内的停留天数。在具体计算时，应按所有雇员为同一个项目提供劳务活动不同时期在中国境内连续或累计停留的时间来掌握。上述两名员工最早来华 3 月 1 日，最迟离华 3 月 7 日，中间 3 日到 5 日的两人共同在华的时间不分别计算。

答案：C

(4) 从事准备性或辅助性活动的场所。缔约国一方企业在缔约国另一方仅由于仓储、展览、采购及信息收集等活动的目的设立的具有准备性或辅助性的固定场所，不应被认定为常设机构。

从事准备性或辅助性活动的场所通常具备以下特点：①该场所不独立从事经营活动，并且其活动也不构成企业整体活动基本的或重要的组成部分；②该场所进行相关活动时，仅为本企业服务，不为其他企业服务；③其职责限于事务性服务，且不起直接营利作用。

(5) 不属于常设机构的场所：

①专为储存、陈列或者交付本企业货物或者商品的目的而使用的设施。

②专为储存、陈列或者交付的目的而保存本企业货物或者商品的库存。

③专为另一企业加工的目的而保存本企业货物或者商品的库存。

④专为本企业采购货物或者商品，或者搜集情报的目的所设的固定营业场所。

⑤专为本企业进行其他准备性或辅助性活动的目的所设的固定营业场所。

⑥专为上述 5 项活动的结合所设的固定营业场所，如果由于这种结合使该固定营业场所的全部活动属于准备性质或辅助性质。

此外，如果某固定场所既从事协定规定的不构成常设机构的活动，也从事构成常设机构的活动，则应视其构成常设机构，并对这两项营业活动的所得合并征税。

(6) 常设机构的特殊情况。①除适用规定的独立代理人以外的个人在缔约国一方代表缔约国另一方的企业进行活动，有权并经常行使这种权力以该企业的名义签订合同，这个人为该企业进行的任何活动，应认为该企业在缔约国一方设有常设机构。

②缔约国一方居民公司，控制或被控制于缔约国另一方居民公司或者在该缔约国另一方进行营业的公司（不论是否通过常设机构），此项事实不能据以使任何一方公司构成另一方公司的常设机构。

3) 劳务所得

（1）独立个人劳务。缔约国一方居民个人由于专业性劳务或者其他独立性活动取得的所得，应仅在该缔约国征税，即一般情况下仅在该个人为其居民的国家征税，但符合下列条件之一的，来源国有征税权：

①该居民个人在缔约国另一方为从事上述活动的目的设有经常使用的固定基地。

②该居民个人在任何 12 个月中在缔约国另一方停留连续或累计达到或超过 183 天。

（2）非独立个人劳务。

①一般情况下，缔约国一方居民因雇佣关系取得的工资、薪金报酬应在居民国征税。除董事费、退休金以及政府服务条款的规定以外，缔约国一方居民因受雇取得的工资、薪金和其他类似报酬，除在缔约国另一方从事受雇的活动以外，应仅在该缔约国一方征税。

②缔约国一方居民因在缔约国另一方从事受雇的活动取得的报酬，同时具备以下三个条件的，应仅在该缔约国一方（居民国）征税：一是收款人在任何 12 个月中在该缔约国另一方停留连续或累计不超过 183 天；二是该项报酬并由非该缔约国另一方居民的雇主支付或代表该雇主支付；三是该项报酬不是由雇主设在该缔约国另一方的常设机构或固定基地所负担。

③在缔约国一方企业经营国际运输的船舶或飞机上从事受雇活动取得的报酬，应仅在该缔约国征税。

10.2.4 国际税收协定的管理

1. 受益所有人

在申请享受我国对外签署的税收协定中对股息、利息和特许权使用费等条款的税收待遇时，缔约国居民需要向税务机关提供资料，进行受益所有人身份的认定。国家税务总局对受益所有人的有关规定如下：

（1）受益所有人，是指对所得或所得据以产生的权利或财产具有所有权和支配权的人。受益所有人一般从事实质性的经营活动。代理人、导管公司等不属于受益所有人。

（2）判定需要享受税收协定待遇的缔约对方居民（以下简称申请人）受益所有人身份时，应根据本条所列因素，结合具体案例的实际情况进行综合分析。一般来说，下列因素不利于对申请人受益所有人身份的判定。

①申请人有义务在收到所得的 12 个月内将所得的 50% 以上支付给第三国（地区）居民，义务包括约定义务和虽未约定义务但已形成支付事实的情形。

②申请人从事的经营活动不构成实质性经营活动。

③缔约对方国家（地区）对有关所得不征税或免税，或虽征税但实际税率极低。

④在利息据以产生和支付的贷款合同之外，存在债权人与第三人之间在数额、利率和签

订时间等方面相近的其他贷款或存款合同。

⑤在特许权使用费据以产生和支付的版权、专利、技术等使用权转让合同之外,存在申请人与第三人之间在有关版权、专利、技术等的使用权或所有权方面的转让合同。

【例10-7】(单选题)下列因素中,不利于对申请人"受益所有人"身份判定的是( )。
A. 申请人为缔约对方居民个人
B. 缔约对方国家(地区)对有关所得征税但实际税率极低
C. 申请人无义务在收到所得的12个月内将所得的50%以上支付给第三国居民
D. 申请人从事的经营活动构成实质性经营活动
解析:缔约对方国家(地区)对有关所得不征税或免税,或征税但实际税率极低,不利于对申请人"受益所有人"身份判定。
答案:B

(3)申请人从中国取得的所得为股息时,申请人虽不符合受益所有人条件,但直接或间接持有申请人100%股份的人符合受益所有人条件,并且属于以下两种情形之一的,应认为申请人具有受益所有人身份:
①上述符合受益所有人条件的人为申请人所属居民国(地区)居民。
②上述符合受益所有人条件的人虽不为申请人所属居民国(地区)居民,但该人和间接持有股份情形下的中间层均为符合条件的人。
(4)下列申请人从中国取得的所得为股息时,可直接判定申请人具有受益所有人身份:
①缔约对方政府。
②缔约对方居民且在缔约对方上市的公司。
③缔约对方居民个人。
④申请人被第①至③项中的一人或多人直接或间接持有100%股份,且间接持有股份情形下的中间层为中国居民或缔约对方居民。
(5)上述第(3)项、第(4)项要求的持股比例应当在取得股息前连续12个月以内任何时候均达到规定比例。

【例10-8】(单选题)申请人从中国取得的所得为股息时,申请人被缔约对方居民且在缔约对方上市的公司直接或间接持有100%股份,且间接持有股份情形下的中间层为中国居民或缔约对方居民,可直接判定申请人具有"受益所有人"身份。这条规定要求的持股比例( )。
A. 应当在取得股息前连续12个月以内某一天能达到规定比例
B. 应当在取得股息前连续12个月以内90天能达到规定比例
C. 应当在取得股息前连续12个月以内183天能达到规定比例
D. 应当在取得股息前连续12个月以内任何时候均达到规定比例
解析:要求的持股比例应当在取得股息前连续12个月以内任何时候均达到规定比例。
答案:D

（6）代理人或指定收款人等（以下统称代理人）不属于受益所有人。申请人通过代理人代为收取所得的，无论代理人是否属于缔约对方居民，都不应据此影响对申请人受益所有人身份的判定。

股东基于持有股份取得股息，债权人基于持有债权取得利息，特许权授予人基于授予特许权取得特许权使用费，不属于本项所称的代为收取所得。

（7）根据上述第（2）项规定的各项因素判定受益所有人身份时，可区分不同所得类型通过公司章程、公司财务报表、资金流向记录、董事会会议记录、董事会决议、人力和物力配备情况、相关费用支出、职能和风险承担情况、贷款合同、特许权使用合同或转让合同、专利注册证书、版权所属证明等资料进行综合分析；判断是否符合上述第（6）项规定的代理人代为收取所得情形时，应根据代理合同或指定收款合同等资料进行分析。

（8）申请人虽具有受益所有人身份，但主管税务机关发现需要适用税收协定主要目的测试条款或国内税收法律规定的一般反避税规则的，适用一般反避税的相关规定。

2. 合伙企业适用税收协定问题

有关合伙企业及其他类似实体（以下简称合伙企业）适用税收协定的问题，应按以下原则执行。

（1）依照中国法律在中国境内成立的合伙企业，其合伙人为税收协定缔约对方居民的，该合伙人在中国负有纳税义务的所得被缔约对方视为其居民的所得的部分，可以在中国享受协定待遇。

（2）依照外国（地区）法律成立的合伙企业，其实际管理机构不在中国境内，但在中国境内设立机构、场所的，或者在中国境内未设立机构、场所，但有来源于中国境内所得的，是中国企业所得税的非居民企业纳税人。除税收协定另有规定的除外，只有当该合伙企业是缔约对方居民企业的情况下，其在中国负有纳税义务的所得才能享受协定待遇。

3. 非居民纳税人享受税收协定待遇的税务管理

非居民纳税人享受协定待遇，采取自行判断、申报享受、相关资料留存备查的方式办理。

4. 居民享受税收协定待遇的税务管理

（1）企业或者个人（以下统称申请人）为享受税收协定待遇，可以向主管其所得税的县级主管税务机关申请开具《中国税收居民身份证明》（以下简称《税收居民证明》）。

（2）申请人可以就其构成中国税收居民的任一公历年度申请开具《税收居民证明》。

（3）提交的材料。申请人申请开具《税收居民证明》应当提交以下申请表和资料：

①《税收居民证明》申请表。

②与拟享受税收协定待遇的收入有关的合同、协议、董事会或者股东会决议、支付凭证等证明资料。

③申请人为个人且在中国境内有住所的，提供因户籍、家庭、经济利益关系而在中国境内习惯性居住的证明材料，包括申请人身份信息、住所情况说明等资料。

④申请人为个人且在中国境内无住所，而一个纳税年度内在中国境内居住累计满183天

的,提供在中国境内实际居住时间的证明材料,包括出入境信息等资料。

⑤境内、外分支机构通过其总机构提出申请时,还需提供总分机构的登记注册情况。

⑥以合伙企业的中国居民合伙人提出申请时,还需提供合伙企业登记注册情况。

上述填报或报送的资料应提交中文文本,相关资料原件为外文文本的,应当同时提供中文译本。

(4) 当场受理的条件。申请人提交资料齐全的,主管税务机关应当按规定当场受理;资料不齐全的,主管税务机关不予受理,并一次性告知申请人应补正的内容。

(5) 办理的期限。主管税务机关在受理申请之日起 10 个工作日内,由负责人签发《税收居民证明》并加盖公章或者将不予开具的理由书面告知申请人。主管税务机关无法准确判断居民身份的,应当及时报告上级税务机关。需要报告上级税务机关的,主管税务机关应当在受理申请之日起 20 个工作日内办结。

【例 10-9】(单选题)下列政府机构中,应企业申请为其开具《中国税收居民身份证明》的是( )。
A. 主管其进出口关税的海关
B. 主管其所得税的县级税务局
C. 其所在省税务局国际税收管理处
D. 其所在省公安厅出入境管理部门
解析:申请人应当向主管其所得税的县级税务局申请开具《中国税收居民身份证明》。
答案:B

【思政案例】

OECD:打击逃避税从出谋划策者查起

近日,经济合作与发展组织(OECD)发布《终结骗局》报告(以下简称《报告》),全面系统介绍了世界主要国家涉税中介机构从业人员协助纳税人逃避税的主要方式,以及税务部门如何应对的策略建议。

1. "专业推手"的定义

《报告》将协助实施逃避税的人员称为"专业推手"(professional enablers),将其定义为受过专业资质培训、具有税务或法律等方面专业知识,并利用其专业知识和技能为纳税人逃避纳税义务提供便利的中介机构从业人员,主要包括税务师、会计师、律师、财务顾问、注册代理人等。专业推手通过寻找法律漏洞,挖空心思设计和营销逃避税方案,通常规模大、手段复杂,常见的手段包括协助纳税人隐瞒收入或利润、伪造交易以及掩盖资产实际所有权等。

2. 专业推手协助逃避税的方式

《报告》介绍了部分国家专业推手的做法。

设立公司、信托和其他商业架构。专业推手通过合并利润,将来路不明的资金掩盖在合法商业交易中,然后将这些利润转移到其他商业实体或者国内外其他银行账户。

在许多情况下,逃税者利用跨越多个税收管辖区的公司架构来阻碍调查,如设立掩护公司时可以利用在岸税收管辖区,而账户和资产则位于离岸税收管辖区。这种方式下,专业推手提供的服务主要包括:①以其他法人名义注册,协助开设空壳公司,或协助开设所有权模糊的国内外银行账户;②安全保管相关数据;③在海外税收管辖区管理或协助使用来源不明的资金进行投资;④向其他机构提供服务,例如,在离岸税收管辖区建立跨境架构,使执法机构更难发现。

提供虚假文件协助申报。提供虚假文件是专业推手向客户提供的一项关键服务,他们利用专业知识制作看似真实的虚假文件,或者以欺诈手段篡改真实文件,从而使他们的客户能够利用虚假或篡改信息逃税。

此外,一些国家发现,有时并非所有相关方都知道专业推手伪造文件或者参与这些违法行为,使得善意第三人面临被欺骗的风险。例如,美国纳税人每年向美国国内收入局(IRS)提交联邦所得税申报表时,通常会聘请会计师或报税员帮助他们准备相关材料申报,但少数报税员会在纳税人不知情的情况下,在申报表上虚报商业损失和慈善捐款,从而降低纳税人的应税所得,增加其联邦退税额。

协助处理破产和清算。利用破产公司的剩余资产组建新公司是合法的,但若董事们在公司破产前以低于市场价值的方式,将资产转让给另一家由其自身或关联方实际所有的公司,从而在清算前将资产转移,以减少债权人可用的资金,则未缴纳的税款也会相应受损。

通过"股息剥离"策略进行税务欺诈。数十年来,一些税务顾问和律师一直采用一种被称为"股息剥离"的税收优化策略,即将股票转让给国外一些实体以避免支付股息税,然后再将其转售给原所有者。"股息剥离"处于法律灰色地带,在许多国家,在股息支付日前将股票转移到股息不征税的地区并不违法。在过去15年里,欧盟成员国(尤其是奥地利、比利时、丹麦和德国)因"股息剥离"损失了超过550亿欧元税款。2005—2012年,德国因"股息剥离"损失了至少72亿欧元税款。

当"股息剥离"在德国被禁止时,专业推手又设计了一种名为"频繁交易股息剥离"(Cum-ex)的新策略,该策略在2015年前后盛行。根据该策略,股票所有者在股息支付日前后的很短时间内多次交易股票,由于股票交易次数多和速度非常快,税务部门也无法分辨谁为股票缴纳了税款,谁没有缴纳。在大多数税收管辖区,Cum-ex行为被认定构成税务欺诈。

3. 加强对专业推手监管

鉴于专业推手所带来的一系列问题,《报告》呼吁各国从对专业推手的识别、制裁、威慑、合作和战略实施五个方面加强对专业推手的监管。

提高对专业推手的识别能力。识别专业推手是所有后续工作的前提。应增强对专业推手的识别意识,确保税务调查人员准确识别在其管辖范围内经营的专业推手的类型,并掌握专业推手设计、推销、实施逃避税计划带来的风险。同时,对问题领域开展风险评估,开发和分析风险指标(包括未在申报场所发现公司、来自同一地址的多家空壳公司及多个公司有共同董事等)。统计数据表明,避税架构涉及的"热点"离岸税收管辖区,经常被相同的专业推手反复利用,税务部门一旦发现特定架构或恶意服务提供者,有权力针对由相同专业推手建立的其他架构采取调查行动。

加大对专业推手的惩处力度。一方面，加大法律制裁力度。律师、税务顾问、公证人和会计师是健全的法律和金融体系的重要看门人，各国应确保这些专业人员依法履行职责，并惩罚少数利用专业知识、技能和特权协助逃避税行为的人员。另一方面，要加强行业监管和行业自律。

威慑和阻止专业推手。在中介机构和其从业人员转化为专业推手之前，各国应有一系列的预防措施进行阻止。一是使用一系列沟通教育和公司治理方法来确保可能成为专业推手的机构和人员意识到滥用其服务可能带来的风险。例如，通过在政府网站发布税收政策，定期召开座谈会等方式，帮助企业和中介机构了解其责任，进一步促进税法遵从。二是建立自愿披露和举报机制，纳税人主动向税务部门报告其欺诈行为可获得从轻处理，通过举报机制则可获取关于专业推手的一系列情报。三是引入强制性披露规则。要求中介机构或纳税人在实施或参与部分特定活动时向税务部门报告，使税务部门能够在专业推手实施犯罪前，或在该行为产生危害影响前进行干预。

加强跨部门、跨境合作力度。专业推手往往跨领域、跨境运作，因此对其监管、调查涉及多个部门。各国要在国内建立交流机制，实现信息共享、跨部门调查。同时，要利用国际合作机制，加强情报交换（如专项情报交换和自动情报交换、自发情报交换和信息共享等）以及其他多边合作。

确保应对专业推手的措施有效实施。各国应采取一系列切实可行的措施确保应对专业推手的措施有效实施。例如，任命专门的政府工作人员负责联络不同政府机构并评估每个政府机构在应对专业推手方面的需求、挑战和优势；广泛参与政府、企业、学术界、专业协会和公众间的讨论，吸取所有部门的经验和意见；提供合适的资源，以有效实施应对专业推手的措施。

(资料来源：张丹，邢宇光，王蓓，等.OECD：打击逃避税从出谋划策者查起[EB/OL]. (2022-01-17) [2023-05-17]. https://h5.newaircloud.com/detailArticle/18141134_81039_zgswb.html? relPicRatio=0&source=1.)

10.3 国际避税与反避税

10.3.1 国际避税

1. 国际避税的概念

国际避税，是指纳税人利用两个或两个以上国家的税法和国家间的税收协定的漏洞、特例和缺陷，规避或减轻其全球总纳税义务的行为。

2. 国际避税地

1）国际避税地的概念

国际避税地，又称国际避税港，是指能够为纳税人提供某种合法避税机会的国家或地区。这些国家或地区通常不课征所得税和一般财产税，或者虽课征所得税和一般财产税但税率远低于国际一般负担水平。在避税地，外国人可以在那里取得收入或拥有资产而不必支付高税负。避税地可以是一个国家,也可以是一个国家的某个地区,如沿海地区,交通方便的城市、港口、岛屿。有时避税地还包括自由贸易区、自由关税区等。

2) 国际避税地的类型

第一种类型的避税港,是指没有所得税和一般财产税的国家或地区。如开曼群岛、巴哈马、百慕大群岛、瑙鲁、瓦努阿图、格陵兰、索马里等。

第二种类型的避税港,是指那些虽开征某些所得税和一般财产税,但税负远低于国际一般负担水平的国家或地区,并对来源于境外的所得和营业活动提供特殊税收优惠待遇。如中国澳门地区、巴巴多斯、新加坡、瑞士、英属维尔京群岛、牙买加等。

第三种类型的避税港,仅实行地域管辖权,在这些国家或地区只对来源于境内的所得按照较低税率征税。如中国香港地区、埃塞俄比亚、利比里亚、巴拿马、哥斯达黎加、委内瑞拉、阿根廷。

第四种类型的避税港,是有规范税制但有某些税收特例或提供某些特殊税收优惠的国家或地区。在这些国家对国内一般公司征收正常的所得税,但对某些投资经营活动给予特殊的优惠待遇。如爱尔兰、英国、加拿大、希腊、卢森堡和荷兰。

3. 国际避税方法

1) 选择有利的企业组织形式

纳税人对外投资时,可以根据合伙企业与公司、子公司与分公司在不同国家之间的税制差异,选择最有利的组织形式以实现税收利益最大化。

2) 个人住所和公司居所转移

(1) 跨国自然人可以通过迁移住所避免成为某一国的居民,从而躲避或减轻纳税义务。

(2) 跨国法人可以将其总机构或实际管理机构移居到低税区,避免成为高税国的居民纳税人,得以降低整个公司的税收负担。企业也可通过跨国并购,将自己变成低税区企业的组成部分,实现税收从高税区向低税区的倒置。

3) 利用转让定价

转让定价是跨国公司进行国际避税的重要工具。跨国公司集团从整体利益出发,利用各关联企业所在国的关税税率和所得税的差异,通盘考虑所有成员企业的收入和费用,通过内部转让价格处理关联交易,将费用和成本从低税区转移至高税区,将利润从高税区转移至低税区,以减轻整个集团在全球负担的关税和所得税。

4) 利用税收协定

一个第三国居民(缔约国的非居民)可以通过改变其居民身份,得以享受其他两个国家签署的税收协定中的优惠待遇。

5) 利用资本弱化

由于债务人支付给债权人利息可以税前扣除,选择债务融资方式比权益性融资方式具有税收优势;许多国家对非居民纳税人获得利息征收的预提所得税税率,通常比对股息征收的企业所得税率低,采用债权投资比股权投资的税负低。

6) 利用信托转移财产

利用信托转移财产，可以通过在避税港设立个人持股信托公司、受控信托公司和订立信托合同的方式实现。个人持股信托公司，是指消极投资收入占总收入60%以上，股份的50%以上被5个或5个以下的个人所持有的公司。受控信托公司主要为掩盖股东纳税人在避税地设立的受控持股公司的股权。

7) 利用避税港中介公司

通过总公司或母公司将销售或提供给其他国家或地区的商品、服务、技术，虚构为设在避税港受控中介公司的转手交易，从而将所得的部分所得滞留在避税港，或者通过贷款和投资方式再重新回流，以规避原应承担的高税率国家的税负。

8) 利用错配安排

纳税人在跨国交易中，利用两个国家对同一实体、同一笔收入或同一支出的税务处理规则的不同，同时规避或减轻跨国交易在两个国家的税负。

10.3.2 一般反避税

1. 一般反避税

1) 一般反避税的相关规定

（1）一般反避税：对企业实施的不具有合理商业目的而获取税收利益的避税安排，实施的特别纳税调整。

不具有合理商业目的：以减少、免除或者推迟缴纳税款为主要目的。

为规范一般反避税管理，根据税法的有关规定，国家税务总局制定了《一般反避税管理办法（试行）》（以下简称《办法》）。现阶段一般反避税办法仅针对跨境交易和跨境支付，不涉及境内交易。

（2）《中华人民共和国企业所得税法》规定，企业实施其他不具有合理商业目的的安排而减少其应纳税收入或者所得额的，税务机关有权按照合理方法调整。

（3）下列情况不适用《办法》：

①与跨境交易或者支付无关的安排。

②涉嫌逃避缴纳税款、逃避追缴欠税、骗税、抗税以及虚开发票等税收违法行为。

【例10-10】（单选题）下列情形中，适用《一般反避税管理办法（试行）》的是（　　）。

A. 涉嫌骗税的
B. 跨境间接转让股权的
C. 涉嫌虚开发票的
D. 涉嫌欠税的

解析：ACD属于税收违法行为，不适用《一般反避税管理办法（试行）》。

答案：B

(4) 税务机关应当以具有合理商业目的和经济实质的类似安排为基准，按照实质重于形式的原则实施特别纳税调整。调整方法包括：

①对安排的全部或者部分交易重新定性。

②在税收上否定交易方的存在，或者将该交易方与其他交易方视为同一实体。

③对相关所得、扣除、税收优惠、境外税收抵免等重新定性或者在交易各方间重新分配。

④其他合理方法。

(5) 企业的安排属于转让定价、成本分摊、受控外国企业、资本弱化等其他特别纳税调整范围的，应当首先适用其他特别纳税调整的相关规定。

2) 一般反避税调查

(1) 主管税务机关实施一般反避税调查时，应当向被调查企业送达《税务检查通知书》。

(2) 被调查企业认为其安排不属于《办法》所称避税安排的，应当自收到《税务检查通知书》之日起 60 日内提供相关资料。

(3) 企业拒绝提供资料的，主管税务机关可以按照《中华人民共和国税收征收管理法》的有关规定进行核定。

(4) 一般反避税调查涉及向筹划方、关联方以及与关联业务调查有关的其他企业调查取证的，主管税务机关应当送达《税务事项通知书》。

3) 一般反避税争议处理

(1) 被调查企业对主管税务机关作出的一般反避税调整决定不服的，可以按照有关法律法规的规定申请法律救济。

(2) 被调查企业认为我国税务机关作出的一般反避税调整，导致国际双重征税或者不符合税收协定规定征税的，可以按照税收协定及其相关规定申请启动相互协商程序。

2. 间接转让财产

为进一步规范和加强非居民企业间接转让中国居民企业股权等财产的企业所得税管理，国家税务总局出台了《关于非居民企业间接转让财产企业所得税若干问题的公告》（国家税务总局公告 2015 年第 7 号）（以下简称《7 号公告》），《7 号公告》的制定和出台是一般反避税规则在间接转让中国应税财产交易方面的具体应用，也是维护国家税收主权和权益的重要工具。

(1) 非居民企业通过实施不具有合理商业目的的安排，间接转让中国居民企业股权等财产，规避企业所得税纳税义务的，应按照《中华人民共和国企业所得税法》的有关规定，重新定性该间接转让交易，确认为直接转让中国居民企业股权等财产。

(2) 间接转让中国应税财产的交易双方及被间接转让股权的中国居民企业可以向主管税务机关报告股权转让事项，并提交以下资料：①股权转让合同或协议（为外文文本的需同时附送中文译本）；②股权转让前后的企业股权架构图；③境外企业及直接或间接持有中国应税财产的下属企业上两个年度财务、会计报表；④间接转让中国应税财产交易不适用第(1) 条的理由。

(3) 除与间接转让中国应税财产相关的整体安排符合规定的情形和间接转让中国应税财产具有合理商业目的等规定情形外，与间接转让中国应税财产相关的整体安排同时符合以

下情形的,应直接认定为不具有合理商业目的:

①境外企业股权75%以上的价值直接或间接来自中国应税财产。

②间接转让中国应税财产交易发生前一年内任一时点,境外企业资产总额(不含现金)的90%以上直接或间接由在中国境内的投资构成,或间接转让中国应税财产交易发生前一年内,境外企业取得收入的90%以上直接或间接来源于中国境内。

③境外企业及直接或间接持有中国应税财产的下属企业虽在所在国家(地区)登记注册,以满足法律所要求的组织形式,但实际履行的功能及承担的风险有限,不足以证实其具有经济实质。

④间接转让中国应税财产交易在境外应缴所得税税负低于直接转让中国应税财产交易在中国的可能税负。

(4) 间接转让中国应税财产同时符合以下条件的,应认定为具有合理商业目的:

①交易双方的股权关系具有下列情形之一:

a) 股权转让方直接或间接拥有股权受让方80%以上的股权。

b) 股权受让方直接或间接拥有股权转让方80%以上的股权。

c) 股权转让方和股权受让方被同一方直接或间接拥有80%以上的股权。

境外企业股权50%以上(不含50%)价值直接或间接来自中国境内不动产的,上述第a)、b)、c)项的持股比例应为100%。

上述间接拥有的股权按照持股链中各企业的持股比例乘积计算。

②本次间接转让交易后可能再次发生的间接转让交易相比在未发生本次间接转让交易情况下的相同或类似间接转让交易,其中国所得税负担不会减少。

③股权受让方全部以本企业或与其具有控股关系的企业的股权(不含上市企业股权)支付股权交易对价。

(5) 间接转让机构、场所财产所得按照《公告》规定应缴纳企业所得税的,应计入纳税义务发生之日所属纳税年度该机构、场所的所得,按照有关规定申报缴纳企业所得税。

(6) 间接转让不动产所得或间接转让股权所得按照《公告》规定应缴纳企业所得税的,依照有关法律规定或者合同约定以对股权转让方直接负有支付相关款项义务的单位或者个人为扣缴义务人。

(7)《公告》规定与税收协定不一致的,按照税收协定办理。

10.3.3 国际反避税

尽管国际避税是一种不违法的行为,但该行为给政府税收收入造成的有害后果与非法的偷税行为是一样的。对此,世界各国都提出了反国际避税的要求。

1. 国际反避税基本方法

(1) 防止通过纳税主体国际转移;

(2) 防止通过纳税客体国际转移;

(3) 防止利用避税地;

(4) 转让定价调整;

(5) 加强税收多边合作。

2. 税基侵蚀和利润转移的概念

税基侵蚀和利润转移（BEPS），是指跨国企业利用国际税收规则存在的不足，以及各国税制差异和征管漏洞，最大限度地减少其全球总体税负，甚至达到双重不征税的效果，造成对各国税基的侵蚀。

3. 税基侵蚀和利润转移的项目

在经济全球化的背景下，税基侵蚀和利润转移愈演愈烈，引起了全球政治领袖、媒体和社会公众的高度关注。为此，2012年6月，二十国集团（G20）财长和中国人民银行行长会议同意通过国际合作应对BEPS问题，并委托经济合作与发展组织（OECD）开展研究，自此BEPS项目开始启动。

BEPS项目，是由G20领导人背书，并委托OECD推进的国际税改项目，是G20框架下各国携手打击国际逃避税，共同建立有利于全球经济增长的国际税收规则体系和行政合作机制的重要举措。参与BEPS项目的国家和地区一共有54个，其中34个是OECD成员，20个是非OECD成员。我国由财政部和国家税务总局以OECD合作伙伴身份参与BEPS行动计划，与OECD成员享有同等权利和义务。

4. 税基侵蚀和利润转移的行动计划

BEPS行动计划包括五大类共15项行动，分别于2014年9月、2015年9月和2015年年底前分阶段完成，并提交当年的G20财长和中国人民银行行长会议审议，然后，由当年的G20领导人峰会背书。

BEPS 15项行动计划的分类（见表10-1）。

表10-1 BEPS 15项行动计划的分类

类别	行动计划
应对数字经济带来的挑战	数字经济
协调各国企业所得税税制	混合错配、受控外国公司规则、利息扣除、有害税收实践
重塑现行税收协定和转让定价国际规则	税收协定滥用、常设机构、无形资产、风险和资本、其他高风险交易
提高税收透明度和确定性	数据统计分析、强制披露规则、转让定价同期资料、争端解决
开发多边工具促进行动计划实施	多边工具

5. 税基侵蚀和利润转移项目成果

2015年10月，OECD发布了BEPS计划行动全部15项产出成果。15项行动计划的顺利完成，标志着BEPS行动计划步入成果转化、具体实施的新阶段。

BEPS行动计划全部15项成果：《关于数字经济面临的税收挑战的报告》《消除混合错配安排的影响》《制定有效受控外国公司规则》《对利用利息扣除和其他款项支付实现的税

基侵蚀予以限制》《考虑透明度和实质性因素有效打击有害税收实践》《防止税收协定优惠的不当授予》《防止人为规避构成常设机构》《确保转让定价结果与价值创造相匹配》《衡量和监控 BEPS》《强制披露规则》《转让定价文档与国别报告》《使争议解决机制更有效》《开发用于修订双边税收协定的多边工具》。

6. 税基侵蚀和利润转移项目的影响

此项工作的重点是消除双重不征税。然而，在此过程中所创立的新规则不应导致双重征税，加重遵从负担或阻滞合法的跨境交易。

BEPS 行动计划的最终成果在 G20 峰会上由各国领导人背书，虽然在法律层面并不形成硬性约束，但政治层面的承诺以及其他国家在行动计划框架下开展的税制改革，都将不可避免地对我国税收制度和税收管理产生影响。不论行动计划的最终结果如何，我国都将面临接受新规则和履行义务的压力。

OECD 受 G20 委托牵头制定了《实施税收协定相关措施以防止税基侵蚀和利润转移的多边公约》（以下简称《公约》）。截至 2022 年 6 月 30 日，包括我国在内的 97 个国家或地区签署了《公约》。《公约》于 2022 年 9 月 1 日对我国生效。

10.3.4 特别纳税调整

对于税会差异作出的纳税调整，属于一般纳税调整；税务机关出于实施反避税目的而对纳税人特定纳税事项所作的纳税调整，属于特别纳税调整。

1. 转让定价

1）转让定价的概念

转让定价，也称划拨定价，即交易各方之间确定的交易价格，它通常是指关联企业之间内部转让交易所确定的价格，这种内部交易价格通常不同于一般市场价格。

转让定价是现代企业特别是跨国公司进行国际避税所借用的重要工具，主要是利用各国税制差别来实现的。

2）关联申报

（1）关联关系的判定

①在资金、经营、购销等方面存在直接或者间接的控制关系。

②直接或者间接地同为第三者控制。

③在利益上具有相关联的其他关系。

（2）构成关联关系的具体判断：①一方直接或间接持有另一方的股份总和达到 25% 以上，双方直接或间接同为第三方所持有的股份达到 25% 以上，如果一方通过中间方对另一方间接持有股份，只要一方对中间方持股比例达到 25% 以上，则其对另一方的持股比例按照中间方对另一方的持股比例计算，两个以上具有夫妻、直系血亲、兄弟姐妹以及其他抚养、赡养关系的自然人共同持股同一企业，在判定关联关系时，其持股比例合并计算；②双方存在持股关系或者同为第三方持股，虽持股比例未达到第①项规定，但双方之间借贷资金总额占任一方实收资本比例达到 50% 以上，或者一方全部借贷资金总额的 10% 以上是由另一方担保（独立金融机构除外）；③双方存在持股关系或者同为第三方持股，虽持股比例未达到第①项规定，但一方的生产经营活动必须由另一方提供专利权、非专利技术、商标权、著作权等特许权才能正常进行；④双方存在持股关系或者同为第三方持股，虽持股比例未达到第①项规定，但一方的购买、销售、接受劳务、提供劳务等经营活动由另一方控制；⑤一方半数以上董事或半数以上高级管理人员由另一方任命或者委派，或者同时担任另一方的董事或者高级管理人员；或者双方各自半数以上董事或半数以上高级管理人员同为第三方任命或者委派；⑥具有夫妻、直系血亲、兄弟姐妹以及其他抚养、赡养关系的两个自然人分别与双方具有第①至⑤项关系之一；⑦双方在实质上具有其他共同利益。

(3) 关联交易的类型
①有形资产使用权或者所有权的转让。
②金融资产的转让。
③无形资产使用权或者所有权的转让。
④资金融通。
⑤劳务交易。
(4) 国别报告。
①国别报告主要披露最终控股企业所属跨国企业集团所有成员实体的全球所得、税收和业务活动的国别分布情况。

【例10-11】（单选题）主要披露最终控股企业所属跨国企业集团所有成员实体的全球所得、税收和业务活动的国别分布情况的报告是（　　）。
A. 关联申报
B. 预约定价
C. 国际税收协定
D. 国别报告
解析：国别报告主要披露最终控股企业所属跨国企业集团所有成员实体的全球所得、税收和业务活动的国别分布情况。
答案：D

②存在下列情形之一的居民企业，应当在报送《年度关联业务往来报告表》时填报国别报告：A. 该居民企业为跨国企业集团的最终控股企业，且其上一会计年度合并财务报表中的各类收入金额合计超过55亿元；B. 该居民企业被跨国企业集团指定为国别报告的报送企业。

3) 同期资料
(1) 主体文档。
①主体文档主要披露最终控股企业所属企业集团的全球业务整体情况。
②符合下列条件之一的企业，应准备主体文档：
a) 年度发生跨境关联交易，且合并该企业财务报表的最终控股企业所属企业集团已准备主体文档。
b) 年度关联交易总额超过10亿元的企业。
③主体文档主要披露最终控股企业所属企业集团的全球业务整体情况，包括：A. 组织

架构；B. 企业集团业务；C. 无形资产；D. 融资活动；E. 财务与税务状况。

（2）本地文档。

①本地文档主要披露企业关联交易的详细信息。

②年度关联交易金额符合下列条件之一的企业，应当就其全部关联交易准备本地文档：A. 有形资产所有权转让金额（来料加工业务按照年度进出口报关价格计算）超过 2 亿元；B. 金融资产转让金额超过 1 亿元；C. 无形资产所有权转让金额超过 1 亿元；D. 其他关联交易金额合计超过 4 000 万元。

（3）特殊事项文档。特殊事项文档包括成本分摊协议特殊事项文档和资本弱化特殊事项文档。

①企业签订或者执行成本分摊协议的，应准备成本分摊协议特殊事项文档。

②企业关联债资比例超过标准比例需要说明符合独立交易原则的，应当准备资本弱化特殊事项文档。

【例 10-12】（多选题）企业应当依据《中华人民共和国企业所得税法实施条例》的规定，按纳税年度准备并按税务机关要求提供其关联交易的同期资料。同期资料包括（   ）。

A. 主体文档
B. 客体文档
C. 本地文档
D. 特殊事项文档

解析：企业应当依据《中华人民共和国企业所得税法实施条例》的规定，按纳税年度准备并按税务机关要求提供其关联交易的同期资料。同期资料包括主体文档、本地文档和特殊事项文档。

答案：ACD

（4）豁免情形。

①企业仅与境内关联方发生关联交易的，可以不准备主体文档、本地文档和特殊事项文档。

②企业执行预约定价安排的，可以不准备预约定价安排涉及关联交易的本地文档和特殊事项文档。

【例 10-13】（单选题）下列关于同期资料的表述中，错误的是（   ）。

A. 年度关联交易总额超过 10 亿元的应准备主体文档
B. 同期资料应当加盖企业印章，并由法定代表人或者法定代表人授权的代表签章
C. 同期资料应当自税务机关要求的准备完毕之日起保存 10 年
D. 企业仅与境内关联方发生关联交易的，也要准备主体文档、本地文档和特殊事项文档

解析：企业仅与境内关联方发生关联交易的，可以不准备主体文档、本地文档和特殊事项文档。

答案：D

（5）其他要求。

①主体文档应当在企业集团最终控股企业会计年度终了之日起 12 个月内准备完毕；本

地文档和特殊事项文档应当在关联交易发生年度次年6月30日之前准备完毕。同期资料应当自税务机关要求之日起30日内提供。企业因不可抗力无法按期提供同期资料的,应当在不可抗力消除后30日内提供同期资料。

②同期资料应当使用中文,并标明引用信息资料的出处来源。

③同期资料应当自税务机关要求的准备完毕之日起保存10年。企业合并、分立的,应当由合并、分立后的企业保存同期资料。

4) 转让定价调整方法

税务机关在实施转让定价调整之前,应当进行可比性分析,可比性分析一般包括以下5个方面:①交易资产或者劳务特性;②交易各方执行的功能、承担的风险和使用的资产;③合同条款;④经济环境;⑤经营策略。

税务机关应在可比性分析的基础上,选择合理的转让定价方法,对企业关联交易进行分析评估。转让定价方法包括可比非受控价格法、再销售价格法、成本加成法、交易净利润法、利润分割法及其他符合独立交易原则的方法。

【想一想】

我国居民企业A公司在W国设立全资子公司B,负责为A公司采购原材料。B公司设立3年来,A公司一直存在收入与成本"倒挂"问题。A公司主管税务机关调查发现,B公司原材料采购成本加成率及销售价格明显高于以前A公司自行采购原材料价格,且高于同期市场价格,根据政策规定不符合独立交易原则。税务机关按照再销售价格法调整A公司应纳税所得额,并按《中华人民共和国企业所得税法实施条例》的相关规定,追缴企业所得税、加收利息。

请思考:上述内容表明什么原则是判断转让定价是否合理的最基本的原则?

(1) 可比非受控价格法。

①含义。以非关联方之间进行的与关联交易相同或类似业务活动所收取的价格作为关联交易公平成交价格。

②适用范围。一般适用于所有类型关联交易。

(2) 再销售价格法。

①含义。以关联方购进商品再销售给非关联方的价格减去可比非关联交易毛利后的金额作为关联方购进商品的公平成交价格。

公平成交价格=再销售给非关联方的价格×(1-可比非关联交易毛利率)

可比非关联交易毛利率=(可比非关联交易毛利/可比非关联交易收入净额)×100%

【例10-14】(计算题)中国A公司从美国关联方B公司以3 800万元的价格购入一批产品,之后以3 600万元的价格销售给国内非关联方C公司,税务机关在进行转让定价调整时采取的是再销售价格法,假设可比非关联交易毛利率是15%,计算A公司从B公司购进的公平成交价格。

公平成交价格=再销售给非关联方的价格×(1-可比非关联交易毛利率)
= 3 600×(1-15%)= 3 060(万元)

②适用范围。一般适用于再销售者未对商品进行改变外形、性能、结构或更换商标等实质性增值加工的简单加工或单纯购销业务。

(3) 成本加成法。

①含义。以关联交易发生的合理成本加上可比非关联交易毛利后的金额作为关联交易的公平成交价格。

$$公平成交价格 = 关联交易的合理成本 \times (1 + 可比非关联交易成本加成率)$$

$$可比非关联交易成本加成率 = 可比非关联交易毛利 / 可比非关联交易成本 \times 100\%$$

②适用范围。一般适用于有形资产使用权或者所有权的转让、资金融通、劳务交易等关联交易。

(4) 交易净利润法。

①含义。以可比非关联交易的利润指标确定关联交易的利润。

利润指标包括息税前利润率、完全成本加成率、资产收益率、贝里比率等。

$$息税前利润率 = (息税前利润 / 营业收入) \times 100\%$$

$$完全成本加成率 = (息税前利润 / 完全成本) \times 100\%$$

$$资产收益率 = \{息税前利润 / [(年初资产总额 + 年末资产总额) / 2]\} \times 100\%$$

$$贝里比率 = [毛利 / (营业费用 + 管理费用)] \times 100\%$$

②适用范围。一般适用于不拥有重大价值无形资产企业的有形资产使用权或者所有权的转让和受让、无形资产使用权受让以及劳务交易等关联交易。

(5) 利润分割法。

①含义。根据企业与其关联方对关联交易合并利润（实际或者预计）的贡献计算各自应当分配的利润额。

包括一般利润分割法和剩余利润分割法。

②适用范围。一般适用于企业及其关联方均对利润创造具有独特贡献，业务高度整合且难以单独评估各方交易结果的关联交易。

【例10-15】（单选题）甲企业销售一批货物给乙企业，该销售行为取得利润20万元；乙企业将该批货物销售给丙企业，取得利润200万元。税务机关经过调查后认定甲企业和乙企业之间存在关联交易，将220万元的利润按照6∶4的比例在甲和乙之间分配。该调整方法是（　　）。

A. 利润分割法

B. 再销售价格法

C. 交易净利润法

D. 可比非受控价格法

解析：利润分割法是指根据企业与其关联方对关联交易合并利润（实际或预计）的贡献计算各自应该分配的利润额。

答案：A

(6) 其他方法。

①成本法。以替代或者重置原则为基础，通过在当前市场价格下创造一项相似资产所发生的支出确定评估标的价值的评估方法。适用于能够被替代的资产价值评估。

②市场法。利用市场上相同或者相似资产的近期交易价格，经过直接比较或者类比分析以确定评估标的价值的评估方法。适用于在市场上能找到与评估标的相同或者相似的非关联可比交易信息时的资产价值评估。

③收益法。通过评估标的未来预期收益现值来确定其价值的评估方法。适用于企业整体资产和可预期未来收益的单项资产评估。

④其他能够反映利润与经济活动发生地和价值创造地相匹配原则的方法。

【例10-16】（单选题）以关联交易发生的合理成本加上可比非关联交易毛利后的金额作为关联交易的公平成交价格。这种转让定价方法是（　　）。

A. 成本加成法
B. 交易净利润法
C. 再销售价格法
D. 可比非受控价格法

解析：成本加成法是以关联交易发生的合理成本加上可比非关联交易毛利后的金额作为关联交易的公平成交价格。

答案：A

2. 成本分摊协议

企业与其关联方签署成本分摊协议，共同开发、受让无形资产，或者共同提供、接受劳务发生的成本，可以按照独立交易原则与其关联方分摊共同发生的成本，达成成本分摊协议。

（1）成本分摊协议体现受益原则。成本分摊协议的参与方对开发、受让的无形资产或参与的劳务活动享有受益权，并承担相应的活动成本。关联方承担的成本应与非关联方在可比条件下为获得上述受益权而支付的成本相一致。

参与方使用成本分摊协议所开发或受让的无形资产不需要另支付特许权使用费。

涉及劳务的成本分摊协议一般适用于集团采购和集团营销策划。

（2）对于符合独立交易原则的成本分摊协议，有关税务处理如下：

①企业按照协议分摊的成本，应在协议规定的各年度税前扣除。

②涉及补偿调整的，应在补偿调整的年度计入应纳税所得额。

③涉及无形资产的成本分摊协议，加入支付、退出补偿或终止协议时对协议成果分配的，应按资产购置或处置的有关规定处理。

（3）企业应自与关联方签订（变更）成本分摊协议之日起30日内，向主管税务机关报送成本分摊协议副本，并在年度企业所得税纳税申报时，附送《中华人民共和国企业年度关联业务往来报告表》。

（4）自行分摊的成本不得税前扣除的情形。

①不具有合理商业目的和经济实质。

②不符合独立交易原则。
③没有遵循成本与收益配比原则。
④未按规定备案或准备、保存和提供有关成本分摊协议的同期资料。
⑤自签署成本分摊协议之日起经营期限少于 20 年。

3. 受控外国企业

受控外国企业,是指由居民企业,或者由居民企业和居民个人(以下统称中国居民股东,包括中国居民企业股东和中国居民个人股东)控制的设立在实际税负低于 25% 的企业所得税税率水平 50% 的国家(地区),并非出于合理经营需要对利润不做分配或减少分配的外国企业。

1) 受控的标准

控制,是指在股份、资金、经营、购销等方面构成实质控制。其中,股份控制是指由中国居民股东在纳税年度任何一天单层直接或多层间接单一持有外国企业 10% 以上有表决权股份,且共同持有该外国企业 50% 以上股份。中国居民股东多层间接持有股份按各层持股比例相乘计算,中间层持有股份超过 50% 的,按 100% 计算。

2) 对受控外国企业的管理

对于受控外国企业的上述利润中应归属于该居民企业股东的部分,应当视同分配计入该居民企业的当期收入。

3) 视同受控外国企业股息分配所得的计算

$$中国居民企业股东当期所得=(视同股息分配额×实际持有天数/受控外国企业纳税年度天数)×股东持股比例$$

中国居民股东多层间接持有股份的,股东持股比例按各层持股比例相乘计算。

4) 免于调整的规定

中国居民企业股东能够提供资料证明其控制的外国企业满足以下条件之一的,可免将外国企业不做分配或减少分配的利润视同股息分配额,计入中国居民企业股东的当期所得:
①设立在国家税务总局指定的非低税率国家(地区)。
②主要取得积极经营活动所得。
③年度利润总额低于 500 万元人民币。

4. 资本弱化

《中华人民共和国企业所得税法》规定,企业从其关联方接受的债权性投资与权益性投资的比例超过规定标准而发生的利息支出,不得在计算应纳税所得额时扣除。

(1) 不得在计算应纳税所得额时扣除的利息支出应按以下公式计算:

$$不得扣除的利息支出=年度实际支付的全部关联方利息×(1-标准比例/关联债资比例)$$

①标准比例,是指接受关联方债权性投资与权益性投资比例。常见的标准比例:

a）金融企业，为5∶1。
b）其他企业，为2∶1。

②关联债资比例，是指企业从其全部关联方接受的债权性投资占企业接受的权益性投资的比例，关联债权投资包括关联方以各种形式提供担保的债权性投资。

关联债资比例的具体计算公式如下：

关联债资比例＝年度各月平均关联债权投资之和/年度各月平均权益投资之和

其中：各月平均关联债权投资＝（关联债权投资月初账面余额＋月末账面余额）/2

各月平均权益投资＝（权益投资月初账面余额＋月末账面余额）/2

【例10-17】（计算题）甲、乙两家企业是关联企业。2023年5月1日，乙企业从甲企业借款3 000万元，期限半年，双方约定按照金融企业同类同期贷款年利率8%结算利息，乙企业无其他关联方债权性投资。乙企业注册资本为200万元，所有者权益构成为：实收资本200万元，资本公积100万元，未分配利润-50万元。甲、乙两家企业是非金融企业。计算2023年不得扣除的关联方借款利息。

实际支付的关联方利息＝3 000×8%/2＝120（万元）

关联债资比例＝年度各月平均关联债权投资之和/年度各月平均权益投资之和＝（3 000×6）/（300×12）＝5

不得扣除利息支出＝年度实际支付的全部关联方利息×（1－标准比例/关联债资比例）＝120×（1－2/5）＝72（万元）

③权益投资不仅指实收资本，应包括企业资产负债表所列示的所有者权益金额。如果所有者权益小于实收资本（股本）与资本公积之和，则权益投资为实收资本（股本）与资本公积之和；如果实收资本（股本）与资本公积之和小于实收资本（股本）金额，则权益投资为实收资本（股本）金额。

（2）交易活动符合独立交易原则的；或者该企业的实际税负不高于境内关联方的，其实际支付给境内关联方的利息支出，在计算应纳税所得额时准予扣除。

企业自关联方取得的不符合规定的利息收入应按照有关规定缴纳企业所得税。

5. 特别纳税调整程序

（1）税务机关以风险管理为导向，构建和完善关联交易利润水平监控管理指标体系，加强对企业利润水平的监控，通过特别纳税调整监控管理和特别纳税调查调整，促进企业遵从税法。

税务机关通过关联申报审核、同期资料管理和利润水平监控等手段，对企业实施特别纳税调整监控管理，发现企业存在特别纳税调整风险的，可以向企业送达《税务事项通知书》，提示其存在的税收风险。企业要求税务机关确认关联交易定价原则和方法等特别纳税调整事项的，税务机关应当启动特别纳税调查程序。

（2）税务机关实施特别纳税调查，应当重点关注具有以下风险特征的企业：

①关联交易金额较大或者类型较多。

②存在长期亏损、微利或者跳跃性盈利。

③低于同行业利润水平。

④利润水平与其所承担的功能风险不相匹配,或者分享的收益与分摊的成本不相配比。

⑤与低税国家(地区)关联方发生关联交易。

⑥未按照规定进行关联申报或者准备同期资料。

⑦从其关联方接受的债权性投资与权益性投资的比例超过规定标准。

⑧由居民企业,或者由居民企业和中国居民控制的设立在实际税负低于12.5%的国家(地区)的企业,并非由于合理的经营需要而对利润不作分配或者减少分配。

⑨实施其他不具有合理商业目的的税收筹划或者安排。

(3)税务机关实施特别纳税调查时,可以要求被调查企业及其关联方,或者与调查有关的其他企业提供相关资料。

(4)被调查企业及其关联方以及与调查有关的其他企业应当按照税务机关要求提供真实、完整的相关资料。

(5)税务机关实施特别纳税调查时,应当按照法定权限和程序进行,可以采用实地调查、检查纸质或者电子数据资料、调取账簿、询问、查询存款账户或者储蓄存款、发函协查、国际税收信息交换、异地协查等方式,收集能够证明案件事实的证据材料。在收集证据材料的过程中,可以记录、录音、录像、照相和复制,录音、录像、照相前应当告知被取证方。记录内容应当由两名以上调查人员签字,并经被取证方核实签章确认。被取证方拒绝签章的,税务机关调查人员(两名以上)应当注明。

(6)税务机关需要采用询问方式收集证据材料的,应当由两名以上调查人员实施询问,并制作《询问(调查)笔录》。

(7)经调查,税务机关未发现企业存在特别纳税调整问题的,应当作出特别纳税调查结论,并向企业送达《特别纳税调查结论通知书》;经调查,税务机关发现企业存在特别纳税调整问题的,应当按程序实施调整。

(8)企业收到《特别纳税调查调整通知书》后有异议的,可以在依照《特别纳税调查调整通知书》缴纳或者解缴税款、利息、滞纳金或者提供相应的担保后,依法申请行政复议。对行政复议决定不服的,可以依法向人民法院提起行政诉讼。

(9)税务机关对企业实施特别纳税调整,涉及企业向境外关联方支付利息、租金、特许权使用费的,除另有规定外,不调整已扣缴的税款。

(10)企业可以在《特别纳税调查调整通知书》送达前自行缴纳税款。企业自行缴纳税款的,应当填报《特别纳税调整自行缴纳税款表》。

(11)税务机关对企业实施特别纳税调整的,应当根据《中华人民共和国企业所得税法》及其实施条例的有关规定对2008年1月1日以后发生交易补征的企业所得税按日加收利息:

①计息期。企业在《特别纳税调查调整通知书》送达前缴纳或者送达后补缴税款的,应当自税款所属纳税年度的次年6月1日起至缴纳或者补缴税款之日止计算加收利息。企业超过《特别纳税调查调整通知书》补缴税款期限仍未缴纳税款的,应当自补缴税款期限届满次日起按规定加收滞纳金,在加收滞纳金期间不再加收利息。

②利息率。一般情况下,按税款所属纳税年度12月31日公布的与补税期间同期的中国人民银行人民币贷款基准利率(以下简称基准利率)加5个百分点计算,并按一年365天折算日利息率;特殊情况下,按照基准利率加收利息,具体特殊情况有:a 企业按规定提供

同期资料及有关资料的；b 企业按规定不需要准备同期资料但根据税务机关要求提供其他相关资料的；c 企业自行调整补税且主动提供同期资料等有关资料的；④企业按规定不需要准备同期资料但根据税务机关要求提供其他相关资料的。

③不得税前扣除。按规定加收的利息，不得在计算应纳税所得额时扣除。

（12）被调查企业在税务机关实施特别纳税调查调整期间申请变更经营地址或者注销税务登记的，税务机关在调查结案前原则上不予办理。

【思政案例】

猫鼠游戏：麦当劳的跨国避税闭环

据新华社援引法国媒体 6 月 16 日的报道，美国快餐连锁巨头麦当劳将向法国支付 12.45 亿欧元，以避免因逃税行为被刑事起诉。麦当劳发表声明称，乐见此法律纠纷告终，承诺"尽一切努力遵守法律"。这是迄今为止法国与纳税方达成的金额最高的逃税纠纷和解协议。

麦当劳为何被指逃税，与它的经营模式和避税架构有何关系？本文将从经营模式、案件细节、避税架构等方面详细分析此次麦当劳被指逃税的来龙去脉。

1. 经营模式：特许经营带来巨大利润

麦当劳公司是全球连锁快餐的龙头，1955 年创立于美国芝加哥，主要经营汉堡包、薯条和炸鸡等快餐食品。麦当劳名列福布斯 2020 全球品牌价值 100 强第 10 位，品牌价值超过 461 亿美元。截至 2021 年年底，其旗下最知名的麦当劳品牌在全球 119 个国家和地区拥有 40 031 家快餐店，每天服务顾客超过 6 300 万人次。

麦当劳公司的餐厅经营模式分为自主经营和特许经营两种。特许经营模式是由麦当劳公司购入或者租入餐厅场地，允许被许可人使用麦当劳的品牌进行经营，并提供必要的设备、装修以及员工培训，被许可人需缴纳一次性加盟费、租金、装修、设备等费用，同时根据营业额按比例每年缴纳特许权使用费。2021 年 12 月麦当劳公司发布的财务年报显示，旗下占比达 93% 的特许经营餐厅当年为公司创造了约 130.8 亿美元的利润，同比增长 22%，占总利润的 56.3%。

麦当劳公司在法国拥有 1 517 家餐厅，其中 86% 为特许经营餐厅。法国是麦当劳在欧元区销售额较高的国家，也是麦当劳公司在全球范围内获得利润较高的国家之一。

2. 案件经过：逃税嫌疑由来已久

2013 年 10 月，法国税务局检查了位于该国基扬古尔的麦当劳法国公司总部，认为其需缴税的收入额为 22 亿欧元。2009—2013 年，麦当劳及其特许经营商在法国的销售额为 216 亿欧元。2013 年年底，法国政府启动了一项有关麦当劳潜在避税行为的调查。

2015 年年底，代表巴黎西部 16 家麦当劳餐厅 900 名员工的工会投诉麦当劳法国公司进行有组织的逃税，并对麦当劳法国公司提出诉讼。工会认为麦当劳法国公司的逃税行为致使员工收入减少，因为"不交企业税，就没有员工奖金"。

2016 年年初，法国国家金融检察官办公室对麦当劳法国公司展开初步调查。当时麦当劳法国公司每年的收入约为 7 500 万欧元。

2016 年 5 月，法国专门打击金融犯罪和税务欺诈的警察突击搜查了麦当劳法国公司总部，查封了一批公司文件。检方怀疑麦当劳法国公司将在法国境内的收入登记到其位于卢森堡的欧洲总公司的账簿上，以这种非法方式逃税。法国司法部门认为，麦当劳法国公司未缴税款及罚金达 3 亿欧元，其中 1 亿欧元为罚金。

然而，麦当劳并没有认罪，而是开始了与法国税务部门旷日持久的"马拉松长跑"。但是随着欧盟国家对于国际反避税的不断探索，在经历了 2019 年的"谷歌避税案"和 2020 年的"苹果避税案"后，包括法国在内的欧盟国家税务部门积累了丰富的反避税经验。2022 年 6 月，法国税务部门正式向麦当劳公司开出 12.45 亿欧元的天价罚单，其中包括 5.08 亿欧元罚款和已查明的 7.37 亿欧元欠税。为避免被起诉，麦当劳公司表示愿意支付这笔罚款。

3. 避税闭环：在特许权使用费上做文章

麦当劳公司很大一部分收入来自特许权使用费，而特许权使用费作为无形资产，也是最容易出现在各种税收优化方案中的国际税收筹划工具，各国频繁对麦当劳"亮剑"的关键点也正是集中在特许权使用费上。

2008 年年底，为了应对全球金融危机，卢森堡推出了"专利盒"政策，宣布对来源于知识产权收入的应纳税所得额的 80% 予以免税。

对于麦当劳公司而言，"专利盒"政策无异于量身打造。于是，2008 年，麦当劳在卢森堡成立了一家知识产权控股公司（下文简称"卢森堡公司"），并将欧洲范围内的特许经营权从美国特拉华总部名下转移至卢森堡公司。卢森堡公司下设两个分支机构，分别位于瑞士和美国。瑞士分公司负责麦当劳在欧洲区域的实际运营，主要管理欧洲特许经营权业务，将收到的特许权使用费在扣除公司运营费用后转交美国分公司；美国分公司则负责持有欧洲特许经营权并承担相关损益，向瑞士分公司收取特许权使用费。

按照卢森堡与瑞士签订的《卢森堡—瑞士避免双重征税协定》，瑞士分公司作为在瑞士的"常设机构"，产生的利润仅在瑞士征税，其在卢森堡境内的利润免征企业所得税。由于瑞士分公司收取的特许权使用费大部分都转移至美国分公司，麦当劳在瑞士境内的实际应纳税所得额极低。

同时，按照卢森堡与美国签订的《卢森堡—美国避免双重征税协定》，美国分公司作为在美国的"常设机构"，产生的利润仅在美国征税，免征卢森堡企业所得税。但在美国税法下，由于美国分公司没有在美国境内开展经营活动，美国国内收入局并不认可其在美"常设机构"的身份。因此，瑞士分公司向美国分公司转移的特许权使用费也不需要在美国境内纳税。

此外，2009 年 9 月麦当劳还与卢森堡政府达成了税务裁定，决定对麦当劳在卢森堡境内的特许权使用费收入不予征税。

如此一来，麦当劳庞大的"美国—卢森堡—瑞士—美国"国际避税架构完成闭环。2009—2013 年，卢森堡分公司这家仅有 13 名员工的公司，产生了超过 37 亿欧元的利润，却只缴纳了 330 万欧元的税款。根据欧美公会联盟和英国某反贫困慈善组织于 2015 年 2 月联合发布的报告，麦当劳 2009—2013 年在欧洲逃税逾 10 亿欧元。

尽管收到了天价罚单，但外界普遍认为本次和解是麦当劳公司在经历法国税务部门多年彻查后的无奈之举——"花钱消灾"。早在 2018 年 9 月，欧盟委员会经过对麦当劳进行为期3年的检查后作出裁定,麦当劳欧洲地区的这些特许权使用费双重不征税,是因为卢森堡和美国两国税法之间的不匹配,而不是卢森堡给麦当劳提供的非法税收优惠,并没有违反欧盟国家援助规则。也就是说,欧盟认为,无确凿证据表明麦当劳享受非法国家援助或"特殊待遇",顶多是法律的"不当执行",其本质是麦当劳利用卢森堡的国内法和税收协定的漏洞避税。而就在2016年,为了享受更低的企业所得税税率,麦当劳已经将其卢森堡公司的功能转移至一家注册在英国的新公司,避税的"猫鼠游戏"仍在继续……

(资料来源:杨纪韬,吴晓子,何振华. 猫鼠游戏:麦当劳的跨国避税闭环 [EB/OL]. (2022-07-12) [2023-05-12]. https://h5.newaircloud.com/detailArticle/19543451_86295_zgswb.html? relPicRatio=0&source=1.)

10.4 国际税收征管协作

2013年8月27日,我国签署了《多边税收征管互助公约》(以下简称《公约》),成为《公约》的第56个签约方,G20成员至此已全部加入《公约》。这将进一步推动国际税收征管协作,提高对跨境纳税人的税收服务和征管水平,有助于营造公平透明的税收环境。

10.4.1 情报交换

税收情报交换是我国作为税收协定缔约国承担的一项国际义务,也是我国与其他国家(地区)税务主管当局之间进行国际税收征管合作以及保护我国合法税收权益的重要方式。为了加强国际税务合作,规范国际税收情报交换(以下简称情报交换)工作,国家税务总局制定了《国际税收情报交换工作规程》(以下简称《规程》)。

1. 情报交换的概述

情报交换,是指我国与相关税收协定缔约国家(以下简称缔约国)的主管当局为了正确执行税收协定及其所涉及税种的国内法而相互交换所需信息的行为。

情报交换应在税收协定生效并执行以后进行,税收情报涉及的事项可以溯及税收协定生效并执行之前。

情报交换在税收协定规定的权利和义务范围内进行。我国享有从缔约国取得税收情报的权利,也负有向缔约国提供税收情报的义务。

情报交换通过税收协定确定的主管当局或其授权代表进行。我国主管当局为国家税务总局。

2. 情报交换的种类

情报交换的类型包括专项情报交换、自动情报交换、自发情报交换以及同期税务检查、授权代表访问和行业范围情报交换等。

1) 专项情报交换

专项情报交换,是指缔约国一方主管当局就国内某一税务案件提出具体问题,并依据税收协定请求缔约国另一方主管当局提供相关情报，协助查证的行为。

2) 自动情报交换

自动情报交换，是指缔约国双方主管当局之间根据约定，以批量形式自动提供有关纳税人取得专项收入的税收情报的行为。

3) 自发情报交换

自发情报交换，是指缔约国一方主管当局将在税收执法过程中获取的其认为有助于缔约国另一方主管当局执行税收协定及其所涉及税种的国内法的信息，主动提供给缔约国另一方主管当局的行为。

4) 同期税务检查

同期税务检查，是指缔约国主管当局之间根据同期检查协议，独立地在各自有效行使税收管辖权的区域内，对有共同或相关利益的纳税人的涉税事项同时进行检查，并互相交流或交换检查所获取的税收情报的行为。

5) 授权代表访问

授权代表访问，是指缔约国双方主管当局根据授权代表的访问协议，经双方主管当局同意，相互间到对方有效行使税收管辖权的区域进行实地访问，以获取、查证税收情报的行为。

6) 行业范围情报交换

行业范围情报交换，是指缔约国双方主管当局共同对某一行业的运营方式、资金运作模式、价格决定方式及偷税方法等进行调查、研究和分析，并相互交换有关税收情报的行为。

3. 情报交换的范围

除缔约国双方另有规定外，情报交换的范围一般为：
(1) 国家范围应仅限于与我国正式签订含有情报交换条款的税收协定并生效执行的国家。
(2) 税种范围应仅限于税收协定规定的税种，主要为具有所得（和财产）性质的税种。
(3) 人员的范围应仅限于税收协定缔约国一方或双方的居民。
(4) 地域范围应仅限于缔约国双方有效行使税收管辖权的区域。

我国从缔约国主管当局获取的税收情报可以作为税收执法行为的依据，并可以在诉讼程序中出示。

4. 税收情报的保密

1) 税收情报应作密件处理

税收情报的制作、收发、传递、使用、保存或销毁，应按照有关法律法规的规定执行。

2) 确定税收情报密级的原则

(1) 一般应确定为秘密级。
(2) 确定为机密级的情形：①税收情报事项涉及偷税、骗税或其他严重违反税收法律法规的行为；②缔约国主管当局对税收情报有特殊保密要求的。
(3) 税收情报事项涉及最重要的国家秘密，泄露会使国家的安全和利益遭受特别严重的损害，应确定为绝密级。

（4）税收情报的内容涉及其他部门或行业的秘密事项，应按有关主管部门的保密范围确定密级；对于难以确定密级的情报。主管税务机关应逐级上报总局决定。

3）保密期限

绝密级情报保密期限一般为 30 年，机密级情报保密期限一般为 20 年，秘密级情报保密期限一般为 10 年。

【例 10-18】（单选题）绝密级税收情报保密期限一般为（　　）年。
A. 5
B. 10
C. 15
D. 30

解析：绝密级情报保密期限一般为 30 年，机密级情报保密期限一般为 20 年，秘密级情报保密期限一般为 10 年。

答案：D

4）税务机关作出说明

税务机关在调查、收集、制作税收情报时，遇有纳税人、扣缴义务人或其他当事人申明被调查的事项涉及国家秘密并拒绝提供有关资料的，税务机关应要求其提供由国家保密主管部门出具的国家秘密鉴定证明。税务机关在上报税收情报时，应对上述情况作出说明。

5）保密义务

税务机关可以将收集情报的目的、情报的来源和内容告知相关纳税人、扣缴义务人或其他当事人，以及与执行税收协定所含税种相应的国内法有关的部门或人员，并同时告知其保密义务。

但是，有下列情形之一的，未经总局批准，税务机关不得告知：

（1）纳税人、扣缴义务人或其他当事人有重大税收违法犯罪嫌疑，告知后会影响案件调查的。

（2）缔约国一方声明不得将情报的来源和内容告知纳税人、扣缴义务人或其他当事人的。

6）作为证据的情形

税收情报在诉讼程序中作为证据使用时，税务机关应根据行政诉讼法等法律规定，向法庭申请不在开庭时公开质证。

10.4.2　海外账户税收遵从法案

2010 年，美国颁布《海外账户税收遵从法案》（FATCA），主要目的是追查全球范围内美国富人的逃避缴纳税款的行为，要求外国机构向美国税务机关报告美国账户持有人信息，若外国机构不遵守 FATCA，美国将对外国机构来源于美国的所得和收入扣缴 30% 的惩罚性预提所得税。

1. FATCA 的实施模式

作为美国国内法，FATCA 的适用范围远超出美国辖区，且其规定的权利与义务极不对等。为减少 FATCA 的推行阻力，美国随后公布了两种以政府间合作方式实施 FATCA 的协议模式：模式一为通过政府开展信息交换，包括互惠型和非互惠型两种子模式；模式二为金融机构直接向美国税务机关报送信息。

2. 外国金融机构的义务

FATCA 将须履行尽职调查与信息报告义务的外国机构分为外国金融机构与外国非金融实体。外国金融机构必须与美国财政部签订合作协议，承诺就其掌握的美国纳税人账户信息向美国税务机关履行尽职调查与信息报告义务，从而取得参与合作的外国金融机构资格。参与合作的外国金融机构必须安排其关联企业在美国税务机关注册，成为视同参与合作的外国金融机构。

3. 账户分级管理

为减轻美国税务机关的行政管理负担，FATCA 对美国纳税人账户实行分级管理，对不同类型的账户规定相应的义务，增加了金融机构的合规成本。

4. 纳税人承担举证责任

虽然金融机构负有尽职调查与信息报告义务，但举证责任最终仍由纳税人承担。

5. FATCA 在中国的实施

2014 年 6 月，中国按照 FATCA 模式一中的互惠型子模式与美国签订了政府间协议。

一方面，FATCA 在中国的实施将使中国金融业运营产生较高的合规成本；另一方面，FATCA 的实施将倒逼中国金融领域和税收领域的改革，并取得突破。

【例 10-19】（单选题）下列关于《海外账户税收遵从法案》的表述中，正确的是（　　）。

A. 仅通过政府开展信息交换
B. 中国按照《海外账户税收遵从法案》的非互惠型模式与美国签订政府间协议
C. 根据《海外账户税收遵从法案》被认定为"不合作账户持有人"将被扣缴 40% 的预提所得税
D. 《海外账户税收遵从法案》规定举证责任最终由纳税人承担

解析：选项 A，《海外账户税收遵从法案》分为两种协议模式：模式一为通过政府开展信息交换，包括互惠型和非互惠型两种子模式；模式二为金融机构直接向美国税务机关报送信息。选项 B，中国按照《海外账户税收遵从法案》中的互惠型子模式与美国签订政府间协议。选项 C，根据《海外账户税收遵从法案》被认定为"不合作账户持有人"，将被扣缴 30% 的预提所得税。

答案：D

10.4.3 金融账户涉税信息自动交换标准

1. 金融账户涉税信息自动交换标准的概述

受 G20 委托，OECD 于 2014 年 7 月发布了《金融账户涉税信息自动交换标准》（以下简称 AEOI 标准），获得了当年 G20 布里斯班峰会的核准，为各国加强国际税收合作、打击跨境逃避税提供了强有力的工具。

AEOI 标准由《主管当局协议范本》和《统一报告标准》两部分内容组成。《主管当局协议范本》是规范各国（地区）税务主管当局之间如何开展金融账户涉税信息自动交换的操作性文件，它以互惠型模式为基础，分为双边和多边两个版本。《统一报告标准》规定了金融机构收集和报送外国税收居民个人和企业账户信息的相关要求和程序。

【例 10-20】（单选题）下列国际组织或机构中，发布了《金融账户涉税信息自动交换标准》的是（   ）。
A. 联合国
B. 世界银行
C. 经济合作与发展组织
D. 世界贸易组织

解析：经济合作与发展组织（OECD）于 2014 年 7 月发布了《金融账户涉税信息自动交换标准》。

答案：C

2. 金融账户涉税信息自动交换标准在中国的实施

经国务院批准，2014 年 9 月，我国在 G20 财长和中国人民银行行长会议上承诺将实施 AEOI 标准，旨在通过加强全球税收合作提高税收透明度，打击利用海外账户逃避税行为。

2015 年 7 月，《多边税收征管互助公约》由第十二届全国人大常委会第十五次会议批准，已于 2016 年 2 月在我国生效，为实施 AEOI 标准奠定了多边法律基础。2015 年 12 月，经国务院批准，国家税务总局签署了《金融账户涉税信息自动交换多边主管当局间协议》，为我国与其他国家（地区）间相互交换金融账户涉税信息提供了操作层面的多边法律工具。

10.4.4 区域全面经济伙伴关系协定

1. 区域全面经济伙伴关系协定的发展

《区域全面经济伙伴关系协定》（RCEP）是 2012 年由东盟发起。2020 年 11 月 15 日，第四次区域全面经济伙伴关系协定领导人会议以视频方式举行，会后东盟十国和中国、日本、韩国、澳大利亚、新西兰共 15 个亚太国家正式签署了 RCEP，这标志着当前世界上人口最多、经贸规模最大、最具发展潜力的自由贸易区正式启航。2021 年 4 月 15 日，中国向东盟秘书长正式交存 RCEP 核准书。这标志着中国正式完成 RCEP 核准程序。2022 年 1 月 1

日，RCEP 正式生效。

2. 区域全面经济伙伴关系协定的协定意义

RCEP 是一个全面、现代、高质量、互利互惠的自贸协定，将进一步促进本地区产业和价值链的融合，为区域经济一体化注入强劲动力。这一协定的生效实施，标志着全球人口最多、经贸规模最大、最具发展潜力的自由贸易区正式落地，充分体现了各方共同维护多边主义和自由贸易、促进区域经济一体化的信心和决心，将为区域乃至全球贸易投资增长、经济复苏和繁荣发展作出重要贡献。

【思政案例】

应对数字经济挑战　国际税收合作任重道远

随着新一轮科技革命的孕育兴起，数字经济快速发展壮大，已成为继农业经济、工业经济之后的新兴经济形态。数字经济对税收制度的挑战也引起相关国家及国际组织的广泛关注和高度重视。

1. 数字经济的税制改革方案有哪些

为应对数字经济带来的税收挑战，二十国集团（G20）、经济合作与发展组织（OECD）、联合国和欧盟等都推出了相应的税收规则方案。

1) G20/OECD 的"双支柱"方案

2019 年 5 月，OECD 发布《研究应对经济数字化税收挑战共识性解决方案的工作计划》，提出并行研究"双支柱"。支柱一涉及"用户参与""营销型无形资产""显著经济存在"三个提案，并在之后逐步发展为赋予用户和最终消费者所在的市场国新征税权的融合方案。支柱一旨在重新分配大型跨国企业全球剩余利润的征税权，解决经济数字化带来的税收挑战，使跨国企业在经营活动发生地和利润产生地更公平地承担纳税义务。全球反税基侵蚀提案独立构成支柱二。支柱二通过建立全球最低税制度，打击税基侵蚀和利润转移（BEPS），遏制税收"逐底竞争"。但由于支柱二的净所得计算"繁、难、玄"，至今未达成共识。

2) 联合国的税收协定方案

2020 年 8 月，联合国发布了税收协定范本第 12B 条讨论稿，允许缔约国对自动化数字服务的总收入进行征税，不设置任何门槛作为征税条件，例如，常设机构、固定基地或在缔约国最短停留时间等。联合国的提案是基于付款的溯源规则而非用户所在地，有意识地将"征税"与"支付"挂钩。联合国提出对数字服务总收入所得征税，认定该税本质是流转税，不设置抵扣门槛，旨在防止数字巨头避税。

3) 欧盟的税收规则方案

2018 年 3 月，欧盟委员会发布了两项新指令的提案。一是数字服务税临时解决方案，对于全球年收入超过 7.5 亿欧元，且在欧盟境内的年收入超过 5 000 万欧元的大型互联网企业，按照 3% 的税率征收数字服务税。二是显著数字存在（SDP）规则综合解决方案，在现有税制的基础上打补丁。符合以下三个标准之一，企业将被视为在欧盟成员国属于 SDP：在成员国的数字服务年收入超过 700 万欧元；在一个纳税年度内向某一成员国提供数字服务的用户数量超过 10 万；在一个纳税年度内，企业与用户之间订立数字服务商业合同超过 3 000 份。

2. 各国选择不同税改方案的原因是什么

各国（国际组织）应对数字经济挑战的方案各异，根源在于对本国（本区域）利益的考量，力求在保护本国（本区域）数字产业发展的基础上，做到对外国（外区域）数字企业税收的应征尽征。

美国是数字经济第一大国，且美国数字企业的全球化布局成效显著，数字企业的大部分收入来自美国以外。为维护本国利益，美国在国际和国内层面采取了不同的举措。在国际层面，美国坚定地反对单边的数字服务税政策，旨在保护本国的数字产业发展。2019—2020 年，美国贸易代表办公室接连发布公告称，数字服务税"不公平"地针对美国数字公司，而对于 OECD 主导的国际税收规则调整方案，美国致力于推动对其有利的方案。在国内层面，美国顺应数字经济发展趋势，适时推进税收制度改革。比如确保数字经济和实体经济公平竞争，避免歧视性征税以及双重征税现象；对互联网接入实行永久性免税待遇；加强跨州征管，允许向从事跨州交易的远程销售商征收销售税。

欧盟是率先将数字经济税收政策付诸实践的区域性国际组织。自 2018 年以来，西班牙、英国、法国、意大利、奥地利等国陆续发布数字服务税方案，支持欧盟的提案。欧盟成员国在国内层面，采取多种措施大力扶持本国数字产业发展。在国际层面，基于公平考虑，对于外国数字巨头积极开征数字服务税。实际上，欧盟成员国征收数字服务税对本国税收收入的贡献极低，经测算分析，已实施和拟实施国家的数字服务税收入对年度总体税收的贡献仅为 0.02%~0.07%，难以对财政构成实质性支持。

3. 我国如何应对数字经济税收挑战

我国数字经济发展速度全球第一、规模全球第二，潜力巨大。不能忽视的是，我国数字经济发展更多依靠的是本国强大的用户市场，基础研发和核心创新能力仍需增强。应对数字经济发展带来的税收挑战，我国不能完全参照国外方案，而应立足本国国情，在积极参与国际多边税收规则制定中，不断探索适合我国的税改方案。

我国现有的增值税和所得税体系已覆盖了数字经济相关税收。在国内层面，我国数字企业科技创新不足，全球化程度低，仍需助力发展。在国际层面，我国实行市场准入限制，国外数字巨头较少。即便开征数字服务税，国外数字巨头的缴税额相对有限。因此，我国目前新设数字服务税的可能性较小。

数字经济所引发的国际税收问题不可能也不应该仅仅依靠一国国内法的修补和单边措施的施行，而是有赖于国际税收合作。在全球范围内推行一个大多数国家都认同的税收改革方案困难重重。不仅要在技术层面对可能的解决方案进行影响评估，还需要考虑各辖区之间的利益问题。笔者认为，目前解决数字经济的税收问题，长期需要包容性方案，短期增值税方案更为可行。目前，增值税在各国广泛使用并遵循国际惯例，相关改革更容易达成共识，也有利于缓解数字经济引发的来源国收入减少的压力。

（资料来源：赵妤婕. 应对数字经济挑战 国际税收合作任重道远 [EB/OL]. (2022-08-03). https://h5.newaircloud.com/detailArticle/19733871_85506_zgswb.html?relPicRatio=0&source=1.)

思考与练习

1. 税收管辖权的分类？
2. BEPS 行动计划包含哪几项？
3. 国际税收问题的本质是什么？

▶自测习题及参考答案

参考文献

[1] 全国税务师职业资格考试教材编写组. 税法：Ⅰ [M]. 北京：中国税务出版社，2023.

[2] 全国税务师职业资格考试教材编写组. 税法：Ⅱ [M]. 北京：中国税务出版社，2023.

[3] 全国税务师职业资格考试教材编写组. 涉税服务实务 [M]. 北京：中国税务出版社，2023.

[4] 马海涛. 中国税制 [M]. 北京：中国人民大学出版社，2022.

[5] 梁俊娇，王怡璞. 税法 [M]. 北京：中国人民大学出版社，2022.

[6] 董根泰，黄益朝. 税务管理 [M]. 北京：清华大学出版社，2022.

[7] 吴旭东，田雷. 税收管理 [M]. 北京：中国人民大学出版社，2022.

[8] 奚卫华，中华会计网校. 税法应试指南 [M]. 汕头：汕头大学出版社，2023.

[9] 中华会计网校. 全国税务师职业资格考试涉税服务实务必刷550题 [M]. 上海：上海交通大学出版社，2022.